Gastronomia de A a Z

Maria Genny Caturegli

Gastronomia de A a Z

Principais alimentos, bebidas, utensílios e modos de preparo da cozinha mundial descritos e traduzidos para o português

ALEPH

CAPA: Luiza Franco
COPIDESQUE: Tânia Rejane A. Gonçalves
PREPARAÇÃO DE TEXTO: Débora Dutra Vieira
REVISÃO: Luciane Helena Gomide
PROJETO GRÁFICO: Neide Siqueira
EDITORAÇÃO: Join Bureau
COORDENAÇÃO EDITORIAL: Débora Dutra Vieira
Marcos Fernando de Barros Lima
DIREÇÃO EDITORIAL: Betty Fromer Piazzi

EDITORA ALEPH LTDA.
Rua Dr. Luiz Migliano, 1.110 – Cj. 301
05711-900 – São Paulo – SP – Brasil
Tel.: [55 11] 3743-3202
Fax: [55 11] 3743-3263
www.editoraaleph.com.br

Dados Internacionais de Catalogação na Publicação (CIP)
(Câmara Brasileira do Livro, SP, Brasil)

Caturegli, Maria Genny
Gatronomia de A a Z : Principais alimentos, bebidas, utensílios e modos de preparo da cozinha mundial descritos e traduzidos para o português / Maria Genny Caturegli. – São Paulo : Aleph, 2011.

ISBN 978-85-7657-106-3

1. Gastronomia I. Título.

10-12984 CDD-641.0130207

Índices para catálogo sistemático:
1. Gastronomia 641.0130207

Sumário

Agradecimentos

In memoriam: a meu pai, por ter despertado em mim o amor pela ópera e pela leitura e o profundo interesse por dicionários ao presentear-me com um dicionário francês/ português ainda na infância.

À querida amiga Betty Fromer, por continuar acreditando em meu trabalho.

A Tânia Rejane Gonçalves, pelo copidesque cuidadoso e por suas sugestões.

Apresentação

Foi um longo trajeto, desde o momento em que o homem primitivo descobriu o fogo e cozinhou a caça pela primeira vez até o refinamento atual da gastronomia, que, por sua sofisticação, inclui estudos sobre nutrientes, reservas nutritivas dos indivíduos e até da psicologia.

O estudo dos nutrientes é dividido em macronutrientes (carboidratos, proteínas e gorduras) e em micronutrientes (vitaminas, minerais, água e fibras), sendo que, nos primeiros, estão incluídos os valores calóricos dos alimentos.

As reservas nutritivas, com suas funções anticoagulantes, lubrificantes e imunológicas, representam o resultado de estudos recentes que datam da segunda metade do século 19, assim como de pesquisas sobre os antioxidantes que combatem e neutralizam os radicais livres, ajudando a retardar o envelhecimento das células.

Já a psicologia também se volta para a saúde e a nutrição quando investiga as desordens alimentares dos indivíduos, sem deixar de mencionar o combate à depressão, o *mal du siècle*.

Esses estudos e a constatação de que o interesse pela gastronomia está crescendo em todo o mundo, aliados à globalização e à necessidade de conhecer a culinária mundial, levaram-nos a fazer pesquisas para estudar conceitos e expressoes que possam enriquecer ou, ainda, despertar o interesse dos praticantes dessa arte, o entusiasmo dos amadores e de alunos dos diversos cursos com ela relacionados. Não se trata de um livro de receitas nem simplesmente de uma relação de termos; mas representa a busca pela informação a respeito dos ingredientes relativos a cada título, a descrição dos diversos processos de cozimento, dos utensílios, dos equipamentos e o modo de preparação de cada um, além dos principais nutrientes. Na busca desse intuito, foram feitas pesquisas em livros e dicionários nos idiomas espanhol, francês, inglês e italiano, que, em nosso entender, integram o berço da culinária mundial. Por isso, acreditamos que a busca realizada funcionará como um recurso coadjuvante no preparo dos pratos apresentados em receitas de revistas e publicações de diferentes países.

Não obstante o empenho e todos os anos de pesquisas na elaboração deste trabalho, estamos conscientes de que ainda há muito a acrescentar, de sorte que a editora e esta pesquisadora agradecem sugestões.

Maria Genny Caturegli

Prefácio

A gastronomia é a mágica dimensão de prazeres. Abrange a culinária, os alimentos e bebidas, os riquíssimos ingredientes que, combinados, conferem inesquecíveis e requintados aromas e sabores para aquelas pessoas que se preocupam com o refinamento de um prato especial, bem elaborado, incluindo não só a forma e o esmero de como são preparados, mas também de como são apresentados.

A gastronomia tem um foro muito mais dilatado do que a culinária, que tem seu foco específico nas técnicas de elaboração dos alimentos. Um sommelier é um profundo conhecedor de vinhos e bebidas, porém, a excelência que distingue um bom profissional requer dele também que seja um gourmet, para saber combinar o vinho correto e completar o prazer e a fruição gastronômica do cliente de um requintado restaurante.

De cultura muito antiga, a gastronomia sempre esteve presente na origem das transformações sociais e políticas. A alimentação passou por várias épocas e etapas ao longo do desenvolvimento humano, evoluindo do nômade caçador ao homem sedentário.

O homem teve, então, a necessidade de complementar sua dieta com novos alimentos que em seu hábitat não eram encontrados, dando origem ao comércio das especiarias e de alimentos de outros continentes.

Esse intercâmbio comercial e cultural lançou as bases de uma aprimorada gastronomia, que hoje experimentamos pelas mãos dos mais famosos *chefs de cuisine*.

O primeiro tratado sobre gastronomia foi escrito por Jean Anthelme Brillat-Savarin, gastrônomo francês que, em 1825, publicou *A fisiologia do gosto*.

Hoje, este verdadeiro dicionário gastronômico que nos oferece a autora, professora doutora Maria Genny Caturegli, instrumentaliza todos os interessados com seus importantes verbetes em quatro idiomas (espanhol, francês, inglês e italiano), os quais descrevem com precisão e riqueza idiomática a denominação e significação correta de alimentos, ingredientes e condimentos.

A obra reveste-se de destacada importância num mundo globalizado e com demanda crescente das viagens internacionais, quando, por exemplo, em uma viagem procuramos um restaurante que nos foi recomendado. Ao longo de uma memorável refeição, viajando também no paladar de refinados pratos artesanais, acompanhados de uma taça de vinho de surpreendentes sabores e saberes, tão precisos que em cada olhar nos brinda com cores indecisas que cintilam, seduzem, convidam e nos conduzem ao redor do mundo entre tantas rotas de famosos vinhedos. Lembremo-nos, então, de que os prazeres de uma boa mesa completam todos os arrebatamentos, e ganham em duração e intensidade e se distinguem, sobretudo, pelo privilégio particular de nos inclinar a todos os outros prazeres, ou de, no mínimo, nos consolar de sua falta.

Para que, pelo menos, tenhamos assegurados esses prazeres e sabores, recomendo-lhes conhecer e saber solicitar corretamente seus pedidos à mesa de um bom restaurante, como verdadeiros gourmets.

Prof. Dr. Mário Carlos Beni
ECA/USP

Abreviaturas usadas

(Esp.) = Espanha

(Fr.) = França

(Ing.) = Inglaterra

(It.) = Itália

(EUA) = Estados Unidos da América

(v.) = verbo

A

à point ***(Fr.)*** = ao ponto (carne). Estágio intermediário entre bem passado e malpassado.

abadejo ***(Esp.)*** = badejo; nome comum atribuído a várias espécies de peixe da família dos serranídeos, do gênero *Mycteroperca*, que vivem sozinhos ou em pequenos cardumes em águas preferencialmente tropicais. Sua carne é muito apreciada, podendo ser preparada em filés ou postas, e possui elevado valor comercial, daí ser considerado um peixe nobre.

abaisser ***(Fr.)*** = reduzir, diminuir (principalmente com relação ao fogo em que algum alimento esteja sendo preparado).

abalone ***(Ing.)*** = molusco com duas conchas muito resistentes, de tamanho maior que a ostra, também conhecido como haliotis, sendo bastante apreciado na culinária oriental. Tem sabor delicado, consistência firme e é consumido fresco ou seco. A parte comestível está localizada no pé ou músculo com que ele se agarra nas rochas.

abats ***(Fr.)*** = miúdos, vísceras em geral.

abbacchio ***(It.)*** = cordeiro, o filhote do carneiro. Sua carne é vermelho-rosada e tem sabor adocicado, apresentando alta concentração de proteínas e baixo teor de lipídios.

abbrustolire ***(It.)*** = assar, tostar.

abbrustolito ***(It.)*** = tostado, torrado.

abrasar ***(Esp.)*** = queimar.

abricot ***(Fr.)*** = damasco; fruta de origem chinesa, mas produzida em vários países, rica em fibras, vitaminas e sais minerais, é consumida *in natura* ou seca. Na culinária, tem farta utilização em compotas, licores, saladas, doces, geleias, molhos e purês.

abricots à la parisienne ***(Fr.)*** = damascos cortados ao meio, embebidos em calda de baunilha gelada e sorvete de baunilha, colocados no centro de um bolo, coberto com creme chantili e amêndoas raladas.

absinthe ***(Ing.)*** = absinto, planta de sabor amargo, dedicada à deusa grega Ártemis; bebida destilada, de cor esverdeada e elevado teor alcoólico, oriunda da erva aromática *Artemisia absinthium* (losna), de consumo restrito em vários países.

acajou ***(Fr.) (Ing.)*** = caju. Ver *cashew*.

acciughe ***(It.)*** = anchovas salgadas (singular = *acciuga*). Ver *alice*.

(~) **in salsa verde** ***(It.)*** = anchovas preparadas em camadas com molho verde feito com salsinha, alho, pimentas vermelhas e miolo de pão embebido em vinagre. Cada camada é regada com azeite de oliva.

(~) **marinate** ***(It.)*** = anchovas frescas cobertas por azeite de oliva, suco de limão, alho e salsinha, marinadas durante quatro dias.

accommoder ***(Fr.)*** = cozinhar, preparar o alimento, temperar.

accompaniments ***(Ing.)*** = itens oferecidos em separado para acompanhar o prato principal.

aceite ***(Esp.)*** = óleo.

(~) **de algodón** ***(Esp.)*** = óleo de algodão.

(~) **de almendras** ***(Esp.)*** = óleo de amêndoas.

(~) **de cacahuete** ***(Esp.)*** = óleo de amendoim.

(~) **de canola** ***(Esp.)*** = óleo de canola.

(~) **de girasol** ***(Esp.)*** = óleo de girassol.

(~) **de hígado de bacalao** ***(Esp.)*** = óleo de fígado de bacalhau.

(~) **de la trufa** ***(Esp.)*** = óleo de trufas.

(~) **de maíz** ***(Esp.)*** = óleo de milho.

(~) **de oliva** ***(Esp.)*** = óleo extraído de azeitonas; azeite doce ou, simplesmente, azeite.

aceituna ***(Esp.)*** = azeitona; fruto de uso conhecido desde os povos mais antigos, cuja coloração muda de acordo com seu grau de amadurecimento (quanto mais escuro, mais tempo levou para ser colhido). De elevado teor calórico, é bastante consumida como aperitivo ou integrando pratos de carnes diversas, massas, recheios, e saladas ou degustado como aperitivo, além do óleo extraído, o tradicional azeite de oliva, ingrediente clássico da culinária contemporânea.

aceitunas rellenas ***(Esp.)*** = azeitonas recheadas.

acelga ***(Esp.)*** = acelga; hortaliça rica em fibra e vitamina A. Consumida desde a Antiguidade, é apreciada em saladas e pratos quentes.

acerola ***(Ing.)*** = acerola; fruta nativa da América tropical, rica em vitamina C e betacaroteno, pequena, vermelha, usada ao natural ou em sucos, licores, doces, geleias e sobremesas.

aceto ***(It.)*** = vinagre.

(~) **balsâmico** ***(It.)*** = vinagre balsâmico, proveniente da Itália, tem sabor suave e doce, sendo fabricado com o mosto de uvas brancas e envelhecido em tonéis de madeira por dez anos, no mínimo. É mais digestivo que o vinagre comum.

acetosella ***(Esp.)*** = azedinha; erva conhecida desde a Antiguidade, rica em vitamina C, usada em saladas ou como tempero, integrando o grupo das chamadas *fines herbes* francesas, mistura utilizada em molhos, sopas, recheios etc. Por ter alto teor de acidez, presta-se a amaciar carnes.

achicharrar ***(Esp.)*** = queimar, torrar.

achicoria ***(Esp.)*** = chicória; vegetal de baixo teor calórico, rico em fibras, usado principalmente em saladas, embora possa ser consumida em refogados, recheios, sopas e tortas.

acid ***(Ing.)*** = ácido, acre, azedo.

acompañamiento ***(Esp.)*** = acompanhamento de pratos principais em refeições.

acqua ***(It.)*** = água.

acquoso ***(It.)*** = aguado, insípido.

acuoso ***(Esp.)*** = aguado.

add, to *(v.)* ***(Ing.)*** = adicionar, juntar.

additives ***(Ing.)*** = aditivos ou suplementos químicos, legais, adicionados a alimentos em quantidades específicas.

addolcire ***(It.)*** = adoçar.

adobo sauce ***(Ing.)*** = marinada muito utilizada na culinária mexicana, feita de vinagre, alho e pimenta, além de outros temperos, como orégano e páprica, e usada para condimentar carnes e peixes antes de seu cozimento ou para conservá-los.

adoucir ***(Fr.)*** = adoçar.

affetare ***(It.)*** = cortar em fatias (pão, carne etc.).

affettati misti ***(It.)*** = antepasto composto por diferentes qualidades de frios (embutidos).

affogare ***(It.)*** = submergir em líquido quente, escaldar. O vocábulo é equivalente ao termo inglês *poach*.

affumicare ***(It.)*** = defumar.

affumicato ***(It.)*** = defumado.

afilar ***(Esp.)*** = amolar, afiar.

aggiungere ***(It.)*** = acrescentar, adicionar.

aglio ***(It.)*** = alho; um dos temperos mais versáteis e apreciados na culinária mundial, de grandes propriedades nutricionais, podendo ser usado cru, refogado, em conserva, esmagado, picado, fatiado, inteiro etc.

aglio e olio ***(It.)*** = molho composto de alho picado ou esmagado e azeite em partes iguais, geralmente servido com macarrão.

agneau ***(Fr.)*** = cordeiro. Ver *abbacchio*.

agnello ***(It.)*** = cordeiro. Ver *abbacchio*.

agnolotti ***(It.)*** = espécie de ravióli moldado em meia-lua, recheado com cordeiro picado, cebolas fritas na manteiga misturadas com arroz cozido ou espinafre e queijo, depois cozido na água, colocado em panela com molho.

agriar *(Esp.)* = azedar.

agridulce *(Esp.)* = agridoce; sabor que mistura os gostos doce e acre, presente em molhos e temperos.

agrio *(Esp.)* = azedo, acre.

agro *(It.)* = azedo.

agrodolce *(It.)* = agridoce. Ver *agridulce.*

agrumi *(It.)* = frutas cítricas em geral.

aguacate *(Esp.)* = abacate; fruta rica em gorduras, fósforo e proteínas, nativa do México e de outros países da América Central, pode ser consumida ao natural como sobremesa e vitamina, ou em saladas, molhos e patês.

ahumar *(Esp.)* = defumar (em especial carnes, pescados e embutidos). A técnica de defumação é milenar e consiste na exposição de alimentos a fumaça e/ou fogo, reduzindo seu teor de água, conservando-o e exercendo papel antioxidativo e bactericida.

aiglefin *(Fr.)* = hadoque; peixe característico das águas frias do Atlântico Norte, é consumido tanto fresco quanto defumado. Trata-se de um alimento tradicional da culinária britânica, principalmente em sua forma curada, que lhe garante textura macia e sabor levemente adocicado.

aigre *(Fr.)* = ácido, azedo, amargo.

aigre-doux / agri-douce *(Fr.)* = agridoce. Ver *agridulce.*

aigrir *(Fr.)* = azedar.

aiguiser *(Fr.)* = amolar, afiar.

ail *(Fr.)* = alho. Ver *aglio.*

ail, à l' *(Fr.)* = alimento condimentado com alho.

aile de poulet *(Fr.)* = asa de frango.

aillade *(Fr.)* = alhada; molho de alho característico do sul da França.

aioli *(Fr.)* = tipo de molho feito com alho, azeite de oliva, sal e pimenta-do-reino, acrescido de gema de ovo e usado em peixes e frutos do mar, acompanhado de croutons. Na região de Provença, o nome designa um prato de vegetais, peixe e ovos servidos com este molho.

airelle *(Fr.)* = mirtilo; fruta nativa da Europa e da Ásia, rica em antioxidantes, muito utilizada em geleias, doces e bebidas.

ají *(Esp.)* = pimenta chili, muito comum na culinária mexicana, em particular, e na ibero-americana, em geral. Ver chili.

ajo *(Esp.)* = alho. Ver *aglio.*

ajonjolí *(Esp.)* = gergelim; semente utilizada na culinária desde a Antiguidade, de grande valor nutritivo pela presença significativa de proteínas, fibras e vitaminas A, B e C, podendo ser encontrada em pães, biscoitos, bolos, molhos, carnes e saladas. No Oriente Médio, o óleo extraído da semente de gergelim é largamente empregado.

al dente *(It.)* = expressão usada para determinar o ponto de cozimento de massas, alguns cereais e hortaliças, de modo que ofereçam alguma resistência à mastigação, conquanto tais alimentos estejam cozidos.

albacore *(Ing.)* = albacora, variedade de atum pequeno, com barbatanas longas, distinguindo-se das demais espécies de atum por sua carne mais clara.

albahaca *(Esp.)* = manjericão; erva aromática muito usada como tempero, especialmente na culinária italiana, presente em molhos, massas, sopas, legumes, carnes etc.

albaricoque *(Esp.)* = damasco. Ver *abricot.*

albicocca *(It.)* = damasco. Ver *abricot.*

albóndigas *(Esp.)* = almôndegas; pequenas bolas de carne moída, preparadas com alho e pimenta-do-reino misturados com ovo batido e fritas, servidas ou não com molho. Algumas receitas incluem miolo de pão na mistura.

albume d'uovo *(It.)* = clara de ovo.

alcachofa *(Esp.)* = alcachofra; vegetal comestível, de grandes propriedades medicinais e nutritivas, muito apreciado pelo sabor e pelo exotismo.

alcaparra *(Esp.)* = alcaparra; planta originária da Ásia, consumida desde a Antiguidade, trata-se de um botão floral marinado em água, sal e vinagre, de sabor delicado, usado como condimento. Uma excelente opção para servir com carnes, peixes e frutos do mar.

alcaravea *(Esp.)* = cúmel ou alcaravia, especiaria similar ao cominho, recomendada para condimentar pães, queijos, biscoitos, bolos etc. ou para salpicar legumes e algumas verduras, como repolho.

alcaucil *(Esp.)* = alcachofra. Ver *alcachofa.*

alcohol *(Esp.) (Ing.)* = álcool; bebida alcoólica em geral.

alfajor *(Esp.)* = tipo de doce tradicional da culinária ibero-americana, feito com camadas de massa recheadas de doce de leite e cobertas com chocolate ou açúcar de confeiteiro polvilhado.

Alfredo sauce *(Ing.)* = molho para massas feito com creme de leite, manteiga e queijo parmesão, uma especialidade do Restaurante Alfredo, de Roma, frequentemente servido com macarrão talharim.

alga *(It.)* = alga; vegetal aquático altamente nutritivo, de baixo teor calórico e uso muito frequente na culinária japonesa.

algues *(Fr.)* = algas.

alice *(It.)* = anchova; peixe marinho de escamas, encontrado em águas agitadas, de grande valor comercial, apreciado pela culinária de diversos países em postas ou filés, assado, grelhado, frito ou cozido. Também se apresenta em tamanho pequeno, muito saboroso, raramente servido fresco, sendo em geral filetado, curado em sal e conservado no azeite.

alici ***(It.)*** = anchovas. Ver *alice*.

aliment ***(Fr.)*** = alimento. Trata-se de um termo de uso genérico.

alioli ***(Esp.)*** = molho tradicional da região da Catalunha e de Valência, feito com alho, azeite doce, sal e gotas de limão. Dependendo da região, pode haver algumas variações no modo de prepará-lo, inclusive admitindo a utilização de ovo na mistura.

allemande ***(Fr.)*** = termo usado, em gastronomia, para qualificar pratos guarnecidos com especialidades alemãs.

allonger ***(Fr.)*** = acrescentar um líquido a uma preparação muito densa ou muito reduzida para diluí-lo ou estendê-lo.

alloro ***(It.)*** = louro; folha utilizada como tempero desde a Antiguidade, de largo emprego em feijões, pescados e assados em geral. As folhas de louro também são usadas para condimentar pratos, integrando um *bouquet garni*.

allspice ***(Ing.)*** = pimenta-da-jamaica; condimento usado para dar sabor e aroma especial a molhos, conservas, tortas, guisados etc., uma vez que seu gosto lembra uma mistura de noz-moscada, cravo e canela.

allumettes ***(Fr.)*** = em geral, batata palha. O termo, porém, refere-se ao formato do corte, similar a um palito de fósforo, podendo ser utilizado em outros vegetais.

almeja ***(Esp.)*** = amêijoa; espécie de molusco comestível, muito usado na culinária portuguesa e espanhola.

almejas marineras ***(Esp.)*** = amêijoas preparadas com molho de alho, vinho branco e azeite de oliva.

almendra ***(Esp.)*** = amêndoa; sementes da fruta das árvores *Prunus amygdalus dulcis* (espécie doce) e *Prunus amygdalus amara* (espécie amarga), muito utilizadas em pratos doces e salgados da culinária mundial.

almendrado ***(Esp.)*** = amendoado; biscoitos pequenos feitos com farinha de amêndoas. O termo também pode ser usado para nomear pratos temperados com amêndoas.

almíbar ***(Esp.)*** = calda de açúcar, melado.

almidón de maíz ***(Esp.)*** = amido de milho.

almizcle ***(Esp.)*** = almíscar; essência aromática utilizada em caldas e bebidas.

almond ***(Ing.)*** = amêndoa. Ver *almendra*.

(~) **extract** ***(Ing.)*** = extrato feito do óleo de amêndoas amargas misturado com álcool.

(~) **oil** ***(Ing.)*** = óleo de amêndoas.

(~) **tart** ***(Ing.)*** = torta de amêndoas.

aloyau ***(Fr.)*** = lombo de vaca.

amande ***(Fr.)*** = amêndoa. Ver *almendra.*

amandes, poisson aux ***(Fr.)*** = peixe preparado com molho, amêndoas cortadas e pasta de avelãs.

amandine ***(Fr.)*** = bolinho com sabor de amêndoas.

amanida ***(Esp.)*** = salada catalã que combina legumes e verduras com queijo, carne defumada, peixe ou mariscos, ovos cozidos e tomates.

amaretti ***(It.)*** = biscoitos italianos pequenos, redondos, feitos com massa de amêndoas, açúcar e claras de ovos batidas, e aromatizados com licor. Acompanham chá ou café.

Amaretto ***(It.)*** = licor italiano produzido desde o século 16, com sabor e odor de amêndoas, embora feito à base de damascos. Pode ser ingerido ao natural ou usado para aromatizar bolos e biscoitos.

amaro ***(It.)*** = amargo.

amasar ***(Esp.)*** = amassar (massa de pão etc.).

ambrosia ***(It.)*** = na mitologia grega, era o alimento que garantia aos deuses a imortalidade. Trata-se de uma sobremesa feita tradicionalmente de leite, ovos, açúcar e canela, podendo apresentar variações com a inclusão de fatias de laranjas, bananas, abacaxi e coco seco.

amer(ère) ***(Fr.)*** = amargo(a).

American service ***(Ing.)*** = método de servir a comida, em alguns hotéis e restaurantes, segundo o qual os pratos são colocados à mesa depois de preparados em porções individuais na cozinha, em vez de os alimentos serem dispostos em um prato grande sobre a mesa.

Americano ***(It.)*** = coquetel à base de Campari, vermute doce, água gaseificada e uma fatia de laranja, servido sobre pedras de gelo.

Ami du Chambertain ***(Fr.)*** = queijo francês oriundo da região da Borgonha, produzido com leite de vaca não pasteurizado, impregnado do vinho Marc de Bourgogne. Apresenta um sabor encorpado e salgado.

amido di mais ***(It.)*** = amido de milho branco.

ammollare ***(It.)*** = embeber, ensopar, molhar.

amuse-gueules ***(Fr.)*** = aperitivos, petiscos.

anacardio ***(It.)*** = caju. Ver *cashew.*

anacardo ***(Esp.)*** = caju. Ver *cashew.*

añadir ***(Esp.)*** = acrescentar, adicionar.

ananas ***(Fr.) (It.)*** = abacaxi; fruto rico em vitaminas C e B, de sabor bastante ácido, consumido em doces, geleias, compotas, sucos e como ingrediente de pratos salgados. Além disso, revela-se um excelente amaciante de carnes.

ananas ***(It.)*** = abacaxi; fruto cítrico característico de regiões tropicais e subtropicais do continente latino-americano; é consumido ao natural, em sucos, drinques, geleias, balas, doces, molhos, sorvetes, cremes, tortas, bolos, licores, vinagres e acompanhamentos.

anatra *(It.)* = pato; ave originária da China, cuja carne apresenta níveis elevados de colesterol e proteínas, sendo consumida, principalmente, em assados.

anchoa *(Esp.)* = anchova. Ver *alice.*

anchois *(Fr.)* = anchova. Ver *alice.*

anchovy *(Ing.)* = anchova. Ver *alice.*

(~) **paste** *(Ing.)* = pasta feita com anchovas salteadas, vinagre, especiarias e água em partes iguais.

(~) **toast** *(Ing.)* = apetitosa iguaria feita de fatias de pão ligeiramente fritas, cobertas com anchovas e creme batido ou queijo por cima.

ancono *(It.)* = sopa preparada com peixe, mariscos e tomates.

andalouse, à l' *(Fr.)* = guarnição característica do sul da Espanha, com pimentões vermelhos cordados ao meio, recheados com arroz à grega e fatias de berinjelas, deixando o centro para tomates fritos no azeite. Aliás, a presença do tomate é essencial nesta guarnição, podendo haver variação dos demais elementos.

anelli *(It.)* = macarrão cortado em forma de anéis para sopa.

anellini *(It.)* = macarrão cortado em pequenos anéis para sopa, podendo ser utilizado também em saladas.

aneth *(Fr.)* = endro; vegetal similar à erva-doce, usado como condimento em pratos de peixe, molhos e sopas; podendo também ser encontrado em mistura com iogurtes, ovos e cremes de leite.

aneto *(It.)* = endro. Ver *aneth.*

angel food cake *(EUA)* = espécie de bolo feito com claras.

angel's hair *(Ing.)* = cabelo de anjo; massa bem fininha, entrelaçada como lã.

anglaise, à l' *(Fr.)* = à moda inglesa: alimento apenas cozido ou coberto com farinha, ovos e farinha de rosca, bem frito.

anglaise, fish à l' *(Ing.)* = peixe preparado à moda inglesa: bem frito e guarnecido com raspas de limão, salsinha, servido com molho tártaro.

anguila *(Esp.)* = enguia; peixe de águas doces e salgadas, de corpo alongado e cilíndrico, semelhante a uma cobra, apreciado na culinária oriental e europeia.

anguilla *(It.)* = enguia. Ver *anguila.*

anguille *(Fr.)* = enguia. Ver *anguila.*

(~) **au vert** = enguias com vinho branco, espinafres e creme de leite, temperadas com ervas aromáticas, um prato típico da culinária belga.

anguria *(It.)* = melancia; fruta de baixo teor calórico, rica em sais minerais e com quase 90% de água em sua composição, consumida ao natural ou em doces, sucos sorvetes e musses.

anice *(It.)* = anis; o mesmo que erva-doce ou funcho, planta de sabor adocicado, usada como tempero de diversos pratos e em saladas e chás.

(~) **stelatto** ***(It.)*** = anis-estrelado; especiaria em formato de estrela, de sabor adocicado e picante, empregado em pratos chineses tradicionais.

animelle ***(It.)*** = pãezinhos doces.

animelles ***(Fr.)*** = testículos, geralmente de boi ou carneiro. Na preparação, primeiramente são escaldados; em seguida, tira-se a pele sob água corrente para, depois, mariná-los e fritá-los em óleo bem quente.

anis ***(Fr.)*** = anis. Ver *anice.*

(~) **étoilé / badiane** ***(Fr.)*** – anis-estrelado. Ver *anice stelatto.*

anís estrellado ***(Esp.)*** = anis--estrelado. Ver *anice stelatto.*

anise ***(Ing.)*** = anis. Ver *anice.*

anolini ***(It.)*** = massas pequenas, em formato de meio círculo e similar ao ravióli, recheadas com carne previamente cozida, amassada e passada por peneira.

ánsar ***(Esp.)*** = ganso; ave de clima temperado consumida desde a Antiguidade, entre os egípcios, de carne nutritiva e saborosa, bastante apreciada na culinária de vários países europeus, em especial na França. É degustada principalmente em assados; os ovos substituem de forma agradável os de galinha e o fígado é reverenciado na produção de patê, o famoso *foie gras.*

antipasti almagro ***(It.)*** = salada de frutos do mar.

antipasti assortiti ***(It.)*** = antepasto misto, composto de presunto, salame, anchovas, azeitonas, frutas etc.

antipasto ***(It.)*** = antepasto, aperitivo: Plural *antipasti.*

antipasto alla genovesa ***(It.)*** = feijões verdes grandes e salsichas.

antojitos ***(Esp.)*** = canapés servidos como aperitivo.

apio ***(Esp.)*** = aipo ou salsão; hortaliça utilizada no preparo de saladas diversas e sopas ou como condimento.

(~) **con mayonesa** ***(Esp.)*** = aipo com maionese.

aplastar ***(Esp.)*** = espremer, triturar ou esmagar.

aplatir ***(Fr.)*** = espremer, triturar.

appetizers ***(EUA)*** = aperitivos ou antepastos; salgadinhos servidos antes das refeições ou em coquetéis.

apple ***(Ing.)*** = maçã; fruta nativa da Ásia Central, rica em vitaminas, fibras e sais minerais, porém com reduzido teor de açúcar, muito utilizada ao natural ou em sucos, em pratos doces e salgados ou acompanhamentos.

(~) **brandy** ***(Ing.)*** = conhaque envelhecido feito de maçãs.

(~) **charlotte** ***(Ing.)*** = sobremesa de maçãs cozidas na manteiga e no açúcar, com raspas de limão e canela em pó, colocadas em forma com pão dormido em manteiga derretida, assadas no forno e depois cobertas com creme.

(~)-pie / tart *(Ing.)* = torta de maçã.

apribottiglie ***(It.)*** = abridor de garrafas.

apricot ***(Ing.)*** = damasco, da família das ameixas e dos pêssegos. Ver *abricot*.

(~) jam ***(Ing.)*** = geleia de damascos.

(~) juice ***(Ing.)*** = suco de damascos.

apron ***(Ing.)*** = avental.

aqueux ***(Fr.)*** = aguado, aquoso, diluído, insípido.

arachide ***(It.)*** = amendoim; semente comestível, rica em proteínas, consumida crua ou torrada, em bebidas, pastas, doces etc. Seu óleo é muito apreciado pelo sabor característico que deixa nos alimentos.

aragosta ***(It.)*** = lagosta; crustáceo requintado, cuja carne comestível é adocicada e pode ser encontrada em suas garras, articulações e cauda. De valor comercial elevado, é apreciado em todo o mundo e consumido com molhos diversos, em saladas ou gratinado.

(~) marinata ***(It.)*** = lagosta marinada.

arancia ***(It.)*** = laranja; fruto bastante popular, com grande concentração de vitamina C, potássio e fibras, consumido ao natural ou em sucos, caldas, molhos, bolos, doces, geleias, saladas etc.

aranciata ***(It.)*** = suco ou refrigerante de laranja.

arancini ***(It.)*** = croquetes de arroz temperados com manteiga e açafrão, recheados de carne e tomates, queijo mozarela ou presunto e ervilhas e depois fritos, servidos com molho.

arenque ahumado ***(Esp.)*** = arenque defumado. Ver *aringa*.

arête du poisson ***(Fr.)*** = espinha de peixe.

ariete ***(It.)*** = carneiro; mamífero cuja carne é consumida em todos os continentes, especialmente assado e guisado. Já o leite produzido pelas fêmeas tem larga utilização na fabricação de diversos tipos de queijo.

aringa ***(It.)*** = arenque; peixe de pequenas dimensões, de consumo milenar, muito rico em ácidos graxos e vitamina D. Pode ser consumido cru, fresco, defumado, salgado ou em conserva.

(~) affumicata ***(It.)*** = arenque defumado.

(~) alla casalinga ***(It.)*** = antepasto de arenques fatiados, salada de cebolas em fatias, maçãs cozidas e batatas cozidas, cercada por creme de leite e salsa picada.

armagnac ***(Fr.)*** = bebida alcoólica feita de uvas e produzida no sudoeste francês. É semelhante ao conhaque e também usada como condimento em sobremesas e molhos ou para famblar determinados pratos.

aromatic ***(Ing.)*** = aroma forte; o termo se refere a ervas, temperos e legumes que dão sabor e olor aos pratos.

aromi ***(It.)*** = ervas aromáticas amplamente utilizadas na culinária mundial.

arrabbiata ***(It.)*** = prato feito com molho de tomates apimentado, pimentão picante e toucinho, principalmente servido com *penne*, embora possa ser utilizado em outros tipos de massa.

arraignée de mer ***(Fr.)*** = santola, aranha-do-mar; tipo de caranguejo cuja carne tem sabor delicado, característico das águas do Atlântico Norte e do Mediterrâneo.

arrollar ***(Esp.)*** = enrolar, envolver.

arroser ***(Fr.)*** = molhar, regar.

arrosticini (I.) = espetos de carne de carneiro assada.

arrostire ***(It.)*** = assar, tostar, grelhar, torrar.

arrostiti ***(It.)*** = assado, tostado.

arrosto ***(It.)*** = assado; tipo de cozimento que mantém a suculência da carne com aspecto exterior dourado; o termo também é aplicado a qualquer outro prato assado no forno.

arrowroot ***(Ing.)*** = araruta; fécula branca, extraída do rizoma da *Maranta arundinacea*, sem odor, que pode ser guardada em um lugar seco durante muitos anos. É usada na confecção de biscoitos, bolos, doces e mingaus.

arroz ***(Esp.)*** = arroz; cereal de vários tipos (branco, selvagem, integral etc.), consumido por mais da metade da população mundial, embora originário do Japão, apresenta variadas opções de consumo, tanto como prato principal quanto acompanhamento.

(~) **a la banda** ***(Esp.)*** = arroz cozido em caldo de peixe e vários temperos; prato originário da Catalunha.

(~) **a la cubana** ***(Esp.)*** = arroz fervido com molho de tomate, ovo frito e banana; prato nativo da Catalunha.

(~) **blanco** ***(Esp.)*** = arroz branco, fervido e refogado.

(~) **con leche** ***(Esp.)*** = arroz doce.

(~) **con verduras** ***(Esp.)*** = prato originário das Ilhas Canárias, composto de arroz com pimentão, tomates picados e milho verde.

(~) **integral de grano corto** ***(Esp.)*** = arroz integral de grão curto.

(~) **integral de grano largo** ***(Esp.)*** = arroz integral de grão longo.

(~) **molido** ***(Esp.)*** = arrroz moído.

(~) **negro** ***(Esp.)*** = arroz preto; arroz preparado com lulas, cabeça de peixe, mariscos, cebolas, alho e tomates, caldo de peixe, azeite de oliva; prato originário da Catalunha.

(~) **salvaje** ***(Esp.)*** = arroz selvagem, cereal rico em proteínas, de semente escura e textura firme, serve para acompanhar guisados ou cozidos, dar contraste ao arroz branco tradicional ou enriquecer saladas.

arrurruz ***(Esp.)*** = araruta. Ver *arrowroot.*

arselle ***(It.)*** = espécie de molusco bivalve.

artichaut ***(Fr.)*** = alcachofra. Ver *alcachofa.*

artichoke ***(Ing.)*** = alcachofra. Ver *alcachofa.*

(~) **heart** ***(Ing.)*** = a base da alcachofra, também chamada de fundo ou coração da alcachofra.

(~) **vinaigrette** ***(Ing.)*** = alcachofra ao vinagrete.

(~s) **with ham** ***(Ing.)*** = alcachofras com presunto.

arugula / rocket ***(Ing.)*** = rúcula; hortaliça de sabor forte e meio amargo, pode ser degustado em saladas, massas, refogados e recheios.

arvejas ***(Esp.)*** = ervilhas; vegetal com elevado teor de fibras e sais minerais, originário da Ásia Central e da Europa, é consumido em grãos ou em favas, seco, fresco ou em conserva.

asadero ***(Esp.)*** = grelha.

asado = ***(Esp.)*** = assado; forma de preparo extensiva a carnes, aves ou peixes.

asar a la parrilla ***(Esp.)*** = assar na grelha, grelhar.

asciutto ***(It.)*** = seco, termo referente tanto a comidas quanto a bebidas.

asparagi ***(It.)*** = aspargos. Ver *asparago.*

(~) **al parmigiano** ***(It.)*** = aspargos cozidos no vapor, polvilhados com queijo parmesão e regados com manteiga derretida dourada.

(~) **alla fiorentina** ***(It.)*** = aspargos fervidos, dourados na manteiga e guarnecidos com ovos fritos.

(~) **e funghi al burro** ***(It.)*** = aspargos divididos em diagonal, com cogumelos cortados da mesma forma, fritos rapidamente.

asparago ***(It.)*** = aspargo; vegetal de talos brancos ou verdes, consumido desde a Antiguidade, com baixo teor calórico, cujos brotos são muito apreciados na culinária de diversos países. De sabor suave, pode ser degustado fresco ou em conserva.

asparagus ***(Ing.)*** = aspargo. Ver *asparago.*

(~) **omelette** ***(Ing.)*** = omelete de aspargos.

(~) **with mayonnaise** ***(Ing.)*** = aspargos com maionese, preferencialmente de fabricação caseira.

asperges ***(Fr.)*** = aspargos. Ver *asparago.*

(~) **à milanaise** ***(Fr.)*** = aspargos cozidos, acondicionados em prato untado com manteiga que tenha sido polvilhado com queijo parmesão, cobertos com manteiga derretida e gratinados.

(~) **à la flamande** ***(Fr.)*** = aspargos com ovos cozidos picados.

aspic ***(Ing.)*** = espécie de gelatina natural salgada ou picante, de sabor apetitoso, preparada com carnes diversas ou vegetais e usada como prato principal (com recheio), como acompanhamento (picado em cubinhos) ou cobertura de peixes, aves e carnes.

assaisonné *(Fr.)* = temperado.

assaisonnement *(Fr.)* = tempero, condimento.

assiette *(Fr.)* = prato.

(~) **à dessert** = prato de sobremesa.

(~) **de crudités** = prato de legumes crus, temperados com molho vinagrete.

(~) **valaisanne** = prato de carnes frias e de queijo típico da região de Valais, na Suíça.

assorted *(Ing.)* = sortido, variado.

assorted fresh fruit *(Ing.)* = frutas frescas diversas.

assortment de charcuteries *(Fr.)* = prato de frios e defumados sortidos.

atún *(Esp.)* = atum; peixe de carne escurecida, característico dos mares tropicais e subtropicais, amplamente utilizado em antepastos, recheios, pratos principais e lanches. Excelente fonte de proteínas e vitaminas, pode ser consumido fresco e em conserva, em antepastos, lanches e refeições em geral.

au gratin *(Fr.)* = qualquer prato coberto com molho, queijo ralado e/ou migalhas de pão, e dourado ao forno; gratinado.

aubergines *(Fr.) (Ing.) (It.)* = berinjelas; vegetal nutritivo, originário da Índia, rico em proteínas e vitaminas, é consumido frito, assado, grelhado ou ensopado em antepastos, saladas, recheios, refogados, tortas, lasanhas etc.

(~) **à la bordelaise** *(Fr.)* = berinjelas em fatias, salgadas, temperadas e salteadas em azeite de oliva com cebolinhas bem picadas e migalhas de pão, usadas para absorver o excesso de azeite; tudo é servido com suco de limão e salsinha picada; também podem ser grelhadas e cobertas com azeite de oliva e molho.

(~) **à la crème** *(Fr.)* = berinjelas cortadas em fatias finas, salgadas, deixadas para secar durante uma hora, depois cozidas na manteiga e misturadas com creme de leite.

(~) **à la napolitaine** *(Fr.)* = berinjelas descascadas e cortadas em fatias no sentido longitudinal, temperadas, fritas em óleo bem quente, colocando-se molho de tomates com queijo parmesão entre as fatias. São dispostas em um prato, cobertas com molho de tomate, pulverizando-se queijo parmesão por cima, e um pouco de azeite; coloca-se no forno para assar. Podem ser acrescentados à receita filés de anchovas.

(~) **frites** *(Fr.)* = berinjelas cortadas em rodelas finas, temperadas, empanadas e fritas em óleo bem quente. O prato deve ser servido em seguida.

avellana *(Esp.)* = avelã; fruto seco saboroso, rico em potássio e vitamina E, nativo da Europa, Ásia e América do Norte, é consumido ao natural ou em pratos doces e salgados diversos.

avena ***(Esp.) (It.)*** = aveia; cereal nutritivo de larga utilização culinária, originária de regiões da Ásia e da África, rico em fibras e vitaminas.

avocado ***(Ing.) (It.)*** = abacate. Ver *aguacate.*

(~) **mousse** ***(Ing.)*** = purê de abacate com suco de limão, nozes, maionese e páprica, servido com creme de leite batido.

avocat ***(Fr.)*** = abacate. Ver *aguacate.*

avoine ***(Fr.)*** = aveia. Ver *avena.*

azafrán ***(Esp.)*** = açafrão; especiaria de sabor amargo, usada para condimentar iguarias, conferindo-lhes uma inconfundível coloração amarela, tradicionalmente utilizada em pratos à base de peixes e arroz, embora seja encontrada em biscoitos e bolos. É um ingrediente característico da *paella*, típica refeição espanhola, e oriundo do Oriente.

azúcar ***(Esp.)*** = açúcar.

(~) **de caña** ***(Esp.)*** = açúcar de cana.

(~) **de vainilla** ***(Esp.)*** = açúcar de baunilha.

(~) **en terrones** ***(Esp.)*** = torrões de açúcar.

(~) **flor** ***(Esp.)*** = açúcar de confeiteiro.

(~) **impalpable o en polvo** ***(Esp.)*** = açúcar de confeiteiro.

(~) **negro** ***(Esp.)*** = açúcar mascavo.

azucarar ***(Esp.)*** = adoçar.

azucarero ***(Esp.)*** = açucareiro.

azzimo ***(It.)*** = pão sem fermento.

B

B&B (bed and breakfast) ***(Ing.)*** = pensão ou casa de família que oferece hospedagem e café da manhã; sistema iniciado na Inglaterra, após a Segunda Guerra Mundial, e também adotado na Itália.

baba ***(Fr.)*** = bolo, tipo de pão de ló assado em forminhas, banhado com calda aromatizada com rum ou licor.

(~) **au kirsch** ***(Fr.)*** = bolo embebido em calda com licor kirsch.

(~) **au rhum / rum baba** ***(Fr.) (Ing.)*** = bolo em formato de cogumelo, assado em uma pequena assadeira redonda, embebido em calda com rum, tendo o centro recheado com creme chantili ou creme de confeiteiro e decorado com cereja. A massa pode ter uvas-passas.

baba ghanoush ***(Ing.)*** = pasta de berinjela assada, preparada com limão, azeite de oliva, alho e *tahine* (pasta feita de sementes de gergelim), originária do Líbano, Turquia, Argélia e Tunísia.

babka ***(Ing.)*** = bolo judaico de massa fermentada com recheio de canela ou chocolate.

baby beef ***(Ing.)*** = miolo da alcatra, corte considerado nobre dentro da culinária internacional.

baby corn ***(Ing.)*** = milho pequeno, doce, de até 10 cm de comprimento, usado em conservas ou como cereal cru.

baby eels ***(Ing.)*** = enguias pequenas. Ver *anguila*.

baby octopus with onions ***(Ing.)*** = polvo pequeno com cebolas.

baby prawns ***(Ing.)*** = camarões pequenos. Ver *camarón*.

bacalao ***(Esp.)*** = bacalhau seco; peixe típico das águas frias do hemisfério Norte, comercializado em geral seco e salgado.
É consumido mundialmente por meio de uma diversidade de opções culinárias, desde o bolinho frito como tira-gosto até sopas e saladas, passando, é claro, pelos nobres e tradicionais pratos da cozinha espanhola e portuguesa.

baccalá ***(It.)*** = bacalhau. Ver *bacalao*.

(~) **alla cappuccina** ***(It.)*** = bacalhau gratinado com azeite, anchovas, pinhões, passas, alho e especiarias.

(~) **alla bolognese** ***(It.)*** = bacalhau refogado na manteiga com azeite, salsa, alho e pimenta.

(~) **alla genovese** ***(It.)*** = bacalhau passado na farinha, refogado com azeite, azeitonas verdes, tomates, cenouras, cogumelos, suco de limão, ervas e servido com batatas fervidas.

(~) **alla napoletana** ***(It.)*** = bacalhau passado na farinha, frito em azeite e ensopado em molho de tomates, azeitonas pretas, alho, vinho branco, pimenta e alcaparras.

(~) **alla veneziana** ***(It.)*** = bacalhau cozido com cebola e azeite, acrescentando-se, em seguida, canela, uvas-passas, pinhões, leite e queijo. Pode haver pequenas variações nos ingredientes.

baccello di vaniglia ***(It.)*** = fava de baunilha. Ver *vainilla.*

bacche rosse ***(It.)*** = frutas vermelhas.

baci di dama ***(It.)*** = biscoitos originários da cidade de Tortona, em Piemonte (Itália), preparados com avelãs ou amêndoas, em duas bandas recheadas com chocolate.

bacon ***(Ing.)*** = toucinho, oriundo da gordura subjacente à pele dos porcos, após processo de defumação.

badéche ***(Fr.)*** = badejo. Ver *abadejo.*

badian anise ***(Ing.)*** = anis-estrelado. Ver *anice stelatto.*

badiana ***(Esp.)*** = anis-estrelado. Ver *anice stelatto.*

bagel / beigel (***Ing.***) = pão de origem judaica, redondo e pequeno com um buraco no centro, cuja massa é cozida antes de ser assada; o resultado é um pãozinho denso e pesado por dentro, corado e, por vezes, crocante por fora.

baggiana ***(It.)*** = sopa de feijão, tomate e manjericão, típica da região da Úmbria.

bagna ***(It.)*** = designação regional para molho.

(~) **calda** ***(It.)*** = molho feito de manteiga derretida ou azeite de oliva, com anchovas picadas, alho e manjericão, servido quente com verduras cruas ou cozidas.

bagnare ***(It.)*** = molhar, regar.

bagnomaria ***(It.)*** = banho-maria; técnica de aquecimento em que o recipiente é colocado dentro de uma panela com água quente ou fervendo, para o alimento cozinhar ou manter-se aquecido.

baguette ***(Fr.)*** = baguete; pão francês comprido e fino, com crosta crocante e macio por dentro, assado com um pouco de fermento.

baie ***(Fr.)*** = baga (fruta).

baie de ronce ***(Fr.)*** = amora-preta selvagem. Ver *blackberry.*

baies rouges ***(Fr.)*** = frutas vermelhas.

Baileys Irish cream *(Ing.)* = tradicional licor da Irlanda, preparado com uísque irlandês misturado com nata e aromatizantes, com um sabor suave e adocicado de café, amêndoa, avelã e noz-moscada.

bain-marie, au *(Fr.)* = banho--maria. Ver *bagnomaria.*

baiser *(Fr.)* = dois suspiros juntos, como sanduíches, recheados com creme chantili.

bake, to *(v.) (Ing.)* = assar alimentos no forno.

baked Alaska *(Ing.)* = sobremesa à base de sorvete colocado sobre bolo tipo pão de ló, coberto com merengue e assado em forno bem aquecido, para dourar o merengue enquanto o sorvete permanece sólido.

baked apple *(Ing.)* = iguaria feita de maçã com a parte central retirada e recheada de uvas-passas, açúcar mascavo e canela em pó, assada no forno e servida como sobremesa.

baked potatoes *(Ing.)* = batatas assadas.

baked tuna *(Ing.)* = atum assado.

bakery *(Ing.)* = padaria.

baking dish *(Ing.)* = forma para forno.

baking pan *(Ing.)* = assadeira para bolos e pães.

baking powder *(Ing.)* = fermento em pó.

baking soda / bicarbonate of soda *(Ing.)* = bicarbonato de sódio.

baking tray *(Ing.)* = forma de metal com bordas baixas, para ser usada no forno para o preparo de pizzas, tortas etc.

baklava (*Ing.*) (*Fr.*) = doce oriental de massa folhada em camadas, preparado com pistaches, nozes, sementes de papoula e amêndoas, coberto com mel e açúcar.

balance *(Fr.)* = balança.

ballena *(Esp.)* = baleia; maior mamífero do planeta, com várias espécies ameaçadas de extinção pela pesca predatória. Sua carne é consumida desde a Idade Média; no século 17, seu óleo passou a ser extraído. Atualmente, apenas três países têm o consumo de carne de baleia permitido: Islândia, Japão e Noruega.

ballottine *(Fr.)* = tipo de *galantine* de carnes desossadas de qualquer natureza, recheadas e enroladas.

balm-mint *(Ing.)* = erva-cidreira ou melissa; planta aromática nativa do sudeste da Europa e da região mediterrânea, usada em molhos, doces e chás.

balsamella *(It.)* = versão italiana para o molho bechamel. Ver *béchamel.*

balsamic vinegar *(Ing.)* = vinagre balsâmico. Ver *aceto balsámico.*

banana *(Ing.) (It.)* = banana; fruto de polpa carnosa, rico em amido e potássio, cultivado inicialmente no sudeste asiático, é consumido ao natural ou em doces, saladas, sorvetes e acompanhamentos.

(~) **split** ***(Ing.)*** = sobremesa composta de uma banana cortada no sentido longitudinal, servida com sorvete e coberta com calda de diversos sabores, terminando com creme chantili e cerejas ao licor de marasquino.

(~) **alla fiamma** ***(It.)*** = banana flambada.

banane ***(Fr.)*** = banana. Ver *banana.*

(~) **flambée** ***(Fr.)*** = banana flambada.

banchetto ***(It.)*** = banquete.

bandeja ***(Esp.)*** = bandeja.

bandeja de horno ***(Esp.)*** = assadeira ou travessa refratária.

banquet ***(Ing.)*** = refeição formal com grande diversidade de pratos servidos para muitas pessoas.

bar ***(Fr.)*** = perca de água salgada, badejo. Ver *abadejo.*

bar of chocolate ***(Ing.)*** = barra de chocolate.

barbabietola ***(It.)*** = beterraba; vegetal rico em ferro, vitaminas e betacaroteno, pode ser consumido cru ou cozido, em saladas, sucos, sopas e refogados.

barbadine ***(Fr.)*** = fruto tropical semelhante ao maracujá.

barbecue ***(Ing.)*** = churrasco.

(~) **sauce** ***(Ing.)*** = tradicional molho picante servido com churrascos; mistura de molho inglês, molho de tomate, vinagre ou vinho de arroz, cebola, alho, molho de chili e sementes de gergelim ou amendoim passado no processador de alimentos. Pode haver variação nos ingredientes.

barbecue sardines ***(Ing.)*** = sardinhas na brasa.

barbina ***(It.)*** = macarrão longo, com aparência de ninho, vendido em forma de espiral.

barchetta ***(It.)*** = tortinha no formato de barco.

bard, to ***(v.) (Ing.)*** = cobrir parte da carne com camadas finas de gordura ou toucinho para ela não secar durante a assadura enquanto suas outras partes estiverem cozinhando. Usa-se o recurso principalmente com a carne de galinha.

bardé ***(Fr.)*** = fina camada de toucinho ou bacon, usada em assados para proteger as partes do calor e evitar o ressecamento da carne.

barley ***(Ing.)*** = cevada; cereal de grande importância na alimentação humana, é também um dos principais ingredientes na fabricação de bebibas, como a cerveja e o uísque.

barm ***(Ing.)*** = lêvedo de cerveja, fermento.

(~) **cake** ***(Ing.)*** = bolo de lêvedo de cerveja; rosca macia, geralmente dividida para ser recheada como sanduíche.

barquette ***(Fr.)*** = tortinha com formato de barco.

barquita ***(Esp.)*** = tortinha em forma de barquinho.

barritas de cangrejo ***(Esp.)*** = *kani-kama*; carne branca de pescado moída e prensada (*surimi*), aromatizada com extrato de caranguejo, rica em proteínas, introduzida na culinária internacional pelos japoneses. É consumida basicamente em saladas, recheios, molhos e patês ou acompanhamentos.

basic foods ***(Ing.)*** = alimentos básicos; sete espécies são consideradas necessárias para uma alimentação diária balanceada: verduras verdes e amarelas, tubérculos, frutas, laticínios, carnes (incluindo aves e peixes), grãos e gorduras ou óleos; os vegetarianos substituem a carne por legumes.

basil ***(Ing.)*** = manjericão. Ver *albahaca.*

basilic ***(Fr.)*** = manjericão. Ver *albahaca.*

basilico ***(It.)*** = manjericão. Ver *albahaca.*

basket of fresh fruit ***(Ing.)*** = cesta de frutas frescas.

basquaise, à la ***(Fr.)*** = à moda basca: com cubos de presunto, tomates, alho e pimentões.

bass ***(Ing.)*** = perca; peixe de água doce, que pertence à família dos percídeos. Ver *perca.*

baste, to ***(v.) (Ing.)*** = umedecer um alimento com um pouco de molho ou gordura para ele não secar durante o cozimento.

bastoncini ***(It.)*** = biscoitinhos com formato de pequenas varetas.

bat out, to ***(v.) (Ing.)*** = achatar pedaços de carne crua com um batedor de carne, a fim de amaciá-la para reduzir o tempo de cozimento.

batata ***(Esp.)*** = batata-doce; alimento vegetal rico em carboidratos e vitamina A, originário dos Andes, de sabor adocicado, consumido cozido, frito ou assado em saladas, doces, purês e outros acompanhamentos.

batavia ***(Fr.)*** = alface americana. A alface é uma hortaliça de diferentes tipos, colorações, formas e variedades, de uso milenar na alimentação humana, é originária da região formada por países do leste do Mediterrâneo. Com baixíssimo teor calórico, é rica em fibras e ferro, sendo consumida basicamente em saladas.

batelière, à la ***(Fr.)*** = à moda dos marinheiros: trata-se de uma guarnição com ovo frito, cogumelos, rodelas de cebolas e camarões de água doce. Também pode ser servido como recheio de pequenas conchas.

bathe, to ***(v.) (Ing.)*** = molhar, regar, banhar.

batir ***(Esp.)*** = bater, agitar, mexer.

batter ***(Ing.)*** = massa mole feita de farinha, leite e ovos, usada para preparar panquecas.

battere ***(It.)*** = bater.

battre ***(Fr.)*** = bater, agitar.

(~) **des œufs en neige** ***(Fr.)*** = bater as claras em neve.

battuto ***(It.)*** = mistura de cebolas picadas, alho, aipo e ervas no azeite, usada como tempero básico para sopas e ensopados.

bavarois ***(Fr.)*** = sobremesa fria feita de creme de baunilha ou purê de frutas, ambos com gelatina preparada com calda grossa; quando começa a engrossar, acrescenta-se creme chantili e açúcar. Coloca-se em forma caramelada; ao esfriar, tira-se da forma e decora-se a gosto.

bavaroise ***(Fr.)*** = aperitivo quente feito com leite, chá, ovos e açúcar, aromatizado com baunilha ou licor. É admissível o uso de rum. Não confundir com *bavarois.*

bavette ***(Fr.)*** = filé de lombo de vaca.

bavette ***(It.)*** = macarrão do tipo espaguete longo, levemente achatado.

baveuse ***(Fr.)*** = termo que descreve o estado de cozimento suculento, úmido e mole por dentro, desejável a omeletes e cremes cozidos.

bay leaf ***(Ing.)*** = folha de louro. Ver *alloro.*

bay salt ***(Ing.)*** = sal marinho.

bean ***(Ing.)*** = feijão; vegetal de variadas espécies e cores, dotado de grande valor nutricional, especialmente pelo teor de ferro e proteínas que apresenta, é cultivado desde a Antiguidade. Pode ser consumido em pratos quentes (ensopados, molhos) ou frios (saladas).

(~) **paste** ***(Ing.)*** = variedade de temperos feitos com feijão-de-soja amarelo ou preto, amolecido e fermentado, ao qual às vezes se acrescentam outros ingredientes.

bean stew ***(Ing.)*** = feijão guisado.

bean stew with Spanish sausage ***(Ing.)*** = feijão guisado com chouriço.

beansprout ***(Ing.)*** = broto de feijão; vegetal tradicionalmente encontrado em pratos da culinária oriental, com baixo teor de gordura e rico em vitaminas e sais minerais. É usado em saladas e refogados diversos.

béarnaise sauce ***(Ing.) (Fr.)*** = molho, tipo *hollandaise*, com cebolinhas picadas, estragão fresco picado, cerofólio picado, grãos de pimenta amassados, vinagre de vinho branco. A esses ingredientes adicionam-se gemas de ovos, temperando-se tudo com sal e pimenta-malagueta. Serve-se com carne grelhada ou peixe.

beat, to ***(v.) (Ing.)*** = bater e misturar ingredientes com garfo ou batedeira.

becada ***(Esp.)*** = galinhola; ave silvestre de bico fino e comprido, cujas penas funcionam como camuflagem, encontrada em toda a Europa, parte da Ásia e dos Estados Unidos. Sua carne é considerada magistral em vários regiões, como Portugal e Açores, servida principalmente assada ou guisada.

bécasse de boir ***(Fr.)*** = galinhola. Ver *becada.*

beccaccia ***(It.)*** = galinhola. Ver *becada.*

becerro ***(Esp.)*** = vitela; carne de filhote bovino com menos de um ano, apreciada por ser tenra, macia e clara.

béchamel ***(Fr.)*** = molho branco preparado com leite e *roux* (mistura igual de manteiga e farinha aquecidas). A consistência do molho depende da proporção de farinha com a manteiga e o leite. Qualquer condimento deverá ser acrescentado depois, de acordo com a finalidade da mistura, que é base para muitos molhos, cremes e recheios. Trata-se de um molho básico, em geral chamado simplesmente de bechamel.

beef ***(Ing.)*** = carne de vaca ou de boi. Ver *bœuf.*

(~) **chop** ***(Ing.)*** = costeleta de vaca.

(~) **herbs** ***(Ing.)*** = ervas usadas com carne de vaca, como manjericão, hortelã, orégano, salsa, louro, cominho, manjerona, alecrim, segurelha, estragão e tomilho.

(~) **stroganoff** ***(Ing.)*** = estrogonofe; filés de carne salteados com cebolinhas cortadas, cogumelos, vinho branco, suco de limão e temperos, flambados com conhaque, finalizando-os com creme de leite. Este prato recebeu o nome do diplomata russo do século 19, conde Paul Stroganoff.

(~) **-tea** ***(Ing.)*** = caldo claro de carne.

(~) **tenderloin** ***(eua)*** = filé de carne.

(~) **Wellington** ***(Ing.)*** = filé mignon preparado com patê de *foie gras*, envolvido com massa folhada e ovo batido, levado ao forno. A carne e a massa devem assar simultaneamente. Serve-se em fatias.

beef cuts ***(Ing.)*** = cortes de carne.

(~) **back ribs** ***(Ing.)*** = parte que resta quando a costela é assada e tira-se o pouco que sobrou, que é muito tenra.

(~) **brisket** ***(Ing.)*** = carne do peito do animal, que fica debaixo da primeira das cinco costelas; é melhor assada e usa-se como carne enlatada.

(~) **chuck** ***(Ing.)*** = carne entre a base do pescoço e o ombro; geralmente moída.

(~) **flank steak** ***(Ing.)*** = músculo fibroso de debaixo da barriga, também conhecido como fraldinha; é melhor grelhar rapidamente e cortá-lo em fatias; não se deve passar do ponto, senão a carne ficará muito dura.

(~) **hanger steak** ***(Ing.)*** = parte do músculo que vai da última costela até o lombo.

(~) **loin** ***(Ing.)*** = lombo, o corte mais tenro, e o mais caro também.

(~) **plate** ***(Ing.)*** = a terça parte horizontal que vai do peito até a barriga, atrás das pernas da frente.

(~) **rib** ***(Ing.)*** = costela.

(~) **round** ***(Ing.)*** = carne do traseiro; a carne é mais dura, exigindo cozimento longo e em ensopados.

beefburger ***(Ing.)*** = carne magra, picada ou moída, misturada com cebolas e temperada, formando uma pasta fina, geralmente grelhada, servida sobre fatias de pão branco com diversos tipos de guarnição. Usada como refeição rápida.

beefsteak ***(EUA)*** = bife de carne bovina.

beer ***(Ing.)*** = cerveja; bebida alcoólica[1] milenar produzida por um processo de fermentação de cereais, consumida em todo o mundo e também utilizada na preparação de vários pratos.

beet ***(Ing.)*** = beterraba. Ver *barbabietola.*

beet sugar ***(Ing.)*** = açúcar de beterraba.

beetroot ***(Ing.)*** = raiz de beterraba.

beignets ***(Fr.) (Ing.)*** = sonhos ou rosquinhas fritas, similares aos *donuts* norte-americanos, servidos quentes com açúcar polvilhado e, às vezes, passados por calda de açúcar e recheados com creme ou geleia.

Bel Paese ***(It.)*** = queijo italiano cremoso, suave, feito com leite integral, coberto com uma casca amarela parecida com cera e envolto em papel alumínio.

bell pepper ***(Ing.)*** = pimentão. Ver *morrón.*

ben cotto ***(It.)*** = bem passado, termo referente a bife, filé.

Bénédictine ***(Fr.)*** = considerado um dos mais antigos e famosos licores do mundo, começou a ser produzido em 1510 por monges beneditinos. É composto por 27 ervas, plantas e cascas, muitas delas típicas da região de Fécamp, na Normandia, França, embora sua receita original permaneça secreta. As letras DOM, que aparecem no rótulo, constituem a sigla de *Deo Optimo Maximo* ("para Deus, só o melhor e o maior").

benniseed ***(Ing.)*** = gergelim. Ver *ajonjolí.*

benoiton, à la ***(Fr.)*** = modo de preparar carne ou peixe com molho de vinho tinto, reduzido, temperado com cebolinhas.

bere ***(It.)*** = beber.

berenjena ***(Esp.)*** = berinjela. Ver *aubergines.*

berenjenas rellenas ***(Esp.)*** = berinjelas recheadas com cebolas, ervas, pão e, às vezes, com tomates e carne suína ou bovina picadinha.

bergamot orange ***(Ing.)*** = laranja com formato de pera, amarga e meio ácida, mas com sabor agradável.

bergamote ***(Fr.)*** = bergamota; fruto cítrico similar à laranja.

[1] Atualmente, já é possível fabricar cerveja sem álcool.

bergère, à la ***(Fr.)*** = guarnição de cogumelos fatiados e batata palha.

berrichonne, à la ***(Fr.)*** = guarnição de repolho, bacon, cebolas e nozes ou castanhas para pratos de carne.

berro ***(Esp.)*** = agrião; vegetal de baixo teor calórico e rico em vitamina A, originário do sudeste asiático, consumido em saladas, sopas e recheios.

berry ***(Ing.)*** = frutas pequenas de cor vermelha, roxa ou preta. Exemplos: amora, framboesa. Plural: *berries*.

besciamella ***(It.)*** = molho bechamel. Ver *béchamel*.

bestiame ***(It.)*** = gado bovino.

bette ***(Fr.)*** = acelga. Ver *acelga*.

betterave ***(Fr.)*** = beterraba. Ver *barbabietola*.

betty crocker bread pudding ***(Ing.)*** = pudim assado com camadas de frutas picadas e migalhas de pão passadas na manteiga.

beurre ***(Fr.)*** = manteiga.

(~) **maître d'hôtel** ***(Fr.)*** = composto de manteiga, suco de limão, temperos e salsinha cortada bem fina. Formam-se rolinhos, que são colocados na geladeira e, depois, cortados em fatias grossas de 0,5 centímetro. Serve-se com carne grelhada ou peixes fritos.

(~) **à la polanaise** ***(Fr.)*** = manteiga dourada até adquirir a cor marrom, acrescida de migalhas de pão branco em proporção a um quarto da manteiga. Cozinha-se até atingir uma cor dourada/marrom.

(~) **Bercy** ***(Fr.)*** = molho obtido da mistura entre o vinho branco fervido até ficar reduzido à metade com cebolas pequenas picadas; depois de frio, junta-se manteiga, tutano cortado e fervido, salsinha picada, temperos e suco de limão. Usa-se como guarnição de costeletas de porco ou ensopados.

(~) **blanc** ***(Fr.)*** = vinho branco e vinagre fervidos até ficarem reduzidos, temperados com cebolas pequenas e manteiga batida, cozidos em fogo lento até adquirir consistência. Serve-se com peixes ou legumes.

(~) **clarifié** ***(Fr.)*** = manteiga clarificada é uma das bases da culinária. Trata-se de um processo pelo qual a manteiga sem sal é derretida devagar, em fogo baixo, e as gorduras saturadas vêm para a superfície em blocos, formando uma camada de espuma densa, que deve ser retirada várias vezes. Este tipo de manteiga resiste mais ao calor.

(~) **d'ail** ***(Fr.)*** = mistura de manteiga com quantidades iguais de dentes de alho descascados e fervidos, passados pelo processador e, em seguida, peneirados.

(~) **d'amandes** ***(Fr.)*** = manteiga com amêndoas trituradas. A mistura adquire um sabor levemente adocicado.

(~) **d'anchois** ***(Fr.)*** = manteiga misturada com anchovas, cortada em fatias. Ótima opção para peixes e canapés.
(~) **d'aveline** ***(Fr.)*** = manteiga com avelãs.
(~) **d'échalotes** ***(Fr.)*** = composto de manteiga e cebolas pequenas cortadas, depois escaldadas. Em seguida, peneira-se.
(~) **d'estragon** ***(Fr.)*** = manteiga com estragão, enrolada em papel especial e, depois de endurecida, fatiada.
(~) **de caviar** ***(Fr.)*** = manteiga com caviar, basicamente usada para enfeitar entradas, canapés e alguns pratos de peixe.
(~) **de crevettes** ***(Fr.)*** = composto de manteiga e camarões cozidos e moídos em quantidades iguais.
(~) **de Montpellier** ***(Fr.)*** = mistura de folhas de agrião, salsinha, cerefólio, estragão, cebolinhas e folhas de espinafre, com cebolas roxas escaldadas e cortadas, pepininhos em conserva, alcaparras, alho e filés de anchovas processados até resultarem em uma pasta, a que se adicionam manteiga equivalente a três vezes seu peso, ovos cozidos e gemas cruas batidos com azeite de oliva; tudo condimentado, inclusive com um pouco de pimenta--malagueta. Usa-se para cobrir peixes em bufês frios.
(~) **de moutarde** ***(Fr.)*** = manteiga com mostarda, molho inglês e pimenta. Ideal para canapés e vegetais crus servidos como entrada.
(~) **de paprika** ***(Fr.)*** = manteiga, limão, cebolas cortadas e páprica em pó.
(~) **de poivron** ***(Fr.)*** = manteiga misturada com pimentões vermelhos assados, triturados e, em seguida, peneirados.
(~) **de Provence** ***(Fr.)*** = molho resultante da mistura de alhos amassados, suco de limão, azeite doce e gema de ovo.
(~) **de raifort** ***(Fr.)*** = manteiga com purê de raiz-forte.
(~) **de saumon fumé** ***(Fr.)*** = manteiga com purê de salmão defumado.
(~) **fondu** ***(Fr.)*** = manteiga fervida com um pouco de água ou vinho, até que ambos os elementos se misturem bem. Serve-se quente com peixe cozido e legumes.
(~) **manié** ***(Fr.)*** = mistura de farinha com a manteiga até que se torne homogênea, utilizada para espessar alguns molhos.
(~) **meunière** ***(Fr.)*** = manteiga dourada no fogo, misturada com suco de limão. Ótima sugestão para peixes, em especial o linguado.
(~) **noisette** ***(Fr.)*** = manteiga sem sal cozida em fogo brando até a separação da nata, que é deixada no fundo da panela até adquirir a cor de avelã. Podem ser acrescentadas alcaparras e salsa. Acompanha peixes, legumes e massas.

(~) **noir** ***(Fr.)*** = manteiga escurecida. Ver *beurre noisette*.
(~) **salé** ***(Fr.)*** = manteiga salgada.

beurrer ***(Fr.)*** = untar com manteiga.

bevanda ***(It.)*** = bebida.

beverage ***(Ing.)*** = bebida.

bianco, in ***(It.)*** = preparado com azeite, manteiga derretida e suco de limão. Usa-se geralmente sobre peixes.

bianco d'uovo ***(It.)*** = clara de ovo.

bianco di Spagna ***(It.)*** = feijão--branco, grande e tenro, muito usado na cozinha mediterrânea.

bicchiere ***(It.)*** = copo de vidro do tipo usado para conhaque.

bien cocido ***(Esp.)*** = bem passado (carnes em geral).

bien cuit ***(Fr.)*** = bem passado ou bem cozido.

bien épicé ***(Fr.)*** = bem apimentado.

bien padado ***(Esp.)*** = bem passado.

bière = ***(Fr.)*** = cerveja. Ver *beer*.
(~) **à la pression** ***(Fr.)*** = chope.

bietola ***(It.)*** = acelga. Ver *acelga*.

bifteck ***(Fr.)*** = bife.
(~) **à la bourguignonne** ***(Fr.)*** = bife marinado em vinho tinto ou conhaque durante 12 horas, acrescido de bacon, cogumelos e cebolas brancas.
(~) **salé** ***(Fr.)*** = bife de peito de boi defumado.
(~) **Bercy au père François** ***(Fr.)*** = filé de carne com molho preparado com vinho tinto, cebolas roxas e salsinha.
(~) **haché** ***(Fr.)*** = bife de carne moída; hambúrguer.

bilancia ***(It.)*** = balança.

bilberry ***(Ing.)*** = mirtilo. Ver *airelle*.

bind, to ***(v.) (Ing.)*** = ligar, juntar.

biocoli ***(It.)*** = torradas de pão doce.

birra ***(It.)*** = cerveja. Ver *beer*.

birthday cake ***(Ing.)*** = bolo de aniversário.

biscotti ***(It.)*** = biscoitos.

biscuit roll ***(Ing.)*** = espécie de biscoito crocante em forma cilíndrica.

biscuit tortoni ***(It.)*** = sobremesa gelada italiana, feita de creme de leite, biscoito de baunilha, amêndoas e cerejas, coberta de creme chantili e polvilhados por cima com migalhas do biscoito ou amêndoas trituradas.

biscuits ***(Fr.) (Ing.)*** = biscoitos.
(~) **à la cuiller** ***(Fr.)*** = biscoitos tipo champanhe.
(~) **salés** = biscoitos salgados; aperitivos.

bisque ***(Fr.)*** = tradicional sopa espessa feita com crustáceos e creme de leite.

bistec ***(Esp.)*** = filé de carne.

bistecca ***(It.)*** = filé de carne com osso.
(~) **alla fiorentina** ***(It.)*** = filé de carne grelhado no carvão e servido malpassado com um pouco de azeite de oliva, sal e

pimenta-do-reino polvilhados depois de pronto.

(~) **alla pizzaiola** ***(It.)*** = filé de carne com molho de tomates, pimentões, orégano e alho.

bistecchina ***(It.)*** = filé de carne bem fino.

bitter ***(Ing.)*** = sabor amargo.

(~) **chocolate** ***(Ing.)*** = chocolate amargo.

bittersweet ***(Ing.)*** = agridoce. Ver *agridulce.*

(~) **chocolate** ***(Ing.)*** = chocolate meio amargo.

bivalve ***(Ing.)*** = qualquer molusco com duas conchas que se fecham sobre ele. Exemplos: mexilhões, ostras, amêijoas e vieiras.

bizcocho ***(Esp.)*** = pão de ló.

bizcochos borrachos ***(Esp.)*** = pão de ló passado em açúcar, canela e borrifado com vinho.

bizcochuelo ***(Esp.)*** = pão doce.

black bass ***(EUA)*** = dentre as várias espécies de *black bass*, destaca-se a perca; peixe de água doce, com carne branca, firme, de sabor suave, pesando de 680 a 1.360 gramas, geralmente preparado por inteiro.

black bean ***(Ing.)*** = feijão-preto. Ver *bean.*

black cap pudding ***(Ing.)*** = pudim básico, despejado em uma forma untada cuja base é coberta por uvas-passas ou geleia de uva-passa. Ao ser tirado da forma e virado, apresenta uma capa preta. Serve-se com geleia ou calda com suco de limão, engrossada com farinha depois de peneirada.

black currant ***(Ing.)*** = groselha--preta ou cassis; fruto saboroso, que pode ser consumido ao natural ou em geleias, compotas, doces e xaropes. É a base do famoso licor francês *crème de cassis*, muito apreciado na preparação de sobremesa.

(~) **cream** ***(Ing.)*** = crème de cassis; tradicional licor feito de groselha-preta (cassis), produzido na região de Dijon, na França, utilizado no preparo de drinques diversos e sobremesas.

black forest gâteau ***(Ing.)*** = pão de ló de chocolate, embebido parcialmente com licor e recheado com creme chantili e cerejas entre as camadas, sendo todo ele coberto com creme chantili, cerejas e chocolate granulado.

black mulberry ***(Ing.)*** = amora--preta. Ver *blackberry.*

black olive ***(Ing.)*** = azeitona preta. Ver *aceituna.*

black pepper ***(Ing.)*** = pimenta-do--reino ou pimenta preta; condimento usado em todo o mundo, tanto moído quanto em grão, nos mais variados pratos: aves, carnes, peixes, massas, molhos, refogados etc.

black pudding ***(Ing.)*** = morcela; espécie de chouriço, preparado com sangue e miúdos de porco, comprimidos no interior de uma tripa do mesmo animal, de consumo corrente em Portugal e na Espanha.

black radish *(Ing.)* = raiz-forte. Ver *horseradish.*

black rice *(Ing.)* = arroz preto.

black salsify *(Ing.)* = salsifi ou barba-de-bode, espécie de raiz comestível, bastante nutritiva, cujo consumo ocorre com outros vegetais e, em alguns casos, pode substituir o aspargo.

black sea bass *(Ing.)* = a denominação engloba alguns peixes marítimos, encontrados nas águas do Atlântico, dentre os quais se destacam a corvina negra e o robalo negro.

black treacle *(Ing.)* = muito popular entre os britânicos, trata-se de uma substância obtida a partir do melaço refinado, em consistência de calda usada para adoçar, principalmente em tortas de melaço e outras receitas similares.

black turnip *(Ing.)* = espécie de nabo preto; tubérculo grande, com o interior branco e picante, usado em saladas, risotos e refogados.

blackberry *(Ing.)* = amora; fruto nutritivo da mesma família da amora-preta, com grande concentração de potássio e cálcio, consumido ao natural ou usado em doces, geleias, sucos etc.

Blakeney fritters *(Ing.)* = bolinhas de massa de farinha de trigo, manteiga, açúcar e gema de ovo, colocadas ao redor de uma forma achatada, deixando um buraco no centro. Depois que as bolinhas tiverem sido glaçadas e cozidas no forno a 180ºC, durante 30 minutos, coloca-se geleia no furo.

blanc d'œuf *(Fr.)* = clara de ovo.

blanc de poulet *(Fr.)* = peito de frango.

blanch, to *(v.) (Ing.)* = tirar a pele de amêndoas com água fervendo ou escaldar a carne.

blanched almonds *(Ing.)* = sementes do caroço de amêndoas, com a pele removida.

blanchir *(Fr.)* = pelar com água fervendo ou escaldar. Ver *blanch, to.*

blancmange *(Ing.)* = flã; sobremesa de consistência cremosa, feita de leite, açúcar, aromatizantes e colorantes, com amido de milho ou gelatina para torná-la espessa.

blando *(Esp.)* = tenro, macio.

blanquette *(Fr.)* = ensopado de carne em geral, cozido com vinho branco, alho, cebolas e cogumelos, até o líquido tornar-se molho pelo acréscimo de gemas de ovo e creme de leite.

(~) **de veau** *(Fr.)* = caldeirada de carne de vitela com molho de vinho branco, *roux* e temperos clássicos, acompanhada de cogumelos, arroz, batatas e cebolas brancas.

blé *(Fr.)* = trigo; cereal essencial para a alimentação humana desde os tempos mais remotos, rico em fibras e amido, presente em pães e massas em geral.

(~) **blé noir** *(Fr.)* = trigo mourisco ou trigo-sarraceno;

planta originária do sudeste asiático, suas sementes são conhecidas como kacha, alimento de uso disseminado na Rússia e no Oriente Médio, fonte de proteína.

blend, to *(v.) (Ing.)* = mesclar completamente dois ou mais ingredientes a fim de que cada um perca suas características, gerando um terceiro homogêneo.

blended flour *(Ing.)* = dois ou três tipos de farinha mesclados para fins específicos, por exemplo, preparar bolinhos.

blender / liquidizer *(Ing.)* = liquidificador.

Bleu d'Auvergne *(Fr.)* = queijo francês originário da região de Auvergne, caracterizado pelas raias azuladas de mofo em sua massa.

blintzes (*Ing.*) = panquecas finas e delicadas, preparadas sem fermento, típicas da cozinha judaica.

bloater *(Ing.)* = arenque salgado e defumado. Ver *aringa*.

Bloody Mary *(Ing.)* = tradicional coquetel feito à base de suco de tomate, vodca, tabasco, molho inglês, suco de limão, sal e pimenta-do-reino, servido com gelo.

blueberry *(Ing.)* = mirtilo que produz bagas azuis. Ver *airelle*.

boar *(Ing.)* = javali; mais importante representante das espécies de porco-selvagem, que originou o porco doméstico, trata-se de um mamífero nativo do norte da África e sudoeste da Ásia, de carne avermelhada e tenra, com sabor delicado e exótico, que apresenta baixo teor calórico e é rica em proteínas, sendo consumida desde os primórdios da humanidade, principalmente em assados, guisados e embutidos.

bocadito *(Esp.)* = sanduíche ou refeição ligeira à base de pão.

(~) **de milhoja** *(Esp.)* = pequeno doce de massa folhada, recheado com creme de confeiteiro.

bocca di dama *(It.)* = tradicional bolo italiano de frutas e nozes ou amêndoas.

bocca negra *(It.)* = cação.

boccale *(It.)* = caneca (para cerveja, vinho etc.).

boccetta *(It.)* = garrafa pequena.

bocconcini *(It.)* = queijos pequenos, arredondados e macios, fabricados com leite de búfala e água, originários de Nápoles. De gosto suave e textura esponjosa, prestam-se à absorção de sabores, sendo frequentemente servidos com cebolas, tomates e manjericão em saladas ou na composição de massas.

bocconcino *(It.)* = fatias finas de presunto, carne de cordeiro e queijo empanadas e fritas.

(~) **di vitello allá crema** = carne de vitela cozida com vinho, manteiga, gema de ovos, creme de leite e temperos.

(~) **fiorentina** = carne de vitela ou vaca salteada com alho, cebola, ervas.

boccone *(It.)* = pouca quantidade, especialmente referindo-se a alimentos.

bœuf *(Fr.)* = carne bovina; considerada um alimento bastante nutritivo, rica em proteínas e com baixo teor calórico, é consumida mundialmente crua, cozida, assada, ensopada ou frita.

(~) **bourguignon** = cozido de carne de vaca, preparado com vinho tinto e cebolas, além de outros temperos.

(~) **tartare** *(Fr.)* = prato de carne de boi finamente picada, servida crua e temperada com sal, pimenta, alcaparras e ovo cru.

bohémienne *(Fr.)* = *ratatouille* simples feito de tomates e berinjelas cozidos separadamente em azeite de oliva e depois misturados.

(~) **sauce** *(Fr.)* = molho frio tendo como base leite, farinha de rosca fresca, manteiga, caldo de carne, raiz-forte, temperos e um pouco de vinagre com azeite de oliva.

bohémienne, à la *(Fr.)* = à moda cigana: guarnição com tomates, pimentões vermelhos, berinjelas, cebolas em rodelas, tudo frito em azeite e temperado com pimenta e sal. Admite variações entre estes ingredientes e a inclusão de arroz.

boil, to *(v.) (Ing.)* = ferver; cozinhar em água fervente.

boiled *(Ing.)* =

(~) **beef and carrots** *(Ing.)* = especialidade inglesa famosa, com peito de carne salteada, cozido lentamente com cebolas, nabos, aipo, alho-poró, cenourinhas até amaciar, servido com o líquido resultante, reduzido e sem gordura.

(~) **custard** *(Ing.)* = creme doce, feito com leite, ovos, açúcar e baunilha, semelhante à gemada.

(~) **egg** *(Ing.)* = ovo cozido.

(~) **onions** *(eua)* = cebolinhas brancas cozidas em sal, pimenta e manteiga, colocadas inteiras em sopas, ensopados etc., preparadas como purê ou consumidas sozinhas.

(~) **prawns** *(Ing.)* = camarões cozidos com pouco sal.

boiling water *(Ing.)* = água fervente.

boissons *(Fr.)* = bebidas em geral.

boîte de conserve *(Fr.)* = lata de conserva.

bollire *(It.)* = ferver.

bollito *(It.)* = fervido

bollitore *(It.)* = chaleira.

bollo *(Esp.)* = bolo básico ou pão feito em forma.

bolognaise sauce *(Ing.)* = molho à bolonhesa, feito com carne picada refogada em azeite de oliva com cebolas cortadas, cenoura, alho e tomates sem pele, misturados com ervas e temperos cozidos lentamente com caldo de carne ou vinho e/ou suco de tomate. Opcionalmente, pode-se utilizar leite ou creme. Serve-se, de preferência, com macarrão do tipo espaguete.

bomba di riso ***(It.)*** = arroz recheado com carne, aipo, alcaparras, cogumelos cortados e especiarias.

bombe glacée ***(Fr.)*** = sobremesa gelada em formato esférico, recheada com camadas de sorvete de creme e de outros sabores, em geral servida com calda.

bombolette ***(It.)*** = fritura.

bonbons ***(Fr.)*** = balas.

bone ***(Ing.)*** = osso.

(~) **marrow** ***(Ing.)*** = tutano. Ver *marrow.*

bone, to *(v.)* ***(Ing.)*** = desossar; retirar os ossos de um animal ou peixe sem danificar a carne.

boneless ***(Ing.)*** = sem qualquer osso.

boniato ***(Esp.)*** = batata-doce. Ver *batata.*

bonite ***(Fr.)*** = bonito; peixe marinho de porte médio, com carne avermelhada e gordurosa, semelhante ao atum.

bonito ***(Ing.) (It.)*** = bonito. Ver *bonite.*

bonne bouche ***(Fr.)*** = petisco servido como aperitivo ou ao final de uma refeição.

bonne femme ***(Fr.)*** = culinária simples, sem complicação.

bonne femme, à la ***(Fr.)*** = à moda caseira. O termo é utilizado para caracterizar um estilo de cozinha simples, caseiro, porém honesto. Em geral se refere a alimentos cozidos, como peixes e molhos não sofisticados.

bookmaker sandwich ***(Ing.)*** = sanduíche irlandês feito com filé malpassado servido em duas fatias de torradas com manteiga quente.

boquerones ***(Esp.)*** = filés de anchovas frescas, em escabeche (com sal e vinagre) ou torradas em fritura.

Bordeaux mustard ***(Fr.)*** = mostarda escura, levemente doce, condimentada com ervas e de sabor mais suave do que a mostarda Dijon.

bordelaise, à la ***(Fr.)*** = molho escuro feito com vinho tinto, cebolas roxas, tomilho, folhas de louro, pimenta, cozido lentamente durante 30 minutos e, depois, peneirado, acompanhado de *cogumelos* e bolinhas de batata. Serve-se com filés de carne bovina ou suína.

bordetto ***(It.)*** = peixe ensopado em molho de tomate, especialidade do norte da Itália.

boretto ***(It.)*** = molho para caldeirada temperado com açafrão.

borlotti bean ***(Ing.)*** = feijão avermelhado, variedade da Itália, geralmente servido frio em saladas.

borracho de ron ***(Esp.)*** = baba ao rum. Ver *baba au rhum.*

borscht (***Ing.***) = sopa de beterraba, servida quente ou fria, tradicional da culinária judaica.

Boston baked beans ***(EUA)*** = feijão-branco, carne de porco salgada ou barriga suína, cebolas, mostarda, açúcar ou melaço e sal, cozidos lentamente até amolecer. Serve-se com pão.

Boston brown bread *(EUA)* = pão feito com farinha de trigo branca e farinha de centeio, farinha de milho ou semolina e melaço.

Boston cream pie *(EUA)* = pão de ló recheado com creme de baunilha e coberto com glacê de chocolate.

botella *(Esp.)* = garrafa.

bottarga di muggini *(It.)* = iguaria típica e famosa da Sardenha, feita com ovas de tainha salgadas, comprimidas e maturadas até se transformarem em massa firme e coloração âmbar. É servida em fatias finas como entrada, acompanhada de pão, ou amassada com molho de azeite sobre o espaguete.

bottiglia *(It.)* = garrafa.

bottle *(Ing.)* = garrafa.

(~) **opener** *(Ing.)* = abridor de garrafa.

bottle, to *(v.) (Ing.)* = engarrafar.

bouchée *(Fr.)* = pequeno *vol-au-vent* ou concha de massa folheada, de que se corta o centro, tirando-o antes de colocar o recheio. Quando estiver meio crescida no forno, deve-se achatá-la para que cresça de maneira igual. Dependendo do recheio escolhido, pode ser uma iguaria doce ou salgada.

bouchées à la reine *(Fr.)* = conchas de massa folhada recheadas com frango, trufas e cogumelos brancos.

(~) **aux fruits de mer** *(Fr.)* = conchas de massa folhada, recheadas com cogumelos cortados em cubinhos, cozidos na manteiga, misturados com frutos do mar, ligados com molho de vinho branco e guarnecidos com salsinha.

bouchon *(Fr.)* = rolha.

bouillabaisse *(Fr.)* = prato típico da cozinha francesa, refere-se a um ensopado de frutos do mar, da região de Provença, feito de uma mistura de peixes, mariscos, cebolas, tomates, vinho branco, azeite de oliva, alho, açafrão e ervas aromáticas. O termo *bouillabaisse* é uma contração de dois verbos, *buillir* (ferver) e *abaisser* (reduzir), trazendo o significado de "abaixar para diminuir a evaporação". É um método de cozimento rápido.

bouillinade *(Fr.)* = peixe ensopado com cebolas, batatas, alho, pimentões, pimenta e açafrão. Trata-se de um prato rústico e tradicional da culinária francesa.

bouillir *(v.) (Fr.)* = ferver o líquido; cozinhar o alimento.

(~) **à petit feu** *(Fr.)* = cozinhar em fogo brando.

bouilloire *(Fr.)* = chaleira.

bouillon *(Fr.) (Ing.)* = caldo.

(~) **con carne** *(Esp.)*: ossos e carne fervidos com legumes e ervas durante uma ou duas horas, depois, peneirado.

(~) **cube** *(Fr.) (Ing.)* = cubinho de caldo comprimido e concentrado, podendo ser de carne, galinha ou legumes, que deve ser dissolvido em água quente antes de utilizado.

boulangère, à la *(Fr.)* = à moda da mulher do padeiro: cozimento no forno com fatias de cebolas, batatas e caldo de carne.

boulangerie *(Fr.)* = padaria.

boulette *(Fr.)* = rissole, bola ou croquete de massa delicada, recheada com carne ou frango, empanada e frita.

(~) **de viande** *(Fr.)* = almôndega.

bouquet *(Fr.)* = camarão grande, comum. Ver *camarón*.

bouquet garni *(Fr.)* = ramalhete de cheiros-verdes (ervas frescas), geralmente feito com até cinco ervas: tomilho, salsinha, folhas de louro, majericão, alho-poró (somente a parte verde), amarradas em maço ou envolvido em gaze; é usado em sopas e ensopados.

bourbon *(EUA)* = espécie de uísque destilado de milho, com pequenas parcelas de centeio e cevada, característico dos Estados Unidos.

bourdaine *(Fr.)* = sobremesa de maçã em massa folhada, recheada com geleia.

bourdaloue *(Fr.)* = fruta escaldada, geralmente pera, servida com calda de baunilha.

bourguignonne, à la *(Fr.)* = à moda de Bourgogne: guarnição incorporando vinho tinto Bourgogne, cebolas roxas, cogumelos e bacon.

bouride *(Fr.)* = caldeirada de peixe com cenouras, alho-poró, aipo, batatas rosadas, alho, pimenta, servido com maionese e croutons.

bourride *(Fr.)* = ensopado provençal, feito com pedacinhos de peixe salteados, cebolas, aipo e alho, fervidos com vinho branco, água, legumes e temperos, guarnecido com batatas cozidas. Serve-se com aioli, sobre o pão.

Boursin *(Fr.)* = marca registrada do queijo Gournay, da região da Normandia, cremoso, suave e fresco, condimentado com alho e ervas ou com pimentões amassados. Trata-se de uma espécie de queijo cremoso, disponível no mercado em diferentes sabores.

bout-saigneux *(Fr.)* = braço de vitela, carneiro ou de cordeiro.

bowl *(Ing.)* = tigela; recipiente.

boxty *(Ing.)* = panquecas irlandesas de batatas.

boyaux *(Fr.)* = tripas, dobradinha (parte do intestino do boi usada na alimentação).

braciola *(It.)* = fatias finas de carne (boi, porco, carneiro) ou frango, enroladas e recheadas com queijo, linguiça, cebola (o recheio pode variar), fritas e servidas com molho de tomate.

(~) **di maiale** *(It.)* = costeleta de carne de porco.

bracioline *(It.)* = filezinhos de carne de carneiro, porco ou boi, enrolados e recheados.

Bragance, à la *(Fr.)* = à moda de Bragança, região de Portugal: guarnição feita de tomates recheados e croquetes de batata.

brain *(Ing.)* = miolo de animais.

braise, to *(v.) (Ing.)* = guisar, refogar carnes, previamente assadas, com um pouco de água, o suficiente para cobri-las, em uma panela com tampa a fim de reduzir a evaporação; assa-se primeiro o alimento na panela, terminando-se no forno.

(~d) **chicken** *(Ing.)* = frango refogado.

(~d) **liver** *(Ing.)* = fígado refogado.

(~d) **quail** *(Ing.)* = codornas refogadas.

(~d) **rabbit** *(Ing.)* = coelho refogado.

braisée *(Fr.)* = refogado, guisado.

bran *(Ing.)* = farelo de trigo ou de outros cereais.

branche, en *(Fr.)* = maneira de servir os alimentos, no caso inteiros, principalmente verduras, como aipo ou espinafre.

brandade *(Fr.)* = destaque da culinária provençal, purê de bacalhau cozido e desfiado, preparado com alho, azeite e leite. Servir com pão.

brandy *(Ing.)* = conhaque; bebida oriunda da destilação do vinho, envelhecida em tonéis de madeira e servida em temperatura ambiente ou levemente aquecida. Pode ser consumido puro, em cafés, em molhos ou como ingrediente de pratos doces e salgados.

(~) **sauce** *(Ing.)* = molho bechamel adocicado e condimentado com conhaque. Servido com pudim de Natal ou tortinhas.

branzino *(It.)* = robalo; peixe de água salgada, cuja carne, de baixo teor calórico, é considerada de alta qualidade, podendo ser consumida fresca ou defumada.

brasare *(It.)* = refogar, cozinhar lentamente (a carne).

brasato *(It.)* = refogado, guisado.

brasero *(Esp.)* = braseiro, churrasqueira.

brasserie *(Fr.)* = cervejaria.

brawn *(Ing.)* = carne de músculo; carne de porco ou de javali.

Brazil nut *(Ing.)* = castanha-do--pará; semente de alto teor nutritivo, pode ser consumida crua ou assada e integra receitas de doces, molhos, acompanhamentos etc.

Brazilian cherry *(Ing.)* = pitanga; fruto nativo do Brasil, contém vitaminas A, B e C, podendo ser consumida em sucos, sorvetes, geleias, licores, doces e chás.

Brazilian guava *(Ing.)* = goiaba; fruto rico em fibras e potássio, com elevados níveis de vitamina C e baixo teor de gordura, originário das regiões tropicais do continente americano, em especial Brasil e Antilhas. Sua polpa é carnosa, levemente adocicada, apresentando amplas possibilidades de consumo: ao natural, em sucos, geleias, doces, sorvetes, compotas, molhos salgados e agridoces.

bread *(Ing.)* = pão.

(~) **and butter** *(Ing.)* = pão com manteiga.

(~) **board** *(Ing.)* = tábua de cortar pão.
(~) **-crumbs** *(Ing.)* = migalhas de pão, farinha de rosca.
(~) **pudding** *(Ing.)* = pudim de pão.
(~) **roll** *(Ing.)* = pãozinho.
(~) **sauce** *(Ing.)* = molho espesso feito de miolo de pão com leite fervido lentamente com cebolas cortadas, manteiga e temperos. Serve-se com aves assadas. É tradicional na culinária britânica.

breaded *(Ing.)* = empanado, à milanesa.
(~) **escalope** *(Ing.)* = escalope empanado.
(~) **lamb chops** *(Ing.)* = costeletas de cordeiro empanadas.
(~) **pork chops** *(Ing.)* = costeletas de porco empanadas.
(~) **veal chops** *(Ing.)* = costeletas de vitela empanadas com queijo.

breadfruit *(Ing.)* = fruta-pão; fruto comestível de grandes propriedades nutricionais e consistência e sabor similares ao pão, nativo de regiões do Oriente, pode ser consumido assado, torrado, frito ou cozido. Suas sementes também são comestíveis.

breadsticks *(Ing.)* = palitos de pão assados, servidos ao natural, cobertos de sal ou com especiarias na massa, usados como aperitivos ou acompanhando carnes. São originários de Turim, na Itália, e produzidos desde a Idade Média.

breakfast *(Ing.)* = desjejum; café da manhã.
(~) **foods** *(Ing.)* = elementos que integram o café da manhã, como flocos de cereal (aveia, milho, trigo), panquecas, waffles etc.

bream *(Ing.)* = brema; peixe de água doce arredondado com a cabeça dourada, vermelho nas costas, com barbatanas prateadas e vermelhas, pesando mais de um quilo, com carne firme e branca. Encontrado no Atlântico Norte, pertencente à família das carpas. Seu consumo é comum na culinária de vários países europeus desde os tempos medievais.

breast of chicken *(Ing.)* = peito de frango.

breast of veal *(Ing.)* = peito de vitela.

brécol / brecoli *(Esp.)* = brócolis; verdura rica em cálcio e ferro, consumido em sua totalidade: talos, folhas e frutos são comestíveis. Pode ser ingerido cru ou cozido, em saladas, refogados, recheios, guarnições etc.

bretonne, à la *(Fr.)* = à moda da Bretanha: feijões brancos, inteiros, ou como purê, cobertos com molho *bretonne*.

bretonne garnish *(Ing.)* = guarnição para carnes, composta de camarões, alcaparras, pepininhos em conserva e feijões brancos.

bretonne sauce *(Fr.)* = molho para ser usado com peixes e ovos, feito com alho-poró, aipo, cebolas e cogumelos cozidos lentamente na manteiga, terminando-o com creme de leite e manteiga.

brettone ***(Esp.)*** = couve-de--bruxelas. Ver *Broussels sprouts.*

brew ***(Ing.)*** = fermentação, infusão para fazer cerveja.

brewer ***(Ing.)*** = cervejeiro.

brewer's yeast ***(Ing.)*** = lêvedo de cerveja.

briciola ***(It.)*** = migalhas de pão ou farinha de rosca.

Brie ***(Fr.)*** = queijo suave, oriundo da região de Brie, na França, em formato redondo, com fungos na superfície para desenvolver seu sabor; leva de seis a oito semanas para sazonar e, então, apresenta um ligeiro aroma de cogumelos e sabor suavemente picante, aromático e um pouco ácido. Fabricado com leite de vaca, contém 46% de água, 30% de gordura e 22% de proteína.

brigidini ***(It.)*** = biscoitos com sabor de anis e mel.

brill ***(Ing.)*** = peixe parecido com o rodovalho ou linguado, mas menor e inferior em qualidade.

brine ***(Ing.)*** = salmoura.

brine, to ***(v.) (Ing.)*** = mergulhar um alimento na salmoura; salgar.

brioche ***(Fr.) (Ing.) (It.)*** = brioche; pão ou bolinho de massa leve, feito com levedura de fermento, ovos e manteiga, salgado ou doce, às vezes recheado. Come-se quente, de preferência.

(~) **aux fruits confits** ***(Fr.)*** = tradicional brioche em forma de coroa, preparado com frutas cristalizadas.

brioscia ***(It.)*** = espécie de brioche.

broach ***(Ing.)*** = espeto para churrasco.

broad bean ***(Ing.)*** = fava.

broad beans with ham ***(Ing.)*** = favas com presunto.

broccoli ***(Ing.) (It.)*** = brócolis. Ver *brécol.*

broche ***(Fr.)*** = espeto para assar carnes em geral.

broche, à la ***(Fr.)*** = carne assada no espeto.

brochet ***(Fr.)*** = lúcio; peixe de água doce semelhante à perca, com aproximadamente 1,5 metro de comprimento, cabeça pontuda e corpo achatado, de coloração verde com raias verticais pardas, nadadeiras fortes e cauda triangular, que vive em rios e lagos da Europa e alimenta-se de outros peixes; sua carne é branca e gordurosa, porém muito apreciada.

brocheta ***(Esp.)*** = espetinho de madeira ou metal; o termo também pode designar alimentos preparados com espetos.

brochette ***(Fr.)*** = espetinho.

brócoli ***(Esp.)*** = brócolis. Ver *brécol.*

brocoli ***(Fr.)*** = brócolis. Ver *brécol.*

brodetto ***(It.)*** = espécie de caldo feito com peixes e frutos do mar, servido sobre fatias de pão frito ou torrado.

brodo ***(It.)*** = caldo.

(~) **di manzo** ***(It.)*** = caldo de carne, podendo ser acrescentados legumes, verduras e macarrãozinho.

(~) **ristretto** ***(It.)*** = consomê.

broil, to *(v.) (Ing.)* = grelhar, assar sobre brasas.

broth *(Ing.)* = caldo; por extensão, líquido em que carne ou peixe foram fervidos com ervas, vegetais e temperos.

broufado *(Fr.)* = carne, à moda provençal, ensopada com vinagre, anchovas e alcaparras.

brouillade périgourdine *(Fr.)* = ovos temperados com trufas e vinho.

brouillé *(Fr.)* = mexido, como *œufs brouillés* (ovos mexidos).

brown *(Ing.)* = dourado, quase marrom.

(~) **betty** *(EUA)* = pudim tradicional inglês, preparado com camadas de maçã picadas e açúcar mascavo, migalhas de pão, cascas de limão raladas. Deve ser assado até dourar.

(~) **bread** *(Ing.)* = pão preto, de centeio ou integral.

(~) **flour** *(EUA)* = farinha que foi dourada ou assada no forno para dar-lhe um sabor de nozes, usada para engrossar ensopados c molhos.

(~) **onion soup** *(Ing.)* = sopa de cebolas: fatias bem finas de cebola e alho bastante douradas na manteiga, a que se adiciona farinha, fervidas até adquirirem uma cor dourado-escuro; adiciona-se caldo de carne, cozinha-se lentamente, peneira--se e adicionam-se temperos. Serve-se com fatias de pão torradas, salpica-se com queijo ralado e doura-se em fogo forte.

(~) **rice** *(Ing.)* = arroz integral.

(~) **sugar** *(Ing.)* = açúcar mascavo.

(~) **vegetable stock** *(Ing.)* = caldo de legumes cortados e dourados em óleo, cozidos lentamente com água, tomates, cogumelos, pimentões e fermento durante uma hora, e peneirados.

(~) **ware** *(Ing.)* = louça de barro.

brown, to *(v.) (Ing.)* = assar ou grelhar no forno de modo que a superfície do alimento fique dourada.

brownie *(EUA)* = iguaria típica da culinária norte-americana, trata-se de pão de ló de chocolate, mole no meio, geralmente com nozes e/ou coberto com chocolate meio amargo, colocado em uma forma quadrada e cortado em pedacinhos retangulares ou quadrados.

broyer *(Fr.)* = moer, macerar.

bruciare *(It.)* = queimar.

bruciato *(It.)* = queimado.

brugnon *(Fr.)* = nectarina; fruto altamente nutritivo, fonte de vitaminas A e C, proteínas e fibras, consumido ao natural, em saladas de frutas, sucos, tortas, geleias e doces. Trata-se de uma variedade de pêssego que não solta caroço e tem a casca lisa.

brulé *(Fr.)* = caramelado, geralmente em pratos com açúcar torrado e caramelado por cima, como no *crème brûlée.*

brunch *(Ing.)* = fusão dos vocábulos *breakfast* e *lunch*; refeição que apresenta uma combinação de café da manhã com almoço, servido entre 10 e 15 horas.

Brunswick cake *(Ing.)* = bolo em formato de sanduíche, recheado com pasta de amêndoas ou geleia de damasco.

Brunswick salad *(Ing.)* = salada americana de salsichas ou linguiças cortadas em tiras, misturadas com picles, como pepinos, tomates, maçã ralada e feijões-verdes, regados com molho vinagrete e salsinha.

bruschetta *(Ing.) (It.)* = fatias de pão assadas com alho e tomates cortados, salpicadas com azeite de oliva e sal, servidas como acompanhamento de uma refeição ou lanche.

brusco *(It.)* = azedo, ácido.

Brussels sprouts *(Ing.)* = couve--de-bruxelas ou repolhinho; vegetal rico em sais minerais e celulose, cultivado em zonas de clima temperado, é usado em sopas e acompanhamentos, em geral fervido na água ou escaldado no vapor, podendo ser cozido lentamente.

brut *(Fr.)* = seco (o champanhe).

bubble, to *(v.) (Ing.)* = borbulhar, espumar, efervescer.

bucatini *(It.)* = tipo de espaguete com furos.

(~) **alla matriciana** *(It.)* = bucatini com molho de tomate, cebola e bacon.

buccellato *(It.)* = bolo típico da Sicília, com uvas-passas, amêndoas e frutas cristalizadas, aromatizado com anis e consumido principalmente na época do Natal.

buccia *(It.)* = pele, casca de frutas ou de legumes.

buckwheat *(Ing.)* = trigo-mouro ou trigo-sarraceno. Ver *blé noir*.

budduzze *(It.)* = prato siciliano feito de bolas de carne preparadas lentamente em molho de tomates.

budello *(It.)* = tripas, dobradinha ou bucho (parte do intestino do boi usada na alimentação).

budín *(Esp.)* = pudim.

budinera *(Esp.)* = forma para pudim.

budino *(It.)* = pudim.

(~) **di ricotta** *(It.)* = pudim de ricota.

(~) **torinese** *(It.)* = pudim de castanhas.

buffet *(Ing.)* = bufê; mesa ou balcão para servir bebidas ou petiscos.

(~) **service** *(Ing.)* = serviço de alimentos que dispõe os pratos em um aparador para os convidados ou comensais escolherem e se servirem.

bulgur / burghul (*Ing.*) = trigo pré-cozido, seco e moído, compõe ou acompanha diversos pratos da culinária do Mediterrâneo e do Oriente Médio.

bun *(Ing.)* = pãozinho doce.

(~) **loaf** *(Ing.)* = pãozinho doce com frutas secas sortidas.

buñuelos ***(Esp.)*** = bolinhos de farinha fritos, similares aos sonhos, em geral recheados, passados no açúcar e na canela. São servidos quentes.

burbuja ***(Esp.)*** = bolha ou borbulha.

burdock ***(Ing.)*** = bardana; planta de raízes comestíveis, apreciada sobretudo no Japão.

burgoo ***(Ing.)*** = sopa espessa de carne com legumes.

burn, to ***(v.) (Ing.)*** = queimar.

Burratta ***(It.)*** = queijo fresco italiano, originário da região de Puglia, na Itália, feito de leite de búfala, de sabor amanteigado e textura macia, quase cremosa. É um tipo de mozarela.

burritos ***(Esp.)*** = iguaria tradicional da cozinha mexicana, constitui-se de panquecas enroladas, recheadas com frango, carne bovina ou suína, presunto e queijo derretido, gratinadas com queijo e assadas no forno até dourarem.

burro ***(It.)*** = manteiga.

(~) **e formaggio** ***(It.)*** = molho feito com manteiga derretida e queijo ralado.

(~) **e parmigiano** ***(It.)*** = molho preparado com manteiga derretida misturada ao queijo parmesão, usado com massas.

(~) **fuso** ***(It.)*** = manteiga derretida.

(~) **chiarificato** ***(It.)*** = manteiga clarificada.

butter ***(Ing.)*** = manteiga.

(~) **bean** ***(Ing.)*** = feijão-manteiga.

(~) **-dish** ***(Ing.)*** = manteigueira.

(~) **knife** ***(Ing.)*** = faca para manteiga.

(~) **pat** ***(Ing.)*** = naco (porção) de manteiga.

buttercream ***(Ing.)*** = recheio de bolo ou cobertura feita de manteiga batida em partes iguais com açúcar de confeiteiro.

buttered toast ***(Ing.)*** = torrada com manteiga.

butterfat ***(Ing.)*** = nata; gordura extraída do leite e da manteiga.

butterfly cakes ***(Ing.)*** = pequenos bolos de pão de ló dos quais uma porção redonda da parte de cima é removida, cortada em duas partes e recolocadas como se fossem asas depois de o buraco ter sido recheado com creme, frutas amassadas etc. Cobre-se com glacê.

butterfly fish ***(Ing.)*** = peixe-voador; pequeno peixe de água salgada, rico em proteínas. Sua presença no universo gastronômico justifica-se, principalmente, pelas ovas que produz (*tobiko*), de textura firme e sabor agradável, sendo sua coloração mais comum amarelada, característica da culinária japonesa, em especial como recheio de *sushi*.

butterscotch ***(Ing.)*** = bala feita de manteiga e caramelo.

buttery ***(Ing.)*** = amanteigado.

button mushroom ***(Ing.)*** = tipo mais comum de cogumelo, facilmente encontrado no mercado. Tem coloração creme, escurecendo ligeiramente à medida que amadurece. É usado em saladas, massas, molhos, tortas etc.

caballa ***(Esp.)*** = cavala; designação comum a vários peixes, sendo a cavala-verdadeira o de maior valor comercial.

cabbage ***(Ing.)*** = repolho; vegetal amplamente utilizado na culinária, com elevado teor de vitamina C, cálcio e ferro, pode ser consumido cru ou cozido em saladas, refogados, recheios etc. Estatísticas atuais demonstram que contém propriedades que auxiliam no combate ao câncer, principalmente o de mama.

cabillaud ***(Fr.)*** = bacalhau fresco. Ver *bacalao*.

(~) **à la boulangère** ***(Fr.)*** = bacalhau fresco assado na manteiga, com cebolas, batatas, salsinha picada e especiarias.

(~) **à la flamande** ***(Fr.)*** = bacalhau amolecido no vinho branco com cebolas roxas cortadas, suco de limão e outros temperos em *bouquet garni*. Acompanham batatas cozidas.

(~) **à la portugaise** ***(Fr.)*** = postas de bacalhau cozidas com vinho, tomates e alho. Serve-se com arroz.

cabinet pudding ***(Ing.)*** = pudim simples feito de migalhas de pão e manteiga ou de pão de ló, coberto com glacê de cerejas cortadas e frutas secas embebidas em creme de ovos, cozido em banho-maria e servido quente com acompanhamento de creme de baunilha ou algum molho doce.

cabra ***(Esp.)*** = cabra; mamífero de carne magra e sabor suave, bastante apreciada em diferentes partes do mundo, consumida principalmente em assados e guisados. Seu leite é saudável e nutritivo, com menos açúcar e colesterol que o da vaca.

cabrito al ajillo ***(Esp.)*** = cabrito frito com alho, cebolas, batatas, pimentões e ervas.

cabrón ***(Esp.)*** = bode.

cacahuète ***(Fr.)*** = amendoim. Ver *arachide*.

(~) **grillet** ***(Fr.)*** = amendoim torrado.

cacao ***(Esp.) (Fr.) (Ing.) (It.)*** = cacau; fruto originário do Brasil e da América Central, rico em carboidratos e proteínas, é a fonte de fabricação do chocolate, por meio da moagem de suas sementes amargas. Sua polpa é saborosa, consumida em sucos, doces, sorvetes e geleias.

(~) **bean** *(Ing.)* = semente do cacau.

(~) **butter** *(Ing.)* = manteiga de cacau.

cacciatora, alla *(It.)* = à moda do caçador: molho preparado com cebolas, alho, tomates, ervas, cogumelos e vinho.

cacciatore *(It.)* = caçador. É a refeição preparada *alla cacciatora.*

cacerola *(Esp.)* = panela do tipo caçarola.

cachi *(It.)* = caqui; fruto originário da China e do Japão, rico em proteínas e açúcares, de textura macia e suculento, é ingerido ao natural, em doces, geleias, sorvetes etc.

cacio *(It.)* = queijo.

Caciocavallo / Cacciocavallo *(It.)* = queijo italiano de origem siciliana preparado com leite de vaca, produzido desde o século 14, de consistência média, sabor suave e levemente salgado. Pode ser consumido fresco ou defumado.

caciucco *(It.)* = sopa de peixe bem condimentada, servida com pedaços de torradas temperadas com alho.

Caerphilly *(Ing.)* = queijo tradicional do País de Gales, originário da cidade de Caerphilly e produzido com leite de vaca, apresenta aroma forte e sabor salgado com leve toque ácido. De textura semifirme e cor clara, é consumido preferencialmente fresco, acompanhado de pão preto.

Caesar salad *(EUA)* = salada muito comum nos Estados Unidos, preparada à mesa, feita com alface romana, azeite, suco de limão, queijo parmesão ralado, gemas de ovo, anchovas temperadas e croutons.

café *(Fr.) (Ing.)* = lugar onde são servidas refeições leves; fruto do cafeeiro, cujo principal componente ativo é a cafeína; bebida consumida em todo o mundo, obtida por meio de três processos: infusão, decocção e percolação.

(~) **au lait** *(Fr.)* = café com leite.

(~) **brulôt** *(Fr.)* = café forte, com licor e especiarias, flambado com conhaque e servido quente em copos estreitos e altos.

(~) **èpicé** *(Fr.)* = café com cravo e canela, tradicional entre os suíços.

(~) **liégeois** *(Fr.)* = sorvete de café servido com creme chantili.

(~) **macchiato** *(It.)* = café expresso com adição de creme de leite ou leite, típico da Itália.

(~) **noir** *(Fr.) (Ing.)* = café puro.

cafetera *(Esp.)* = cafeteira.

cafeteria *(Ing.)* = lanchonete; estabelecimento comercial especializado em servir café, sucos e pequenos lanches.

cafetière *(Fr.)* = cafeteira.

caffetiera *(It.)* = cafeteira.

cagliata *(It.)* = coalhada.

caille *(Fr.)* = codorna; conhecida como codorniz em Portugal, trata-se de uma ave de origem asiática, de carne tenra e saborosa, consumida em assados e refogados. Seus ovos são muito apreciados em aperitivos, antepastos e saladas.

cake ***(Ing.)*** = bolo.

(~) **aux fruits confits** ***(Fr.)*** = pão de frutas.
(~) **flour** ***(Ing.)*** = farinha especial para bolos.
(~) **pan** ***(Ing.)*** = forma de bolo.
(~) **server** ***(Ing.)*** = espátula usada para servir bolos.
(~s) **baked on the premises** ***(Ing.)*** = bolos caseiros.

calabacín / calabacita ***(Esp.)*** = abobrinha; fruto com baixo teor de calorias e fonte de celulose, é consumido, cru ou cozido, em saladas, recheios, frituras, suflês, assados, frituras e refogados.

calabaza ***(Esp.)*** = abóbora; vegetal com polpa amarela e rico em fibras e vitamina A, usado em doces, pães, purês, sopas, ensopados e acompanhamentos. Suas sementes, quando torradas, são consumidas como aperitivo.

calamar ***(Esp.)*** = lula; molusco marinho rico em proteínas, bastante apreciado na culinária internacional em antepastos, saladas, refogados, moquecas, massas, risotos etc.

(~) **a la vinagreta** ***(Esp.)*** = lulas em molho vinagrete.
(~s) **fritos** ***(Esp.)*** = anéis de lula passados na farinha e fritos em azeite ou óleo. São servidos com uma fatia de limão.

calamaretti ***(It.)*** = lulas pequenas. Ver *calamar*.

calamari ***(It.)*** = lula. Ver *calamar*.

caldereta ***(Esp.)*** = guisado filipino de carne, cebolas, tomates, pimentões, batatas (ou feijão-verde).

(~) **asturiana** ***(Esp.)*** = peixe e mariscos assados no vinho com cebolas, tomates, pimentões e condimentos.

caldo ***(Esp.) (It.)*** = caldo; molho.

(~) **de gallina** ***(Esp.)*** = caldo de galinha.
(~) **de pescado** ***(Esp.)*** = sopa de peixe.
(~) **de pimentón** ***(Esp.)*** = peixe ensopado com sardinhas, pimentões, tomates, alho, páprica e azeite.
(~) **gallego** ***(Esp.)*** = sopa de feijão, presunto, chouriço espanhol, carne de porco, repolho, batatas, nabos, aipo e cebolas; especialidade da Galícia.

calentar ***(Esp.)*** = esquentar (água, alimentos).

calf ***(Ing.)*** = novilho; vitelo, bezerro. Ver *becerro*.

caliente ***(Esp.)*** = quente.

Calvados ***(Fr.)*** = bebida alcoólica destilada de maçãs, do tipo *brandy*, originária da região da Normandia, na França.

calzone ***(It.)*** = iguaria originária da região de Salerno, na Itália. Trata-se de massa branca fermentada, semelhante a uma pizza, dobrada e recheada com queijo ou salame (ou ambos), cebolas, azeitonas, tomates, anchovas, alcaparras ou queijo, dentre outros ingredientes. Assa-se no forno ou frita-se em azeite.

camarón ***(Esp.)*** = camarão; crustáceo de carne saborosa, bastante apreciado na culinária de todo o mundo pela versatilidade que apresenta, sendo encontrado em antepastos, saladas, massas, refogados, risotos, caldeiradas, molhos etc.

Camembert ***(Fr.)*** = queijo suave, originário da região da Normandia, na França, elaborado com leite de vaca integral, de consistência mole e textura fina, suavemente salgado, cuja superfície é amadurecida no período mínimo de três semanas, formando uma camada branca de fungos como casca. Após 45 dias, atinge o ponto ideal de maturidade.

camicia, in ***(It.)*** = técnica de cozimento para ovos e batatas, em que ambos são cobertos ou envolvidos durante o processo. Os ovos são colocados em recipiente antes da imersão em água fervente, evitando sua dispersão; as batatas, envoltas em material apropriado, em geral papel-manteiga.

camomilla ***(It.)*** = camomila. Ver *chamomile.*

camomille ***(Fr.)*** = camomila. Ver *chamomile.*

camote ***(Esp.)*** = batata-doce. Ver *batata.*

campagnola, alla ***(It.)*** = à moda camponesa, rústica. Os ingredientes variam um pouco, mas é básica a presença de cebola, alho e vinho branco.

can ***(Ing.)*** = lata; recipiente de metal para conservar alimentos.

(~) **opener** ***(Ing.)*** = abridor de latas.

can, to ***(v.) (Ing.)*** = enlatar.

caña de azúcar ***(Esp.)*** = cana-de--açúcar.

canapé ***(Fr.)*** = canapé; petisco; pequenos biscoitos ou torradinhas cobertas com ervas, patês etc., decorados e servidos como aperitivos.

canard ***(Fr.)*** = pato. Ver *anatra.*

(~) **à l'orange** ***(Fr.)*** = pato com laranja; pato previamente temperado e condimentado, assado durante 40 minutos em forno a 200ºC, servido com molho feito de restos de pão, vinho tinto, caldo de carne e suco de laranja, engrossado com araruta ou amido, e guarnecido com cascas de laranja e agrião.

(~) **laqué** ***(Fr.)*** = prato típico da culinária chinesa, à base de pato macerado em mel e assado com especiarias. Em geral, é acompanhado de vegetais crus e pão.

candied ***(Ing.)*** = cristalizado, confeitado.

(~) **fruit** ***(Ing.)*** = fruta cristalizada; pedaços de frutas embebidas em calda açucarada, cozidos até que a água evapore, para então serem secos e cobertos com açúcar cristalizado, formando glacê.

(~) **peels** ***(Ing.)*** = cascas de frutas cristalizadas.

candy ***(Ing.)*** = bala, confeito, bombom, balas, chocolates. Plural: *candies.*

(~) **apple** ***(Ing.)*** = maçã colocada em posição vertical com um pauzinho para segurá-la, preparada com açúcar e groselha, temperada com canela ou baunilha. Também conhecida como "maçã do amor".

(~) **floss** ***(Ing.)*** = algodão-doce.

(~) **-shop** ***(Ing.)*** = confeitaria.

(~) **store** ***(EUA)*** = confeitaria.

canella ***(It.)*** = canela; especiaria das mais antigas, primitivamente era utilizada para aromatizar vinhos. Hoje, seu consumo é amplo, incluindo doces variados, pães, guisados, caldas, mingaus e até peixes, dentre outras iguarias.

canelle ***(Fr.)*** = canela. Ver *canella.*

canelloni ***(It.)*** = canelones; quadrados de massa fina, cozidos, recheados e enrolados, colocados em um prato e cobertos com molho.

cangrejo ***(Esp.)*** = caranguejo; crustáceo bastante apreciado na culinária de vários países, especialmente suas patas dianteiras, onde se localiza a maior parte da carne.

canna da zucchero ***(It.)*** = cana-de--açúcar.

canne à sucre ***(Fr.)*** = cana-de-açúcar.

canned ***(Ing.)*** = enlatado, em conserva.

(~) **food** ***(Ing.)*** = comida enlatada.

cannelle ***(Fr.)*** = canela. Ver *canella.*

cannellini beans ***(It.)*** = nome genérico para todos os tipos de feijão-branco.

cannoli ***(It.)*** = sobremesa siciliana de pasteizinhos em formato de tubo, recheados com queijo cremoso, creme chantili, creme de chocolate etc.

canola oil ***(Ing.)*** = óleo de canola, extraído dos grãos do vegetal homônimo.

Cantal ***(Fr.)*** = um dos queijos franceses mais antigos, originário da região de Auvergne, é produzido com leite de vaca e apresenta textura semifirme e macia, com sabor amendoado.

cantaloup ***(Fr.)*** = cantalupo; variedade de melão, com polpa de cor alaranjada e perfumada, em geral consumido fresco em saladas, cremes ou em pedaços enrolados com presunto.

cantaloupe ***(Ing.)*** = cantalupo. Ver *cantaloup.*

cantucci ***(It.)*** = pequenos biscoitos doces, duros, contendo pedaços de amêndoas.

capellacci di zucca ***(It.)*** = espécie de massa recheada com abóbora.

capelli d'angelo ***(It.)*** = cabelo de anjo; espécie mais fina das massas italianas, em razão de sua delicadeza, sugere a utilização de molhos também delicados.

capellini ***(It.)*** = tipo de espaguete bem fino, porém um pouco mais grosso que o cabelo de anjo. Pede, como complemento, molhos mais suaves.

capers ***(Ing.)*** = alcaparras. Ver *alcaparra.*

(~) **mayonnaise** ***(Ing.)*** = alcaparras cortadas, pimentões vermelhos cortados e vinagre com estragão misturados em maionese.

capillari ***(It.)*** = enguias pequenas.

caponata ***(It.)*** = salada italiana de berinjelas fritas com cebolas, tomates, anchovas, cogumelos e azeitonas, servida sobre torradas ou biscoitos.

caponatine ***(It.)*** = salada de legumes em conserva.

cappa ai ferri ***(It.)*** = vieiras grelhadas.

cappeletti ***(It.)*** = tipo de massa italiana, semelhante ao *tortellini*, recheada e servida, geralmente, com caldo.

capperi ***(It.)*** = alcaparras. Ver *alcaparra.*

cappon magro ***(It.)*** = espécie de salada mista de legumes cozidos, anchovas, peixe, camarões, lagosta, ovos e biscoitinhos com sabor de alho. Prato genovês característico da mesa de Natal.

cappuccino ***(It.)*** = bebida tradicional italiana, obtida da mistura de café, leite e espuma de leite. No Brasil, aparece temperado com chocolate amargo em pó e canela, podendo ser servido com chantili.

capra ***(It.)*** = cabra. Ver *cabra.*

câpre ***(Fr.)*** = alcaparra. Ver *alcaparra.*

capretto ***(It.)*** = cabrito; mamífero de carne macia, sabor suave, com baixo índice calórico e alto teor de proteína, muito apreciado em Portugal. É consumido assado ou ensopado.

caprini ***(It.)*** = queijinhos de coalho de leite de cabra, aromatizados com ervas.

capsicum ***(Ing.)*** = cápsico; nome geral dado a plantas da família *Capsicum*, parentes do tomate, conhecidas como pimentas adocicadas (pimentões), de cor verde, amarela ou vermelha, podendo chegar a pimentas fortes e picantes, como a malagueta, o chili e a pimenta-de-caiena. Não devem ser confundidas com pimenta preta ou pimenta--do-reino.

caracol ***(Esp.)*** = caracol ou *escargot*; molusco bastante apreciado pela cozinha mediterrânea, em especial pelos franceses e espanhóis, servido cozido com molhos diversos.

carafe ***(Ing.)*** = garrafa aberta, de vidro, com formato de cone para servir vinho ou água.

caramel ***(Fr.)*** = caramelo; açúcar queimado, fervido em um terço de seu peso em água, até adquirir um tom marrom dourado, a cor do caramelo. É usado em alimentos assados ou fritos, além de uma infinidade de doces.

caramel ***(Ing.)*** = caramelo. Ver *caramel.*

(~) **sauce** ***(Ing.)*** = molho quente feito com açúcar queimado, caramelizado, batido com água e manteiga ou creme.

caramelize, to *(v.) (Ing.)* = caramelizar; queimar açúcar até adquirir o tom de caramelo; transformar o açúcar em caramelo.

caramellato *(It.)* = caramelizado, doce.

caramello *(It.)* = caramelo. Ver *caramel.*

caramelo *(Esp.)* = caramelo. Ver *caramel.*

caraway *(Ing.)* = alcaravia. Ver *alcaravea.*

carbonara *(It.)* = molho italiano tradicional para espaguetes, preparado com pedacinhos de bacon, creme e, às vezes, ovos batidos e queijo parmesão.

carbonata *(It.)* = carne ensopada em vinho tinto e manteiga. Serve-se com polenta.

carbonated water *(Ing.)* = água gaseificada.

carbonnade *(Fr.)* = guisado de carne cozida na cerveja.

carciofi alla romana *(It.)* = alcachofras cozidas com azeite e ervas.

carciofini *(It.)* = fundos ou corações de alcachofras.

carciofo *(It.)* = alcachofra. Ver *alcachofa.*

cardamom seed *(Ing.)* = semente de cardamomo. Ver *cardamome.*

cardamome *(Fr.)* = especiaria levemente adocicada e picante, em forma de sementes (inteiras ou moídas), proveniente da Índia, característica da culinária deste país, embora seu uso tenha se espalhado por outras regiões. É utilizada para temperar e aromatizar carnes, pudins, pães, biscoitos, saladas, arroz, picles, licores, café etc.

cardamomo *(Esp.) (It.)* = cardamomo. Ver *cardamome.*

carne *(Esp.) (It.)* = carne.

(~) **a la castellana** *(Esp.)* = carne frita em azeite e manteiga, servida com tomates, croquetes de batatas e anéis de cebolas.

(~) **asada a la parrilla** *(Esp.)* = carne assada na grelha.

(~) **asada al horno** *(Esp.)* = carne assada no forno.

(~) **de cerdo** *(Esp.)* = carne de porco. Ver *cerdo.*

(~) **de cordero** *(Esp.)* = carne de cordeiro. Ver *abacchio.*

(~) **de ternera** *(Esp.)* = carne de vitela. Ver *becerro.*

(~) **di maiale** *(It.)* = carne de porco. Ver cerdo.

(~) **in úmido** *(It.)* = carne ensopada.

(~) **lessa** *(It.)* = carne cozida.

(~) **tritata** *(It.)* = carne moída.

(~) **macinata** *(It.)* = carne moída.

caroline *(Fr.)* = bombinha de confeitaria, com recheio doce ou salgado, feita com massa *choux.*

carota *(It.)* = cenoura; hortaliça rica em betacaroteno, fibras e sais minerais, consumida crua ou cozida em saladas, picles, refogados, suflês, cremes, pães, bolos etc.

carotte *(Fr.)* = cenoura. Ver *carota.*

(~s) **purée de** ***(Fr.)*** = purê de cenouras.

carp ***(Ing.)*** = carpa; peixe nativo de águas doces asiáticas, consumido desde a Antiguidade, muito consumida em pratos tradicionais da culinária japonesa e israelense.

carpaccio ***(It.)*** = filé de carne crua, em fatias finas, servido com alcaparras, molho de mostarda ou molho de azeite e suco de limão.

(~) **de cœur de palmier** ***(Fr.)*** = carpaccio de pupunha (espécie de palmito).

(~) **de pupuña** ***(Esp.)*** = carpaccio de pupunha.

(~) **de salmón** ***(Esp.)*** = carpaccio de salmão.

(~) **de saumon** ***(Fr.)*** = carpaccio de salmão.

(~) **di cuori di palma** ***(It.)*** = carpaccio de pupunha.

(~) **di salmone** ***(It.)*** = carpaccio de salmão.

carpe ***(Fr.)*** = carpa. Ver *carp*.

(~) **à la juive** ***(Fr.)*** = tradicional prato da culinária alsaciana, integrante do cardápio judaico, feito com pedaços de carpa assados em fogo brando com uvas-passas, cebolas douradas, gengibre e especiarias. Pode haver variação de ingredientes.

carpione ***(It.)*** = carpa. Ver *carp*.

carré ***(Fr.)*** = parte mais valorizada e saborosa do traseiro da vitela, do cordeiro ou do porco, localizada a partir do lombo.

carré de porc ***(Fr.)*** = a melhor parte do traseiro do porco, cortada a partir do lombo.

carrelet ***(Fr.)*** = solha ou linguado; pescado de carne branca e magra que vive em águas costeiras e quentes, é considerado dos mais saborosos, sendo tradicionalmente consumido em filés (grelhados, assados ou cozidos), embora haja registros de pratos preparados com o peixe inteiro.

carrello per ristorante ***(It.)*** = carrinho com sobremesas ou aperitivos levado à mesa em um restaurante.

carretilla ***(Esp.)*** = carretilha (cortador de massas: pastéis, biscoitos etc.).

carrot ***(Ing.)*** = cenoura. Ver *carota*.

(~) **cake** ***(Ing.)*** = bolo de cenouras feito com cenouras raladas, óleo, às vezes abacaxi picado, farinha de trigo, açúcar etc., com queijo cremoso por cima.

(~) **soup** ***(Ing.)*** = sopa básica de cenouras com um pouco de purê de tomate. Serve-se com croutons.

(~s) **a la crème** ***(Fr.)*** = cenouras ao creme.

carta d'alluminio ***(It.)*** = papel-alumínio.

carta da forno ***(It.)*** = papel-manteiga.

carte, à la ***(Fr.)*** = de acordo com o cardápio (a expressão completa é *service à la carte*); o termo se refere aos pratos listados no menu, estando cada um com seu preço estabelecido, sempre mais caros que o prato do dia ou refeições de preço fixo.

carve, to *(v.) (Ing.)* = trinchar ou cortar carne.

carving fork *(Ing.)* = garfo longo para trinchar carne.

carving knife *(Ing.)* = faca de lâmina larga e longa para trinchar carne e outros alimentos.

casalinga *(It.)* = dona de casa; por extensão, feito em casa ou caseiro.

cascanueces *(Esp.)* = quebra-nozes.

cáscara *(Esp.)* = casca.

Caserta, alla *(It.)* = à moda de Caserta, região do sul da Itália: molho de tomate, alho, manjericão e azeite de oliva.

cashew *(Ing.)* = caju; pseudofruto de polpa suculenta, rico em vitamina C, consumido ao natural, em sucos, doces e sorvetes, de onde se extrai uma castanha oleaginosa de vasto emprego na culinária.

(~) **-nut** *(Ing.)* = castanha-de--caju; semente do verdadeiro fruto do caju, que é duro e oleaginoso, pronta para a degustação apenas depois de assada, consumida doce ou salgada. É rica em proteínas e calorias.

cassareep *(EUA)* = substância líquida escura, produzida com o sumo da mandioca, que serve de base para a confecção de alguns molhos e atua como aromatizante.

cassata *(It.)* = sorvete napolitano em três camadas de diferentes sabores e cores com nozes picadas e frutas cristalizadas.

(~) **alla siciliana** *(It.)* = bolo de várias camadas, incluindo chocolate e ricota, embebido em licor ou suco de frutas, em geral coberto com marzipã e decorado com nozes e frutas glaçadas, às vezes com camadas de sorvete. Trata-se de uma especialidade da Sicília.

cassava *(Ing.)* = mandioca ou aipim; raiz comestível rica em amido e de elevado valor energético, nativa do Brasil, de onde se extraem o polvilho e a farinha de mandioca. Produto amplamente consumido em doces, frituras, bolos, purês e acompanhamentos, além de seus derivados funcionarem como ingredientes de pratos variados.

(~) **flour** *(Ing.)* = farinha de mandioca.

cassave *(Fr.)* = mandioca. Ver *cassava*.

casse-croûte *(Fr.)* = uma refeição leve, de consumo rápido, como, por exemplo, um sanduíche.

cassenoix *(Fr.)* = quebra-nozes.

casser *(Fr.)* = quebrar ossos, ovos etc.

casserole *(Fr.) (Ing.)* = caçarola; tipo de panela que pode ser de metal, vidro, cerâmica, ferro etc.

casserole, en *(Fr.)* = cozido na panela, sobre o fogão.

casserole, to *(v.) (Ing.)* = cozinhar lentamente ingredientes como carne, legumes etc. em panela tampada; a comida é geralmente servida na própria panela.

casseruola ***(It.)*** = panela do tipo caçarola.

cassettine siciliane ***(It.)*** = docinhos de amêndoas.

cassia ***(Ing.) (It.)*** = cássia (tipo de canela); especiaria extraída da parte interna da árvore *cinnamomum cassia*, de aroma similar à canela, às vezes substituindo-a.

cassis ***(Fr.) (Ing.)*** = groselha-preta. Ver *black currant.*

cassonade ***(Fr.)*** = açúcar mascavo.

cassoulet ***(Fr.)*** = ensopado de feijão-branco cozido lentamente em caldo de carne, com carne de porco fresca ou defumada (pode-se incluir pato, ganso ou cordeiro), salsichas, cebolas, cenouras; a panela, preferencialmente de barro, é colocada no fogo para cozimento lento, com a tampa sendo removida somente no final, a fim de desenvolver uma crosta na superfície; geralmente, vai à mesa na própria panela. Trata-se de uma especialidade da região de Limousin, na França.

castagna ***(It.)*** = castanha; fruto originário da Europa, de elevado teor calórico, matéria-prima para a fabricação do marrom-glacê e de farinha usada na confecção de várias iguarias. Além disso, é consumido cozido e assado, atuando como ingrediente de molhos, purês, recheios, acompanhamentos etc.

castagnacci / castagnaccio ***(It.)*** = espécie de massa preparada com farinha de castanha, mistura de pinhões, erva-doce e uvas-passas, colocados em uma forma untada com azeite de oliva, assado no forno até formar uma crosta.

castagne all'ubriaco ***(It.)*** = castanhas assadas e descascadas, mergulhadas ou cobertas com um pano embebido em vinho tinto e conservadas aquecidas durante 30 minutos. Podem ser comidas dessa maneira ou com mel.

castaña ***(Esp.)*** = castanha. Ver *castagna.*

(~s) **con mantequilla** ***(Esp.)*** = castanhas descascadas e cozidas lentamente em água, com aipo, sal e açúcar durante 40 minutos. Em seguida, o aipo é removido, e deixa-se escorrer a água. Servem--se bem quentes com manteiga.

caster sugar ***(Ing.)*** = açúcar branco refinado.

catalane, à la ***(Fr.)*** = à moda da Catalunha: com berinjelas picadas fritas em azeite e arroz. Por vezes, podem ser incluídos tomates.

catfish ***(Ing.)*** = peixe-gato, bagre; pescado de pele muito apreciado na culinária portuguesa, algumas espécies são de água doce e outras, do mar, sempre em profundidades rasas. Pode ser consumido ensopado, recheado, frito e assado.

cattle ***(Ing.)*** = gado, especialmente o bovino.

Catupiry ***(Ing.)*** = tipo de requeijão criado no Brasil na primeira metade do século 19 por imigrantes italianos, que se tornou uma marca registrada de *cream-cheese.*

cauliflower ***(Ing.)*** = couve-flor; vegetal de origem asiática, rico em cálcio, fósforo e vitamina C, com baixo teor calórico e textura delicada, é mundialmente consumido em saladas, conservas, sopas e acompanhamentos.

(~) **au gratin** ***(Ing.)*** = ramos de couve-flor cobertos com queijo derretido, gratinados com queijo ralado e dourados na grelha.

(~) **soup** ***(Ing.)*** = sopa básica com pequenos ramos de couve-flor cozidos.

(~) **with béchamel sauce and cheese** ***(Ing.)*** = couve-flor com molho bechamel e queijo.

cavatappi ***(It.)*** = saca-rolhas.

cavatieddi ***(It.)*** = massa em formato de conchas, servida com molhos ou queijo.

caveach ***(Ing.)*** = método de conservar peixes, fritando-os primeiramente e depois colocando-os em salmoura ou escabeche com vinagre.

caviale ***(It.)*** = caviar ou seus substitutos.

caviar ***(Esp.) (Fr.) (Ing.)*** = caviar; ovas da fêmea do esturjão, não fertilizadas, salgadas, sem aditivos, corantes ou conservantes. Existem três tipos principais de caviar: Beluga, Ossetra e Sevruga. É considerada uma iguaria de luxo.

(~) **d'aubergine** ***(Fr.)*** = purê de berinjela, também chamado de "caviar dos pobres".

(~) **butter** ***(Ing.)*** = molho de caviar e manteiga, com cebola, champagne e pimenta-do-reino, usado em canapés e alguns pratos à base de peixe.

(~) **de saumon / caviar rouge** ***(Fr.)*** = caviar feito de ovas salgadas da fêmea do salmão.

(~) **niçois** ***(Fr.)*** = pasta feita com azeite de oliva e anchovas, azeitonas, alcaparras e ervas.

cavoletti di Bruxelles ***(It.)*** = couve-de-bruxelas. Ver *Broussels sprouts.*

cavolfiore ***(It.)*** = couve-flor. Ver *cauliflower.*

(~) **alla romana** ***(It.)*** = couve-flor frita, dourada em azeite doce, servida com molho de tomates e gratinada com queijo.

(~) **alla villeroy** ***(It.)*** = couve-flor com molho de limão.

(~) **indorato e fritto** ***(It.)*** = couve-flor empanada e frita.

cavolo ***(It.)*** = repolho. Ver *cabbage.*

(~) **broccoluto** ***(It.)*** = brócolis. Ver *brécol.*

(~) **di Bruxelles** ***(It.)*** = couve-de-bruxelas. Ver *Broussels sprouts.*

(~) **riccio** = ***(It.)*** = repolho crespo. Ver *cabbage.*

(~) **rosso** ***(It.)*** = repolho roxo. Ver *cabbage.*

cavroman ***(It.)*** = ensopado de carneiro ou de cordeiro com batatas, pimentões e cebolas.

cayenne chilli ***(Ing.)*** = pimenta fina e longa, muito ardida, usada para fazer *cayenne chilli powder.*

Cayenne pepper ***(Ing.)*** = pimenta-de-caiena ou pimenta vermelha; condimento muito picante, similar à pimenta--malagueta, usado para preparar molhos bem apimentados.

cebada ***(Esp.)*** = cevada. Ver *barley.*

cebiche / ceviche ***(Ing.)*** = iguaria típica da culinária peruana, trata-se de um prato de peixe branco cru, marinado em suco de limão.

cebolla ***(Esp.)*** = cebola; vegetal de sabor agridoce e aroma forte, rico em vitamina C, fósforo e cálcio, utilizado como tempero básico da grande maioria das refeições e como ingrediente em sopas, recheios, acompanhamentos etc.

cebolleta ***(Esp.)*** = cebola roxa, cujo sabor fica entre o do alho e o da cebola.

cebollino ***(Esp.)*** = cebolinha verde; planta de uso milenar, pode ser consumida crua ou cozida, como tempero ou decoração de diferentes pratos, como saladas, patês, sopas, carnes, peixes, molhos, sanduíches etc.

cece ***(It.)*** = grão-de-bico; vegetal bastante nutritivo e isento de colesterol, consumido desde a Antiguidade e muito apreciado pela culinária da Península Ibérica e dos países do Mediterrâneo, é consumido em saladas, refogados, pastas, ensopados etc. Plural: *ceci.*

cecerello ***(It.)*** = amendoim. Ver *arachide.*

cecinelli ***(It.)*** = anchovas pequenas bem fritas ou sardinhas.

cedazo ***(Esp.)*** = peneira.

cedioli ***(It.)*** = enguias pequenas. Ver *anguilla.*

cédrat ***(Fr.)*** = cidra; fruta cítrica de clima subtropical e grandes proporções, com casca grossa, cor amarela (às vezes vermelha) e sabor azedo, muito utilizada na confecção de doces, compotas e molhos.

cedro ***(It.)*** = cidra. Ver *cédrat.*

celan / celeran ***(Fr.) (It.)*** = sardinha francesa.

céleri ***(Fr.)*** = aipo. Ver *apio.*

(~) **rémoulade** ***(Fr.)*** = aipo ralado servido ao molho de maionese temperada com mostarda, picles, especiarias e anchovas.

celery ***(Ing.)*** = aipo. Ver *apio.*

(~) **remoulade** ***(Ing.)*** = prato originário da culinária francesa; aipo ralado com maionese temperada. Ver *céleri rémoulade.*

cena ***(It.)*** = jantar.

cendré ***(Fr.)*** = termo que significa cinza, cinzento; nome atribuído a vários queijos em razão de sua apresentação.

centeno ***(Esp.)*** = centeio; cereal rico em glúten e fibras, usado como ingrediente na fabricação de pães, biscoitos, doces, cerveja e uísque.

centolla ***(Esp.)*** = santola, aranha--do-mar. Ver *arraignée de mer.*

cep mushroom *(Ing.)* = cogumelo selvagem, do tipo comestível, muito carnoso, bastante popular na França e na Itália, consumido como aperitivo ou ingrediente de outros pratos, como omeletes e massas. Tem cor amarelo-creme e textura aveludada.

cèpe *(Fr.)* = cogumelo selvagem. Ver *cep*.

cerdo *(Esp.)* = porco; mamífero de carne saborosa, rica em proteínas e vitamina B_1, com alto teor de colesterol, apreciada em todo o mundo e consumida em assados, refogados e frituras.

cereal *(Ing.)* = cereais; grãos ou sementes diversos, tais como aveia, milho, trigo ou arroz.

céréale *(Fr.)* = cereal.

cereali *(It.)* = cereais.

cereza *(Esp.)* = cereja; fruto originário da Ásia, rico em proteínas e ferro, pode ser ingerida ao natural ou em conservas, molhos, compotas, geleias e licores.

cerf *(Fr.)* = veado; mamífero de carne bastante apreciada em países de diferentes continentes, de sabor requintado e consistência fina, em geral consumida em assados e guisados.

cerfeuil *(Fr.)* = cerefólio; tempero bastante difundido na culinária francesa, semelhante à salsa, sendo utilizado nos mais diversos pratos.

cerfoglio *(It.)* = cerefólio. Ver *cerfeuil*.

cerise *(Fr.)* = cereja. Ver *cereza*.

(~s) **jubilées** *(Fr.)* = cerejas quentes, flambadas com kirsch.

cernia *(It.)* = garoupa ou cherne; peixe de água salgada com elevado valor comercial, de carne branca e saborosa, consumido assado, grelhado ou ensopado.

cernier *(Fr.)* = garoupa. Ver *cernia*.

cervelas / cervelat *(Fr.)* = salsichão feito de carne de porco temperada com alho, carne bovina e bacon, fervido e depois defumado.

cervelas maigres à la bénédictine *(Fr.)* = salsichas feitas de picadinho de enguias e carpas frescas, cebolas pequenas, alho e cebolas roxas umedecidas na manteiga, com especiarias e temperos, ligados com ovo e ensacadas em intestinos de peixe limpos. São defumadas durante três dias antes de ser umedecidas em vinho branco.

cervellata *(It.)* = salsichas de carne de porco do norte da Itália temperadas com queijo parmesão, açafrão e temperos.

cervelle *(Fr.)* = miolos.

cervello *(It.)* = miolos.

cerveza *(Esp.)* = cerveja. Ver *beer*.

cervo *(It.)* = carne de veado. Ver *cerf*.

cetriolini *(It.)* = pepinos em conserva; pepinos.

cetriolo *(It.)* = pepino; vegetal rico em potássio e vitamina A, originário das regiões montanhosas da Índia, é consumido em saladas, cremes e conservas.

Ceylon tea ***(Ing.)*** = chá preto produzido no Sri Lanka. Apresenta cafeína em sua composição.

chair ***(Fr.)*** = carne.

(~) **à saucisse** ***(Fr.)*** = carne picadinha.

(~) **blanche** ***(Fr.)*** = carne branca, como peito de frango.

challah (***Ing.***) = pão trançado, coberto com sementes de papoula; a massa é enriquecida com ovos e servida no Shabat judaico.

chalota ***(Esp.)*** = cebolinha branca, que se presta a tempero e conserva. Ver *échalote.*

Chamberat ***(Fr.)*** = queijo de leite de vaca, de sabor suave e textura macia, similar ao Saint-Paulin.

chamomile ***(Fr.)*** = camomila; erva perfumada, originária da Europa e conhecida desde os tempos mais remotos, é usada como chá e aromatizante de bebidas.

champignon ***(Fr.)*** = cogumelo; fungo comestível de diferentes tipos, nutritivo, rico em proteínas, cálcio e ferro, muito apreciado na culinária europeia e asiática, é consumido seco, fresco ou em conservas.

(~s) **à la grecque** ***(Fr.)*** = cogumelos à grega, iguaria feita com vinho, azeite de oliva, cebola, tomate e especiarias.

(~s) **en salade** ***(Fr.)*** = salada de cogumelos.

(~s) **marinés** ***(Fr.)*** = cogumelos em escabeche ou marinados.

(~s) **crème de** ***(Fr.)*** = sopa de cogumelos.

(~s) **sauce aux** ***(Fr.)*** = molho de cogumelos.

champiñón ***(Esp.)*** = cogumelo. Ver *champignon.*

chanfaina ***(Esp.)*** = tradicional receita espanhola, consiste num ensopado de carne de cordeiro, com o fígado e outros miúdos.

chanquetes ***(Esp.)*** = peixinhos parecidos com arenques, cozidos e fritos no azeite.

chanterelle mushroom ***(Fr.) (Ing.)*** = cogumelo comestível, de cor amarela, textura firme e aroma de damasco, de formato parecido a uma corneta de cabeça para baixo, com beiradas onduladas. É servido com ovos, em molhos e aperitivos.

chantilly ***(Fr.)*** = creme chantli.

(~) **cream** ***(Ing.)*** = creme de leite batido adoçado, temperado com baunilha ou conhaque, às vezes substituído por simples creme de leite fortemente batido.

(~) **mayonnaise** ***(Ing.)*** = mistura de maionese e creme de leite batido, servida com comidas frias.

(~) **sauce** ***(Fr.)*** = maionese bem espessa com suco de limão em vez de vinagre e creme de leite bem batido adicionado no último momento.

chapan ***(Fr.)*** = crosta de pão esfregada com alho cru para absorver seu sabor. Depois é misturada a uma salada para dar-lhe sabor de alho.

chapelure ***(Fr.)*** = farinha de rosca feita de pão seco assado no forno, esmagado e peneirado.

char ***(Ing.)*** = tipo de truta, da família dos salmões, com carne firme, tonalidade de branca a rosa, encontrada nos rios e lagos da Europa.

char, to *(v.)* ***(Ing.)*** = queimar, carbonizar.

charbon ***(Fr.)*** = carvão.

(~) **de bois, au** ***(Fr.)*** = grelhado no carvão vegetal.

charcoal ***(Ing.)*** = carvão vegetal.

charcuterie ***(Fr.)*** = frios em geral: linguiças, patês, presunto cozido ou cru etc.

chard ***(Ing.)*** = acelga. Ver *acelga*.

(~) **of silverbeet** ***(Ing.)*** = acelga. Ver *acelga*.

charentais melon ***(Fr.)*** = variedade francesa do melão cantalupo com casca amarelo-esverdeada e polpa doce, cor de laranja e aroma bem acentuado. Ver *cantaloup*.

charlotte ***(Fr.) (Ing.)*** = pudim preparado com frutas, gelatina, miolo de pão e creme.

charlotte ***(Fr.)*** = tradicional sobremesa francesa, assada, preparada em forma forrada com pão recheado com purê de maçãs ou damascos e especiarias, servida quente com creme por cima.

(~) **russe** ***(Fr.)*** = doce feito de pão de ló e creme; os lados da forma são preenchidos com biscoitos do tipo champanhe, e o recheio é de creme de baunilha bavarois.

(~) **sibérienne** ***(Fr.)*** = bolo com o centro removido formando uma tigela, preenchido com frutas e creme.

charoset / haroset (***Ing.***) = pasta servida no Pessach, feita de vinho tinto suave, maçã, nozes e canela; representa o barro com que os hebreus faziam os tijolos quando eram escravos no Egito.

chasseur, sauce ***(Fr.)*** = molho feito com *chalotas* (espécie de cebola pequena), alho e cogumelos cozidos na manteiga. Após a gordura removida, acrescentam-se vinho tinto, tomates sem sementes e molho *demi-glace*; em seguida, coa-se e tempera-se com salsinha e estragão por cima.

châtaigne ***(Fr.)*** = castanha. Ver *castagna*.

chateaubriand ***(Fr.)*** = carne assada, grelhada, em pedaços grandes, tostada por fora e ligeiramente crua no centro, tradicionalmente servida com molho *béarnaise*.

Chateaubriand steak ***(Ing.)*** = filé *mignon* grosso preparado com vinho, cebolas pequenas picadas, cogumelos, pimenta, estragão, vinho branco e limão; um prato típico francês desde o século 19. Em geral, batatas acompanham a iguaria.

chauchas ***(Esp.)*** = vagens.

chaud ***(Fr.)*** = quente.

chausson *(Fr.)* = torta redonda e achatada, assada, geralmente recheada.

chayote *(Esp.) (Fr.) (Ing.)* = chuchu; vegetal com grande concentração de fibras e baixo teor calórico, de fácil digestão, é consumido em saladas, ensopados, suflês e acompanhamentos.

Cheddar *(Ing.)* = queijo curado da região de Cheddar, na Inglaterra, de cor amarela, sabor agradável e levemente ácido, e consistência fina. Na confecção de vários pratos, especialmente no Brasil, costuma ser utilizado na forma cremosa, ou seja, fundido do próprio queijo original.

cheese *(Ing.)* = queijo.

(~) **cake** *(EUA)* = bolo de biscoitos moídos ou massa, coberto com uma mistura de creme de leite, queijo Cottage ou coalhada, ovos, açúcar, manteiga, suco de limão, raspas de casca de limão e baunilha, assado no forno.

(~) **-curds** *(Ing.)* = leite coalhado; requeijão.

(~) **-cutter** *(Ing.)* = cortador de queijo.

(~) **herbs** *(Ing.)* = as principais ervas usadas em queijos: manjericão, cominho, salsão, cebolinhas, endro, erva-doce, orégano, hortelã, alecrim, sálvia, segurelha, estragão e tomilho.

(~) **pastry** *(Ing.)* = massa de torta temperada com queijo e condimentos, usada como base para sobremesas apetitosas e, às vezes, para tortas de maçã; pastel de queijo.

(~) **plane** *(Ing.)* = cortador de queijo para fatias planas e finas.

(~) **plate** *(Ing.)* = prato com diversas espécies de queijo, oferecidas aos convidados, que fazem uma escolha entre elas.

(~) **sauce** *(Ing.)* = molho bechamel fervendo ao qual são adicionados queijo derretido (Cheddar, Gruyère, Emmenthal etc.) e gemas de ovos. Em seguida, todos os ingredientes são peneirados e levados ao fogo sem chegar a ferver. Usa-se com peixes ou legumes.

(~) **soufflé** *(Ing.)* = suflê de queijo.

(~) **spread** *(Ing.)* = queijo suave, de qualquer tipo, com leite e emulsificantes, usado para passar no pão ou biscoitos.

(~) **straws** *(Ing.)* = pasta de queijo cortado em pedaços na medida de um dedo e assados. Usa-se como aperitivo. O termo também se refere a salgadinhos de queijo em geral.

(~) **with quince jelly** *(Ing.)* = queijo com marmelada.

cheeseboard *(Ing.)* = tábua de queijo.

cheeseburger *(Ing.)* = hambúrguer com queijo; sanduíche de carne moída coberta com queijo derretido.

chef *(Ing.)* = cozinheiro-chefe.

(~) **de cuisine** *(Fr.) (Ing.)* = chefe principal da cozinha, responsável geral por sua gestão.

(~) **de rang** *(Fr.)* = chefe de cozinha de alto nível, responsável pela supervisão e organização dos pratos produzidos.

(~) **de station** = *(Fr.)* = chefe de cozinha responsável por um setor da cozinha.

(~) **entremétier** *(Fr.)* = chefe de cozinha que cuida dos pratos à base de ovos, legumes e verduras.

(~) **pâtissier** *(Fr.)* = chefe de cozinha responsável pela preparação de pães, massas, doces e sobremesas em geral.

(~) **poissonier** *(Fr.)* = chefe de cozinha incumbido dos peixes e demais frutos do mar.

(~) **potager** *(Fr.)* = chefe de cozinha que cuida do preparo das sopas.

(~) **restaurateur** *(Fr.)* = chefe de cozinha encarregado do cardápio.

(~) **rôtisseur** *(Fr.)* = chefe de cozinha encarregado dos assados, carnes.

(~) **saucier** *(Fr.)* = chefe de cozinha responsável pelos molhos.

chef's salad *(Ing.)* = salada grande com legumes, verduras, carnes, queijos, ovos etc.

chenelline *(Fr.)* = bolinho saboroso para acompanhar sopas.

cherry *(Ing.)* = cereja. Ver *cereza.*

(~) **cake** *(Ing.)* = pão de ló com glacê de cerejas.

(~) **sauce** *(Ing.)* = molho de cerejas; vinho do Porto reduzido, misturado com raspas de laranja, geleia de uvas e suco de laranja, cerejas sem caroço previamente passadas em calda quente.

(~) **tomato** *(Ing.)* = tomate--cereja, principalmente usado para decoração de pratos.

(~) **-brandy** *(Ing.)* = licor de cerejas; aguardente de cerejas.

(~) **-stone** *(Ing.)* = caroço de cereja.

chervil *(Ing.)* = cerefólio. Ver *cerfeuil.*

Cheshire *(Ing.)* = um dos mais antigos queijos ingleses, levemente salgado, de textura densa e friável.

Chester *(Fr.)* = queijo de coalho, fabricado a partir do leite de vaca pasteurizado, de sabor suave, com uma casca fina por cima.

chestnut *(Ing.)* = castanha. Ver *castagna.*

(~) **mushroom** *(Ing.)* = o termo se refere a um tipo de cogumelo de sabor forte, coloração escura e textura carnosa, sendo degustado cru ou levemente cozido.

(~) **purée** *(Ing.)* = purê de castanhas; castanhas fervidas durante 15 minutos, descascadas, cozidas em caldo de carne com raminhos de aipo durante 45 minutos, em seguida peneiradas e misturadas com creme de leite, manteiga, sal e açúcar a gosto.

cheveaux d'ange *(Fr.)* = cabelo de anjo (uma espécie de talharim fininho).

Cheviot cheese *(Ing.)* = queijo britânico de coalho, amanteigado, produzido com leite de vaca pasteurizado, levemente salgado.

chèvre ***(Fr.)*** = cabra. Ver *cabra.* O termo também se refere a uma espécie de queijo branco produzido com puro leite de cabra, de sabor ácido.

chewing gum ***(Ing.)*** = chiclete, goma de mascar.

Chianti ***(It.)*** = um dos mais famosos vinhos tintos italianos, produzido na região da Toscana e adequado ao acompanhamento de refeições leves.

chiara d'uovo ***(It.)*** = clara de ovo.

chiarificare ***(It.)*** = clarificar, purificar (licor, açúcar).

chick ***(Ing.)*** = pinto, pintinho.

chicken ***(Ing.)*** = galinha; ave de carne branca rica em proteínas, provavelmente nativa da Ásia e consumida em todo o mundo desde os tempos mais remotos assada, guisada, grelhada e cozida, usada em pratos principais, recheios, entradas, aperitivos e lanches. Além da carne, seus ovos têm enorme importância no universo da gastronomia como base para molhos, sopas, massas, pastas, sobremesas, saladas, cremes, bebidas, lanches e acompanhamentos em geral.

(~) **and vegetables** ***(Ing.)*** = frango com verduras.

(~) **broth** ***(Ing.)*** = caldo de galinha; carne de galinha cozida em água no fogo brando, tirando-se a escuma durante uma hora, com adição de legumes cortados em quadradinhos, aipo, nabo, cenoura, alho-poró e um *bouquet garni*, tudo cozido em fogo brando. Após cozidos, acrescenta-se arroz; removem-se a carne de galinha e o *bouquet garni*, torna-se a juntar a carne de galinha agora cortada em cubinhos, remove-se a escuma novamente e serve-se com salsinha picada.

(~) **casserole** ***(Ing.)*** = caçarola de frango.

(~) **consommé** ***(Ing.)*** = consomê de frango.

(~) **galantine** ***(Ing.)*** = galantina de frango.

(~) **in white wine** ***(Ing.)*** = frango ao vinho branco.

(~) **in wine with saffron, garlic and almonds** ***(Ing.)*** = frango ao vinho com açafrão, alho e amêndoas.

(~) **salad** ***(Ing.)*** = salada de frango.

(~) **sauté** ***(Ing.)*** = refogado de frango.

(~) **soup** ***(Ing.)*** = sopa de galinha: cebola, alho-poró e aipo preparados na manteiga; acrescenta-se farinha de trigo e caldo de galinha e um *bouquet garni* cozidos em fogo brando, tirando-se a escuma durante uma hora; remove-se o *bouquet garni*, peneira-se tudo e termina-se com creme de leite. Enfeita-se com cubinhos de carne de galinha cozidos.

(~) **stewed with peppers** ***(Ing.)*** = guisado de frango com pimentão vermelho.

(~) **with tomatoes** ***(Ing.)*** = frango com tomates.

chickpea ***(Ing.)*** = grão-de-bico. Ver *cece*.

(~) **stew** ***(Ing.)*** = grão-de-bico guisado.

(~) **with sausage boiled eggs and pine seeds** ***(Ing.)*** = grão-de-bico com salsichas, ovos cozidos e sementes de pinha.

chicorée ***(Fr.)*** = chicória. Ver *achicoria*.

(~) **rouge** ***(Fr.)*** = chicória roxa.

chicory ***(Ing.)*** = chicória. Ver *achicoria*.

(~) **root** ***(Ing.)*** = raiz de chicória que, quando seca, moída e torrada, pode ser usada para substituir o café.

chiffon ***(Ing.)*** = creme leve, composto de claras de ovos batidas, usado para rechear tortas.

(~) **cake** ***(Ing.)*** = bolo leve, sem manteiga, esponjoso, feito com claras de ovos batidas e óleo vegetal.

(~) **pie** ***(EUA)*** = torta recheada com musse de frutas e decorada.

chilled ***(Ing.)*** = refrigerado, resfriado.

chilli pepper / chilli / chili ***(Ing.)*** = pimenta muito picante, em forma de baga, consumida fresca, seca ou em pó.

(~) **bean sauce** ***(Ing.)*** = mistura de favas de soja fermentadas com chili.

(~) **con carne** ***(Esp.)*** = prato típico da culinária mexicana, preparado com carne e feijão temperado com pimenta chili.

(~) **chicken** ***(Ing.)*** = frango com pimentão vermelho e chili. Prato típico da culinária chinesa.

(~) **powder** ***(Ing.)*** = tempero preparado com pimenta-malagueta, cominho, alho em pó e outras especiarias.

(~) **sauce** ***(Ing.)*** = molho picante, feito com pimenta-malagueta e usado como tempero.

china ***(Ing.)*** = porcelana; louça.

Chinese glass noodles ***(Ing.)*** = espécie de macarrão oriental produzido com fécula de feijão.

chiodo di garofano ***(It.)*** = cravo-da-índia; especiaria milenar bastante versátil, altamente aromática, usada em vinhos, compotas, doces, conservas e carnes em geral.

chips ***(Ing.)*** = batatas fritas em óleo bem quente até ficarem crocantes.

chive ***(Ing.)*** = cebolinha. Ver *cebollino*.

choclo ***(Esp.)*** = milho verde ou milho em espiga; vegetal com grande teor de carboidratos e fibras, de origem americana, conhecido desde os tempos pré-colombianos, é degustado mundialmente em sopas, cremes, recheios, farinhas, pães, bolos, saladas, sorvetes, doces etc. As espigas inteiras podem ser consumidas cozidas ou assadas, com adição de manteiga derretida.

chocolat *(Fr.)* = chocolate.

(~) **amer** *(Fr.)* = chocolate amargo.

(~) **au lait** *(Fr.)* = ao leite.

(~) **blanc** *(Fr.)* = chocolate branco.

(~) **chaud** *(Fr.)* = chocolate quente.

(~) **liégeois** *(Fr.)* = sorvete de chocolate servido com creme chantili.

(~) **noir** *(Fr.)* = chocolate preto.

chocolate *(Ing.)* bebida ou doce de chocolate.

(~) **cake** *(Ing.)* = bolo de chocolate.

(~) **creams** *(Ing.)* = confeitos de *fondant* ou caramelo com recheio macio, cobertos com chocolate.

(~) **fondue** *(Ing.)* = chocolate derretido, quente, preparado em panela de fondue, para comer com frutas ou bolo.

(~) **fudge sauce** *(Ing.)* = molho feito de chocolate derretido, açúcar mascavo, manteiga, essência de baunilha e leite. Serve-se com sorvete.

(~) **ice-cream** *(Ing.)* = sorvete de chocolate.

(~) **-liqueur** *(Ing.)* = bombom de licor.

(~) **mousse** *(Ing.)* = musse de chocolate.

(~) **sauce** *(Ing.)* = calda de chocolate, preparada com cacau, açúcar, leite e/ou água.

(~) **tart** *(Ing.)* = torta de chocolate.

choice *(EUA)* = alcatra ou contrafilé. Classificação correspondente à tabela de graduação de cortes de carne nos Estados Unidos.

(~) **beef** *(EUA)* = carne selecionada, tenra, de alta qualidade, com poucas veias, saborosa; carne de primeira qualidade.

choix, au *(Fr.)* = à escolha do cliente.

cholent (*Ing.*) = tipo de ensopado de origem judaica, geralmente preparado com carne bovina, feijões, legumes e cevada cozidos lentamente, durante 24 horas. Deve ser cozinhado na véspera do Shabat.

chop *(Ing.)* = costeleta, posta de carne.

chop suey *(Ing.)* = guisado à moda chinesa; versão ocidental de prato chinês inventado para aproveitar restos de carne ou frango, desfiados com cogumelos fatiados ou picados, cebolas, brotos de feijão, temperos etc., cozidos em caldo de galinha engrossado com farinha de milho. Serve-se com arroz e molho de soja.

chop, to *(v.) (Ing.)* = cortar carne ou legumes em cubinhos.

chopped egg and onion *(Ing.)* = aperitivo judaico feito de ovos cozidos picados, cebolas e temperos ligados com gordura derretida de galinha.

chopper *(Ing.)* = cutelo, machado de açougueiro.

chopping board *(Ing.)* = tábua de cortar carne e vegetais.

chopping knife *(Ing.)* = cutelo, faca de cozinha.

chopsticks *(Ing.)* = pauzinhos de madeira, ossos, madrepérola ou marfim que os orientais usam para comer; hashi.

chorizo *(Esp.) (Fr.)* = tipo de linguiça característica da Península Ibérica, embutida com carne de porco, carne de vaca, azeite de oliva, pimenta malagueta, alho e temperos, às vezes defumada. Serve-se como aperitivo ou com grãos-de-bico como prato principal.

(~) **basquais** *(Fr.) (Esp.)* = versão mais leve e menos apimentada do *chorizo.*

(~) **de lomo** *(Esp.)* = linguiça feita com pedaços magros de lombo de porco, bacon, pimenta e sal.

chou *(Fr.)* = couve; vegetal rico em cálcio, ferro, betacaroteno e vitamina C, geralmente é consumida em refogados, sopas, recheios e acompanhamentos.

(~) **cabus** *(Fr.)* = couve repolhuda.

(~) **de Bruxelles** *(Fr.)* = couve--de-bruxelas. Ver *Brussels sprouts.*

(~) **-fleur** *(Fr.)* = couve-flor. Ver *cauliflower.*

(~) **pomme** *(Fr.)* = repolho. Ver *cabbage.*

(~) **rouge** *(Fr.)* = repolho roxo. Ver *cabbage.*

choucroute *(Fr.)* = chucrute ou repolho em conserva, fermentado com vinagre de arroz. Prato típico alemão e do noroeste da França.

(~) **aux poissons** *(Fr.)* = peixe defumado servido sobre repolho em conserva, acompanhado de molho cremoso feito com vinho.

Christmas dinner *(Ing.)* = jantar de Natal.

chuck *(Ing.)* = acém (meio da costela do boi).

churros *(Esp.)* = iguarias originárias da Espanha feitas com massa frita em formato cilíndrico, espremidas em um bocal e colocadas em óleo quente, recheadas ou não e pulverizadas com açúcar.

chutney *(Ing.)* = molho picante; mistura de frutas picadas, cebolas e alho com outras verduras e pimenta em vinagre, açúcar e especiarias a gosto até atingir consistência espessa, como geleia. É usado como tempero para alimentos diversos.

ciambelle *(It.)* = bolinhos em formato de anéis com nozes e frutas cristalizadas; também chamados de *panafracchi.*

ciambotta / giambotta *(It.)* = iguaria característica do sul da Itália, trata-se de um ensopado de vegetais, sendo possível a adição de carne ou peixe.

ciammotta *(It.)* = prato de vegetais fritos temperados com ervas, típico da região de Basilicata, na Itália.

cianfotta *(It.)* = espécie de cozido napolitano de legumes com ervas, semelhante a *ciambotta* e *ciammota.*

cibo *(It.)* = comida.

ciboulet / ciboulette *(Fr.)* = cebolinha verde. Ver *cebollino*.

cicoria *(It.)* = chicória. Ver *achicoria*.

cider *(Ing.)* = sidra; bebida alcoólica preparada com o sumo fermentado de maçãs, também chamada de vinho de maçã.

cidre *(Fr.)* = sidra; bebida levemente alcoólica à base de maçãs. Ver *cider*.

cilandro / cilantro *(Esp.)* = coentro; erva de aroma e sabor característicos, usada em sementes para condimentar picles e carnes. Suas folhas servem para temperar peixes e feijões.

ciliegia *(It.)* = cereja. Ver *cereza*.

cinghiale *(It.)* = javali. Ver *boir*.

cinnamon *(Ing.)* = canela. Ver *canella*.

(~) **basil** *(Ing.)* = variedade de manjericão com aroma de canela.

cioccolato *(It.)* = chocolate.

cipolla *(It.)* = cebola. Ver *cebolla*.

cipollette *(It.)* = cebolas pequenas. Ver *échalote*.

cipolline *(It.)* = cebolinhas brancas, peroladas.

ciriole *(It.)* = enguias pequenas. Ver *anguila*.

ciruela *(Esp.)* = ameixa; fruto comestível, muito rico em fibras, vitamina A e vitamina C, pode ser ingerida fresca ou seca, em doces, geleias, compotas, recheios, molhos etc.

ciruela pasa *(Esp.)* = ameixa seca. Ver *ciruela*.

ciseaux *(Fr.)* = tesoura (o par).

cítricos *(Esp.)* = frutas cítricas.

citron *(Ing.)* = cidra. Ver *cédrat*.

(~) **vinager** *(Ing.)* = vinagre de cidra.

(~) **peel** *(Ing.)* = doce de casca de cidra que, após secar, é embebida em calda de açúcar e depois cortada em pedaços.

citron *(Fr.)* = limão; fruto nativo do sudeste asiático, de sabor ácido, com alta concentração de vitamina C, amplamente utilizado como tempero ou na preparação de sucos, molhos, sorvetes, licores, drinques, doces, musses, refrigerantes etc.

(~) **pressé** *(Fr.)* = suco de limão.

(~) **vert** *(Fr.)* = limão-galego; variedade de limão com polpa de coloração alaranjada.

citronnat *(Fr.)* = doce de casca de limão cristalizada.

citrouille *(Fr.)* = abóbora. Ver *calabaza*.

citrus fruit *(Ing.)* = fruta cítrica.

civette *(Fr.)* = cebolinha verde. Ver *ciboulette*.

clam *(Ing.)* = ameijôas. Ver *almeja*.

clam stew in wine and parsley *(Ing.)* = mariscos guisados no vinho com salsinha.

clarifier *(Fr.)* = clarificar, purificar (licor, açúcar).

clavo ***(Esp.)*** = cravo-da-índia. Ver *chiodo di garofano.*

clear soup made with fish ***(Ing.)*** = consomê de peixe.

clementina ***(Esp.)*** = tangerina; fruta cítrica, nativa da Ásia, fonte de sais minerais e vitaminas, pode ser consumida ao natural, em doces, bolos e geleias ou em molhos.

clémentine ***(Ing.)*** = tangerina. Ver *clementina.*

clot, to *(v.)* ***(Ing.)*** = coagular.

clotted milk ***(Ing.)*** = coalhada.

clou de girofle ***(Fr.)*** = cravo-da--índia. Ver *chiodo di garofano.*

clove ***(Ing.)*** = cravo-da-índia. Ver *chiodo di garofano.*

coal ***(Ing.)*** = carvão; carvão de pedra; brasa.

coarse salt ***(Ing.)*** = sal grosso.

coat, to *(v.)* ***(Ing.)*** = cobrir (no caso de culinária) partes ou o todo de um alimento cru com líquido que gruda na superfície, como molho, manteiga derretida etc. Essa cobertura pode, também, ser sólida como ovo com farinha de rosca.

coated ***(Ing.)*** = coberto.

cob ***(Ing.)*** = espiga de milho. Ver *choclo.*

cocciole ***(It.)*** = tipo de molusco.

cocer ***(Esp.)*** = cozinhar, cozer.

cocer al vapor ***(Esp.)*** = cozinhar no vapor.

cochino ***(Esp.)*** = porco. Ver *cerdo.*

cocido ***(Esp.)*** = cozido.

(~) **madrileño / a la madrileña** ***(Esp.)*** = iguaria mais característica da culinária de Madri, na Espanha, trata-se de um cozido contendo carne bovina, frango, presunto ou carne de porco, toucinho, chouriço, diferentes legumes, repolho e grão-de-bico, além de temperos, preparado lentamente.

cocina ***(Esp.)*** = cozinha.

cock ***(Ing.)*** = galo ou frango. Ver *chicken.*

cockrel ***(Ing.)*** = frango, galo novo. Ver *chicken.*

cocktail ***(Ing.) (Fr.) (It.)*** = coquetel.

(~) **de crevette** ***(Fr.)*** = coquetel de camarão.
(~) **di gamberi** ***(It.)*** = coquetel de camarão.
(~) **de langouste** ***(Fr.)*** = coquetel de lagosta.
(~) **di aragosta** ***(It.)*** = coquetel de lagosta.
(~) **fork** ***(Ing.)*** = garfinhos de coquetel ou tira-gosto; espetinho.
(~) **shaker** ***(Ing.)*** = coqueteleira.

cocoa ***(Ing.)*** = cacau; por extensão, chocolate quente.

(~) **bean** ***(Ing.)*** = semente de cacau.
(~) **butter** ***(Ing.)*** = manteiga de cacau, usada principalmente na fabricação de chocolate.
(~) **powder** ***(Ing.)*** = cacau em pó.

cocomero ***(It.)*** = melancia. Ver *anguria.*

coconut ***(Ing.)*** = coco; fruto de polpa carnosa quando maduro, rico em sais minerais e fibras, característico de climas tropicais, é amplamente utilizado na confecção de bebidas, pratos doces e salgados da culinária internacional. De seu interior extrai-se a água de coco, bastante apreciada e saudável.

(~) cake *(Ing.)* = bolo de coco.
(~) candy = cocada.
(~) dessert *(Ing.)* = sobremesa de coco; doces à base de coco.
(~) flan *(Ing.)* = espécie de pudim de coco.
(~) milk *(Ing.)* = leite de coco.
(~) nougat *(Ing.)* = nugá de coco.
(~) oil *(Ing.)* = óleo de coco.
(~) water *(Ing.)* = água de coco.

cocotte-minute *(Fr.)* = panela de pressão.

cóctel *(Esp.)* = coquetel.

(~) de camarón *(Esp.)* = coquetel de camarão.
(~) de langosta *(Esp.)* = coquetel de lagosta.

cod *(Ing.)* = bacalhau. Ver *bacalao*.

(~) fish *(Ing.)* = bacalhau seco.
(~) liver oil *(Ing.)* = óleo de fígado de bacalhau; fonte natural de vitaminas A, D e E.
(~) with chilli and garlic *(Ing.)* = bacalhau preparado com pimenta--malagueta e alho.
(~) with ham, peppers and chilli *(Ing.)* = bacalhau preparado com presunto, pimentão vermelho e pimenta-malagueta.
(~) with leeks and potatoes *(Ing.)* = bacalhau preparado com alho-poró e batatas.

coddle, to *(v.) (Ing.)* = modo de cozinhar (principalmente ovos) em fogo brando, lentamente, sem atingir o ponto de fervura da água.

(~) codled eggs *(Ing.)* = ovos moles, que foram mergulhados na água fervente. Também conhecidos como ovos quentes.

codorniz *(Esp.)* = codorna. Ver *caille.*

cœur de palmier *(Fr.)* = palmito; parte central do caule da palmeira, planta nativa do Brasil. Trata-se de um alimento com baixo teor de calorias e grande concentração de potássio e cálcio, preparado em conserva e consumido em saladas, tortas, cremes, recheios ou como acompanhamento de pratos principais.

cœurs d'artichauts *(Fr.)* = fundos de alcachofra.

coffee *(Ing.)* = café. Ver *café.*

(~) -bean *(Ing.)* = grão de café.
(~) -cup *(Ing.)* = xícara para servir café.
(~) milk *(Ing.)* = café com leite.
(~) -room *(Ing.)* = em restaurantes ou hotéis, sala destinada a servir cafés, refrescos e similares.
(~) -shop *(Ing.)* = lanchonete, café, estabelecimento onde se servem café, bebidas e refeições leves (snack bar).
(~) -spoon *(Ing.)* = colher de café.
(~) -table *(Ing.)* = mesa de centro.
(~) -pot *(Ing.)* = cafeteira.

cognac *(Fr.) (Ing.)* = conhaque. Ver *brandy.*

cogollo *(Esp.)* = coração (bulbo) de algumas hortaliças.

cohete ***(Esp.)*** = rúcula. Ver *arugula.*

cohombrillo ***(Esp.)*** = pepino amargo ou pepino-do-diabo; planta medicinal.

coing ***(Fr.)*** = marmelo; fruta ácida de polpa consistente, cultivada em países de clima ameno (sudeste da Europa e Ásia Menor), usada em doces, geleias e licores. Não é consumida *in natura.*

Cointreau ***(Fr.)*** = tradicional licor francês, de aparência translúcida, feito com laranjas. Além de ser consumido como digestivo e aperitivo, é utilizado, também, na preparação de coquetéis e sobremesas.

Coke ***(Ing.)*** = coca; abreviação vocabular do refrigerante Coca-cola.

col ***(Esp.)*** = couve. Ver *chou.*

(~) **de Bruselas** ***(Esp.)*** = couve--de-bruxelas. Ver *Brussels sprouts.*

(~) **fermentada** ***(Esp.)*** = chucrute. Ver *choucroute.*

(~) **rizada** ***(Esp.)*** = repolho crespo. Ver *cabbage.*

cola ***(Ing.)*** = bebida de sabor suave, escura, gaseificada, com sabor de caramelo.

(~) **-nut** ***(Ing.)*** = noz-de-cola; semente rica em cafeína, ingrediente básico das bebidas de cola.

colador ***(Esp.)*** = coador ou peneira.

colander ***(Ing.)*** = escorredor de macarrão.

colapasta ***(It.)*** = coador, peneira ou escorredor de macarrão.

colar ***(Esp.)*** = coar, filtrar.

colare ***(It.)*** = coar ou escoar.

colazione ***(It.)*** = desjejum, café da manhã.

colbert butter ***(Ing.)*** = molho composto de manteiga com salsinha, sumo de limão, estragão e extrato de carne gelado, com formato de um cilindro e cortado em rodelas de 5 mm de espessura para enfeitar peixes grelhados, carne malpassada ou caças.

colbert sauce ***(Ing.)*** = molho derivado do molho *hollandaise,* condimentado com salsinha, especiarias, limão e vinho Madeira. Serve-se com legumes.

cold ***(Ing.)*** = frio.

(~) **almond-flavoured milk drink** ***(Ing.)*** = bebida preparada com leite frio e aroma de amêndoas.

(~) **buffet** ***(Ing.)*** = mesa de pratos frios.

(~) **custard** ***(Ing.)*** = creme frio de ovos e leite.

(~) **custard with chocolate** ***(Ing.)*** = creme frio de ovos, leite e chocolate.

(~) **cuts** ***(Ing.)*** = frios sortidos.

(~) **hake** ***(Ing.)*** = merluza fria.

(~) **lobster with mayonnaise** ***(Ing.)*** = lagosta fria com maionese.

(~) **meal** ***(Ing.)*** = refeição fria.

(~) **meats** ***(Ing.)*** = frios (carnes frias) ou embutidos.

(~) **milk with meringues** ***(Ing.)*** = leite frio com merengues.
(~) **mixed shellfish** ***(Ing.)*** = mistura de crustáceos frios.
(~) **roast beef** ***(Ing.)*** = rosbife frio.
(~) **room** ***(Ing.)*** = compartimento refrigerado usado para estocar alimentos perecíveis.
(~) **salmon** ***(Ing.)*** = salmão frio.
(~) **spicy sausage** ***(Ing.)*** = linguiça condimentada fria.
(~) **storage** ***(Ing.)*** = armazenamento em câmara frigorífica.
(~) **tomato soup** ***(Ing.)*** = sopa fria de tomates.
(~) **vegetable soup** ***(Ing.)*** = sopa fria de verduras.

coleslaw ***(Ing.)*** = salada de repolho cru cortado fino, com molhos variados, como maionese, creme de leite e iogurte, e acréscimo de nozes, cenouras raladas, cebolas picadas, aipo, maçãs etc., também chamada *slaw*.

coliflor ***(Esp.)*** = couve-flor. Ver *cauliflower*.

colinabo ***(Esp.)*** = nabo; tubérculo comestível rico em celulose, utilizado em picles, sopas, ensopados, podendo ser consumido cru ou cozido.

colino ***(It.)*** = coador.

college cake ***(Ing.)*** = bolo de frutas contendo sementes de cominho.

collop ***(Ing.)*** = fatia pequena ou tira de carne, como o escalope.

collop, to ***(v.) (Ing.)*** = cortar em fatias pequenas.

colomba ***(It.)*** = bolo de Páscoa no formato de pomba, de sabor suave, ressaltado pela presença de cascas de laranja cristalizadas.

coltello ***(It.)*** = faca.

comfit ***(Ing.)*** = confeito; doce cristalizado.

comida ***(Esp.)*** = refeição, alimento.

comino ***(Esp.)*** = cominho; condimento de sabor picante e levemente amargo, originário do Oriente Médio e consumido desde a Antiguidade. Suas sementes, inteiras ou moídas, podem ser usadas para temperar queijos, pães, molhos, sopas, saladas, carnes etc.

commercial beef ***(EUA)*** = de acordo com a classificação de cortes de carne dos Estados Unidos, pedaços de carne dura, ainda que com alguma irrigação natural de gordura, extraída de boi velho, destinada basicamente a uso industrial. Mais saboroso do que o *standard*.

commis chef ***(Ing.)*** = aprendiz ou ajudante do cozinheiro.

commis de rang ***(Fr.)*** – ajudante de garçom.

commis waiter ***(Ing.)*** = cumim; auxiliar do garçom.

common marjoram ***(Ing.)*** = orégano; erva aromática originária do Mediterrâneo e empregada desde a Antiguidade. Trata-se de uma variedade da manjerona, consumido em muitos pratos à base de tomate, tornando-se mais conhecido por caracterizar o sabor da pizza. Pode ser consumido, ainda, em sopas, massas, saladas, ensopados, antepastos etc.

composta *(It.)* = compota de frutas; frutas cozidas.

(~) **di prugne secche** *(It.)* = compota de ameixas secas.

(~) **de ciruelas secas** *(Esp.)* = compota de ameixas secas.

compote *(Fr.) (Ing.)* = compota; fruta cozida em calda.

(~) **d'abricots à la minute** *(Fr.)* = damascos cortados em metades, fervidos em calda de açúcar durante três minutos, após o quê é retirada a escuma formada e acrescentado suco de laranja.

(~) **de pommes** *(Fr.)* = compota de maçãs.

(~) **de pruneaux** *(Fr.)* = compota de ameixas secas.

compotier *(Fr.)* = compoteira, pote de geleia.

coñac *(Esp.)* = conhaque. Ver *brandy*.

concassée *(Fr.)* = apesar de traduzido como "amassada" ou "esmagada", o termo refere-se ao prato tomate *concassée*, em que o fruto é fervido para a retirada da pele e das sementes, cortado irregularmente em pequenos pedaços ou tiras, e frito com cebola e alho no azeite, após ter sido temperado com sal e pimenta.

concha *(Esp.)* = mexilhão; molusco bivalve também conhecido como marisco, muito apreciado em vários países europeus e consumido em antepastos, risotos, caldeiradas, sopas e saladas.

concha peregrina *(Esp.)* = vieira; molusco bivalve, muito apreciado nos Estados Unidos, na Espanha e na França, servido gratinado e em risotos, saladas, antepastos, molhos etc. A título de curiosidade, os peregrinos de Santiago de Compostela carregam em seu chapéu uma concha desta qualidade em razão da lenda envolvendo o apóstolo Tiago e um milagre que evitou o naufrágio de uma embarcação com a ajuda de conchas de vieira, o que explica o seu nome no idioma hispânico.

conchiglia *(It.)* = marisco. Ver *concha*.

conchiglie *(It.)* = massa bastante popular na forma de conchas, que retêm molhos em suas reentrâncias, o que sugere um incentivo à degustação. Boa opção para servir com cremes ou molhos de tomate.

conchigliette / conchiglione *(It.)* = massa no formato de conchinhas, usado em sopas ou saladas.

conciglie *(Esp.) (Fr.) (Ing.)* = massa em forma de conchas. Ver *conchiglie*.

concombre *(Fr.)* = pepino. Ver *cetriolo*.

(~s) **em boîte** *(Fr.)* = pepinos em conserva.

(~s) **déshydraté** *(Fr.)* = pepinos desidratados.

(~) **salé** *(Fr.)* = pepino salgado.

condensed milk ***(Ing.)*** = leite condensado.

(~) **pudding** ***(Ing.)*** = pudim de leite condensado.

condes au fromage ***(Fr.)*** = massa folhada cortada em retângulos, coberta com molho bechamel, temperada com pimenta-de-caiena misturada com queijo em pequenas fatias, assado em forno quente.

condiment ***(Fr.) (Ing.)*** = condimento; substâncias utilizadas para aromatizar ou ressaltar o sabor dos alimentos, podendo, portanto, ser doces, salgadas, apimentadas ou, ainda, secas e frescas. Eis alguns destes temperos: sal, pimenta, noz-moscada, mostarda, gengibre, baunilha, salsa, páprica, mistura seca de ervas etc. Às vezes até o picles, quando adicionado depois de o alimento ser servido.

condimento ***(Esp.) (It.)*** = condimento, tempero.

condire ***(It.)*** = condimentar, temperar.

condito ***(It.)*** = condimentado.

conejo ***(Esp.)*** = coelho; mamífero de carne suave, tenra e saborosa, de baixo teor calórico e muita proteína. Pode ser consumido assado, cozido, frito, refogado ou na brasa.

(~) **a la gallega** ***(Esp.)*** = coelho frito com cebolas e tomates.

(~) **frito a la catalina** ***(Esp.)*** = coelho marinado no vinagre e vinho branco e depois frito.

confect, to ***(v.) (Ing.)*** = preparar doces ou conservas; pôr em conserva.

confection ***(Ing.)*** = confeito, doce.

confectioner's shop ***(Ing.)*** = confeitaria.

confectioner's sugar ***(Ing.)*** = açúcar de confeiteiro.

confectionery ***(Ing.)*** = artigos de confeitaria, doces, confeitos, balas, bombons etc.

confetti ***(It.)*** = amêndoas cobertas com açúcar colorido.

confettura ***(It.)*** = geleia ou compota.

confiseries ***(Fr.)*** = guloseimas, doces.

confit ***(Fr.)*** = carne cozida e conservada na própria gordura do animal. O termo também significa cristalizado, caramelado ou conservado em açúcar.

(~) **de canard / d'oie** ***(Fr.)*** = conservas de pato ou de ganso cozidos na própria gordura.

confiture ***(Fr.)*** = geleia.

(~) **d'abricots** ***(Fr.)*** = geleia de damascos.

(~) **d'oranges** ***(Fr.)*** = geleia de laranja.

congeal, to ***(v.) (Ing.)*** = congelar, gelar.

congelare ***(It.)*** = congelar.

congelato ***(It.)*** = congelado.

congeler ***(Fr.)*** = congelar.

conger eel ***(Ing.)*** = congro, enguia marinha, referência genérica a vários tipos de pescado; peixe sem escama, consumido em filés ou em postas.

congre ***(Fr.)*** = congro. Ver *conger eel.*

congrío ***(Esp.)*** = congro. Ver *conger eel.*

coniglio ***(It.)*** = coelho. Ver *conejo.*

(~) **alla reggiana** ***(It.)*** = coelho dourado no azeite, na banha ou na gordura do bacon, e colocado à espera; cebolas picadas e douradas na mesma panela, alho picado e amassado, aipo picado e tomate *concassée*, tudo cozido em fogo brando, ao qual se adiciona vinho branco seco e o coelho reservado; tempera-se e cozinha-se em fogo brando até que o coelho fique tenro. Termina-se com salsinha picada.

conserva di frutta ***(It.)*** = frutas em conserva; geleia.

conservare ***(It.)*** = conservar.

conservare in scatola ***(It.)*** = enlatar, conservar em lata.

conserve ***(Ing.)*** = conserva; compota de frutas cristalizadas, podendo ter nozes, uvas-passas etc.

conserve, en ***(Fr.)*** = enlatado.

conserve, petit-pois en ***(Fr.)*** = ervilhas em lata.

conserver ***(Fr.)*** = conservar.

conserves au vinaigre ***(Fr.)*** = picles.

consommé ***(Fr.) (Ing.)*** = caldo de carne, galinha, peixe ou verduras, cozido lentamente, misturado com claras de ovos durante duas horas e cuidadosamente peneirado.

consommé en tasse ***(Fr.)*** = caldo frio ligeiramente gelatinoso, servido em uma xícara; se a gelatina natural acrescentada não for suficiente, deve-se adicionar mais caldo.

Conti, à la ***(Fr.)*** = guarnição francesa de bacon e purê de lentilhas, geralmente servido com carne.

continental breakfast ***(Fr.) (Ing.)*** = café da manhã em geral padronizado, servido em quase todos os hotéis do mundo, preparado sob influência das tradições mediterrâneas, composto de café, leite, chocolate ou chá, suco, pães variados, torradas, manteiga, frios fatiados, queijo, frutas e geleia.

contiser ***(Fr.)*** = fazer pequenos cortes no alimento para inserir pedacinhos de condimentos sólidos, como dentes de alho, trufas, língua etc.

contorno ***(It.)*** = acompanhamento ou guarnição servido em uma refeição italiana.

(~) **di verdure** ***(It.)*** = guarnição de legumes.

contre-filet ***(Fr.)*** = lombo de vaca; contrafilé.

controfiletto di bue ***(It.)*** = lombo de boi, contrafilé.

convenience food ***(Ing.)*** = refeição rápida à base de comida congelada ou alimentos processados industrialmente.

(~) **store** ***(Ing.)*** = loja de conveniência, estabelecimento que funciona, em geral, 24 horas, servindo lanches e refeições rápidas, pães, doces e salgadinhos.

cook *(Ing.)* = cozinheiro.

cook au gratin, to *(Ing.)* = gratinar; assar alimentos formando uma crosta na superfície, geralmente conseguido, aspergindo-se queijo ralado ou farinha de rosca sobre eles, até dourá-los na grelha ou no forno.

cook out, to *(v.) (Ing.)* = cozinhar ao ar livre (por exemplo, numa churrasqueira).

cook, to *(v.) (Ing.)* = cozinhar.

cookbook *(Ing.)* = livro de receitas culinárias.

cookie *(Ing.)* = biscoito, bolinho ou bolacha.

cooking liquid *(Ing.)* = líquido no qual os alimentos foram cozidos, usado como base de molho que os acompanha.

(~) **stove** *(Ing.)* = fogão.

cookout *(Ing.)* = refeição produzida para consumo ao ar livre.

cool, to *(v.) (Ing.)* = esfriar; refrescar, reduzir a temperatura do alimento de várias maneiras, isto é, colocando-o na geladeira, na água fria, adicionando cubos de gelo etc.

cooler *(Ing.)* = refresco, refrigerante; refrigerador ou esfriadouro.

copa *(Esp.)* = taça (para vinho, champanhe etc.), cálice.

copango *(Esp.)* = conjunto de derivados de carne de porco, integrado por toucinho, chouriço, morcela, orelha e rabo.

coperto *(It.)* = *couvert* ou serviço. Ver *couvert*.

copos de avena *(Esp.)* = flocos de aveia.

coppa *(It.)* = presunto bem gorduroso cortado do ombro do porco, temperado com sal grosso e ervas. O termo também designa taça ou cálice.

coppa gelata *(It.)* = taças de sorvete de vários sabores, em geral decoradas.

coprire *(It.)* = cobrir.

coq *(Fr.)* = galo. Ver *chicken*.

(~) **à la bière** *(Fr.)* = receita igual a *coq au vin*, mas o cozimento é feito na cerveja.

(~) **au vin** *(Fr.)* = iguaria tradicional da culinária francesa, feita com pedaços de galinha previamente marinados, cozidos em vinho tinto no fogo brando, com conhaque, cebolas, cenouras, alho, às vezes bacon, guarnecido com ervas, cogumelos e pão torrado em pedacinhos.

(~) **au vin jaune** *(Fr.)* = carne de galinha ou galo cozida com cogumelos, creme de leite e vinho branco.

coque, à la *(Fr.)* = cozido na casca, principalmente ovos.

coquetier *(Fr.)* = porta-ovos; vasilha de servir ovos à mesa.

coquillage *(Fr.)* = marisco. Ver *concha*.

coquille ***(Fr.)*** = casca (de ovo, noz) ou concha (de moluscos) etc.

coquille, en ***(Fr.)*** = cozido, preparado em casca de vieira.

coquilles Saint-Jacques ***(Esp.) (Fr.) (Ing.)*** = vieiras escaldadas em leite enquanto é preparado um molho feito com fatias de cogumelos e cebola, misturadas com o líquido em que elas foram escaldadas e xerez; a mistura é colocada nas conchas das vieiras, gratinada com farinha de rosca, queijo ralado e mostarda seca. Enfeita-se com pedaços de limão e salsinha picada.

corbeille de fruits ***(Fr.)*** = cesta de frutas.

corbina ***(EUA)*** = corvina; espécie de peixe de água salgada com barbatanas pretas, cuja carne apresenta baixo teor calórico. Consumida inteira, em filés ou postas, pode ser servida frita, grelhada ou assada.

cordero ***(Esp.)*** = cordeiro. Ver *abbacchio*.

(~) **manchego** ***(Esp.)*** = famosa raça espanhola de gado ovino; caçarola de cordeiro com vinho e alho, servido com pimentões doces fritos e guarnecida com salsinha picada. Prato típico da região de Castela, na Espanha.

(~) **al ajillo** ***(Esp.)*** = cordeiro assado com alho, pimenta e açafrão.

(~) **asado** ***(Esp.)*** = cordeiro assado.

cordial ***(Ing.)*** = licor de frutas.

cordon ***(Fr.) (Ing.)*** = um fio de molho de tomate ou molho de carne ao redor de um alimento em um prato.

Cordon Bleu, le ***(Fr.)*** = estilo de culinária com base na cozinha francesa clássica ensinada nas escolas da França, da Inglaterra e de outros países, envolvendo técnicas, métodos e receitas dos grandes *chefs*. Por extensão de sentido, a expressão costuma ser usada para qualificar a excelência de um prato.

core, to ***(v.) (Ing.)*** = remover o centro de frutas como maçãs e peras, que contêm sementes, usando-se um removedor cilíndrico, sem danificar a fruta.

coriander ***(Ing.)*** = coentro. Ver *cilandro*.

coriandolo ***(It.)*** = coentro. Ver *cilandro*.

coriandre ***(Fr.)*** = coentro. Ver *cilandro*.

cork ***(Ing.)*** = rolha, preferencialmente de cortiça.

cork, to ***(v.) (Ing.)*** = arrolhar, tampar.

corkscrew ***(Ing.)*** = saca-rolhas.

corn ***(Ing.)*** = trigo em grão; ***(EUA)*** = milho em grão.

(~) **-brandy** ***(Ing.)*** = aguardente de cereais.

(~) **bread** ***(Ing.)*** = broa de milho ou bolo de fubá.

(~) **-cob** ***(Ing.)*** = espiga de milho. Ver *choclo*.

(~) **-flakes** ***(Ing.)*** = cereais preparados com flocos de milho, bastante populares para consumo no café da manhã.

(~) **-flour** ***(Ing.)*** = amido de milho.

(~) **-meal** ***(Ing.)*** = fubá.

(~) **oil** ***(Ing.)*** = óleo delicado e temperado, extraído do grão de milho.

(~) **syrup** ***(Ing.)*** = melado de milho, usado como adoçante em bebidas e alimentos industrializados.

corncake ***(Ing.)*** = bolinho de milho.

corned beef ***(Ing.)*** = carne enlatada; carne conservada em salmoura.

cornet ***(Fr.)*** = casquinha de sorvete.

cornetti ***(It.)*** = pãezinhos doces recheados com creme, similares aos croissants.

cornichon ***(Fr.)*** = pepino em conserva.

cornish saffron cake ***(Ing.)*** = bolo de frutas condimentado com açafrão. Depois de pronto, é cortado em fatias que, quando frias, são passadas na manteiga.

cornstarch ***(EUA)*** = farinha ou amido de milho.

corona de arroz ***(Esp.)*** = arroz preparado em forma apropriada, que lhe dá um aspecto similar a uma coroa. Receitas variadas dão opção de consumo como prato quente ou frio, com ampla possibilidade de combinação de ingredientes: verduras, frutas secas, vegetais, presunto ou atum, dentre outros.

corona di riso ***(It.)*** = arroz enformado. Ver *corona de arroz.*

corteza ***(Esp.)*** = casca ou crosta de alimentos em geral; couro (de toucinho).

corvina ***(EUA)*** = corvina. Ver *corbina.*

coscia ***(It.)*** = coxa.

costillas ***(Esp.)*** = costeletas ou costelas.

costolette ***(It.)*** = costeletas.

cote de bœuf ***(Fr.)*** = costela de boi.

cotechino ***(It.)*** = espécie de salame cujo invólucro é a tripa ou a pele do porco costurada.

côtelette ***(Fr.)*** = costeleta.

cotenna ***(It.)*** = pele do porco.

cotiche ***(It.)*** = couro ou pele do porco (toucinho).

cotogna ***(It.)*** = marmelo. Ver *coing.*

cotognata ***(It.)*** = marmelada, doce de marmelo.

Cottage ***(Fr.)*** = queijo fresco francês de sabor suave, nutritivo e de baixo teor calórico, fabricado com leite desnatado ou semidesnatado e pequenos coalhos. Pelo baixo teor de gordura, é bastante perecível. Pode ser consumido sozinho, com frutas e doces, em torradas, molhos e recheios.

Cottage cheese ***(Ing.)*** = queijo Cottage.

cottage pie *(Ing.)* = torta de carne picada e cozida, com cebolas, em um recipiente com uma base de molho espesso, coberto com uma camada de batatas amassadas.

cottage potatoes *(Ing.)* = torta de batatas, pimentões, cebola, manteiga e queijo cottage.

cotto *(EUA)* = espécie de salame cozido, feito de carne de porco, toucinho, pimentões e especiarias; abreviação de *salame cotto.*

cotto *(It.)* = cozido.

cottonseed oil *(Ing.)* = óleo de caroço de algodão.

coturnice *(It.)* = codorniz, espécie de codorna. Ver *caille.*

couche *(Fr.)* = camada.

coulis *(Fr.)* = molho francês grosso, doce ou salgado, com consistência de purê, podendo ser feito de frutas, legumes ou vegetais. O termo também pode se referir ao sumo extraído do cozimento de carnes.

counter service *(Ing.)* = método de serviço em que os clientes sentam-se à volta de um balcão no qual os alimentos são servidos e, às vezes, preparados à sua vista.

coupe *(Fr.)* *(Ing.)* = taça

(~) **glacée** *(Fr.)* = sorvete com frutas, nozes ou amêndoas e caldas. Ver *sundae.*

(~) **Jacques** *(Fr.)* = sundae com frutas, calda, licor e chantili. Ver *sundae.*

(~) **Saint-Jacques** *(Fr.)* = salada de frutas com sorvete de baunilha por cima e marasquino.

coupe, à la *(Fr.)* = em fatias, fatiado.

couper *(Fr.)* = cortar.

courgette *(Fr.)* *(Ing.)* = abobrinha. Ver *calabacín.*

couronne de riz *(Fr.)* = arroz enformado, imitando uma coroa. Ver *corona de arroz.*

court-bouillon *(Fr.)* = caldo fervente aromatizado no qual são cozidos carnes e peixes.

couscous (*Fr.*) (*Ing.*) = cuscuz; prato de origem marroquina, preparado com semolina cozida no vapor; pode conter legumes, uvas-passas, grão-de-bico e/ou carne. No Nordeste do Brasil, existe uma variante feita com tapioca, farinha de milho e leite de coco.

couteau *(Fr.)* = faca.

couvert *(Fr.)* = conjunto de iguarias servidas em restaurantes enquanto os pratos solicitados são preparados. Em alguns lugares, a taxa correspondente a despesas de entretenimento. O termo também se refere aos talheres, baixelas, copos, toalhas e guardanapos servidos em uma mesa de jantar.

couvrir *(Fr.)* = tapar, cobrir, forrar.

cover charge *(Ing.)* = *couvert* ou serviço. Ver *couvert.*

covering *(Ing.)* = cobertura.

cow milk *(Ing.)* = leite de vaca.

cozy dish *(Ing.)* = comida caseira.

cozze *(It.)* = mexilhões (designação do sul da Itália). Ver *concha.*

crab *(Ing.)* = siri; caranguejo. Ver *cangrejo*.

(~) **au gratin** ***(eua)*** = prato tradicional da Louisiana, no sul dos Estados Unidos, composto de carne de caranguejo misturada com molho bechamel, nata azeda e temperos, gratinado com queijo e dourado no forno.

(~) **claws** ***(Ing.)*** = garras do caranguejo. Sua carne é considerada a melhor parte do crustáceo, utilizadas em pratos principais ou acompanhamentos.

crabe *(Fr.)* = caranguejo. Ver *cangrejo*.

crabmeat *(Ing.)* = carne de caranguejo.

cracker *(Ing.)* = biscoito d'água fino; qualquer tipo de biscoito torrado, simples ou salgado.

cranberry *(Ing.)* = mirtilo americano, oxicoco. Ver *airelle*.

(~) **bean** ***(Ing.)*** = tipo de feijão de sabor semelhante ao da castanha, com listras e manchas vermelhas que se perdem quando cozido, muito apreciado no norte da Itália e na Espanha.

(~) **juice** ***(Ing.)*** = suco de mirtilo.

(~) **sauce** ***(Ing.)*** = iguaria preparada com mirtilos cozidos em fogo brando com água e açúcar, liquefeito e coado. Pode se apresentar em forma gelatinosa. Serve-se com peru em festas tradicionais, como o Dia de Ação de Graças.

crauti *(It.)* = chucrute ou repolho azedo. Ver *choucroute*.

crayfish *(Ing.)* = camarão-d'água--doce, pitu ou lagostim; nome que engloba várias espécies de crustáceos de água salgada e água doce, com carne mais suave e textura mais delicada que os camarões marinhos.

cream *(Ing.)* = creme de leite, manteiga que se forma sobre o leite.

(~) **caramel** (***Ing.)*** = flã de caramelo.

(~) **caramel with rum** (***Ing.)*** = flã caramelado com rum.

(~) **cheese** ***(Ing.)*** = queijo cremoso, resultante da mistura de leite e nata.

(~) **crackers** ***(Ing.)*** = biscoitos leves, quadrados, feitos com manteiga, gordura, água e sal. Não têm relação com creme.

(~) **-jug** ***(Ing.)*** = recipiente destinado ao recolhimento de nata.

(~) **of asparagus soup** ***(Ing.)*** = sopa-creme de aspargos.

(~) **of crab soup** ***(Ing.)*** = sopa-creme de caranguejo.

(~) **of tartar** ***(Ing.)*** = creme tártaro.

(~) **of vegetable soup** ***(Ing.)*** = sopa-creme de legumes.

(~) **sauce** ***(Ing.)*** = creme bechamel acrescido de creme de leite, iogurte natural ou queijo branco, parmesão, vinho e especiarias. Usa-se com peixes escaldados e verduras fervidas.

(~) **soup** ***(Ing.)*** = sopa-creme base.

creamy *(Ing.)* = cremoso, semelhante a creme.

crema ***(Esp.)*** = creme ou nata.

(~) **batida** ***(Esp.)*** = creme de leite batido até a consistência de chantili.

(~) **de espárragos** ***(Esp.)*** = sopa-creme de aspargos.

(~) **di pollo** ***(It.)*** = sopa cremosa de galinha.

(~) **di verdura** ***(It.)*** = creme ou purê de verduras, às vezes incluindo batatas e outros vegetais, complementado com creme de leite.

(~) **inglesa** ***(Esp.)*** = mingau feito com gemas, leite, açúcar e farinha, aromatizado com baunilha ou cascas de limão.

(~) **caramelo** ***(Esp.)*** = flã de baunilha com caramelo.

crème ***(Fr.)*** = creme.

(~) **à la vanille** ***(Fr.)*** = creme com ovos, amido de milho e leite, cozido no forno e aromatizado com baunilha.

(~) **anglaise** = creme à base de leite e gemas de ovos, açúcar e farinha, aromatizado com baunilha, cascas de limão ou, após resfriado, licor. Serve-se quente ou frio.

(~) **bachique** ***(Fr.)*** = creme de ovos com canela e mel, aromatizado com vinho branco.

(~) **bavaroise** ***(Fr.)*** = sobremesa feita de creme de ovos com baunilha ou purê de frutas, acrescentado de gelatina, caramelo e Cointreau.

(~) **brûlée** ***(Fr.)*** = tradicional sobremesa francesa, feita com creme de leite, ovos e açúcar, misturado a mel e baunilha, assado em forminhas individuais, pulverizado com canela e coberto por uma crosta de açúcar queimado.

(~) **caramel** ***(Fr.)*** = pudim de leite.

(~) **chantili** ***(Fr.)*** = creme de leite fresco batido com açúcar.

(~) **d'amandes** ***(Fr.)*** = creme de amêndoas.

(~) **de cassis** ***(Fr.)*** = licor de cassis. Ver *black currant cream.*

(~) **de volaille** ***(Fr.)*** = sopa-creme de galinha.

(~) **fraîche** ***(Fr.)*** = tipo de creme de leite fresco.

(~) **freneuse** ***(Fr.)*** = sopa-creme de batatas e nabos, tradicional na culinária francesa.

(~) **frite** ***(Fr.)*** = creme leve à base de leite engrossado com farinha, amido de milho, açúcar e gema de ovo, aromatizado com canela e casca de limão, estendido e cortado após esfriado, empanado e frito.

(~) **glacée** ***(Fr.)*** = sorvete.

(~) **pâtissière** ***(Fr.)*** = creme de pasteleiro; creme espesso feito com ovos, farinha de trigo e leite adoçado com baunilha. Usa-se como recheio de bolos, tortas e pasteizinhos.

crémeux (euse) ***(Fr.)*** = cremoso(a).

crepe ***(Esp.)*** = crepe. Ver *crêpe.*

(~) **con mermelada** ***(Esp.)*** = crepe com geleia.

(~) **de jamón y queso** ***(Esp.)*** = crepe de presunto e queijo.

(~) **flambeado** ***(Esp.)*** = crepe flambado.

crêpe ***(Fr.)*** = crepe; panqueca muito fina, doce ou salgada, geralmente recheada.

(~) **à la confiture** ***(Fr.)*** = crepe com geleia.

(~) **au fromage ricotta** ***(Fr.)*** = crepe de ricota.

(~) **au jambon et fromage** ***(Fr.)*** = crepe de presunto e queijo.

(~) **suzette** ***(Fr.) (Ing.)*** = panqueca pequena, dobrada em quatro, recheada com creme amanteigado feito com cascas de laranja, limão e licor, coberta com calda de suco de laranja e açúcar, flambada no prato com conhaque.

crépinette ***(Fr.)*** = croquete de carne enrolado em bacon frito ou grelhado.

crescent roll ***(Ing.)*** = croissant; geralmente recheado de presunto ou queijo.

crescente ***(It.)*** = massa feita com farinha de trigo, bicarbonato de sódio para fazê-la crescer, sal e leite; deixa-se descansar, enrola-se como discos muito finos, que são fritos de ambos os lados em azeite de oliva bem quente. Servem-se quentes como aperitivos.

crescione ***(It.)*** = triângulos de massa fritos, recheados com espinafre e creme salgado.

crescione ***(It.)*** = agrião. Ver *berro.*

crescione di fonte ***(It.)*** = agrião. Ver *berro.*

crespella ***(It.)*** = crepe. Ver *crêpe.*

(~) **alla fiamma** ***(It.)*** = crepe flambado.

(~) **di prosciutto e formaggio** ***(It.)*** = crepe de presunto e queijo.

(~) **di ricotta** ***(It.)*** = crepe de ricota.

(~) **suzette** (***It.)*** = ver *crêpe suzette.*

cresson ***(Fr.)*** = agrião. Ver *berro.*

crevette ***(Fr.)*** = camarão. Ver *camarón.*

(~) **rose** ***(Fr.)*** = camarão-rosa.

(~) **rouge** ***(Fr.)*** = camarão gigante, encontrado no Mediterrâneo.

criba ***(Esp.)*** = peneira.

cribar ***(Esp.)*** = peneirar.

crimini mushroom ***(It.) (Ing.)*** = tipo de cogumelo semelhante ao *button mushroom*, porém com sabor mais acentuado, textura firme e coloração castanha. Seu uso combina com pratos à base de carne de caça.

crisp ***(Ing.)*** = crocante.

crisp, to ***(v.) (Ing.)*** = tornar firme e quebradiço, como legumes refrigerados, biscoitos ou pão torrados no forno.

crispbread ***(Ing.)*** = biscoito geralmente retangular, fino, leve e crocante, feito de centeio ou trigo, sal e água.

crisphead lettuce ***(Ing.)*** = espécie de alface com folhas crespas, formando uma bola sólida. Ver *batavia.*

crisps ***(Ing.)*** = batatas cruas, cortadas em fatias bem finas, fritas em óleo bem quente até dourarem e ficarem crocantes, também conhecidas como *potato crisps*. Podem ser temperadas.

crispy ***(Ing.)*** = crocante.

croccante ***(It.)*** = crocante.

crocchetta ***(It.)*** = croquete; geralmente, mistura de carne moída cozida, combinada com batatas e/ou migalhas de pão, ervas, cebola, temperos e ovo ou caldo para formar uma pasta consistente que é moldada em bolas redondas ou ovais, empanada e frita.

crocchette di carne ***(It.)*** = croquetes de carne.

(~) **di riso** ***(It.)*** = croquetes de arroz.

crockery ***(Ing.)*** = louça: pratos, travessas, xícaras e todos os tipos de cerâmica usados nas refeições.

croissant ***(Fr.) (Ing.)*** = tradicionais pãezinhos de origem francesa, em forma de meia-lua, muito leves, feitos com massa folhada. São cortados no formato de triângulo, enrolados com um ponto para fora de modo crescente antes de ser colocados no forno. Podem ser recheados ou não.

croquant ***(Fr.)*** = crocante.

croque-madame ***(Fr.)*** = sanduíche de presunto e queijo, nos mesmos moldes do *croque-monsieur*, gratinado com um ovo frito ou escalfado em cima.

croquembouche ***(Fr.)*** = bolo francês característico de solenidades (principalmente casamentos ou batizados), formado por uma espécie de torre de *profiteroles* recheados com creme de confeiteiro, na maioria das vezes banhados em chocolate.

croque-monsieur ***(Fr.)*** = refeição rápida, muito popular na França, composta de um sanduíche de presunto (inteiro ou picado), queijo ralado (geralmente Gruyère ou Emmenthal), creme de leite, sal e pimenta. Serve-se gratinado.

croqueta ***(Esp.)*** = croquete. Ver *crocchetta*.

(~) **de arroz** ***(Esp.)*** = croquete de arroz.

(~) **de carne** ***(Esp.)*** = croquete de carne.

croquette ***(Fr.) (Ing.)*** = croquete. Ver *crocchetta*.

(~) **de viande** ***(Fr.)*** = croquete de carne.

(~) **de riz** ***(Fr.)*** = croquete de arroz.

crostata ***(It.)*** = torta.

(~) **di cioccolato** ***(It.)*** = torta de chocolate.

(~) **di fragole** ***(It.)*** = torta de morangos.

(~) **di frutta** ***(It.)*** = torta de frutas.

(~) **di ricotta** ***(It.)*** = torta de ricota.

crostini ***(It.)*** = cubinhos de pão torrados, temperados com alho, azeite de oliva ou manteiga, cobertos com vários ingredientes, como tomates, anchovas, queijo, azeitonas, alcaparras, abacate ou camarões, servidos como aperitivos.

(~) **all'aglio** ***(It.)*** = *crostini* preparados com azeite de oliva e alho.
(~) **alla fiorentina** ***(It.)*** = *crostini* cobertos com uma camada de patê de fígado de galinha com anchovas e alcaparras.
(~) **alla napoletana** ***(It.)*** = *crostini* cobertos com molho de tomates frescos e provolone.
(~) **alla parmigiana** ***(It.)*** = *crostini* cobertos com mozarela de búfala e berinjelas.

croustade ***(Fr.)*** = massa crocante frita ou assada no forno, com o formato de uma caixinha, recheada com carnes, verduras etc. e temperos.

croustillant ***(Fr.)*** = crosta, crocante.

croûte ***(Fr.)*** = crosta; pão frito ou torrado em fatias ou pedaços, sobre os quais carnes ou ervas aromáticas são colocadas.
(~) **d'anchois** ***(Fr.)*** = torradas de anchovas.
(~) **au fromage** ***(Fr.)*** = fatias de pão gratinadas com queijo e vinho branco, iguaria característica da cozinha suíça.
(~) **au pot** ***(Fr.)*** = sopa feita de caldo de carne servidas com torradas finas ou cascas de pão.

croutons ***(Fr.)*** = pequenos cubos de pão fritos, dourados na manteiga e servidos como acompanhamento de sopas ou como ingredientes de alguns pratos, como saladas.

cru(e) ***(Fr.)*** = cru(a).

crucetta ***(It.)*** = prato da Calábria com figos brancos assados, recheados com nozes e dispostos no prato em forma de cruz.

crudités ***(Fr.)*** = vegetais crus cortados em tiras longas, geralmente servidos com maionese, creme de leite azedo ou outro molho frio, apreciados como aperitivos ou entradas.

crudo ***(Esp.) (It.)*** = cru.

crujiente ***(Esp.)*** = crocante (torrada, biscoito).

crumb ***(Ing.)*** = migalha; miolo de pão.

crumb, to ***(v.) (Ing.)*** = empanar, cobrir com farinha de rosca.

crumble ***(Ing.)*** = sobremesa de origem britânica, feita com pedaços de frutas em compota, açúcar, manteiga e migalhas de pão, torradas ou flocos de aveia em cima, assada no forno. Serve-se com creme.

crumble, to ***(v.) (Ing.)*** = esmigalhar.

crunchy ***(Ing.)*** = crocante.

crusca ***(It.)*** = farelo de trigo ou de outros cereais.

crush, to ***(v.) (Ing.)*** = esmagar, espremer qualquer coisa sólida para extrair líquido, torná-la semissólida ou reduzi-la a pedacinhos.

crust ***(Ing.)*** = casca de pão, crosta (de torta).

crustacé ***(Fr.)*** = marisco. Ver *concha*.

(~) **d'eau douce** ***(Fr.)*** = camarão--de-água-doce. Ver *crayfish*.

crustacean ***(Ing.)*** = crustáceo; classe de animais aquáticos com casca contendo um corpo mole, geralmente com pernas musculares, rabo e, às vezes, garras, como lagostas, camarões, caranguejos etc.

crustáceo de agua dulce ***(Esp.)*** = camarão-d'água-doce. Ver *crayfish*.

crystallized fruit ***(Ing.)*** = fruta cristalizada.

cuajada ***(Esp.)*** = coalhada.

cuajo ***(Esp.)*** = coalho.

cubalibre ***(Esp.)*** = tradicional bebida da América Central, composta de rum e refrigerante à base de noz-de-cola.

cubiertos ***(Esp.)*** = talheres.

cucchiaiata ***(It.)*** = colherada.

cucchiaino ***(It.)*** = colher de chá, também usada como medida, equivalente a 5 ml.

cucchiaio ***(It.)*** = colher.

cucchiaio da tavola ***(It.)*** = colher de sopa, também usada como medida, equivalente a 15 ml.

cucchiaio di legno ***(It.)*** = colher de pau.

cucchiaio di portata ***(It.)*** = colher para servir.

cucciddatu ***(It.)*** = bolo tradicional da Sicília. Ver *buccellato*.

cuchara ***(Esp.)*** = colher.

(~) **de palo** ***(Esp.)*** = colher de pau.

(~) **de postre** ***(Esp.)*** = colher de sobremesa.

cucharada ***(Esp.)*** = colher de sopa também usada como medida, equivalente a 15 ml.

cucharadita ***(Esp.)*** = colher de chá, também usada como medida, equivalente a 5 ml.

cucharear ***(Esp.)*** = passar com a colher.

cucharón ***(Esp.)*** = concha de sopa.

cuchillo ***(Esp.)*** = faca.

cucina ***(It.)*** = cozinha; arte culinária.

cucinare ***(It.)*** = cozinhar.

cucumber ***(Ing.)*** = pepino. Ver *cetriolo*.

(~) **mayonnaise** ***(Ing.)*** = pepino cortado bem fininho com sal, misturado com maionese.

cuesco ***(Esp.)*** = caroço de fruta.

cuillère ***(Fr.)*** = colher.

(~) **à bouche** ***(Fr.)*** = colher de sopa, também usada como medida, equivalente a 15 ml.

(~) **à café / petite cuillère** ***(Fr.)*** = colher de café ou colher de chá, também usada como medida, equivalente a 5 ml.

(~) **à dessert** ***(Fr.)*** = colher de sobremesa.

(~) **-à-pot** ***(Fr.)*** = colher grande.

(~) **à soupe** ***(Fr.)*** = colher de sopa.

(~) **en bois** ***(Fr.)*** = colher de madeira, colher de pau.

cuillerée ***(Fr.)*** = colherada.

cuire ***(Fr.)*** = cozinhar.

(~) **à la poêle** ***(Fr.)*** = cozinhar na frigideira.

(~) **à la vapeur** ***(Fr.)*** = cozinhar no vapor.
(~) **au four** ***(Fr.)*** = cozinhar no forno.
(~) **au bleu** ***(Fr.)*** = método de cozinhar peixes ou moluscos, mergulhando-os vivos em caldo fervente de ervas aromáticas, a fim de que adquiram uma coloração azulada.

cuisine ***(Fr.)*** = cozinha; arte culinária.
(~) **au jus** ***(Fr.)*** = estilo de culinária que evita cremes, manteiga e farináceos em molhos, apenas baseada em sucos naturais.
(~) **bourgeoise** ***(Fr.)*** = cozinha que inclui os pratos franceses clássicos e refeições típicas, mais simples.
(~) **du soleil** ***(Fr.)*** = culinária moderna da Riviera Francesa, baseada em frutas e verduras frescas, trufas, berinjelas, tomates, queijo chèvre, azeite de oliva, alho e ervas como tomilho, erva-doce, sálvia etc.
(~) **du terroir** ***(Fr.)*** = cozinha francesa que engloba especialidades regionais junto à tradição camponesa.
(~) **nouvelle** ***(Fr.)*** = tendência que apresentou uma reação contra as tradições culinárias, com pratos mais leves, porções menores e apresentados de maneira sofisticada e delicada. Ver também *nouvelle cuisine*.

cuisiner ***(Fr.)*** = cozinhar.

cuisse ***(Fr.)*** = coxa.
(~) **de poulet** ***(Fr.)*** = coxa de frango.
(~s) **de grenouille** ***(Fr.)*** = coxas de rã.

culantro ***(Esp.)*** = chicória-da-amazônia ou coentro selvagem (diferente do coentro consumido na região Sudeste do Brasil); erva aromática usada como condimento em peixes, caldos e feijão.

culotte de bœuf ***(Fr.)*** = alcatra.

cumin ***(Fr.) (Ing.)*** = cominho. Ver *comino*.

cumino ***(It.)*** = cominho. Ver *comino*.

cummin ***(Ing.)*** = cominho. Ver *comino*.

cuocere ***(It.)*** = cozinhar.
(~) **a vapore** ***(It.)*** = cozinhar no vapor.
(~) **al forno** ***(It.)*** = assar (no forno).

cuocere alla griglia ***(It.)*** = grelhar.

cup ***(Ing.)*** = xícara, chávena, taça; recipiente para beber determinados líquidos.

cupboard ***(Ing.)*** = armário, guarda-louça.

Curaçao ***(Ing.)*** = licor naturalmente incolor, com sabor de cascas de laranjas amargas, cravo e canela, originário da ilha do mesmo nome nas Antilhas Holandesas. Podem ser acrescentados corantes artificiais, especialmente o azul, modificando sua aparência, como ocorre com o Blue Curaçao.

curcuma *(Ing.)* = cúrcuma; corante de sabor quente e picante, obtido das plantas do gênero *Curcuma*, empregado em iguarias temperadas com picles ou caril.

curd *(Ing.)* = coalho.

curd, to *(v.) (Ing.)* = coalhar.

curdle, to *(v.) (Ing.)* = azedar, estragar; coalhar ou engrossar.

curds and whey *(Ing.)* = coalhada e soro de leite.

curdy *(Ing.)* = coalhado, grosso.

cured ham omelette *(Ing.)* = omelete de presunto defumado.

cured pork sausage *(Ing.)* = carne de porco defumada.

cure-dents *(Fr.)* = palito.

currant *(Ing.)* = groselha; passa-de-corinto, pequena, escura. Tem propriedades e aplicações similares à groselha-preta. Ver *black currant*.

curry *(Ing.)* = caril; condimento indiano em pó, amarelo, composto de várias especiarias, principalmente açafrão. O termo também designa o molho preparado à base deste tempero.

(~) **powder** *(Ing.)* = pó de curry; geralmente contém açafrão, canela, cravo, coentro, pimenta, mostarda etc.

cusk *(Ing.)* = peixe da família do bacalhau. Tem carne magra e branca e pode ser preparado de qualquer modo. É frequentemente substituído por bacalhau na cozinha escandinava.

custard *(Ing.)* = creme inglês tradicional, de consistência bem mole, feito de leite (preferencialmente, nata), farinha de amido e ovos.

custard fritters *(Ing.)* = *custard* engrossado com farinha e gema de ovo, aromatizado, esticado em 1,5 cm, cortado após esfriado e, depois, empanado e frito.

cut, to *(v.) (Ing.)* = cortar com faca ou tesoura.

cutlery *(Ing.)* = talheres.

cutlets *(Ing.)* = costeletas de carne.

cutter *(EUA)* = segundo a tabela de classificação de cortes dos Estados Unidos, parte da carne dos animais que não dispõe de qualquer maciez ou textura marmoreada. Destina-se exclusivamente ao processamento industrial ou à comercialização como carne moída.

Cynar *(It.)* = aperitivo italiano de sabor amargo, de coloração escura, alcoólico, feito de alcachofras e mais 12 ervas.

D

dab ***(Ing.)*** = peixe chato da família da solha, espécie de linguado americano.

dabble, to ***(v.) (Ing.)*** = salpicar, borrifar, umedecer.

dace ***(Ing.)*** = denominação comum a várias espécies de pequenos peixes de água doce.

dacquoise ***(Fr.)*** = bolo característico da região de Dax (cidade localizada no sudoeste da França), que consiste de camadas de merengue com nozes (há variações com avelãs e amêndoas) torradas, intercaladas com creme de leite batido e frutas, como morangos e framboesas, decorado em círculos. Em geral, é servido gelado.

dadi ***(It.)*** = pequenos cubos de vegetais, imitando o formato de dados.

dafina / dafna / adafina (***Fr.***) (***Ing.***) = cozido de origem sefaradi--marroquina, similar ao *cholent*, composto por carne, legumes, grãos e, eventualmente, ovos e frutas doces, como tâmara e damasco.

Dagwood sandwich ***(EUA)*** = sanduíche recheado com diversas camadas, dentre as quais se inserem variedades de carne, queijo, condimentos etc. Uma curiosidade em relação ao nome: o acepipe foi batizado numa referência ao personagem homônimo de uma história em quadrinhos.

daintiness ***(Ing.)*** = guloseima, iguaria.

dairy ***(Ing.)*** = leiteria; laticínios.

(~) **products** ***(Ing.)*** = produtos derivados do leite, como creme de leite, queijo e manteiga, dentre outros.

dalle ***(Fr.)*** = fatia fina ou escalope de peixe, redondo e cortado ao redor do osso.

damaschina ***(It.)*** = espécie de ameixa pequena e roxa.

dame ***(It.)*** = pequenos bolos de uvas secas, bolinhos de uva-passa.

damson ***(Ing.)*** = espécie de ameixa pequena e roxa, de textura fina e um pouco ácida, mas excelente para conservas, geleias e doces.

Danish pastry ***(Ing.)*** = massa doce composta de farinha de trigo e ovos (dois ovos por quilo de farinha), unida por leite frio, com camadas de manteiga usando o método de massa folhada, característica da culinária dinamarquesa. A referida massa é enrolada até atingir a espessura apropriada, recheada com creme, frutas ou queijo e assada em forno a 230ºC.

Danish salami ***(Ing.)*** = salame de origem dinamarquesa, feito de uma mistura de carne de porco, carne de vitela, especiarias, sal, às vezes alho, geralmente defumado. Come-se cru, em fatias.

darjeeling tea ***(Ing.)*** = famoso chá preto aromático, um dos mais apreciados do mundo, produzido em território indiano, nos arredores do Himalaia. Toma-se geralmente sem açúcar e sem leite.

dark brown sugar ***(Ing.)*** = açúcar mascavo com mais melaço que o comum.

darne ***(Fr.)*** = qualquer fatia grossa de peixe grande (pode ser salmão ou atum, por exemplo), em formato transversal.

dartois ***(Fr.)*** = massa folhada dividida em duas partes, unidas com recheio doce ou salgado, de forma similar a um pastel, e assadas.

date ***(Ing.)*** = tâmara; fruta de polpa fibrosa, originária do Oriente Médio, rica em açúcares e em potássio, de elevado valor calórico e sabor adocicado, geralmente consumida na forma desidratada. Também é utilizada na produção de licores, molhos, doces, geleias e vinagres.

dátil ***(Esp.)*** = tâmara. Plural: *dátiles*. Ver *date*.

datte ***(Fr.)*** = tâmara. Ver *date*.

datteri ***(It.)*** = tâmaras. Ver *date*.

(~) **farciti** ***(It.)*** = tâmaras recheadas.

dattero ***(It.)*** = tâmara. Ver *date*.

daube ***(Fr.)*** = caçarola de carne previamente marinada com vegetais, vinho, alho, cebolas e ervas, devidamente refogados e servidos com batatas ou massas. O prato é característico da culinária provençal.

daumont, à la ***(Fr.)*** = guarnição preparada com cogumelos, ovas de peixe, caudas de lagostim e ostras, podendo ser adicionadas trufas, indicada para acompanhar peixes.

dauphine, à la ***(Fr.)*** = guarnição com croquetes de batatas em forma de pequenas bolas, cuja massa é preparada com quatro partes de manteiga, dez partes de água, cinco partes de farinha e oito partes de ovos batidos. Em seguida, são empanados e fritos.

dauphinois ***(Fr.)*** = variante dialetal da família franco-provençal, típica de uma antiga província da França (Dauphiné), cujo significado se refere a um prato típico da culinária francesa (*dauphinois au gratin*), preparado com batatas gratinadas com creme de leite ou leite.

daurade *(Fr.)* = brema. Ver *bream.*

decaffeinated coffee *(Ing.)* = café descafeinado.

decant, to *(v.) (Ing.)* = despejar, passar o líquido de um recipiente para outro; termo geralmente aplicado a vinhos e licores para separar as partículas que se depositam no fundo após longo tempo, a fim de oxigená-lo.

decanter *(Ing.)* = recipiente para decantação de licores e vinhos.

decorate, to *(v.) (Ing.)* = adornar, enfeitar, adicionando formatos e cores a um prato, como bolos, sobremesas, sanduíches, saladas etc.

decorated eggs *(Ing.)* = ovos (de gansa, pata ou galinha) duros, cozidos, pintados e decorados em suas cascas, geralmente usados na Páscoa.

découper *(Fr.)* = trinchar ou cortar carnes.

deep-dish pizza *(EUA)* = tipo de pizza característica da cidade de Chicago, preparada em forma funda, com uma borda grossa na qual se coloca maior quantidade de recheio e molho do que se encontra em pizzas tradicionais.

deep-freeze, to *(v.) (Ing.)* = congelar abaixo de 20ºC para evitar deterioração do alimento.

deep-freezer *(Ing.)* = congelador, unidade frigorífica.

deep-fry, to *(Ing.)* = fritar alimentos pela imersão em grande quantidade de gordura ou óleo quente, a uma temperatura de 175ºC a 195ºC.

deep-fryer *(Ing.)* = tipo de frigideira ou fritadeira bem funda para frigir alimentos. Geralmente, é equipada com um termostato para controlar a temperatura.

deep-poaching fish *(Ing.)* = método de cocção do peixe, inteiro ou em postas, em fogo brando, de modo a realçar-lhe o sabor. O alimento deverá ficar completamente imerso no líquido (pode ser caldo, água ou vinho), sem que este atinja o ponto de fervura. A técnica pode ser utilizada em outros tipos de carne.

deer *(Ing.)* = cervo, veado. Ver *cerf.*

defrost, to *(v.) (Ing.)* = descongelar, degelar.

déglaçage *(Fr.)* = ato de descongelar alimentos; o termo também se refere ao processo de diluição da crosta fixada no fundo de recipientes em que foi preparado determinado prato.

déglacer *(Fr.)* = dissolver, com um pouco de líquido, os resíduos caramelizados de alimentos no fundo de um recipiente.

deglaze, to *(v.) (Ing.)* = dissolver o extrato de carnes coagulado, quando grudado no fundo da panela em que o alimento foi preparado, usando-se água, caldo ou vinho. O volume geralmente diminui com a fervura e é usado para adicionar sabor a molhos ou caldos.

dégorgement *(Fr.)* = processo usado na vinificação dos espumantes para eliminar os resíduos existentes dentro de uma garrafa.

dégorger, faire *(Fr.)* = remover impurezas, aromas desagradáveis ou sabores amargos de um alimento, cobrindo-o com sal, peneirando-o depois, lavando-o e secando-o. Método usado, por exemplo, com pepinos, berinjelas e abobrinhas. O termo também se aplica à eliminação de resíduos em garrafas na produção dos espumantes.

dégraisser *(Fr.)* = tirar espuma ou gordura do topo de um alimento, cozinhando-o em fogo brando; remover a gordura da carne.

degrease, to *(v.) (Ing.)* = remover a gordura da superfície de um líquido, retirando a espuma ou gordura; desengordurar.

dégustation *(Fr.)* = degustação; ato de experimentar vinhos, ostras etc.

dehydrate, to *(v.) (Ing.)* = desidratar; retirar a água de um alimento secando-o lentamente, auxiliado somente pelo ar ou ao sol.

déjeuner *(Fr.)* = almoço.

delantal *(Esp.)* = avental.

deli *(EUA)* = abreviação de *delicatessen.*

delicatessen *(Ing.)* = casa de mercadorias comestíveis finas, como temperos, carnes e peixes em conserva, petiscos, queijos, frios, saladas, patês etc., além de algumas iguarias prontas, onde também podem ser degustadas pequenas refeições.

délice *(Fr.) (Ing.)* = filés de peixe cozido bem finos, com as duas extremidades dobradas na parte inferior, em formato retangular.

delizie *(It.)* = aperitivos, guloseimas.

della rice *(EUA)* = espécie de grão de arroz longo, nativo dos Estados Unidos, que exala aroma de castanhas quando cozido.

Delmonico potatoes *(EUA)* = mistura de batatas cozidas condimentadas com manteiga, queijo parmesão ralado, suco de limão, salsinha picada e cebolinhas, gratinada. O nome provém de Lorenzo Delmonico (1813-1881) e do seu restaurante homônimo, aberto na primeira metade do século 19, em Nova York, no qual os clientes podiam pedir pratos *à la carte,* principalmente pratos franceses. O cardápio era impresso em francês e inglês.

Delmonico steak *(EUA)* = bife do lombo bovino, sem osso e sem gordura, de 2,5 a 5 cm de espessura. O tipo do corte da carne, em formato triangular, tornou-se famoso em todo o mundo a partir do século 19 por meio de um restaurante nova-iorquino, supostamente o criador do estilo que deu nome ao prato.

demi *(Fr.)* = metade; meio.

(~) -**deuil** *(Fr.)* = prato com contraste visual entre as cores branca e preta. Um exemplo bastante comum é o frango fervido, em tom pálido, com fatias de trufas pretas dispostas entre a pele a a carne do peito.

(~) -**douzaine** *(Fr.)* = meia dúzia.

(~) -**glace, sauce** *(Fr.) (Ing.)* = molho escuro de caldo de carne, farinha, cebola, alho, tomate, cenoura, sal, manteiga, açúcar, reduzido à metade, tirando-se a escuma sempre que necessário e, finalmente, coado. Em geral é temperado com vinho Madeira e usado como base para outros molhos. São conhecidas algumas variações desta receita.

(~) -**litre** *(Fr.)* = meio litro.

(~) -**salad** *(Fr.)* = porção de meia salada (legumes, folhas etc.), integrando refeições de verão, dietas alimentares ou acompanhando pratos.

(~) -**sec** *(Fr.)* = meio doce; qualificação atribuída a vinhos e espumantes.

(~) -**tasse** *(Fr.)* = meia xícara ou xícara pequena usada para servir café.

demitasse spoon *(Ing.)* = colher usada para servir café.

dénerver *(Fr.)* = remover tendões, nervos, cartilagens e membranas de um pedaço de carne.

dente, al *(It.)* = ponto de cocção para massas, cereais e legumes de modo que não fiquem muito cozidos, mantendo uma certa consistência.

deodorize, to *(v.)* = *(Ing.)* = remover ou mascarar o cheiro de comida ou de certos ingredientes, por exemplo, com ervas ou especiarias.

dépouiller *(Fr.)* = usar uma escumadeira ou concha para tirar gordura ou impurezas da superfície de caldos, sopas, molhos etc.; em determinados contextos, pode apresentar o significado de retirar a pele de um animal.

Derby cheese *(Ing.)* = queijo tradicional de leite de vaca, originalmente produzido na região de Derbyshire, na Inglaterra, desde o século 16. Tem sabor suave e textura firme.

derretir *(Esp.)* = derreter, descongelar.

dés, en *(Fr.)* = cortado em forma de dados ou cubos.

desalinate, to *(v.) (Ing.)* = dessalgar; remover o excesso de sal de um alimento, geralmente mergulhando-o na água. O presunto e o bacon são dessalgados deixando-os de molho durante a noite; já as sardinhas enlatadas são dessalgadas permanecendo de molho no leite.

desayuno *(Esp.)* = desjejum, café da manhã.

descremado *(Esp.)* = desnatado; qualidade do leite após a retirada da nata de sua superfície.

deshacer ***(Esp.)*** = desfazer ou desmanchar.

deshebrar ***(Esp.)*** = cortar em tiras ou pedaços; em alguns casos, pode significar desfiar.

deshuesar ***(Esp.)*** = desossar ou descaroçar.

déshydrater ***(Fr.)*** = desidratar. Ação que envolve a retirada da água de certos alimentos, como frutas ou legumes, em geral a fim de melhor conservá-los por períodos longos. Para reverter o processo, basta deixá-los de molho por algum tempo.

desiccate, to ***(v.) (Ing.)*** = dessecar, secar, tirar a umidade.

desiccated coconut ***(Ing.)*** = a parte interna do coco (polpa) ralada ou cortada, passada por um processo de secagem ou desidratação, usada como ingrediente de doces ou para a decoração de pratos.

désossé ***(Fr.)*** = desossado.

despacio ***(Esp.)*** = devagar, lentamente.

desplumar ***(Esp.)*** = depenar (aves).

dessert ***(Fr.) (Ing.)*** = sobremesa.

(~) **cream** ***(Ing.)*** = mistura de cremes frios e quentes ou purê de frutas, geralmente cobertos com gelatina, formando uma textura cremosa leve. Usa-se como base para sobremesas.

(~) **spoon** ***(Ing.)*** = colher de sobremesa.

(~) **suédois aux pommes** ***(Fr.)*** = sobremesa sueca de ovos batidos com açúcar e creme, recheada de maçãs e amêndoas.

détrempe ***(Fr.)*** = mistura solta de farinha e água, característica da culinária francesa.

devein, to ***(v.) (Ing.)*** = remover a veia "negra" que se localiza nas costas do corpo de camarões grandes e pequenos.

devil butter ***(Ing.)*** = manteiga condimentada com pimenta-de--caiena ou tabasco, vinagre e molhos variados, gelada e enrolada, depois cortada em fatias de 5 mm ou servida em bolinhas; usa-se para decorar pratos de carnes e peixes.

devil's food cake ***(EUA)*** = bolo de chocolate e café, em cuja receita não se usa leite, ingrediente substituído por água.

deviled ***(Ing.)*** = qualidade de alimento muito apimentado.

(~) **eggs** ***(Ing.)*** = ovos cozidos preparados com maionese, mostarda ou molho tártaro, temperados com especiarias picantes e servidos frios, como aperitivo ou entrada.

Devonshire split ***(Ing.)*** = bolinho doce, do tipo pão de levedura, dividido em duas partes e recheado com creme batido ou geleia com manteiga.

Devonshire squab pie ***(Ing.)*** = torta com recheio de carne de cordeiro, cebolas, maçãs e temperos, coberta com a massa antes de ser assada.

diable, à la ***(Fr.)*** = método francês de preparar aves, polvilhadas com farinha de rosca e assadas, servidas com *sauce diable.*

diable, sauce ***(Fr.) (Ing.)*** = molho feito com cebolas roxas picadas, vinho branco seco (pode ser também conhaque), purê de tomate, pimenta-de-caiena e pimenta em grão. Os ingredientes são cozidos em fogo brando e o caldo, coado e temperado. Serve-se com carnes ou peixes fritos e grelhados.

diablotins ***(Fr.)*** = pequenos cubos de pão assados, temperados com queijo, mostarda e creme. O termo, no singular, ainda pode se referir a um coquetel feito à base de champanhe, licor de morangos, licor de pera e anisete.

diamant noir ***(Fr.)*** = atributo conferido à trufa francesa em virtude de sua coloração (preta).

diane, sauce ***(Fr.) (Ing.)*** = molho preparado com alho, pimenta, sal, vinagre, molho inglês e purê de tomate, enriquecido com creme.

diavola, alla ***(It.)*** – método de preparo de alimentos (aves, camarões etc.), com molho simples de pimenta vermelha, manteiga, cebola, sal e vinho branco seco.

diavolini ***(It.)*** = confeitos preparados com chocolate e amêndoas (ou pistache). O termo também se refere a uma conserva de pimentões vermelhos maduros com pimenta calabresa e azeite, característica da região da Calábria, usados em pães, pizzas, massas e grelhados.

dice, to ***(v.) (Ing.)*** = cortar em cubos bem pequenos.

diente de ajo ***(Esp.)*** = dente de alho. Ver *aglio.*

diet ***(Ing.)*** = regime; dieta alimentar.

dietetic ***(Ing.)*** = dietético.

digestif ***(Ing.)*** = bebida alcóolica servida após uma refeição, para um suposto auxílio à digestão. Tradicionalmente, incluem-se neste grupo conhaques, uísques, licores de ervas e alguns tipos de aguardentes.

dill ***(Ing.)*** = endro, aneto: espécie de folhas aromáticas. Ver *aneth.*

dilute, to ***(v.) (Ing.)*** = diluir, tornar menos concentrado por meio da adição de água.

dinde ***(Fr.)*** = peru; ave originária da América do Norte, de carne tenra e saborosa, é o prato tradicional das mesas europeias e norte-americanas por ocasião das festividades de Natal. A forma preferida de degustação se verifica em assados, mas pode ser consumido em sanduíches, recheios, grelhados e em saladas.

(~) **aux marrons** ***(Fr.)*** = peru recheado com castanhas.

dine, to ***(v.) (Ing.)*** = jantar.

diner ***(Fr.)*** = jantar.

dining-room ***(Ing.)*** = sala de jantar; sala de refeições.

dinner ***(Ing.)*** = jantar; em muitos países, como os europeus, é considerada a refeição principal do dia. Dependendo da classe social a que pertença a pessoa, o jantar é geralmente composto por dois ou três pratos, contendo carne, peixe, queijos, alimentos com muita proteína e carboidratos.

dip ***(Ing.)*** = molho cremoso, geralmente frio, no qual são mergulhados pedaços de verduras cruas, torradas, biscoitos etc., antes de ser servido.

dip, to ***(v.) (Ing.)*** = mergulhar em algum molho, ensopar, colocar em algum líquido e retirar rapidamente.

diplomat pudding ***(Ing.)*** = famosa sobremesa de origem húngara. Alguns estudiosos defendem a teoria de que foi servida pela primeira vez no século 19 numa conferência diplomática realizada na Europa, razão pela qual recebeu este nome. Trata-se de um pudim preparado com leite, ovos, geleia (pode ser gelatina), servido com molho de frutas cristalizadas ou de baunilha.

diplomate, sauce ***(Fr.)*** = molho de manteiga de lagosta, conhaque e creme de leite, guarnecido com trufas e carne de lagosta cortada em cubos, geralmente servido com peixes e frutos do mar.

diplomatico ***(It.)*** = bolo de chocolate aromatizado com rum e café.

dish ***(Ing.)*** = prato ou iguaria; travessa ou qualquer recipiente de servir à mesa.

(~) **-mat** ***(Ing.)*** = descanso ou suporte para travessas ou pratos.

disjoint, to ***(v.) (Ing.)*** = cortar em pedaços carnes ou aves, partindo as juntas entre os ossos.

disossato ***(It.)*** = desossado, sem ossos.

dissolve, to ***(v.) (Ing.)*** = dissolver, derreter.

dissolvere ***(It.)*** = dissolver

dissoudre ***(Fr.)*** = dissolver.

distillation ***(Ing.)*** = destilação. Processo secular pelo qual substâncias líquidas são separadas por meio de aquecimento, via evaporação.

distilled vinegar ***(Ing.)*** = vinagre destilado, geralmente incolor e muito forte, porque a destilação aumenta a porcentagem de ácido acético.

distillery ***(Ing.)*** = destilaria, alambique.

ditali ***(It.)*** = tubos pequenos de massa, do tamanho de dedais, geralmente utilizados em sopas.

ditalini ***(It.)*** = diminutivo de *ditali*, o termo se refere a tubinhos de massa.

ditini ***(It.)*** = biscoitos de canela, especialidade da Sicília, na Itália.

divinity ***(Ing.)*** = espécie de doce preparado com xarope de milho, açúcar, baunilha, claras de ovos, e nozes moídas. Como variação, pode ser usado chocolate como ingrediente.

djadjik (*Esp.*) (*Fr.*) = molho de origem turca à base de pepino e iogurte, similar ao *tzatziki* grego e à *raita* indiana.

dogfish *(Ing.)* = cação; peixe de água salgada sem escamas, de carne relativamente barata e bastante consumida em postas ou filés, assada, ensopada ou frita.

dolce *(It.)* = doce; por extensão, o termo pode se referir a bolos ou tortas em geral.

dolce marmorizzato *(It.)* = bolo que apresenta o aspecto de mármore depois de assado.

dolcelatte *(It.)* = tipo de queijo italiano macio e de sabor adocicado, semelhante ao Gorgonzola pelo aspecto de veios azuis entremeados, porém mais suave, produzido com leite de vaca. É servido como aperitivo ou sobremesa.

dolci *(It.)* = doces ou sobremesas.

dolcificante *(It.)* = adoçante.

doppio *(It.)* = duplo; forte, concentrado.

dorato *(It.)* = dourado; alimento empanado (passado em ovos batidos e farinha) e frito até atingir a cor dourada.

doré, e *(Fr.)* = dourado(a); qualificação do alimento mergulhado em ovos batidos, depois passado na farinha de trigo, e colocado para fritar até adquirir uma coloração dourada.

dorer, faire *(Fr.)* = dourar levemente.

Double Gloucester *(Ing.)* = queijo britânico tradicional, não pasteurizado, de textura semidura e sabor suave, feito com leite de vaca da raça Gloucester e apresentando formato redondo e coloração amarela. É fabricado desde o século 16, na região de Gloucestershire.

dough *(Ing.)* = massa leve (para pão, torta etc.). Basicamente uma mistura de farinha de trigo, líquido (água ou leite) e gordura.

doughnut / donut *(Ing.)* = rosquinha frita, com formato de anel, feita de massa adoçada, recheada ou não.

doux *(Fr.)* = doce.

douzaine *(Fr.)* = dúzia

dozen *(Ing.)* = dúzia.

draft beer *(Ing.)* = chope.

dragées *(Fr.)* = confeitos coloridos preparados com amêndoas açucaradas; também podem ser bolinhas prateadas ou de chocolate, usadas na decoração de bolos.

dragoncello *(It.)* = estragão; originária da Mongólia e difundida no continente europeu a partir do século 15, trata-se de uma erva bastante apreciada pela culinária internacional, especialmente a francesa. De aroma forte e um leve sabor de anis, é utilizada para condimentar carnes e aves, em especial as de paladar mais intenso, sopas, omeletes, frutos do mar, saladas, molhos, picles e outras conservas.

drain, to *(v.) (Ing.)* = drenar, deixar escorrer um líquido que pode ser água ou gordura.

Drambuie *(Ing.)* = tradicional licor da Escócia, fabricado a partir do século 18, cujo nome é derivado da expressão *An dram buidheach* (a bebida que satisfaz), porém apenas a partir do início do século 20 passou a ser comercializado com a marca que até hoje detém. Sua receita é secreta, ainda que sejam conhecidos alguns ingredientes, como uísque e mel.

draught beer *(Ing.)* = chope.

drawn butter *(Ing.)* = manteiga clarificada.

dredge, to *(v.) (Ing.)* = enfarinhar, polvilhar com farinha.

dress, to *(v.) (Ing.)* = temperar, condimentar alimentos.

dressing *(Ing.)* = molho geralmente frio, composto de uma mistura de azeite e vinagre com diversos temperos para temperar saladas.

dried *(Ing.)* = seco.

(~) **banana** *(Ing.)* = banana--passa.
(~) **beef** *(Ing.)* = carne seca.
(~) **fig** *(Ing.)* = figo seco.
(~) **fig cake with cinnamon** *(Ing.)* = bolo de figos com canela.
(~) **fruit** *(Ing.)* = frutas secas.
(~) **milk** *(Ing.)* = leite em pó.
(~) **mushroom** *(Ing.)* = cogumelo desidratado.
(~) **vine fruits** *(Ing.)* = uvas--passas brancas ou pretas.

drink *(Ing.)* = bebida, drinque, gole.

drink, to *(v.) (Ing.)* = beber.

drinkable *(Ing.)* = potável; líquido apropriado para beber. O vocábulo também pode se referir, de forma genérica, a bebidas que acompanham refeições.

drinking-cup *(Ing.)* = copo; taça.

drinking-straw *(Ing.)* = canudo usado em bebidas.

dripping *(Ing.)* = gordura extraída dos tecidos e ossos de animais por aquecimento ou fervura.

drizzle *(Ing.)* = aspergir líquido lentamente, respingar.

drop *(Ing.)* = gota, pingo. O termo aparece em algumas medidas de ingredientes.

drop scone *(EUA)* = bolinho feito de farinha de trigo, água, açúcar, ovos, creme de leite ou manteiga, fermento, despejado em uma forma untada para ser assado ou frito. Serve-se com manteiga ou geleia.

drumstick *(Ing.)* = perna de galinha cozida.

dry *(Ing.)* = seco.

(~) **martini** *(EUA)* = martíni seco. Ver *martini*.
(~) **milk** *(Ing.)* = leite em pó.

dry mustard *(Ing.)* = sementes de mostarda amarela moídas, usadas como tempero ou, quando misturadas à água, como condimento inglês.

dry sherry-type drink *(Ing.)* = bebida do tipo xerez, muito apreciada como aperitivo.

dry whole milk *(Ing.)* = leite em pó integral.

dry, to *(v.) (Ing.)* = secar; remover a água dos alimentos.

dry-fry, to *(v.) (Ing.)* = preparar alimentos em uma frigideira antiaderente, como carne, por exemplo, sem acrescentar óleo além da gordura que o próprio alimento naturalmente contém, deixando-a secar em fogo baixo.

dry-salt, to *(v.) (Ing.)* = conservar alimentos por meio de imersão em mistura de sal grosso, seco, açúcar e especiarias, mantidos em lugar escuro, até que a salmoura desapareça e eles se desidratem. Técnica usada em carnes, peixes, verduras etc.

Du Barry, à la *(Fr.)* = caracterização de qualquer prato francês que contenha ou seja adornado com couve-flor.

Du Barry, crème *(Fr.)* = sopa cremosa de couve-flor, enfeitada com pequenos tufos de couve-flor cozidos, típica da culinária francesa. O prato foi assim batizado em homenagem à condessa Du Barry, amante do rei Luís 15.

Dublin coddle *(Ing.)* = prato tradicional da culinária irlandesa, feito de linguiça de porco cozido, ensopada com batatas.

duchesse potatoes *(Ing.)* = purê de batatas cozidas com gema de ovo e manteiga, formando bolinhos de diversos formatos, levados ao forno para dourar.

duchesse, à la *(Fr.)* = modo de preparar refeições, utilizando o *sauce duchesse* ou um molho à base de cerveja Duquesa de Bourgogne.

duchesse, sauce *(Fr.) (Ing.)* = uma combinação de molho de tomate e molho *hollandaise*, com presunto picado e adição de vinho branco.

duck *(Ing.)* = pato. Ver *canard.*

duck à l'orange *(Ing.)* = pato com laranja, tradicional prato da culinária francesa. Ver *canard à l'orange.*

duck eggs *(Ing.)* = ovos de pata.

dulce *(Esp.)* = doce.

(~) **de leche** *(Esp.)* = doce de leite; sobremesa feita a partir de uma mistura de açúcar e leite caramelado.

(~) **de membrillo** *(Esp.)* = marmelada.

dulces *(Esp.)* = docinhos, sobremesas.

dulcificante *(Esp.)* = adoçante.

dulcificar *(Esp.)* = adoçar.

dumpling *(Ing.)* = bolinhas de massa doce ou salgada cozidas, preparadas à base de farinha ou batata, servidas com sopas ou ensopados para acompanhá-los. Se forem doces, são fervidas ou assadas como pudins.

dunk, to *(v.) (Ing.)* = mergulhar qualquer alimento em uma bebida quente antes de comê-los.

Dunlop *(Ing.)* = queijo de leite de vaca tradicional da Escócia, tenro e de sabor mais suave que o Cheddar.

durazno *(Esp.)* = pêssego; fruto originário da China, rico em fibras e vitaminas A, C e D, de baixo teor calórico, consumidos ao natural, em sucos, geleias, doces, molhos, sorvetes, cremes etc.

Durham lamb cutlets *(Ing.)* = costeletas de cordeiro cozidas e, depois de frias, misturadas a uma quantidade proporcional de batatas amassadas com um pouco de cebolas picadas e maçãs cozidas, picadas, temperadas com salsinha picada, manjericão e hortelã, além de purê de tomate. As costeletas sao empanadas nesta mistura e fritas em pouco óleo.

dust, to *(v.) (Ing.)* = polvilhar, cobrir um doce com uma camada de açúcar de confeiteiro ou farinha, cacau, nozes, amendoim etc.

Dutch cabbage *(Ing.)* = repolho crespo. Ver *cabbage*.

Dutch cheese *(Ing.)* = termo usado para designar queijos holandeses em geral, dentre os quais se destacam o Gouda (mais conhecido, processado por envelhecimento, de textura semirrígida, formato redondo e sabor suave), o Edam (de textura também semirrígida e envelhecido, formato arredondado e sabor levemente salgado), o Maasdammer (de sabor adocicado e forma abaulada, apresentando buracos pela ação de bactérias específicas durante sua maturação), o Boerenkaas (ou "queijo do fazendeiro", não pasteurizado, produzido artesanalmente com leite cru) e o Leidsen (típico da cidade de Leiden, produzido com cominho, de sabor seco e picante, processado por envelhecimento).

Dutch sauce *(Ing.)* = molho holandês tradicionalmente preparado com gemas de ovo, manteiga e creme de leite, condimentado com suco de limão, sal e pimenta branca. Serve-se com peixes, frango ou vegetais, como aspargos ou couve-flor. Com o tempo, a inserção de novos ingredientes criou variações para este molho.

duxelles *(Fr.)* = mistura de cebolas roxas ou brancas cortadas, cebolinha, cogumelos e ervas aromáticas, salteados na manteiga até secar. É utilizada na preparação de molhos ou como enfeite.

duxelles, sauce *(Fr.) (Ing.)* = molho feito com quantidades iguais de vinho branco e caldo resultante do cozimento de cogumelos com cebolas roxas cortadas, cozido em fogo brando até ser reduzido em dois terços, em seguida misturado com molho *demi-glace* e purê de tomate durante cinco minutos, completando-se com salsinha picada. Usa-se com pratos gratinados.

E

ear shell ***(Ing.)*** = espécie de molusco comestível.

earthenware ***(Ing.)*** = louça de barro.

Easter cake ***(Ing.)*** = bolo de Páscoa.

Easter dinner ***(Ing.)*** = jantar de Páscoa.

Easter egg ***(Ing.)*** = ovo de Páscoa; chocolate moldado como ovo, com o qual se presenteia na Páscoa; pela tradição europeia, ovo cozido, com a casca pintada e decorada.

eau ***(Fr.)*** = água.

(~) **gazeuse** ***(Fr.)*** = água com gás.
(~) **gelée** ***(Fr.)*** = água gelada.
(~) **minérale** ***(Fr.)*** = água mineral.
(~) **plate** ***(Fr.)*** = água sem gás.

eau-de-vie ***(Fr.)*** = qualquer tipo de aguardente.

ébullition ***(Fr.)*** = ebulição.

échalote ***(Fr.)*** = chalota ou cebola miúda; cebola pequena com o sabor semelhante ao da cebola comum, porém um pouco mais adocicado e menos picante, sendo usada em pratos mais delicados e refinados.

échauder ***(Fr.)*** = esquentar um líquido até abaixo do ponto de fervura; escaldar.

échauffer ***(Fr.)*** = esquentar, aquecer.

échine ***(Fr.)*** = lombo do porco.

éclair ***(Fr.) (Ing.)*** = bomba; pequeno bolo feito com massa *choux* em formato cilíndrico que, depois de assado, é cortado em duas partes e recheado com creme de confeiteiro ou chantili, coberto com *fondant* ou chocolate.

écrevisse ***(Fr.)*** = lagostim. Ver *crayfish*.

écumer ***(Fr.)*** = escumar, desnatar.

écumoire ***(Fr.)*** = escumadeira.

edible ***(Ing.)*** = comestível em geral. É muito comum o uso na forma plural, *edibles*, correspondendo a mantimentos, víveres ou comestíveis.

édulcorant ***(Fr.)*** = adoçante.

eel ***(Ing.)*** = enguia. Ver *anguila*.

(~) **steak** ***(Ing.)*** = bife de enguia.

effervesce, to ***(v.) (Ing.)*** = borbulhar, espumar sem bater.

egg ***(Ing.)*** = ovo.

(~) **and butter sauce** ***(Ing.)*** = molho cremoso de manteiga com ovos: manteiga derretida, temperada, aromatizada com suco de limão e salsinha picada, misturada com ovos duros, cozidos ao ponto, cortados em cubos.

(~) **and crumb, to** ***(v.) (EUA)*** = empanar, cobrir com ovos e farinha de rosca.

(~) **cup** ***(Ing.)*** = oveiro; taça para ovos quentes.

(~) **custard** ***(Ing.)*** = mistura de ovos inteiros ou somente gemas, leite e aromatizante, cozidos em banho-maria. A consistência depende da proporção de ovos para o leite.

(~) **custard sauce** ***(Ing.)*** = mingau similar ao *crème anglaise*, feito com oito a dez ovos por litro.

(~) **flip** ***(Ing.)*** = gemada.

(~) **sauce béchamel** ***(Ing.)*** = molho temperado com noz--moscada com o acréscimo de ovos duros, cozidos, cortados em cubos (seis ovos por litro); usa-se com peixe cozido ou fervido e com hadoque defumado.

(~) **separator** ***(Ing.)*** = pequeno utensílio que permite a separação entre a gema e a clara do ovo.

(~) **yolk** ***(Ing.)*** = gema de ovo, podendo ser amarela ou vermelha.

(~) **yolk garnish** ***(Ing.)*** = fios de ovos

(~) **whisk** ***(Ing.)*** = batedeira de ovos.

(~) **white** ***(Ing.)*** = clara de ovo.

(~s) **à la russe** ***(Ing.)*** = ovos duros cozidos, cortados ao meio, com as gemas retiradas e removidas, temperadas e amassadas com maionese, mostarda, pimenta preta moída, pepinos pequenos em picles picados e cebolinhas em conserva, anchovas; em seguida, a mistura volta às metades das claras, cada ovo enfeitado com páprica e alcaparra e mostarda inglesa seca, cebolas, picles de pepininhos cortados, servido sobre folhas de alface.

(~s) **and sausages** ***(Ing.)*** = ovos com linguiças ou salsichas.

(~s) **Benedict** ***(EUA)*** = bolinho ou fatia de pão coberto com bacon grelhado ou presunto, tendo por cima um ovo quente e molho *hollandaise* e uma fatia de trufa. A origem da iguaria é controversa, mas há relatos de que sua criação se deu em Nova York.

(~s) **Sardou** ***(EUA)*** = ovos quentes escaldados, servidos com fundos de alcachofra, creme de espinafre, acompanhados com molho *hollandaise*. Para variações, podem ser usados outros ingredientes: anchovas, presunto picado e trufas cortadas. Trata-se de um prato típico de Nova Orleans.

(~s) **with cured ham** ***(Ing.)*** = ovos com presunto defumado.

(~s) **with minced sausage** ***(Ing.)*** = ovos com linguiça ou salsicha picadinhas.

eggbeater ***(Ing.)*** = batedeira de ovos.

eggnog ***(Ing.)*** = gemada; tradicional bebida feita com leite, açúcar, conhaque, rum ou uísque, gema de ovo e temperada com noz-moscada.

eggplant ***(Ing.)*** = berinjela. Ver *aubergines*.

eggrolls ***(Ing.)*** = espécie de panqueca, originária do leste da Ásia, porém de consumo difundido em todos os continentes, tradicionalmente recheada com legumes picados e carne.

eggshell ***(Ing.)*** = casca de ovo.

eglefino ***(It.)*** = hadoque. Ver *aiglefin*.

élédone ***(Fr.)*** = tipo de polvo encaracolado. Em termos gerais, o polvo é um molusco marinho invertebrado de corpo mole e carne saborosa, com oito braços, de alto valor comercial, baixo teor calórico e alta concentração de proteínas, vitamina A e iodo. Apreciado na culinária de diversos países, especialmente na dos povos mediterrâneos, é considerado uma iguaria diferenciada, podendo ser degustado em entradas, saladas, risotos, massas, guisados etc.

elefante di mare ***(It.)*** = lagosta. Ver *aragosta*.

emblanquecer ***(Esp.)*** = branquear, clarear.

émincé ***(Fr.)*** = cortado em fatias finas. O termo se refere de modo geral a sobras (especialmente de carne) reaproveitadas e servidas com algum molho que as valorize.

émincer ***(Fr.)*** = cortar em fatias finas.

Emmenthal ***(Ing.)*** = mais famoso queijo suíço amanteigado, feito com a nata do leite não pasteurizado, produzido desde o século 13 na região de Emme Valley. De coloração amarela, apresenta textura elástica e, em seu interior, buracos característicos. Tem sabor suave e adocicado, tornando-se mais forte durante o processo de envelhecimento.

emmer ***(Fr.)*** = espécie de trigo. Ver *farro*.

émoudre ***(Fr.)*** = moer, triturar.

empanada ***(Esp.)*** = espécie de torta, empada ou pastel, especialidade argentina ou chilena, recheada com carne ou vegetais, sendo salgada ou com frutas e doces.

empanado ***(Esp.)*** = alimento passado em ovos, coberto com farinha de rosca ou de trigo e frito.

empapar ***(Esp.)*** = embeber, ensopar.

empâter ***(Fr.)*** = empastar, cobrir ou revestir de massa.

émulsion ***(Fr.)*** = emulsão.

en punto ***(Esp.)*** = no ponto.

enchilada ***(Esp.)*** = *tortilla* frita, iguaria característica da culinária mexicana, recheada com carnes, pimentão, queijo etc.

encorner ***(Fr.)*** = guarnecer.

encurtidos ***(Esp.)*** = alimentos em conserva, como picles, cebolinhas, azeitonas e batatinhas, por exemplo.

endibia ***(Esp.)*** = endívia; espécie de chicória, rica em vitaminas, mineriais e fibras, consumida crua (em saladas) ou cozida (em recheios e acompanhamentos).

endive ***(Ing.)*** = endívia. Ver *endibia*.

endives au jambon ***(Fr.)*** = endívias enroladas em fatias de presunto, polvilhadas com queijo ralado.

enduire ***(Fr.)*** = untar.

endulzante ***(Esp.)*** = adoçante.

endulzar ***(Esp.)*** = adoçar, suavizar.

enfariner ***(Fr.)*** = enfarinhar.

enfriar ***(Esp.)*** = esfriar.

English breakfast ***(Ing.)*** = café da manhã inglês; refeição que consiste de um prato quente (o feijão é muito usado), frutas, ovos, bacon, cogumelos fatiados, tomate, torradas, bebidas quentes, sucos, queijo etc. (o oposto de "*continental breakfast*").

English custard ***(Ing.)*** = leite adoçado com ovos, engrossado com maisena e aromatizado com baunilha, servido como um creme doce.

English egg custard ***(Ing.)*** = creme inglês com ovos.

English muffin / muffin ***(Ing.)*** = pequeno bolo em formato arredondado. É geralmente servido com manteiga ou geleia no café da manhã ou em lanches.

English service ***(Ing.)*** = tipo de serviço, geralmente em recepções de pequeno porte, em que os alimentos de um cardápio fixo previamente escolhidos são preparados na cozinha, apresentados pelo anfitrião ou *hostess* e servidos aos convidados por um garçom, sempre pela direita.

enlatar ***(Esp.)*** = enlatar.

enlever ***(Fr.)*** = remover, tirar.

enmantecar ***(Esp.)*** = untar, engordurar ou passar manteiga em alguma superfície.

enoki mushroom ***(Ing.)*** = tipo de cogumelo nativo do Japão, de caule longo e fino, coloração creme e sabor adocicado, amplamente usado na culinária japonesa.

enrich, to ***(v.) (Ing.)*** = tornar um prato mais nutritivo, enriquecendo-o com a adição de outros ingredientes.

ensaimada ***(Esp.)*** = pão doce recheado, típico da Ilha de Mallorca, na Espanha, similar a uma *empanada*. Em geral, é servido com chocolate quente ou café.

ensalada ***(Esp.)*** = salada.

(~) **Caesar** ***(Esp.)*** = salada típica norte-americana com folhas verdes, queijo parmesão, croutons. Ver *Caesar salad*.

(~) **de frutas** ***(Esp.)*** = salada de frutas.

(~) **de garbanzos** ***(Esp.)*** = salada de grão-de-bico com alface, cenoura, pimentão, ovo cozido, tomate e cebolinha, temperada com alho, pimenta, sal, vinagre e azeite. Há variações da receita básica, com a inserção de ingredientes para enriquecimento do prato.

(~) **de mariscos** *(Esp.)* = salada de frutos do mar.

(~) **primavera** *(Esp.)* = salada primavera.

(~) **de verano** *(Esp.)* = salada de berinjelas ou batatas, pepino, tomates, pimentões verdes e vermelhos, frutos secos à escolha e cebolas com molho de azeite e limão. As opções de combinação de ingredientes tornam a receita bastante aberta a variações.

(~) **variada** *(Esp.)* = espécie de salada mista, com folhas verdes à escolha, às quais se acrescenta uma variedade de ingredientes.

ensaladilla / ensaladilla russa / ensaladilla rusa *(Esp.)* = salada russa, também conhecida como salada Olivier, feita com atum, camarões, batatas, cenouras e ervilhas, coberta abundantemente com maionese; pode ser enfeitada com ovo cozido e pimentão. Criada em Moscou no século 19, pelo *chef* francês Lucien Olivier, tornou-se um prato típico da Espanha, especialmente da Catalunha. Pode ser acompanhada de pequenas fatias de pão torrado.

entrecot *(Esp.)* = contrafilé.

entrecôte *(Fr.)* = entrecosto; corte de carne bovina, macio, conhecido como contrafilé.

(~) **à la bordelaise** *(Fr.)* = contrafilé preparado com vinho branco.

entrée *(Fr.)* = entrada; aperitivo ou primeiro prato em uma refeição.

entremets *(Fr.)* = doces, sobremesa.

épais, aisse *(Fr.)* = espesso(a), grosso(a).

épaissir *(Fr.)* = engrossar, espessar.

épaule *(Fr.)* = ombro; o termo é aplicado a animais quadrúpedes, como cordeiro ou vitela.

épice *(Fr.)* = especiaria.

épices composées *(Fr.)* = composto de especiarias diversas e moídas: manjericão, tomilho, louro, sálvia, coentro, pimenta do reino etc.

épinard *(Fr.)* = espinafre; hortaliça rica em ferro e vitamina A, com baixo teor de calorias, originária da Ásia, consumida crua ou cozida, em recheios, suflês, cremes, purês, massas, sopas, saladas, refogados e acompanhamentos.

épis de maïs *(Fr.)* = espiga de milho. Ver *choclo*.

éplucher *(Fr.)* = descascar.

éponger *(Fr.)* = enxugar com esponja ou papel de cozinha.

erba *(It.)* = erva.

(~) **cipollina** *(It.)* = cebolinha verde. Ver *cebollino*.

(~) **riccia** *(It.)* = amendoim. Ver *arachide*.

erbette *(It.)* = ervas; por extensão de sentido, vegetais comestíveis em folhas.

erugula *(Esp.)* = rúcula. Ver *arugula*.

escabeche *(Esp.)* = forma elementar de conservação de alimentos, usada durante séculos, especialmente em viagens marítimas, em que carnes, aves e peixes passavam por um pré--cozimento em vinagre, o que inspirou, tempos depois, o surgimento de receitas do gênero. Modernamente, trata-se de pratos de natureza diversa (pescados, cordeiros, frangos etc. ou, ainda, alguns vegetais, como berinjelas), marinados em uma mistura de azeite apimentado e vinagre, servidos preferencialmente frios.

escalfar ***(Esp.)*** = escaldar.

escalope ***(Fr.) (Ing.)*** = escalope; fatia delgada de carne cortada do lombo da vitela, podendo também ser de porco, de frango ou de peru; filé. Após o corte, deve ser batida até tornar-se bem fina antes de ser frita.

(~) **cordon bleu** ***(Fr.)*** = talvez a mais famosa receita de escalope, trata-se de uma espécie de sanduíche de filés de carne de vitela (a carne substitui o pão), com uma fatia de queijo Gruyère, uma fatia de presunto, fechado nas pontas, passado no ovo e em farinha de pão ralado, e frito em pouca gordura. Recomenda-se servir com uma rodela de limão e salsinha picada.

(~) **de veau** ***(Fr.)*** = filé de vitela geralmente empanado e frito ou coberto com farinha de trigo, frito e depois colocado a cozer em fogo brando em caldo de carne ou vinho, com adição de molhos diversos.

(~) **Vallée d'Auge** ***(Fr.)*** = receita normanda de escalope de vitela ou de peito de ave (frango ou peru), servido com molho cremoso de cogumelos, creme de leite e mostarda, temperado com Calvados e maçãs salteadas.

(~) **panée** ***(Fr.)*** = filé de vitela à milanesa.

escarbadientes ***(Esp.)*** = palitos para dentes.

escargot ***(Fr.) (Ing.)*** = caracol, lesma. Ver *caracol.*

(~) **fork** ***(Ing.)*** = garfo de duas pontas, usado para comer *escargot.*

escargots à la bourguignonne ***(Fr.)*** = caracóis com manteiga, alho, cebolas pequenas e salsinha picada.

escarole ***(It.)*** = escarola; vegetal da família da chicória, rico em fibras e vitamina A, com folhas tenras de sabor levemente amargo, usada em saladas, recheios, purês, refogados.

espadon ***(Fr.)*** = peixe-espada; peixe liso (de pele) encontrado em águas tropicais e subtropicais, consumido em postas, em filés ou inteiro, assado, ensopado, gratinado ou grelhado.

espagnole, à l' ***(Fr.)*** = à moda espanhola: acompanhamento ou guarnição com pimentões vermelhos, tomates, alho e cebolas.

espagnole, sauce ***(Fr.) (Ing.)*** = molho escuro feito com purê de tomates e caldo de carne concentrado. É temperado com verduras aromáticas, bem fervidas em fogo brando, sem gordura, durante um período de quatro a seis horas, e coado, se necessário, no final. Serve de base para a confecção de outros molhos.

espagueti *(Esp.)* = espaguete.

espárragos *(Esp.)* = aspargos. Ver *asparago.*

especia *(Esp.)* = especiaria.

espeso *(Esp.)* = espesso, grosso.

espina de pescado *(Esp.)* = espinha de peixe.

espinaca *(Esp.)* = espinafre. Ver *épinard.*

espolverear *(Esp.)* = salpicar, borrifar.

espresso *(Ing.) (It.)* = café expresso.

espumadera *(Esp.)* = escumadeira.

essence *(Ing.)* = essência; líquido geralmente oleoso feito com ervas ou condimentos, usado como tempero.

estirar *(Esp.)* = esticar (massa).

estofado *(Esp.)* = refogado; guisado de carnes, peixes ou aves, cujos pedaços são cozidos em fogo brando com temperos variados e adequados, durante pelo menos duas horas ou até que fiquem prontos, adicionando-se o mínimo de água necessário.

estofar *(Esp.)* = refogar; cozinhar em fervura lenta.

estouffade *(Fr.)* = carne cozida muito lentamente, com pouco líquido e temperos variados, aproveitando ao máximo o seu próprio extrato.

estragón *(Esp.)* = estragão. Ver *dragoncello.*

estragon *(Fr.)* = estragão. Ver *dragoncello.*

(~) **sauce** *(Fr.) (Ing.)* = molho suave feito com estragão, alho, azeite de oliva e vinho branco seco, caldo de carne ou de peixe, sal, pimenta moída. Acompanha carnes, ovos, aves ou peixes.

estrellado *(Esp.)* = ovo frito.

estrujar *(Esp.)* = apertar, espremer (por exemplo, limão).

esturgeon *(Fr.)* = esturjão; peixe característico das águas geladas do hemisfério Norte, de cuja fêmea extraem-se as ovas não fertilizadas, matéria-prima, após processos de lavagem e salga, para a produção do caviar, uma iguaria de luxo pelo seu alto valor comercial.

esturión *(Esp.)* = esturjão. Ver *esturgeon.*

étoufée, à l' *(Fr.)* = método de cozimento em panela com tampa bem fechada, com pouco líquido, em fogo lento.

étouffat *(Fr.)* = prato preparado com carne de boi ou de porco, assada lentamente em fogo baixo com verduras e ervas, temperos e caldo de carne ou vinho.

etto *(It.)* = abreviatura de *ettogrammo*, que corresponde a cem gramas.

étuvée, à l' *(Fr.)* = feito ou preparado no vapor.

evaporated milk *(Ing.)* = leite evaporado ou desidratado. Trata-se do leite produzido pela remoção de um percentual elevado de água do leite fresco, que se torna pasteurizado e concentrado, geralmente fortificado com vitamina D. É similar ao leite condensado, porém perecível porque não contém açúcar.

eve ***(Ing.)*** = véspera: *Christmas eve*, véspera de Natal; *New Year's eve*, véspera de Ano Novo.

éviscérer ***(Fr.)*** = retirar as vísceras dos animais (frango, coelho, peixe etc.).

exocet ***(Fr.)*** = peixe-voador. Ver *butterfly fish*.

exquis ***(Fr.)*** = delicioso.

exquisite ***(Ing.)*** = delicioso, delicado.

exquisito ***(Esp.)*** = delicioso, delicado.

extra vegetables ***(Ing.)*** = suplemento de legumes em algumas dietas.

extra vergine ***(It.)*** = azeite de oliva extravirgem.

extract of beef ***(Ing.)*** = extrato de carne.

extract, to ***(v.) (Ing.)*** = remover e preservar o sabor, a cor ou o aroma de gêneros alimentícios, por vários meios: cozinhando-os em fervura lenta, macerando-os em álcool ou com azeite, destilando-os no vapor, espremendo-os ou pressionando-os.

extracts ***(Ing.)*** = extratos de condimentos e especiarias, usados para temperar e aromatizar alimentos.

extrude, to ***(v.) (Ing.)*** = prensar.

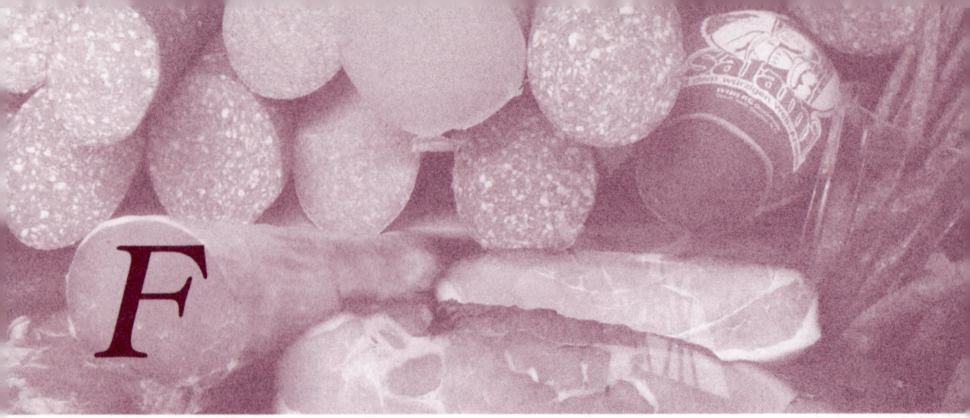

F

fabada asturiana ***(Esp.)*** = iguaria tradicional da região das Astúrias, na Espanha, preparado com feijão-branco, azeite de oliva, pimentão, açafrão e derivados de carne de porco defumada (*copango*: toucinho, chouriço, morcela, orelha e rabo).

façon de, à la ***(Fr.)*** = à moda da, à maneira da.

façonnage ***(Fr.)*** = operação que consiste em dar a forma definitiva à massa de um pão.

factura ***(Esp.)*** = pãozinho, do tipo *croissant*.

faggot ***(Ing.)*** = nome dado a um ramo de ervas amarradas por um fio e usadas como *bouquet garni*.

faggots ***(Ing.)*** = pequenos pastéis, típicos de algumas regiões da Inglaterra, cujo recheio é feito com carne moída de miúdos de porco, servidos com purê de batatas, ervilhas e molho.

fagiano ***(It.)*** = faisão; ave nativa da Ásia, de carne rija e bastante seca, com baixo teor de colesterol e custo elevado, geralmente é consumida em assados ou guisados.

fagiolini ***(It.)*** = feijão francês, feijão de fava ou feijão-verde; vagens com sementes de grande teor nutricional, ricas em vitaminas K e C, potássio, ferro e fibras, usadas em saladas, ensopados e acompanhamentos.

(~) **all'aretina** ***(It.)*** = feijão-verde ensopado com azeite, cebola, alho, tomates e sálvia.

fagiolo ***(It.)*** = feijão. Plural: *fagioli*. Ver *bean*.

(~) **asciaboli** ***(It.)*** = feijão--manteiga.

(~) **assoluti** (***It.***) = feijão cozido preparado com molho de azeite doce, alho frito, salsinha e pimentão.

(~) **bianco** ***(It.)*** = feijão-branco.

(~) **rosso** ***(It.)*** = feijão-vermelho.

fagottino ***(It.)*** = tipo de pão, massa ou tortinha recheada, servido em lanche ou na sobremesa. Os recheios são variados, podendo ser doces ou salgados.

faire le service ***(Fr.)*** = servir à mesa.

faire lever ***(Fr.)*** = fazer fermentar uma massa mediante um agente químico, como fermento.

faire revenir *(Fr.)* = assar ou fritar o alimento até adquirir uma coloração marrom.

faisan *(Fr.)* = faisão. Ver *fagiano*.

faisandé *(Fr.)* = diz-se de carne, especialmente de caça, que se deixa propositalmente chegar ao início da decomposição para ser degustada. O termo pode se referir à carne maturada em geral.

fait maison *(Fr.)* = caseiro; feito em casa.

falafel / felafel *(Ing.)* = bolinhos fritos, feitos com grão-de-bico ou fava e temperos. Trata-se de uma iguaria bastante popular no Oriente Médio, geralmente servida como refeição leve.

fanchonette *(Fr.) (Ing.)* = torta fina de massa folhada recheada com *crème pâtissière* e coberto com merengue ou chantili. O termo *fanchette* é usado por alguns especialistas como sinônimo.

farce *(Fr.)* = recheio.

farci *(Fr.)* = recheado.

farci niçois *(Fr.)* = prato típico da culinária francesa, com abobrinhas, berinjelas, tomates e cebolas, tudo recheado e refogado lentamente em azeite de oliva e temperos.

farcir *(Fr.)* = rechear.

farcire *(It.)* = rechear.

farcissure *(Fr.)* = recheio.

farcito *(It.)* = recheado.

farçon au cerfeuil *(Fr.)* = batatas cozidas misturadas com cerefólio, ovos batidos, leite, manteiga, fatias de bacon fritas, cebolinhas, uvas-passas, queijo ralado e temperos, colocados no forno para assar a 220ºC até dourar.

fare bollire *(It.)* = ferver.

fare bollire lentamente *(It.)* = ferver em fogo baixo.

farfalle *(It.)* = macarrão com formato de borboleta ou gravata.

farfallini *(It.)* = macarrão em formato de borboleta ou gravata pequenas.

farfel (*Ing.*) = massa de macarrão cortada em pedacinhos, usada em sopas ou acompanhamentos de pratos judaicos.

farina *(It.)* = farinha; termo genérico usado para vários tipos de farinha.

(~) **di granturco** *(It.)* = farinha de milho.

(~) **di lino** *(It.)* = farinha de linhaça.

(~) **di mais** *(It.)* = farinha de milho.

(~) **di patate** *(It.)* = farinha de batata.

(~) **di riso** *(It.)* = farinha de arroz.

farinata *(It.)* = massa feita com farinha de grão-de-bico e azeite, primeiro cozida, depois levada ao forno para dourar. É servida quente, polvilhada com pimenta moída, como acompanhamento. Trata-se de uma iguaria típica da região da Ligúria.

(~) **alla contadina** *(It.)* = espécie de papa de farinha de milho ou mingau grosso salgado à moda rústica; polenta.

farine ***(Fr.)*** = farinha de tipos diversos.

(~) **de blé** ***(Fr.)*** = farinha de trigo.

(~) **de maïs** ***(Fr.)*** = farinha de milho.

(~) **de pommes de terre** ***(Fr.)*** = farinha de batata.

(~) **de graines de lin** ***(Fr.)*** = farinha de linhaça.

(~) **de riz** ***(Fr.)*** = farinha de arroz.

farmhouse loaf ***(Ing.)*** = pão branco caseiro, deixado crescer em forma alongada, polvilhado com farinha e a parte superior cortada, como uma ranhura para que esta se abra enquanto assa.

farricello ***(It.)*** = farinha granulada integral extraída do trigo ou do centeio.

farro ***(It.)*** = variedade de trigo duro com mais fibras que o trigo comum, nativo do Oriente Médio e amplamente consumido na Antiguidade. Hoje, é usado em especial na Itália e na Suíça.

faséole ***(Fr.)*** = feijão comum. O termo também se refere a uma espécie de guisado de feijão característico da região dos Estados Unidos.

fast-food ***(Ing.)*** = comida quente para consumo rápido, como hambúrgueres, batatas fritas etc., disponível em locais de muito movimento.

fast-freeze, to ***(v.) (Ing.)*** = congelar alimentos muito rapidamente, a fim de impedir que se formem cristais, fazendo com que derretam.

fatless sponge ***(Ing.)*** = bolo de pão de ló, leve, preparado sem gordura, que resseca e fica amanhecido muito rapidamente.

fatto in casa ***(It.)*** = caseiro; feito em casa.

faubonne ***(Fr.)*** = sopa cremosa de verduras temperada com ervas.

fausse limande ***(Fr.)*** = nome genérico que designa várias espécies de peixe com corpo chato; por extensão, o termo pode significar "escaldado" (peixe).

faux-fillet ***(Fr.)*** = contrafilé; filé cortado da ponta do lombo da vaca.

fava bean ***(Ing.)*** = feijão de fava ou feijão-verde. Ver *fagiolini.*

favata ***(It.)*** = ensopado característico da região da Sardenha, na Itália, feito com feijões, carne de porco, chouriço, erva-doce, alho, hortelã, cebola, salsa e tomates, acompanhado de fatias de pão.

fave ***(It.)*** = favas.

fave dei morti ***(It.)*** = biscoitos de amêndoa e pinhão, tradicionalmente assados na Lombardia no Dia dos Mortos.

favorite, à la ***(Fr.)*** = guarnição preparada de pontas de aspargos, patê de *fois gras* e trufas ou alcachofras assadas e alface, junto a cogumelos inteiros salteados na manteiga com pequenos legumes e batatas.

feast *(Ing.)* = festa.

feather beef steak *(Ing.)* = bife de carne bovina frito ou assado na brasa, cortado desde o pescoço do boi até a costela dianteira. Tem a forma oval com uma linha fina de cartilagem correndo pelo centro.

fecola di patate *(It.)* = fécula de batata.

fécula de patatas *(Esp.)* = fécula de batata.

fécule de maïs *(Fr.)* = amido de milho.

fécule de pomme de terre *(Fr.)* = fécula de batata.

fedelini *(It.)* = variedade de espaguete bem fininho, usado em sopas.

feed, to *(v.) (Ing.)* = alimentar, nutrir.

fegatelli *(It.)* = fatias pequenas de fígado de porco ou frango, grelhadas ou assadas.

fegatini *(It.)* = fígado de galinha.

fegato *(It.)* = fígado.

(~) **alla veneziana** *(It.)* = fígado preparado à moda veneziana, ou seja, refogado em azeite de oliva e manteiga com cebolas, sal, pimenta e vinagre balsâmico ou vinho.

(~) **di maiale** *(It.)* = fígado de porco.

(~) **d'oca** *(It.)* = fígado de ganso.

fennel *(Ing.)* = erva-doce, funcho. Ver *anice*.

fenouil *(Fr.)* = erva-doce, funcho. Ver *anice*.

ferchuse *(Fr.)* = prato característico da região da Borgonha, feito de uma mistura de coração, miúdos de porco e outras partes não aproveitáveis, cozidos em vinho tinto com especiarias, cebolas e batatas.

fermentation *(Ing.)* = fermentação ou levedação. Processo químico milenar desencadeado pela ação controlada de micro-organismos, como leveduras e fermentos, alterando a composição dos alimentos. Pães, queijos, cervejas e vinhos são alguns dos produtos fermentados mais conhecidos.

fermière, à la *(Fr.)* = alimento preparado no estilo da mulher do fazendeiro ou do agricultor, ou seja, com cenouras, cebolas, aipo e nabos refogados lentamente na manteiga. Ideal para o acompanhamento de carnes.

Fernet *(It.)* = bebida alcoólica digestiva de sabor amargo, do tipo *bitter*, criada no século 19, em Milão, na Itália, e produzida pela maceração de diversas ervas aromáticas em álcool de uva.

ferri, ai *(It.)* = na chapa; processo de grelhar o alimento em churrasqueira ou em fogo aberto.

fesa *(It.)* = carne do lombo ou quadril do boi, da vitela etc.

Feta *(Ing.)* = queijo coalhado típico da Grécia, produzido desde a Antiguidade, é feito com leite de cabra e de ovelha, apresentando sabor salgado e textura farelenta.

Uma curiosidade: há referências a ele no clássico *Odisseia*, de Homero.

fetta *(It.)* = fatia.

fettuccine *(It.)* = macarrão em pequenas tiras achatadas, preparado com farinha e ovos, podendo ser fresco ou seco.

(~) **al burro** *(It.)* = fettuccine com manteiga, pimenta moída e queijo parmesão ralado.

(~) **alla papalina** *(It.)* = fettuccine com presunto, ovos, cebola, queijo parmesão ralado, pimenta moída, creme e manteiga.

(~) **alla trota** *(It.)* = fettuccine cozido *al dente*, misturado com cebola, alho, lascas de truta defumada, azeite de oliva, temperos e vinho branco seco, tudo aquecido por um minuto e guarnecido com salsinha picada.

fettunta *(It.)* = fatias de pão italiano amanhecido, ligeiramente torradas com azeite de oliva e esfregadas com alho. Há variações que incluem molho de tomate por cima ou pedaços de presunto. Uma iguaria típica da região da Toscana, na Itália.

feuille de laurier *(Fr.)* = folha de louro. Ver *alloro*.

feuille de vigne *(Fr.)* = folha de uva. Ver *hojas de uva*.

feuilletage *(Fr.)* = massa folhada.

feuilleté de poularde riviera *(Fr.)* = torta de massa folhada com frango.

feuilleter de la pâte *(Fr.)* = enrolar massa folhada.

fève *(Fr.)* = fava, feijão-verde. Ver *fagiolini*.

fiambre de bonito *(Esp.)* = fiambre de atum, cozido e condimentado em molho de vinho branco, servido fatiado e frio.

fiambres *(Esp.)* = frios, como presunto, salame etc.

fiamma, alla *(It.)* = flambado.

ficelle *(Fr.)* = pão francês muito fino, similar no formato a uma *baguette*.

fichi *(It.)* = figos. Ver *fico*.

(~) **secchi** *(It.)* = figos secos.

fico *(It.)* = figo; infrutescência típica de climas temperados, com grande concentração de cálcio e açúcar. Os figos podem ser consumidos verdes ou maduros, ao natural, secos ou cristalizados, em doces, compotas, geleias, licores e recheios.

fico d'índia *(It.)* = figo-da-índia; fruto de um tipo de cacto nativo das regiões desérticas do México, rico em vitamina A e carboidratos, com sabor levemente adocicado e refrescante, ingerido ao natural ou em doces e geleias.

fideo *(Esp.)* = macarrão tipo espaguete bem fino, usado em sopas. Na culinária mexicana, por exemplo, há um prato característico com essa massa dourada em óleo, acompanhada de purê de tomate, pimenta, alho e cebola, e de carne ou frango.

fideo gordo *(Esp.)* = espaguete mais grosso que o *fideo*.

fideu (Esp) = espécie de macarrão do tipo espaguete cortado em pedaços.

(~s) **a la cassola** ***(Esp.)*** = *fideus* ensopados com pimentão, cebola, tomate, alho, costeleta ou lombo de porco e linguiça. Uma especialidade da Catalunha.

fidget pie ***(Ing.)*** = tradicional receita inglesa, trata-se de uma torta feita com bacon, cebolas, batatas, maçãs cozidas e salsinha picada misturada com sidra e farinha para engrossar, coberta com massa e assada em forno a 190ºC até dourar.

fig ***(Ing.)*** = figo. Ver *fico.*

fig sly cake ***(Ing.)*** = massa doce amassada com água em vez de ovos, à qual se dá formato de sanduíche, com recheio de figos secos cortados, uvas-passas e nozes picadas, fervida até reduzir-se a uma massa grossa. Assa-se a 190ºC até dourar e corta-se em quadrados. A iguaria recebe este nome em razão de sua aparência supostamente enganadora: lisa e achatada por fora, com recheio farto por dentro.

figa garbo e dolce ***(It.)*** = fígado de vitela empanado e frito, temperado com vinagre e açúcar.

figadini con l'uva ***(It.)*** = fígado de galinha, salteado com uvas.

figs with honey and nuts ***(Ing.)*** = sobremesa feita de figos frescos com mel e nozes, podendo ser acompanhada de sorvete de baunilha.

figue ***(Fr.)*** = figo. Ver *fico.*

figue de barbarie ***(Fr.)*** = figo-da--índia. Ver *fico d'india.*

filato ***(It.)*** = em fios ou fibras.

filbert ***(Ing.)*** = avelã. Ver *avellana.*

filet ***(Fr.)*** = filé.

(~) **américain** ***(Fr.)*** = bife tártaro, característico da culinária belga.

(~) **au poivre** ***(Fr.)*** = filé frito na manteiga e no molho de pimenta, flambado com conhaque. Receita clássica da culinária francesa.

(~) **de bœuf** ***(Fr.)*** = filé de carne bovina.

(~) **de porc** ***(Fr.)*** = filé de carne de porco; a parte central do lombo.

(~) **de poisson** ***(Fr.)*** = filé de peixe.

(~) **knife** ***(Ing.)*** = faca usada para desossar peixes.

(~) **mignon** ***(Fr.) (Ing.)*** = filé-mignon.

filete ***(Esp.)*** = filé de boi, porco ou carneiro.

filete a la plancha ***(Esp.)*** = bife grelhado.

filetto ***(It.)*** = filé de carne bovina, suína etc.

(~) **alla parmigiana** ***(It.)*** = filé à milanesa gratinado com molho de tomates e mozarela.

fillet of beef ***(Ing.)*** = filé de carne de vaca.

fillet steak with peas ***(Ing.)*** = bife de filé de carne bovina com ervilhas.

fillet steak with potatoes ***(Ing.)*** = bife de filé de carne bovina com batatas.

fillet, to ***(v.) (Ing.)*** = cortar e preparar em filés a carne de peixes, de vaca ou de aves.

fillets of sole Bonne Femme ***(Ing.)*** = filés de linguado preparados com sal, pimenta, manteiga, cebolinhas picadas, cogumelos fatiados, vinho branco, caldo de peixe, suco de limão e salsinha picada.

filling ***(Ing.)*** = recheio.

filmer ***(Fr.)*** = proteger um alimento, embrulhando-o em filme plástico.

filone ***(It.)*** = pão do tipo bengala.

filter, to ***(v.) (Ing.)*** = filtrar a fim de separar sólidos de líquidos.

filtration ***(Ing.)*** = filtragem de líquido.

financier ***(Fr.)*** = bolinho retangular à base de amêndoas.

fines herbes ***(Fr.)*** = combinação de ervas finas clássicas, por tradição da culinária francesa, geralmente salsão, cebolinha, salsinha e estragão, todas bem picadinhas, embora possam ser substituídas por outras ervas similares (manjerona ou tomilho, por exemplo). Usa-se em vários tipos de pratos, como omeletes, suflês, carnes etc.

fines herbes, sauce aux ***(Fr.)*** = vinho branco fervendo, com infusão de *fines herbes* durante 20 minutos, depois filtrado e misturado com molho *demi-glace*, proporcionalmente duas vezes o anterior, caso se queira uma cor castanha, ou com *white velouté sauce*, caso se queira branco. Termina-se com *fines herbes* picadas e suco de limão antes de servi-lo. A receita apresenta diversas variações.

finger buffet ***(Ing.)*** = bufê com comestíveis leves que podem ser comidos com os dedos, não necessitando de talheres.

finger food ***(Ing.)*** = comestíveis servidos em bufê ou refeição, que podem ser comidos com as mãos, como canapés, salgadinhos, frutas etc.

finocchio ***(It.)*** = erva-doce. Ver *anice.*

finocchiona ***(It.)*** = espécie de salame da região da Toscana, temperado com erva-doce, podendo ser conservado por muito tempo.

fiocchi d'avena ***(It.)*** = flocos de aveia.

fiocchi di granturco ***(It.)*** = milho em flocos.

fiori di zucca ***(It.)*** = flores de abóbora.

fiore di zucchine ripiene ***(It.)*** = flores de abobrinha recheadas.

fiorentina, alla ***(It.)*** = à moda de Florença: a iguaria é colocada sobre uma camada de espinafre, refogado em alho e óleo, e coberta por *sauce mornay*. O espinafre, aliás, é um ingrediente básico nos pratos que seguem este estilo, popularizado por Caterina de Medici, declarada apreciadora do vegetal.

(~) **bistecca** ***(It.)*** = filé de boi com espessura de, aproximadamente, 4 ou 5 cm, grelhado, temperado com sal e pimenta, servido com manteiga por cima e uma rodela de limão. Para acompanhar, a culinária toscana recomenda feijão em azeite de oliva e sálvia.

fish *(Ing.)* = peixe; de forma genérica, trata-se de uma carne bastante nutritiva e saudável, com alta concentração de proteínas, degustada no mundo inteiro, em todas as classes sociais, nas mais diferentes culturas. Pode-se considerá-la um alimento universal, consumido cru, assado, cozido, frito, grelhado, ensopado, em recheios, pastas, molhos, massas etc.

(~) **and chips** *(Ing.)* = peixe empanado com batatas fritas, geralmente servido com sal e molho vinagrete. Trata-se de um prato típico da culinária britânica.

(~) **and shellfish soup** *(Ing.)* = sopa de peixe e mariscos.

(~) **and shellfish stew** *(Ing.)* = guisado de peixe com mariscos.

(~) **bone** *(Ing.)* = espinha de peixe.

(~) **-cake** *(Ing.)* = pequeno pastel ou bolinho feito de uma mistura de batatas amassadas, peixe cozido e temperos, empanado e geralmente frito.

(~) **croquettes** *(Ing.)* = croquetes de peixe.

(~) **fillet** *(Ing.)* = filé de peixe; carne de pescado filetada, livre de espinhas e pele.

(~) **glaze** *(Ing.)* = caldo de peixe fervido e reduzido para atingir uma consistência viscosa. Usa-se como base para molhos para melhorar seu sabor.

(~) **herbs** *(Ing.)* = as principais ervas usadas com peixes são manjericão, louro, cominho, salsão, cebolinhas, endro, erva-doce, tomilho, manjerona, alecrim, sálvia e segurelha.

(~) **knife** *(Ing.)* = faca de peixe.

(~) **meal** *(Ing.)* = farinha de peixe.

(~) **oil** *(Ing.)* = óleo obtido do tecido de peixes oleosos, como o bacalhau, que contém os ácidos gordurosos essenciais, assim como vitaminas A e D necessárias para a saúde. É geralmente vendido em cápsulas gelatinosas como um suplemento vitamínico, mas a quantidade necessária pode ser obtida tomando-se o óleo uma vez por semana.

(~) **omelette** *(Ing.)* = omelete de peixe.

(~) **pie** *(Ing.)* = torta de peixe, feita com batatas cozidas, colocadas em camadas em forma untada, coberta com uma mistura de peixe (pode ser bacalhau, salmão e hadoque defumado, por exemplo), cogumelos em fatias, tomates cortados, queijo (pode ser Cheddar), depois outra camada de batatas, em seguida gratinadas e assadas em forno a 180°C durante 30 minutos.

(~) **sauce** *(Ing.)* = líquido com sabor de peixe salgado, resultante do seu cozimento, usado como condimento ou como ingrediente para outros pratos. É muito utilizado na culinária de países do sudeste asiático.

(~) slice (*Ing.*) = escumadeira.

(~) soup *(Ing.)* = sopa de peixe.

(~) steak *(Ing.)* = filé de peixe.

(~) stew *(Ing.)* = caldeirada; ensopado de peixe branco e firme com mariscos, preparada primeiramente com vinho branco, tomates, alho, açafrão, ervas e azeite de oliva, fervidos durante dez minutos antes de adicionar o peixe. Serve-se com fatias de pão francês.

(~) stock *(Ing.)* = caldo preparado com ossos e cabeças de peixe magro, temperados com cebolas, ervas e vinho branco seco, passados na manteiga, fervendo-se tudo em fogo brando durante 30 minutos, numa proporção de 400 gramas de peixe por litro de água. Coa-se continuamente e, depois, peneira-se, retirando-se eventual gordura ou escuma.

(~) velouté, sauce *(Fr.) (Ing.)* = um dos molhos básicos da cozinha francesa, trata-se de um molho aveludado (amaciado) com caldo de peixe, vitela ou frango, e usado como base para muitos outros molhos.

fishing *(Ing.)* = pesca.

fixed price menu *(Ing.)* = cardápio do dia.

fizzy wine *(Ing.)* = vinho frisante.

flake salt *(Ing.)* = sal grosso, como o usado para salmoura.

flake, to *(v.) (Ing.)* = formar ou fazer flocos.

flaky pastry *(Ing.)* = massa similar à massa folhada, mas feita com menos quantidade de gordura em proporção à farinha (de três para quatro), dobrada, enrolada e virada somente três vezes. Não cresce tanto quanto a massa folhada.

flambé *(Fr.) (Ing.)* = flambado.

flambé bananas *(Fr.)* = bananas flambadas.

flambe, to *(v.) (Ing.)* = flambar, adicionando-se conhaque ou rum a um prato e colocando-se fogo no alimento para queimar o álcool e para dar o sabor da bebida à iguaria. Pode ser feito na cozinha durante a preparação ou quando apresentado à mesa.

flamber *(Fr.)* = flambar; queimar levemente adicionando uma bebida alcoólica (conhaque, uísque ou rum) sobre um alimento, ateando-lhe fogo, o que pode ser feito na cozinha, durante seu preparo, ou à mesa.

flameado *(Esp.)* = flambado.

flan *(Esp.) (Fr.) (Ing.)* = espécie de pudim feito com ovos, geralmente com sabor de caramelo ou baunilha, servido frio.

(~) de coco (*Esp.*) = tipo de pudim de coco; manjar branco.

(~) pastry *(Ing.)* = espécie de massa em que é adicionado um ovo batido em vez de água para unir a farinha e a gordura. Pode-se usar açúcar numa proporção de 4 para 100 gramas de farinha para tortas doces e cremes.

flanchet *(Fr.)* = pedaço da carne da vitela formada pela parte inferior das paredes abdominais; peito.

flapjack *(Ing.)* = tipo de biscoito feito com manteiga, açúcar mascavo, aveia em flocos e melado dourado, assado em uma assadeira quadrada, depois cortado em quadrados ou retângulos.

flapjack scone *(Ing.)* = bolinho ou biscoito de aveia bem pequeno; ao se colocar a massa na forma, põe-se apenas um pingo da mistura.

flash, to *(v.) (Ing.)* = realizar rapidamente algum procedimento culinário: dourar a superfície de um prato em forno ou grelha muito quentes, descongelar um alimento, misturar ingredientes etc.

flash-fry steak *(Ing.)* = filé preparado em pouco mais de um minuto, frito em óleo pré-aquecido.

flat *(Ing.)* = espécie de bandeja, na qual o alimento é apresentado aos clientes em um restaurante.

(~) **iron steak** *(EUA)* = bife de carne marmorizada, extraída da parte posterior do ombro do boi. Serve-se marinada ou grelhada. Vale esclarecer que este corte foi resultado de pesquisas efetuadas pela Universidade de Nebraska.

flat cake tin *(Ing.)* = assadeira para bolo achatada.

flat mushroom *(Ing.)* = cogumelo maduro, em que a parte de cima fica aberta.

flat silver *(Ing.)* = talheres de prata.

flatbone steak *(Ing.)* = filé cortado do lombo do boi.

flatbread *(Ing.)* = pão simples, feito com farinha, água e sal, sem fermento, como tortilha; também chamado de ázimo ou pão judaico, apresenta uma simbologia religiosa importante para os adeptos do judaísmo e do cristianismo.

flatfish *(Ing.)* = linguado. Ver *carrelet*.

flatten, to *(v.) (Ing.)* = achatar, nivelar.

flatware *(Ing.)* = louça de mesa rasa: pratos, pires ou travessas.

flavor *(EUA)* = sabor ou aroma dos alimentos. O termo também pode significar tempero ou condimento.

flavour *(Ing.)* = sabor ou aroma; condimento, tempero.

flavoured crisps *(Ing.)* = batatas fritas condimentadas com sabores artificiais, como queijo com cebolas, bacon defumado, sal e vinagre etc.

flavourings *(Ing.)* = condimentos, especiarias, aromatizantes.

flavourless *(Ing.)* = sem sabor, sem gosto.

flesh *(Ing.)* = a parte comestível do músculo de animais em geral e a polpa das frutas.

fleshy *(Ing.)* = suculento e levemente resistente a mordidas.

fleur de muscade *(Fr.)* = flor de noz-moscada.

fleur d'oranger *(Fr.)* = flor de laranjeira; planta consumida em chás e doces.

fleuriste, à la *(Fr.)* = à moda florista: isto é, com guarnição de batatas e tomates recheados com mistura de verduras.

fleuron *(Fr.) (Ing.)* = pequenos pãezinhos de massa folhada trabalhada como flores, para decorar ou enfeitar pratos.

fleurs de courge *(Fr.)* = flores de abóbora.

flitch *(Ing.)* = metade do porco salgada e curada, toucinho; o termo também pode designar posta de peixe.

flitch, to *(Ing.)* = cortar em postas.

flocons d'avoine *(Fr.)* = farinha de aveia.

floddies *(Ing.)* = batatas e cebolas raladas, temperadas e misturadas com um pouco de farinha, ervas picadas e bacon cozido em pedacinhos, misturadas com ovo e fritas em óleo quente, colocando-se na frigideira em colheradas.

flondre *(Fr.)* – linguado. Ver *carrelet.*

florentine cookie *(Ing.)* = biscoito de aveia com grande proporção de frutas secas cortadas, frutas cristalizadas e nozes ou amêndoas, coberto com chocolate meio amargo em um dos lados.

florentine, à la *(Fr.)* = no estilo de Florença, isto é, servido com espinafre, às vezes com molho de queijo; acompanha, geralmente, peixes, carnes brancas ou ovos.

florentine fish *(Ing.)* = peixe colocado em uma base de espinafre cozido antes de ser coberto com molho.

flounder *(Ing.)* = solha; peixe similar ao linguado, mas de textura e sabor inferiores, encontrado no Oceno Atlântico. Ver *carrelet.*

flour *(Ing.)* = farinha de trigo, podendo também ser farinha de arroz, de milho ou de batatas.

(~) **bin** *(Ing.)* = farinheira.

flour, to *(v) (Ing.)* = enfarinhar, polvilhar.

flourish, to *(v.) (Ing.)* = enfeitar.

floury *(Ing.)* = farinhento; sabor prevalescente de farinha no alimento.

flûte *(Fr.)* = pão francês, que recebe este nome em algumas regiões do país, como Lyon, com quase meio quilo e o dobro da espessura da baguete; o termo também se refere ao tipo de copo usado para servir champanhe.

flute, to *(v.) (Ing.)* = fazer incisões em alimentos diversos.

flying fish *(Ing.)* = nome dado a várias espécies de peixes de mar que têm nadadeiras que lhes permitem deslizar sobre a água, em grandes distâncias, para evitar predadores. Ver *butterfly fish.*

foam cake *(EUA)* = bolo feito com claras de ovos batidas, o que lhe dá uma textura muito leve.

foaming biscuit method *(Ing.)* = maneira de fazer biscoitos, batendo-se claras em neve com um pouco de açúcar para formar uma mistura leve e uniforme, depois juntando-se os ingredientes secos e dobrando-os.

focaccia ***(Ing.) (It.)*** = tipo de pão italiano achatado, preparado com farinha, sal e água, azeite de oliva, coberto com alecrim ou sálvia, e assado a 230ºC graus durante 20 minutos. É usada como aperitivo ou em refeições.

(~) **al formaggio** ***(It.)*** = foccacia recheada com queijo.
(~) **al prosciutto** ***(It.)*** = focaccia com presunto.
(~) **con jamón speck** ***(Esp.)*** = focaccia com presunto defumado.
(~) **del Venerdi Santo / pugliese** ***(It.)*** = focaccia em estilo calzone, recheada com anchovas, endívias, erva-doce, azeitonas e cogumelos ou alcaparras, geralmente servida na Sexta-Feira Santa.
(~) **di vitelo** ***(It.)*** = focaccia de picadinho de vitela com bacon, cebola, suco de limão, ovo batido e salsa picada, tudo bem misturado e amassado, depois disposto numa assadeira para finalizar ao forno.

foglie d'alloro ***(It.)*** = folhas de louro.

foglie di vite ***(It.)*** = folhas de videira.

foglio di alluminio ***(It.)*** = papel-alumínio.

foie ***(Fr.)*** = fígado.

foie de poulet ***(Fr.)*** = fígado de galinha.

foie gras ***(Fr.) (Ing.)*** = patê de fígado de ganso ou pato, produzido a partir do aumento grotesco da víscera, ao se forçar a alimentação do animal com mingau de milho, usando um tubo inserido na garganta da ave. É usado para condimentar pratos ou para ser degustado em entradas, aperitivos e lanches.

(~) **de canard** ***(Fr.)*** = patê de fígado de pato; é considerado melhor do que o de ganso.
(~) **de veau** ***(Fr.)*** = fígado de vitela.

foiolo alla milanese ***(It.)*** = tripas (dobradinha ou bucho) e cebolas cozidas com feijão, bacon, aipo, cenoura e queijo, temperadas com pimenta moída.

foisonner ***(Fr.)*** = aumentar o volume do creme de leite.

foncer ***(Fr.)*** = cobrir o fundo de uma panela, uma travessa ou um prato com algum tipo de massa.

fond ***(Fr.)*** = base de muitos pratos, como os caldos que são transformados em sopas e molhos ou usados para cozinhar, geralmente de verduras e de carne.

(~) **blanc** ***(Fr.)*** = caldo de carne branca.
(~) **blanc de veau** ***(Fr.)*** = caldo branco de vitela.
(~) **blanc de volaille** ***(Fr.)*** = caldo branco de ave.
(~) **brun** ***(Fr.)*** = caldo escuro de carne.
(~) **brun de veau** ***(Fr.)*** = caldo escuro de vitela.
(~) **brun de volaille** ***(Fr.)*** = caldo escuro de ave.

(~) **d'artichaud** ***(Fr.)*** = fundo de alcachofra.
(~) **de gibier** ***(Fr.)*** = caldo de caça.
(~) **de tarte / de tartelette** ***(Fr.)*** = base para torta.

fondant ***(Ing.)*** = calda de açúcar de confeiteiro fervida a 116ºC ou 118ºC, isto é, entre dura e meio dura, misturada a manteiga e leite. Quando fria, é usada para cobertura ou recheio de bolos e doces.

fondant potatoes ***(Ing.)*** = batatas cortadas em fatias grossas, douradas na manteiga e temperadas com tomilho e pimenta moída, meio cobertas com caldo de galinha, cozidas no forno a 240ºC até ficarem tenras com todo o caldo absorvido.

fondanti ***(It.)*** = croquetes pequenos para aperitivo.

fondere ***(It.)*** = derreter, dissolver, fundir.

fondi di carciofo al Roquefort ***(It.)*** = fundos de alcachofra gratinados ao molho de *Roquefort*.

fondo ***(It.)*** = fundo, como o de alcachofra.

fondre ***(Fr.)*** = derreter ou dissolver certos alimentos com calor (manteiga, chocolate etc.).

fonds d'artichauds aux points d'asperge ***(Fr.)*** = fundos de alcachofra cozidos na manteiga, preenchidos com pontas de aspargos cobertos com molho e glaçados.

fondue ***(Fr.) (Ing.)*** = queijo fundido em vinho branco e temperos, servido à mesa em uma panela especial sobre um fogareiro (*réchaud*), no qual se submergem pedaços de pão presos em espeto. Trata-se de uma iguaria originária da Suíça.
(~) **bourguignonne** ***(Fr.)*** = fondue de carne: em recipiente adequado, o azeite é mantido quente à mesa, sobre um fogareiro, e as pessoas mergulham pedaços de carne magra espetados em garfos apropriados, a fim de cozinhar a carne antes de consumi-la com diversos molhos e condimentos.
(~) **fork** ***(Ing.)*** = garfo longo, usado para mergulhar alimentos em azeite quente ou levar pedaços de carne ou queijo aos molhos durante a degustação de um fondue.
(~) **pot** ***(Ing.)*** = panela para fondue.

Fontainebleu ***(Fr.)*** = queijo francês salgado, fabricado originalmente na cidade de Fontainebleu, desde o século 18, de consistência cremosa e cor branca, resultado da mistura do creme de leite fresco com o *cream cheese*. Sua degustação pode ser acompanhada de vinho branco suave ou champanhe e frutas vermelhas frescas.

Fontina ***(It.)*** = queijo italiano produzido com leite não pasteurizado de vaca, tradicional da região do Valle d'Aosta, nos Alpes, que apresenta um sabor suave, picante e levemente adocicado, além de consistência semidura, derretendo-se facilmente sob calor.

food chapper ***(Ing.)*** = máquina de moer carne, legumes ou frutas.

(~) **processor** ***(Ing.)*** = multiprocessador de alimentos.

food irradiation ***(Ing.)*** = processo de exposição de alimentos à radiação ionizante, utilizado em vários países, a fim de matar todos os micro-organismos e insetos existentes em frutas, cereais, frutas secas etc. Esse tratamento não destrói toxinas ou vírus e pode causar modificações químicas nos alimentos. É frequentemente usado para lacrar pacotes de comidas e aumentar seu prazo de validade. Devido à não existência de legislação específica sobre o assunto, é impossível saber se eles receberam esse tratamento. Algumas autoridades o consideram uma prática perigosa.

foodmixer ***(Ing.)*** = batedeira elétrica.

foodstuff ***(EUA)*** = gêneros alimentícios em geral.

fool ***(Ing.)*** = purê de frutas ao qual foi misturado creme batido, nata ou mingau. Pode ser peneirado e, às vezes, engrossado com gelatina.

forbice ***(It.)*** = tesoura.

forcemeat ***(Ing.)*** = mistura de carne picadinha com temperos, normalmente usada como recheio.

forchetta ***(It.)*** = garfo

fore-cut steak ***(Ing.)*** = bife de corte dianteiro.

forequarter ***(Ing.)*** = quarto dianteiro de uma peça de carne; parte dianteira bovina.

forerib ***(Ing.)*** = costela, costeleta bovina.

(~) **of beef** ***(Ing.)*** = a junta dianteira entre a sétima e a décima costela de um animal, contando da cabeça com os músculos, mas excluindo o peito próximo às costelas. Usa-se em assados.

forest mushroom ***(Ing.)*** = cogumelo *shiitake*. Ver *shiitake mushroom*.

fork ***(Ing.)*** = garfo.

formagelle ***(It.)*** = docinhos típicos do Norte da Itália, consistem numa forminha de massa recheada com queijo fresco ou creme de ricota, açúcar e açafrão.

formaggini ***(It.)*** = queijinhos de cabra, temperados com ervas aromáticas.

formaggio ***(It.)*** = queijo.

(~) **caprino** ***(It.)*** = queijo fresco produzido com leite de cabra, de baixo teor calórico, comum em várias regiões da Itália.

(~) **e frutta** ***(It.)*** = primeira sobremesa de uma refeição italiana típica.

(~) **fresco e burroso** ***(It.)*** = queijo fresco e cremoso.

(~) **grasso** ***(It.)*** = queijo gorduroso.

(~) **semi-grasso** ***(It.)*** = queijo semigorduroso.

(~) **magro** *(It.)* = queijo magro.
(~) **fuso** *(It.)* = queijo processado.
(~) **piccante** *(It.)* = queijo picante, condimentado.
(~) **dolce** *(It.)* = queijo de sabor doce.
(~) **grattugiato** *(It.)* = queijo ralado.

fornello *(It.)* = forninho.

forno a microonde *(It.)* = forno de micro-ondas.

forno, al *(It.)* = ao forno.

fortuné *(Fr.)* = bolo miniatura feito de farinha, amêndoas e açúcar, colocado em forminha de papel, pulverizado com açúcar de confeiteiro e coberto com glacê de cereja.

fortune cookies *(Ing.)* = bolinhos ou biscoitos que contêm mensagem dentro, podendo ser uma profecia, um provérbio ou palavras de sabedoria. Embora sua origem seja japonesa, tornaram-se bastante populares nos restaurantes chineses dos Estados Unidos.

fouasse *(Fr.)* = espécie de bolo ou pão doce aromatizado com conhaque ou rum e água de flor de laranjeira.

fouetter *(Fr.)* = bater (ovos, creme etc.).

fougasse *(Fr.)* = focaccia oval ou redonda, com diversos recheios colocados em duas camadas de massa, assada no forno a 200ºC.

fougasse au jambon *(Fr.)* = focaccia com presunto.

fougassette *(Fr.)* = pão feito com azeite de oliva e condimentado com água de flor de laranjeira, tradicionalmente servido na região de Nice, na França.

four *(Fr.)* = forno.

four spices *(Ing.)* = tempero composto de quatro especiarias (cravo-da-índia, gengibre em pó, noz-moscada e pimenta-do-reino em grãos).

four, au *(Fr.)* = método de preparo do alimento, cozinhando-o ao forno.

fourchette *(Fr.)* = garfo.

fourrage *(Fr.)* = recheio.

fourré *(Fr.)* = recheado.

fourré à la crème *(Fr.)* = recheado com creme, como bolo, por exemplo.

fowl *(Ing.)* = qualquer ave comestível.

foyer *(Fr.)* = fogão ou forno.

foyot, sauce *(Fr.)* = molho *béarnaise*, com adição de extrato de carne (*glacé de viande*), batida lentamente para o molho ficar aveludado. Muito apreciado com carnes grelhadas.

fracassata *(It.)* = cozido de carne (de boi, de coelho, de vitela etc.) e/ou vegetais (alcachofra, por exemplo) com molho de ovos, sal e limão.

fragola *(It.)* = morango; fruto suculento e carnoso, típico de climas temperados e subtropicais, é rico em vitamina C e consumido ao natural ou em sucos, geleias, tortas, sorvetes, musses, doces em geral, iogurtes, cremes etc.

fragole di bosco *(It.)* = morangos silvestres. Ver *fragola.*

fragolini di mare *(It.)* = polvo encaracolado. Ver *élédone.*

fragrant mushroom *(Ing.)* = cogumelo *shiitake*. Ver *shiitake mushroom.*

frais / fraîche *(Fr.)* = fresco, fresca.

fraise *(Fr.)* = morango. Ver *fragola.*

(~) **de bois** *(Fr.)* = morango silvestre. Ver *fragola.*

(~s) **Romanoff** *(Fr.)* = sobremesa de morangos frescos cortados mergulhados em licor aromatizado com raspas de laranja, servidos com creme de leite batido ou sorvete de baunilha por cima.

framboise *(Fr.)* = framboesa; fruto de sabor suave e adocicado, originário de regiões da Europa e da Ásia, onde é encontrada em sua forma silvestre. É rico em carboidratos e fibras, sendo degustado ao natural, em geleias, sucos, licores, xaropes, gelatinas, bolos, molhos e sobremesas diversas.

frambuesa *(Esp.)* = framboesa. Ver *framboise.*

française, à la *(Fr.)* = à moda francesa: guarnição com vegetais, às vezes com alface cozida e aspargos, preparada com molho *béchamel* ou *hollandaise.* Não há consenso entre os grandes *chefs* em razão da diversidade de ingredientes utilizados.

Frangelico *(It.)* = famoso licor italiano da região de Piemonte, produzido à base de avelãs em infusão no álcool, misturadas a outros ingredientes, há mais de 300 anos. Sua garrafa apresenta um formato singular, representando a figura de um frade. Pode ser consumido puro, com gelo, limão e café ou na composição de diferentes drinques.

frangipane *(Fr.)* = pasta de nata, amêndoas, açúcar e ovos, usada para rechear tortas; creme com amêndoas picadas ou moídas.

frangipane tart *(Fr.)* = massa *frangipane* para torta guarnecida com geleia e recheada com creme feito com biscoitos triturados, manteiga ligeiramente tostada até ficar marrom, rum e limão ralado, decorada com chantili batido e pistaches moídos; torta de origem italiana, introduzida na França no século 16.

Frankfurter sausages *(Ing.)* = salsichas finas feitas com carne suína pura, defumadas por um processo especial, fabricadas na região de Frankfurt, na Alemanha, desde o século 13.

frappé *(Fr.)* = tipo de sobremesa ou bebida gelada feita com frutas, creme, chocolate ou café.

freddo *(It.)* = frio.

freeze, to *(v.) (Ing.)* = gelar, congelar.

(~) **-dry** *(Ing.)* = congelar alimentos a vácuo.

(~) **over** *(Ing.)* = cobrir de gelo.

freezer *(Ing.)* = congelador; sorveteira.

freezing *(Ing.)* = congelação; gelado.

fregolatta *(It.)* = torrada com alho e tomate levemente esfregados em sua superfície.

fregula *(It.)* = bolinhos de semolina temperados com açafrão, cozidos em caldo e servidos com queijo. Uma iguaria típica da região da Sardenha.

freir *(Esp.)* = fritar.

fréjol *(Esp.)* = feijões grandes, favas. Ver *bean*.

French bread *(Ing.)* = pão francês, baguete.

French dressing *(Ing.)* = molho francês, preferencialmente para o tempero de saladas.

French fries *(EUA)* = batatas fritas.

French fritter *(Ing.)* = rosquinha de farinha e de ovos, frita em azeite, e quc sc come polvilhada com açúcar e canela ou passada por calda de açúcar. Em francês: *beignet*.

French icing *(EUA)* = cobertura cremosa de aparência gelada, feita com chocolate, para bolos, sorvetes ou trufas.

French parsley *(Ing.)* = salsinha lisa; erva originária do sul da Europa, rica em vitamina A, é utilizada como tempero na culinária de todo o mundo, nos mais diferentes tipos de refeições, de saladas e molhos a massas e recheios, enriquecendo-as. Possui aroma suave e sabor agradável, podendo ser usada também para decorar pratos.

French roll *(Ing.)* = pãozinho francês de massa muito leve.

French service *(Ing.)* = serviço à francesa; estilo de servir à mesa, segundo o qual os próprios convidados se servem do prato apresentado em uma bandeja oferecida à esquerda pelo garçom, repetindo-se a operação até que todas as iguarias sejam trazidas uma a uma, numa sequência estipulada previamente. As bebidas são servidas pelo lado direito.

French stick *(Ing.)* = bisnaga de pão.

French toast *(Ing.)* = fatias de pão amanhecido impregnadas em ovos e leite, adoçadas e aromatizadas com baunilha, fritas na manteiga até dourarem; geralmcnte servidas como sobremesa na França e no café da manhã nos Estados Unidos. Coloca-se por cima melado de *maple* ou geleia com canela em pó e açúcar. No Brasil, são conhecidas como rabanadas, muito populares nas festas natalinas.

fresa *(Esp.)* = morango. Ver *fragola*.

(~) **silvestre** *(Esp.)* = morango silvestre. Ver fragola.

fresh fish *(Ing.)* = peixe freco.

(~) **fruit salad** ***(Ing.)*** = salada de frutas preparada somente com frutas frescas.
(~) **pasta** ***(Ing.)*** = qualquer massa fresca, que cozinha em três ou cinco minutos.
(~) **pineapple** ***(Ing.)*** = abacaxi fresco. Ver *ananas*.
(~) **shellfish** ***(Ing.)*** = mariscos do dia; frescos.

freshwater's fish ***(Ing.)*** = peixe de água doce.

fresones ***(Esp.)*** = morangos grandes. Ver *fragola*.

fressure ***(Fr.)*** = miúdos de porco, de bezerro, de carneiro etc.

friandises ***(Fr.)*** = petiscos, gulodices, guloseimas; diversas frutas em conserva servidas com *petit-fours*, chá ou café.

friar's chicken ***(Ing.)*** = sopa de frango feito com uma ave pequena, cortada em quatro pedaços, cozida em caldo de galinha até ficar tenra. O caldo usado no cozimento é engrossado com gema de ovo, terminando com salsinha picada. Serve-se com a carne da galinha.

friar's omelette ***(Ing.)*** = omelete doce, feita com maçãs cozidas, farinha de rosca e suco de limão.

fricadelle ***(Fr.)*** = iguaria típica do norte da França e da Bélgica; trata-se de uma espécie de linguiça mista (feita de porco, frango e cavalo) de longo comprimento, frita em azeite, servida com batatas fritas; já na região da Alsácia, o termo se refere a pequenos bolinhos de carne moída, fritos, semelhantes a almôndegas.

fricassée ***(Fr.) (Ing.)*** = guisado de carne (de galinha, de vitela, de coelho etc.) e/ou vegetais, cozidos em molho até adquirir a cor dourada, sendo adicionada no final uma mistura de gema de ovo e molho branco.

fridge ***(Ing.)*** (coloq.) = geladeira, refrigerador.

fried ***(Ing.)*** = frito.
(~) **anchovies** ***(Ing.)*** = anchovas fritas.
(~) **chicken with garlic** ***(Ing.)*** = frango frito com alho.
(~) **eggs** ***(Ing.)*** = ovos fritos.
(~) **eggs and chips** ***(Ing.)*** = ovos e batatas fritas.
(~) **eggs with cured ham** ***(Ing.)*** = ovos fritos com presunto.
(~) **eggs with sausage** ***(Ing.)*** = ovos fritos com linguiça ou salsicha.
(~) **fish** ***(Ing.)*** = peixe frito.
(~) **green tomatoes** ***(EUA)*** = iguaria típica do sul dos Estados Unidos e do México, consiste em tomates verdes cortados em rodelas temperadas com sal e pimenta.
(~) **manioc** ***(Ing.)*** = mandioca frita.
(~) **mixed vegetables** ***(Ing.)*** = mistura de legumes fritos, prato típico de algumas regiões da Ásia.
(~) **pastry cut into lengths** ***(Ing.)*** = churros.

(~) **peppers** ***(Ing.)*** = pimentões fritos.

(~) **rice** ***(Ing.)*** = arroz frito em óleo, cozido com verduras picadas, cebolinhas e ovos, sendo estes ingredientes acrescentados à mistura enquanto o arroz está sendo frito. É um acompanhamento bastante popular na culinária de vários países asiáticos.

(~) **sardines** ***(Ing.)*** = sardinhas fritas.

(~) **small fish** ***(Ing.)*** = peixinhos fritos.

(~) **sole** ***(Ing.)*** = linguado frito.

(~) **squid** ***(Ing.)*** = lula frita.

(~) **young broad beans** ***(Ing.)*** = favas de feijão-verde fritas.

fries ***(Ing.)*** = batatas fritas.

friggere ***(It.)*** = fritar.

frijol / frijoles ***(Esp.)*** = feijão/feijões. Ver *bean*.

(~) **blancos** ***(Esp.)*** = feijões-brancos.

(~) **negros** ***(Esp.)*** = feijões-pretos.

(~) **rojos** ***(Esp.)*** = feijões-vermelhos (roxinhos).

frijolada ***(Esp.)*** = prato semelhante à feijoada brasileira; refogado de feijões pretos, carne de porco, presunto, linguiça, alho, cebolas fritas e pimentões, em caldo de carne ou de galinha, temperado com ervas e servido com arroz.

frijolillo ***(Esp.)*** = feijão-manteiga.

frire ***(Fr.)*** = fritar.

frit ***(Fr.)*** = frito.

fritella ***(It.)*** = tradicional iguaria da Sicília, feita basicamente com legumes verdes frescos cozidos, principalmente favas de feijão-verde e alcachofras, preparada com sal, pimenta moída e azeite de oliva. O termo também corresponde, em outras regiões da Itália, a vários tipos de bolos de farinha fritos.

frites ***(Fr.)*** = batatas fritas, cortadas bem finas.

friteuse ***(Fr.)*** = frigideira ou fritadeira.

frito ***(Esp.)*** = frito.

(~) **de cordero** ***(Esp.)*** = ensopado de cordeiro; frita-se o cordeiro em cubos, adicionando-se cebolas, louro, páprica, azeite de oliva, vinho branco e pimenta chili.

frittata ***(It.)*** = prato à base de ovos, semelhante à omelete, preparada em forno ou frigideira, a que se adicionam ingredientes variados, como queijos, carnes ou verduras pré-cozidas.

frittatine ***(It.)*** = espécie de panquecas.

frittelle ***(It.)*** = panquecas; massa produzida com farinha, ovos e leite, frita em óleo quente na chapa, depois enrolada com recheios variados (doces ou salgados), e servida em lanches e refeições. O termo também se refere a sonhos, bolinhos ou rosquinhas fritos, passados no açúcar e canela e servidos quentes.

fritto ***(It.)*** = frito.

(~) **composto** ***(It.)*** = mistura de croquetes fritos, cada um feito com uma carne diferente.
(~) **misto** ***(It.)*** = prato preparado com vários tipos de carne, como porco (principalmente os miúdos: rins, miolos, fígado, testículos, pulmões etc.), galinha e carneiro, misturados, empanados e fritos, acompanhados de berinjelas, cenouras e polenta doce. Iguaria típica de Piemonte, na Itália, embora outras regiões apresentem algumas variações na receita.
(~) **misto di mare** ***(It.)*** = vários tipos de peixe, crustáceos ou moluscos misturados, empanados e fritos. Serve-se com raspas de limão.

frittura ***(It.)*** = alimentos fritos.

fritura ***(Esp.)*** = fritura, alimentos fritos.

friture ***(Fr.)*** = fritura; peixes pequenos fritos.

frivolité ***(Fr.)*** = petiscos servidos antes de uma refeição formal ou banquete.

frizzle, to *(v.)* ***(Ing.)*** = fritar até ficar dourado e crocante.

frog ***(Ing.)*** = rã; anfíbio encontrado em quase todo o mundo, sendo algumas espécies comestíveis, sua carne é considerada exótica, com baixos índices de colesterol e alto teor de proteínas. Pode ser consumida ensopada, frita, empanada ou gratinada.

frog fish ***(Ing.)*** = rã-do-mar ou tamboril; pescado de carne apreciada em algumas regiões do Mediterrâneo. Ver *goosefish.*

frog's legs ***(Ing.)*** = a parte posterior das pernas de rãs que, quando fritas ou cozidas, parecem carne de galinha.

froid ***(Fr.)*** = frio.

fromage ***(Fr.)*** = queijo.
(~) **affiné** ***(Fr.)*** = queijo completamente sazonado e amadurecido, curado.
(~) **à la crème** ***(Fr.)*** = queijo cremoso.
(~) **à la pie** ***(Fr.)*** = antiga expressão para designar o queijo branco fresco, feito com leite integral. Pode ser misturado com ervas.
(~) **à pâte cuité** ***(Fr.)*** = queijo prato.
(~) **au lait de vache légèrement piquant** ***(Fr.)*** = queijo estepe.
(~) **blanc** ***(Fr.)*** = queijo branco de sabor suave e fresco, feito com leite desnatado, geralmente oferecido como sobremesa.
(~) **de brebis** ***(Fr.)*** = queijo de ovelha.
(~) **de chèvre** ***(Fr.)*** = queijo de cabra.
(~) **de monsieur** ***(Fr.)*** = queijo francês de leite de vaca batido e cremoso. O nome tem origem no fato de ter sido vendido no início do século 20 por um tal Monsieur Fromage.
(~) **d'Italie** ***(Fr.)*** = iguaria tradicionalmente feita com carne suína e bovina, toucinho e temperos, bastante apreciada no

norte da Itália e na Suíça. Apesar do nome, não é um queijo.
(~) de tête *(Fr.)* = espécie de patê preparado com cabeça de porco e geleia.
(~) du pays *(Fr.)* = queijo da região dos Pirineus.
(~) fort *(Fr.)* = sobras de queijo misturadas com ervas, especiarias, azeite e bebida alcoólica, guardadas em potes na geladeira. Tem sabor forte e picante, sendo ótima opção para servir com biscoitos e pães.
(~) frais *(Fr.)* = queijo fresco, de sabor suave, geralmente enriquecido com creme. Usa-se como sobremesa, misturado ou aromatizado com frutas, ou como substituto de creme.
(~) glacé *(Fr.)* = queijo gelado com aspecto de sorvete.
(~) maigre *(Fr.)* = queijo feito com leite desnatado.
(~) râpé *(Fr.)* = queijo ralado.
(~) semi-affiné *(Fr.)* = queijo meia-cura.

fromager *(Fr.)* = adicionar queijo ralado a um alimento.

fromaget *(Fr.)* = bolo ou torta de queijo.

frost, to *(v.) (Ing.)* = congelar; glaçar; dar aparência de gelo a frutas ou a bordas de copos, imergindo-os em clara de ovo e, em seguida, em açúcar, deixando-os secar.

frosted *(Ing.)* = glaçado.

frosting *(Ing.)* = glacê para cobrir bolos, feito com açúcar refinado e qualquer líquido.

frozen meat *(Ing.)* = carne congelada.

frozen yoghurt *(Ing.)* = sobremesa gelada similar a sorvete, preparada com iogurte de diferentes sabores e açúcar.

fructose *(Ing.)* = frutose, açúcar de fruta.

fruit *(Ing.)* = fruta(s).
(~) à pain *(Fr.)* = fruta-pão. Ver *breadfruit*.
(~) basket *(Ing.)* = cesta de frutas ou fruteira.
(~) -cake *(Ing.)* = bolo de frutas; nome genérico dado a bolos que contêm frutas secas, cerejas glaçadas e pedaços de casca de frutas.
(~) confit *(Fr.)* = fruta cristalizada.
(~) cup *(Ing.)* = salada de frutas.
(~) cheese *(Ing.)* = purê de frutas com açúcar, em conserva, que, quando gelado, pode ser cortado em fatias como se fosse queijo.
(~) cocktail *(Ing.)* = bebida que mistura várias frutas cortadas em fatias ou cubos, como cerejas ou outras frutas pequenas, e suco de frutas; usa-se como drinque sem álcool.
(~) crumble *(Ing.)* = sobremesa de pudim feita com frutas e açúcar, assada no forno com uma camada de massa fina por cima; come-se quente com creme de leite ou sorvete.

(~) **curd** ***(Ing.)*** = mistura de manteiga com açúcar, engrossada com gemas de ovos e aromatizada com diversas frutas; a mais comum é com limão.
(~) **de la passion** ***(Fr.)*** = maracujá; fruto nativo de zonas tropicais e subtropicais do continente americano, fonte de vitaminas A, B e C, é degustado em sucos, sorvetes, geleias, molhos, musses, tortas e doces em geral.
(~) **essence** ***(Ing.)*** = essência de frutas.
(~) **flavoured yoghurt** ***(Ing.)*** = iogurte misturado com suco de frutas ou essências, geralmente adoçado com corantes e engrossado com farinha.
(~) **fritters** ***(Ing.)*** = fatias grandes de frutas cruas, cobertas com massa e fritas até atingirem um tom dourado, depois secas e polvilhadas com açúcar de confeiteiro; servem-se quentes.
(~) **loaf** ***(Ing.)*** = *breadfruit*; pão doce feito com ovos, manteiga, farinha e levedura de fermento, com frutas secas, às vezes especiarias, uvas-passas e raspas de frutas cítricas.
(~) **in syrup** ***(Ing.)*** = frutas em calda.
(~) **jelly** ***(Ing.)*** = gelatina feita com suco de frutas, água aromatizada ou essência de frutas, também usada em doces; geleia em conserva feita de suco de frutas fervido com açúcar e endurecido com pectina, se necessário.
(~) **juice** ***(Ing.)*** = suco de fruta.
(~) **-knife** ***(Ing.)*** = faca de sobremesa.
(~) **milk-shake** ***(Ing.)*** = leite batido com frutas.
(~) **pie** ***(Ing.)*** = pastelão fechado, recheado com frutas e adoçado, se necessário, antes de ir ao forno.
(~) **pudding** ***(Ing.)*** = pudim de frutas frescas, pão, licor de laranja e creme de leite fresco.
(~) **salad** ***(Ing.)*** = salada de frutas.
(~) **season** (***Ing.)*** = fruta da estação.
(~) **snow** ***(Ing.)*** = purê de frutas, ligeiramente adoçado com claras de ovo batidas com açúcar.
(~) **sponge pudding** ***(Ing.)*** = massa de pudim semelhante ao *fruit crumble*, jogada sobre frutas cozidas quentes, depois assado e polvilhado com açúcar de confeiteiro. Acompanha sorvete ou chantili.
(~) **sugar** ***(Ing.)*** = açúcar da fruta, frutose.
(~) **yoghurt** ***(Ing.)*** = iogurte misturado com pedaços de frutas e melado.

fruits *(Fr.)* = frutas.
(~) **confits** ***(Fr.)*** = frutas cristalizadas.
(~) **cuits** ***(Fr.)*** = frutas cozidas.
(~) **de mer** ***(Fr.)*** = frutos do mar.
(~) **de saison** ***(Fr.)*** = frutas da estação.
(~) **frais** ***(Fr.)*** = frutas frescas.
(~) **glacés** ***(Fr.)*** = frutas cristalizadas.

(~) **pressés** ***(Fr.)*** = frutas espremidas.
(~) **rafraîchis** ***(Fr.)*** = salada de frutas.
(~) **rouges** ***(Fr.)*** = frutas vermelhas.
(~) **secs** ***(Fr.)*** = frutas secas.
(~) **verts** ***(Fr.)*** = frutas verdes, não amadurecidas.

fruity ***(Ing.)*** = saboroso, de sabor agradável.

frullare ***(It.)*** = bater, fazer creme batido.

frullato ***(It.)*** = batido (creme).

frullatore ***(It.)*** = liquidificador.

frumento ***(It.)*** = trigo. Ver *blé.*

frumenty ***(Ing.)*** = espécie de manjar de trigo com leite.

fruta ***(Esp.)*** = fruta.
(~) **azucarada / confitada** ***(Esp.)*** = fruta cristalizada.
(~) **del tiempo o de la temporada** ***(Esp.)*** = fruta da estação.
(~) **del árbol del pan** ***(Esp.)*** = fruta-pão. Ver *breadfruit.*
(~s) **rojas** ***(Esp.)*** = frutas vermelhas.

frutilla ***(Esp.)*** = morango. Ver *fragola.*

frutta ***(It.)*** = fruta.
(~) **candita** ***(It.)*** = fruta cristalizada.
(~) **di stagione** ***(It.)*** = fruta da estação, da época.
(~) **fresca** ***(It.)*** = fruta fresca.
(~) **secca** ***(It.)*** = fruta seca.
(~) **verde** ***(It.)*** = fruta verde, não amadurecida.

frutti di mare ***(It.)*** = frutos do mar.

frutto de la passione ***(It.)*** = maracujá. Ver *fruit de la passion.*

frutto dell'albero del pane ***(It.)*** = pão de frutas.

fry ***(Ing.)*** = miúdos de animais fritos; fritada em geral.

fry, to *(v.)* ***(Ing.)*** = fritar.

frying pan ***(Ing.)*** = frigideira.

fudge ***(Ing.)*** = creme feito de manteiga, açúcar e leite batido, formando uma pasta suave, usada como recheio de tortas ou como doce de chocolate.
(~) **cake** ***(Ing.)*** = pequeno bolo de chocolate que tem a textura de fudge ou contém este creme.
(~) **frosting** ***(eua)*** = recheio gelado de manteiga, leite, açúcar e chocolate ou cacau em pó.
(~) **tart** ***(Ing.)*** = torta feita com fudge quente despejado sobre massa assada no forno para solidificá-lo.

fuente ***(Esp.)*** = bandeja, travessa.

fuente de horno ***(Esp.)*** = travessa para forno, refratária.

full cream milk ***(Ing.)*** = leite integral.

fumée ***(Fr.)*** = fumaça.

fumer ***(Fr.)*** = fumegar.

fumet ***(Fr.)*** = aroma de caldos e molhos em geral. Por extensão de sentido, o termo também pode se referir ao próprio caldo concentrado, por exemplo, de peixe ou de cogumelos, usado para dar sabor aos alimentos.

fumetto ***(It.)*** = caldo concentrado.

fumo ***(It.)*** = fumaça.

funghi ***(It.)*** = cogumelos. Ver *champignon.*

(~) **porcini** ***(It.)*** = importante ingrediente da culinária italiana, trata-se de cogumelos selvagens, considerados nobres e saborosos; são consumidos frecos ou secos e fatiados, usados em molhos, massas e ensopados.

(~) **secchi** ***(It.)*** = tipo de cogumelo seco usado em vários pratos da cozinha italiana, como risotos, tortas, massas e molhos.

fungi ***(Ing.)*** = cogumelos de diversas espécies.

fungo ***(It.)*** = cogumelo. Ver *champignon.*

funnel ***(Ing.)*** = funil.

fusilli ***(It.)*** = massa em forma de saca-rolhas ou parafuso, o que favorece a captura dos ingredientes e molhos em suas entranhas.

(~) **alla basilicata** ***(It.)*** = fusilli preparado com molho de tomates, cenoura, cebola, aipo, manjericão, pimentão vermelho, mozarela e azeite de oliva.

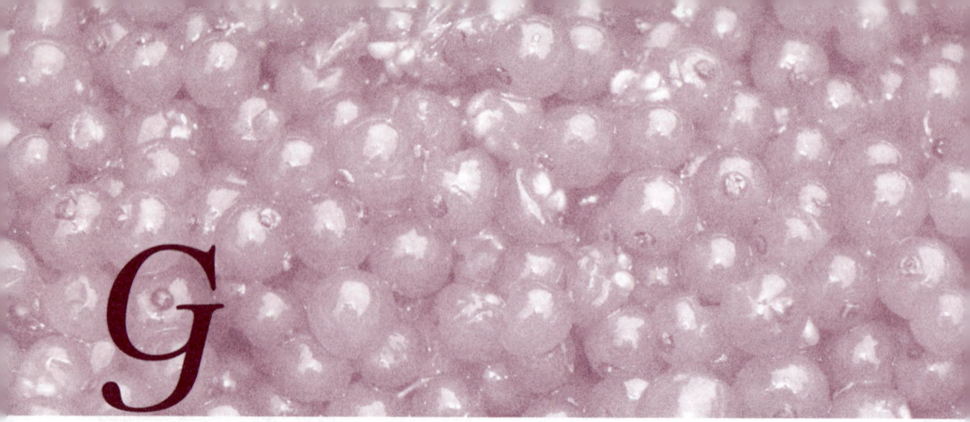

G

gacha ***(Esp.)*** = pudim leve, mingau ou papinha.

galani ***(It.)*** = petisco crocante, feito de tiras de massa fritas e polvilhadas com açúcar; especialidade de Veneza.

galantina ***(Esp.) (It.)*** = iguaria preparada à base de carne branca, desossada, cozida e prensada em formato simétrico, coberta com gelatina natural, salgada ou picante, e servida fria.

(~) **de conejo** ***(Esp.)*** = galantina de coelho.

(~) **de pollo** ***(Esp.)*** = galantina de frango.

(~) **di coniglio** ***(It.)*** = galantina de coelho.

(~) **di pollo** ***(It.)*** = galantina de frango.

(~) **de lapin** ***(Fr.)*** = galantina de coelho.

(~) **de poulet** ***(Fr.)*** = galantina de frango.

galette ***(Fr.)*** = bolo ou biscoito redondo e achatado, doce ou salgado, podendo ser feito de diversos ingredientes, como massa folhada, massa simples, pasta de amêndoas ou batatas.

Galette de la chaise-dieu ***(Fr.)*** = queijo de leite de cabra puro ou misturado com o de vaca, de sabor adocicado, originário da região de Auvergne.

galette des Rois ***(Fr.)*** = bolo comemorativo do Dia de Reis (da 12ª noite depois do Natal), de massa folhada recheada com frutas, chocolate e/ou creme, servida com geleia. Uma curiosidade: um único feijão é inserido na massa, e traz sorte e brindes a quem o encontrar.

galiano ***(Esp.)*** = torta de pão de ázimo, bastante utilizada em algumas regiões da Espanha (Manchego e Alicante, por exemplo) para o acompanhamento de pratos típicos, em especial o *gaspacho*.

gallera, in ***(It.)*** = enrolado em uma fatia de carne e/ou fatia de presunto.

galletta ***(It.)*** = biscoito.

galletas ***(Esp.)*** = biscoitos ou bolachas.

galletas de champaña ***(Esp.)*** = biscoitos do tipo champanhe.

galletitas ***(Esp.)*** = biscoitinhos de diversos formatos e sabores.

galletto ***(It.)*** = galeto, frango (galo jovem). Ver *chicken.*

gallina ***(Esp.) (It.)*** = galinha. Ver *chicken.*

gallina en pepitoria ***(Esp.)*** = iguaria clássica da culinária espanhola, trata-se de um ensopado de galinha frita servida com molho feito com vinho branco, azeite de oliva, alhos, açafrão, amêndoas e gemas de ovo cozidas e duras.

gallinaccio ***(It.)*** = espécie de cogumelo. Ver *chanterelle mushroom.*

gallo ***(It.)*** = galo.

gamba ***(Esp.) (Fr.)*** = camarão grande (rosa ou vermelho), encontrado em águas profundas do Mediterrâneo e no Atlântico. Ver *camarón.*

gambas a la plancha ***(Esp.)*** = camarões grandes grelhados.

gambas al ajillo ***(Esp.)*** = camarão ao alho e óleo.

gambas de água dulce ***(Esp.)*** = camarões-d'água-doce, pitu. Ver *crayfish.*

gamberetti ***(It.)*** = camarões. Ver *camarón.*

(~) **grigi** ***(It.)*** = camarões cinza. Ver *camarón.*

gamberetto ***(It.)*** = camarão comum. Ver *camarón.*

gamberi ***(It.)*** = camarões. Ver *camarón.*

(~) **imperiali** ***(It.)*** = camarões gigantes, encontrados no Mediterrâneo e no Atlântico. Ver *camarón.*

gambero ***(It.)*** = camarão-d'água--doce. Ver *crayfish.*

(~) **di fiume** ***(It.)*** = pitu ou camarão-d'água-doce. Ver *crayfish.*

(~) **di acqua dolce** ***(It.)*** = camarão-d'água-doce. Ver *crayfish.*

(~) **di mare** ***(It.)*** = camarão. Ver *camarón.*

(~) **rosa** ***(It.)*** = camarão rosa, grande, encontrado no Mediterrâneo. Ver *camarón.*

(~) **rosso** ***(It.)*** = camarão vermelho, gigante, que vive em águas profundas. Ver *camarón.* O nome também se refere a uma tradicional escola de culinária italiana, à marca de um vinho siciliano de consumo bastante disseminado na Itália.

game ***(Ing.)*** = pássaros e animais de caça, geralmente apenas em uma estação do ano ou em determinadas épocas, como codornas, coelhos, veados ou cervos, que são marinados em vinagre ou vinho e óleo, para amaciar-lhes a carne e preservar ou desenvolver seu sabor.

game fish ***(Ing.)*** = atividade de pesca com vara de anzol ou arpão, por esporte ou para alimentação e comércio; por exemplo, salmão, truta, tubarão etc.

game herbs ***(Ing.)*** = conjunto das principais ervas usadas para temperar animais ou aves de caça:

manjericão, louro, manjerona, alecrim, sálvia, segurelha e tomilho.

gammon ***(Ing.)*** = toucinho defumado. Ver bacon.

ganache ***(Fr.)*** = creme com sabor de chocolate, usado como recheio ou cobertura de bolos, tortas etc., feito com creme de leite e chocolate meio amargo derretido e, às vezes, manteiga.

gander ***(Ing.)*** = ganso macho. Ver *ánsar*.

garbage ***(Ing.)*** = lixo; restos ou sobras.

garbanzo ***(Esp.)*** = grão-de-bico. Ver *cece*.

garbure ***(Fr.)*** = sopa espessa de verduras (couve ou repolho), feita com feijão, alho, ervas, carnes em conserva (pato, ganso, peru ou presunto) e, às vezes, castanhas. Serve-se com fatias de pão.

garden cress ***(Ing.)*** = agrião. Ver *berro*.

garden egg ***(Ing.)*** = berinjela. Ver *aubergine*.

garden pea ***(Ing.)*** = ervilha. Ver *arveja*.

garden rue ***(Ing.)*** = arruda; planta conhecida desde a Antiguidade, com boa concentração de vitamina C, de propriedades medicinais, cujas folhas eram utilizadas para enriquecer molhos e saladas, e para aromatizar vinhos. Já as raízes eram adicionadas a uma bebida chamada *grappa*, atuando como licor digestivo.

garden thyme ***(Ing.)*** = tomilho; erva aromática originária do Mediterrâneo, considerada um ingrediente essencial para a culinária europeia, em especial a francesa, sendo indispensável na confecção do *bouquet garni* e na composição das ervas de Provença. A amplitude de seu uso como tempero inclui carnes, sopas, saladas, frutos do mar, legumes etc

garfish / gar / garpike ***(Ing.)*** = peixe-agulha; pescado de corpo alongado e estreito, característico de águas quentes e temperadas, degustado em conserva, grelhado ou frito.

gari / garri ***(Ing.)*** = alimento bastante popular na culinária africana, trata-se de uma farinha de mandioca grossa, obtida por processamento da mandioca seca, usada como fonte de carboidratos. O termo também pode se referir à conserva de gengibre.

garlic ***(Ing.)*** = alho. Ver *aglio*.

(~) **bread** ***(Ing.)*** = pão de alho; fatias de pão cortado transversalmente com intervalos de 2 ou 4 cm, com um pouco de pasta de alho em cada corte, embrulhado em papel alumínio e assado no forno até que a manteiga derreta.

(~) **butter** ***(Ing.)*** = pasta de manteiga processada com alho, sal, salsinha picada, aplicada em pães, massas ou outros alimentos.

(~) **clove** ***(Ing.)*** = dente de alho, geralmente descascado, cortado em fatias, picado ou amassado, usado para condimentar os pratos mais variados; quanto mais amassado, mais sabor será dele obtido.

(~) **dressing** ***(Ing.)*** = molho para salada (francês ou vinagrete), condimentado com alho moído.

(~) **head** ***(Ing.)*** = cabeça de alho.

(~) **mushrooms** = cogumelos ao alho.

(~) **powder** ***(Ing.)*** = alho bem moído e seco.

(~) **prawns** ***(Ing.)*** = camarões grandes ao alho.

(~) **press** ***(Ing.)*** = espremedor de alho.

(~) **purée** ***(Ing.)*** = alho esmagado ou em purê, com conservante e, às vezes, sal e azeite, vendido em vidros para ser usado como condimento.

(~) **sausage** ***(Ing.)*** = salsicha ou salsichão temperado com alho.

(~) **salt** ***(Ing.)*** = alho moído e misturado com sal, usado como condimento.

(~) **soup** ***(Ing.)*** = sopa de alho.

garni ***(Fr.)*** = guarnição de vegetais, particípio passado do verbo *garnir*.

garnir ***(Fr.)*** = guarnecer, decorar.

garnish, to ***(Ing.)*** = guarnecer, enfeitar.

garniture ***(Fr.)*** = guarnição / acompanhamento.

garofolato ***(It.)*** = prato tradicional da cozinha romana, consiste em carne assada com tomates e vinho, condimentada com dentes de alho e especiarias. Acompanham vegetais refogados com presunto ou bacon.

gas stove ***(Ing.)*** = fogão a gás.

gastronome ***(Ing.)*** = gastrônomo; especialista e apreciador da arte culinária.

gastronomy ***(Ing.)*** = gastronomia; a arte de comer bem, o estudo, o conhecimento e a prática referentes ao preparo e à degustação de iguarias em geral.

gastropod ***(Ing.)*** = classe de moluscos que inclui muitas espécies, algumas comestíveis como conchas, caracóis, caramujos etc.

gâteau ***(Fr.)*** = bolo delicado e rico em recheio.

(~) **au fromage** ***(Fr.)*** = bolo de queijo.

(~) **aux amandes** ***(Fr.)***= bolo de amêndoas.

(~) **d'anniversaire** ***(Fr.)*** = bolo de aniversário.

(~) **de miel** ***(Fr.)*** = bolo de mel, típico da culinária marroquina.

(~) **de semoule** ***(Fr.)*** = pudim de semolina.

(~) **de riz** ***(Fr.)*** = pudim de arroz.

(~) **marbré** ***(Fr.)*** = bolo mármore.

(~) **roulé salé ou sucré** ***(Fr.)*** = rocambole salgado ou doce.

(~) **Saint-Honoré** ***(Fr.)*** = massa folhada, em formato de anel, tendo em cima uma fileira de bombinhas de nata recheadas com creme chantili e glacê caramelado. O nome homenageia o santo padroeiro dos padeiros e confeiteiros.

gato marino *(Esp.)* = bagre. Ver *catfish*.

gato pardo *(Esp.)* = tartaruga; réptil comestível que vive em águas marinhas ou doces. As suas patas são apreciadas em iguarias consideradas exóticas, como sopas, picadinhos, farofas no casco etc.

gattò di patate *(It.)* = torta de batatas amassadas com ovos, leite e queijo parmesão, sendo a metade colocada em forma achatada e refratária, coberta por mozarela e/ou outro queijo, mais salame ou presunto em tirinhas, e a outra metade colocada sobre ela, com migalhas de pão ou farinha de rosca e manteiga, levada ao forno para gratinar até ficar crocante.

gaufrette *(Fr.)* = iguaria francesa, trata-se de um biscoito delgado, feito com massa folhada, com recheio doce, servido geralmente com vinho.

(~) **potatoes** *(Ing.)* = batatas fatiadas como lâminas que lhes dão forma similar à do waffle, fritas em óleo quente.

gazpacho *(Esp.)* = tradicional sopa fria espanhola, originária da Andaluzia, geralmente feita com pão amanhecido, pepinos, tomates, pimentão e cebolas, temperada com azeite de oliva e alho.

gefilte fish (*Ing.*) = bolinhas de peixe cru com temperos e farinha (matzá ou de rosca), cozidas em caldo de peixe e servidas quentes ou frias; tradicional da culinária judaica.

gelatina en polvo *(Esp.)* = gelatina em pó.

gelatina in polvere *(It.)* = gelatina em pó.

gélatine *(Fr.)* = gelatina.

gélatine en poudre *(Fr.)* = gelatina em pó.

gelato *(It.)* = sorvete.

gelée *(Fr.)* = geleia.

gelée, en *(Fr.)* = prato guarnecido com gelatina em pedaços ou cobertura de gelatina feita com caldo de carne.

gélifier *(Fr.)* = gelificar; transformar um líquido, tornando-o gelatinoso, pela adição de folhas ou pó de gelatina.

génisse *(Fr.)* = vitela. Ver *becerro*.

genoa cake *(Ing.)* = bolo inglês (apesar do nome) de frutas decorado com amêndoas ou castanhas-de-caju e cerejas cristalizadas.

genoese *(Ing.)* = bolo esponjoso leve, feito com uma mistura de ovos com açúcar à qual se acrescenta manteiga derretida, batendo-se rapidamente a fim de formar um líquido estável; acrescenta-se farinha de trigo peneirada e coloca-se no forno.

génoise *(Fr.)* = pão de ló; bolo esponjoso de origem genovesa, adotado pelos franceses.

génoise, à la / genevoise, à la *(Fr.)* = no estilo de Genebra, na Suíça: preparado com peixe defumado, vinho tinto e manteiga.

genovese, alla *(It.)* = no estilo genovês: com ervas frescas, vegetais, azeite de oliva, alho e frutos do mar.

Géromé / Munster-Géromé / Munster *(Fr.)* = queijo cremoso francês produzido com leite não pasteurizado de vaca, originário da região de Alsácia e Lorena, de consistência macia e cor branca, aroma marcante e sabor forte.

Geromé anisé *(Fr.)* = versão do queijo géromé aromatizado com sementes de anis.

gherigli *(It.)* = caroços ou sementes de frutas.

gherkins *(Ing.)* = pepinos pequenos conservados no vinagre e servidos como condimento ou aperitivo.

gherkins in vinaigrette sauce *(Ing.)* = pepinos ao molho vinagrete.

ghiacciare *(It.)* = gelar, congelar.

ghiaccio *(It.)* = gelo.

ghiotto *(It.)* = delicioso, apetitoso; guloso.

ghiottone *(It.)* = gastrônomo.

ghisau *(It.)* = guisado de carne bovina feito com azeite doce, vinho tinto, pimenta moída, tomates, cebolas e batatas. Trata-se de uma especialidade da Sardenha, região da Itália.

giallo *(It.)* = amarelo.

giambonetto *(It.)* = pedaço de carne de vitela moldado e amarrado para assemelhar-se a um presunto, cozido no leite, até ficar bem macio e suculento, servido com purê de batatas, glaçado com o mesmo sumo do cozimento.

gianchetti *(It.)* = peixe muito pequeno (sardinha ou anchova), frito em azeite de oliva ou cozido em água, sal, limão e azeite.

gianfottere *(It.)* = prato de verduras ensopadas, composto de berinjelas, abobrinhas, pimentões verdes, vermelhos e amarelos, batatas, cebolas e ervas diversas. Trata-se de uma especialidade do sul da Itália, especialmente da Calábria.

giardiniera, alla *(It.)* = à moda do jardineiro: servido com diversas verduras frescas e legumes mistos ou em forma de picles.

gibelotte *(Fr.)* = guisado de coelho feito no vinho, geralmente com cebolas e batatas. O termo também se refere a uma sopa de peixe com legumes, tradicional na região de Sorel, ao sul de Quebec, no Canadá.

gibier *(Fr.)* = carne de caça em geral.

giblets *(Ing.)* = miúdos de aves: fígado, moela, coração, que servem para o preparo de caldos, recheios, molhos e pratos diversos.

gigot *(Fr.)* = perna de cordeiro ou veado.

(~) **lamb chops** *(Ing.)* = nome dado, no norte da Inglaterra, a pedaços de perna de cordeiro em fatias similares a costeletas.

(~) **pourri** ***(Fr.)*** = perna de cordeiro assada com muitos dentes de alho.

gild, to ***(v.) (Ing.)*** = pincelar com ovo batido antes de levar ao forno para dar uma cor dourada aos alimentos.

gin ***(Ing.)*** = gim; bebida alcoólica destilada, preparada à base de cereais e zimbro, consumida pura ou em drinques diversos.

ginestrata ***(It.)*** = sopa bem temperada, típica da região da Toscana, na Itália, feita com caldo de galinha, gemas de ovos, manteiga, vinho branco, queijo e especiarias.

gingembre ***(Fr.)*** = gengibre; rizoma comestível de uso milenar, originário do sudeste asiático tornou-se um ingrediente de larga aplicação na culinária internacional, consumido fresco, em conserva, seco ou cristalizado, em iguarias doces e salgadas. De sabor picante e aroma pronunciado, é utilizado como tempero em molhos, carnes, peixes, bolos, pães, biscoitos, picles, geleias, caldos, sopas e bebidas quentes.

ginger ***(Ing.)*** = gengibre. Ver *gingembre.*

ginger ale ***(EUA)*** = refrigerante suave, de origem britânica, porém popular nos Estados Unidos, composto de gengibre e água mineral gaseificada.

gingerbread ***(Ing.)*** = bolo ou biscoito de gengibre.

gingernut ***(Ing.)*** = biscoito pequeno, redondo, feito com nozes e aromatizado com gengibre.

gingersnap ***(Ing.)*** = biscoito redondo, doce, feito com açúcar mascavo e melaço, aromatizado com gengibre e outras especiarias, muito crocante.

ginja ***(Ing.)*** = licor extraído da ginja, fruto semelhante à cereja, de sabor agridoce ou ácido, muito popular em Portugal.

ginkgo nut ***(Ing.)*** = semente extraída da árvore *Ginkgo biloba,* oriunda do leste da Ásia, e também encontrado no Mediterrâneo. A polpa do fruto não é comestível, mas suas nozes são usadas na cozinha japonesa e em iguarias chinesas. Pode ser assado e usado em pratos doces ou salgados, e, também, como guarnição de petiscos.

giorno, del ***(It.)*** = com referência à culinária, o termo significa "do dia", ou seja, o item do cardápio oferecido naquele dia em especial; prato do dia.

girasol ***(Esp.)*** = girassol; planta originária das Américas, inicialmente cultivada pelos povos autóctones com finalidades alimentícias. De suas sementes é extraído um óleo comestível de excelente qualidade. Os mesmos grãos, inteiros ou em fragmentos, são consumidos em pães, bolos, molhos, farinhas, saladas, massas e recheios

girasole ***(It.)*** = girassol.

girofle *(Fr.)* = dente de alho. Ver *aglio.*

girolle *(Fr.)* = espécie de cogumelo. Ver *chanterelle.*

gîte *(Fr.)* = parte inferior da coxa do boi.

glaçage *(Fr.)* = crosta com calda de açúcar, ovos ou chocolate para vitrificar alimentos.

glacé *(Fr.)* = lustroso, glaçado, com aparência vitrificada.

(~) **de poisson** *(Fr.)* = caldo de peixe reduzido para enriquecer o prato. Ver *fish glaze.*

(~) **de viande** *(Fr.)* = caldo de carne, reduzido e clareado, brilhoso e parecido com um melado em sua densidade. Usa-se como ingrediente de outros molhos ou para condimentar e incrementar outros pratos.

(~) **fruit** *(Ing.)* = frutas preparadas com calda açucarada, sem ficarem secas, para conservar a aparência glaçada.

(~) **icing** *(Ing.)* = mistura simples de açúcar e água ou suco de fruta coado, que resulta em uma camada de aparência brilhante quando espalhada sobre bolos, biscoitos etc., podendo ser colorida e aromatizada. Deve ser usada na hora, pois seca rapidamente.

glacer *(Fr.)* = congelar; dar um acabamento vitrificado e lustroso a alguns alimentos, por meio de uma mistura de ovos batidos, leite e açúcar.

glass *(Ing.)* = vidro; copo.

glass case *(Ing.)* = redoma de vidro.

glassare *(It.)* = glaçar, cobrir doces com uma mistura de açúcar e clara de ovo.

glassato *(It.)* = lustroso, vitrificado. Dependendo do contexto, o termo também pode significar gelado ou coberto de gelo.

glaze, to *(v.) (Ing.)* = dar um acabamento vítreo e lustroso com ovos, leite e açúcar.

glucose *(Ing.)* = produto encontrado naturalmente em grandes quantidades de uvas e mel, produzido comercialmente como uma espécie de calda para enriquecer molhos, geleias ou doces.

gluten *(Ing.)* = glúten, proteína encontrada em alguns cereais, principalmente no trigo, obtido após se eliminar o amido. Do processo resulta uma substância de textura viscosa e fibrosa que adquire consistência firme quando cozida, o que a torna uma opção para substituir a carne em dietas vegetarianas.

(~) **bread** *(Ing.)* = pão de glúten.

(~) **flour** *(Ing.)* = farinha obtida do glúten, depois de triturado e seco.

gluten-free food *(Ing.)* = alimento que não contém glúten; aviso importante em produtos alimentícios industrializados para pessoas alérgicas a glúten.

gnocchi *(It.)* = nhoque; iguaria típica da culinária italiana, preparada com massa de batatas ou semolina, cortada em pequenos pedaços, servida em geral com molho de tomates.

(~) **alla bava** *(It.)* = nhoques feitos com farinha de trigo, queijo Fontina, manteiga e alho, receita tradicional do Valle d'Aosta, na Itália.

(~) **di semolino** *(It.)* = nhoques de sêmola.

(~) **de semoule** *(Fr.)* = nhoques de sêmola.

(~) **dolci** *(It.)* = nhoques doces, feito bolinhos de massa cozida misturada com açúcar, canela, nozes ou chocolate ralado.

goat *(Ing.)* = cabra ou bode. Ver *cabra.*

goat's milk *(Ing.)* = leite de cabra.

gofio *(Esp.)* = farinha, feita com diversos grãos de cereais torrados e moídos, como trigo, milho e cevada, rica em vitaminas, proteínas e fibras, originária das Ilhas Canárias e consumida como alimento saudável em países da América Latina e da África, em sopas, purês, mingaus etc.

gold beet *(EUA)* = variedade de beterraba, de cor amarelo-dourada, rica em potássio e vitamina A, que pode ser servida crua ou cozida.

golden apple betty *(Ing.)* = pão de forma sem casca cortado em triângulos ou cubos, embebido numa mistura de partes iguais de manteiga derretida, açúcar mascavo e canela. Um terço desta mistura é colocada em uma forma com fatias de maçãs descascadas e cozidas, e o restante da mistura colocada por cima. Assa-se em forno a 160ºC, durante 60 minutos, até que a parte de cima fique crocante.

golden fillets *(Ing.)* = filés finos de hadoque ou bacalhau, levemente defumados e empanados.

golden nugget *(Ing.)* = variedade de abóbora oriental com casca dura e menos polpa que outras espécies, mas que, pelo sabor agradável, pode ser usada como substituta de batatas, isto é, picada ou amassada.

golden passion fruit *(Ing.)* = tipo de maracujá. Ver *fruit de la passion.*

golosina *(Esp.)* = guloseima, iguaria.

golosità *(It.)* = guloseima, gulodice.

goloso *(It.)* = voraz.

gombo *(Fr.)* = quiabo; vegetal rico em vitamina A e de fácil digestão, originário do continente africano e trazido ao Brasil pelos escravos, tem baixo teor calórico. É consumido em saladas e refogados, sendo a base do caruru, prato típico regional da culinária brasileira.

good beef *(EUA)* = bife relativamente tenro de carne magra (com pouca gordura), mas menos suculento e saboroso do que o *choice beef.*

goose ***(Ing.)*** = ganso. Plural: *geese*. Ver *ánsar*.

goose egg ***(Ing.)*** = ovo de gansa, grande e similar ao da galinha.

goose liver ***(Ing.)*** = fígado de ganso (*foie gras*).

gooseberry ***(Ing.)*** = groselha; fruto silvestre da mesma família das amoras, nativo da Europa e de regiões da Ásia e da África, usado na fabricação de xaropes e consumido em bebidas, tortas, molhos, geleias e sobremesas.

gooseberry sauce ***(Ing.)*** = purê de groselha, água, vinho branco e um pouco de açúcar, fervido durante cinco a dez minutos, coado e misturado com um pouco de manteiga derretida. Serve-se com peixes em geral, carne de porco, pato ou ganso.

goosefish ***(Ing.)*** = tamboril; peixe de pele que vive em águas salgadas profundas, cuja carne é bastante apreciada em certas regiões do Mediterrâneo e na culinária portuguesa.

goose-grease ***(Ing.)*** = gordura de ganso.

Gorgonzola ***(It.)*** = um dos mais famosos e apreciados queijos italianos, originário de região homônima, próxima de Milão, é produzido com leite de vaca, e apresenta uma textura que varia de cremosa a firme, por vezes esfarelenta, e veias azuladas ou esverdeadas, provocadas por fungos injetados em seu processo de maturação, entremeando-lhe a massa. De sabor salgado e picante, tem aroma forte e, em seu consumo, é bastante apropriado o acompanhamento com vinho tinto.

Gouda ***(Ing.)*** = por empréstimo do idioma holandês) = queijo oriundo da cidade de Gouda, nos Países Baixos, feito de leite de vaca integral ou semidesnatado altamente gorduroso, de coloração amarelada, textura semidura e cremosa, com formato originalmente cilíndrico, além de sabor salgado e agradável. Seu consumo é disseminado em todo o mundo, preferencialmente acompanhado de vinho tinto.

gougnette ***(Fr.)*** = espécie de rosquinha polvilhada de açúcar.

goulash ***(Ing.)*** = ensopado de carne, temperado com páprica, de origem húngara.

gourmand ***(Fr.)*** = guloso, gastrônomo.

Gourmandise ***(Fr.)*** = queijo francês produzido com leite de vaca pasteurizado, temperado com *kirsh*, de textura cremosa e sabor adocicado.

gourmet ***(Fr.) (Ing.)*** = pessoa estudiosa da arte culinária, apreciadora da boa comida e bebidas; o mesmo que gastrônomo.

gourmet dinner ***(Ing.)*** = jantar gastronômico, normalmente oferecido em eventos de porte.

gousse ***(Fr.)*** = vagem, feijão-verde. Ver *fagiolini*.

gousse d'ail *(Fr.)* = dente de alho. Ver *aglio*.

gousse de vanille *(Fr.)* = fava de baunilha. Ver *vainilla*.

goûter *(Fr.)* = experimentar, provar.

goyave *(Fr.)* = goiaba. Ver *Brazilian guava*.

gragea *(Esp.)* = doce, confeito.

graham bread *(EUA)* = pão feito com farinha de trigo integral de *graham*, similar aos biscoitos ingleses digestivos.

graham crackers *(EUA)* = biscoito feito com farinha de *graham*.

graham flour *(EUA)* = tipo de farinha que combina o farelo, o gérmen e a farinha de trigo em diferentes proporções, desenvolvida pelo nutricionista Sylvester Graham no século 19. Usa-se para fazer *graham bread* e *graham crackers*, por exemplo.

grain *(Fr.) (Ing.)* = sementes ou grãos diversos, como trigo, arroz, milho, cevada e aveia.

(~) **de cassis** *(Fr.)* = grãos de espécie de groselha-preta com a qual se faz licor. Ver *blackberry*.

graine de lupin *(Fr.)* = tremoço; semente cultivada desde a Antiguidade, rica em proteínas, cálcio e fósforo, geralmente comercializada em conserva e consumida como petisco. No entanto, a farinha de tremoço ainda é usada na fabricação de biscoitos e pães.

graine de potiron *(Fr.)* = semente de abóbora.

graines de grosseille *(Fr.)* = grãos de groselha.

graines de tournesol *(Fr.)* = sementes de girassol.

graines soufflées enrobés de sucre cristalisé *(Fr.)* = confeitos cobertos de açúcar.

graisse *(Fr.)* = gordura.

graisse de porc *(Fr.)* = banha ou gordura de porco.

gram *(Ing.)* = grama, subdivisão de quilo; unidade de peso.

gram flour *(Ing.)* = farinha de grão-de-bico.

gramme *(Fr.)* = grama, unidade de peso.

gramugia *(It.)* = sopa de aspargos, alcachofras, feijão e *bacon*; uma especialidade da *Toscana*.

Grana *(It.)* = queijo de leite semidesnatado de vaca, preparado com uma técnica italiana em que o coalho é cortado em grânulos para depois ser cozido, do qual resulta o conhecido Grana Padano.

(~) **Padano** *(It.)* = o primeiro dos queijos duros produzidos no mundo, há aproximadamente mil anos, que se dissolve facilmente na boca e que tem sabor suave, mas intenso. Usa-se para gratinar ou como sobremesa.

(~) **Parmigiano** *(It.)* = variedade de queijo parmesão. Ver *Parmigiano-Reggiano*.

granada ***(Esp.)*** = romã; fruta milenar de sabor agridoce, originária da antiga Pérsia (hoje, Irã), em cuja mitologia sua árvore é considerada sagrada. Na cultura clássica, integrava rituais pagãos, tornando-se símbolo do amor e da fertilidade; em Israel, uma das frutas pelas quais a Terra Prometida foi abençoada. Seu interior é formado por pequenos bagos avermelhados, constituídos de polpa e semente. É consumida ao natural, em sucos, chás, licores, molhos, caldas, doces e musses.

granadiglia ***(It.)*** = maracujá--vermelho. Ver *fruit de la passion.*

granary flour ***(Ing.)*** = farinha de trigo de cor castanha à qual foram adicionados flocos de malte.

granata ***(It.)*** = romã. Ver *granada.*

granceola / grancevola ***(It.)*** = caranguejos grandes, servidos em suas próprias conchas após cozimento e temperados com azeite e vinagre.

granchio ***(It.)*** = caranguejo. Ver *cangrejo.*

Grand Marnier ***(Fr.)*** = tradicional licor francês com sabor de laranja, envelhecido em barris de carvalho, originalmente fabricado na primeira metade do século 19, usado para aromatizar sobremesas, principalmente *crêpes suzette*, além de ser consumido puro ou na composição de vários drinques.

grand-duc, au ***(Fr.)*** = ao estilo do grão-duque, isto é, guarnição de aspargos, trufas, caudas de lagostim e molho. Usa-se principalmente com frango.

grande cigale de mer ***(Fr.)*** = espécie de crustáceo do Mediterrâneo, parecido com a lagosta.

grand-mère, à la ***(Fr.)*** = ao estilo da vovó, isto é, cebolas, cebolinhas, bacon, cogumelos e batatas cortadas em cubos. Serve-se com torradinhas para sopa de legumes.

granelli ***(It.)*** = grãos, sementes.

grano ***(Esp.) (It.)*** = grão ou semente (de milho, trigo etc.).

grano saraceno ***(It.)*** = trigo--sarraceno. Ver *blé noir.*

granoturco ***(It.)*** = milho. Ver *choclo.*

granoturco dolce ***(It.)*** = milho doce.

granulated sugar ***(Ing.)*** = açúcar cristalizado.

grape ***(Ing.)*** = uva; fruto de diferentes tipos e qualidades, disposto em bagos, originário da região do Cáucaso, na Europa Oriental, utilizado há mais de cinco mil anos entre diferentes povos, rico em potássio e em vitaminas A e C. É consumido ao natural ou seco (passas) em sucos, sorvetes, geleias, molhos, recheios e doces em geral. De seu sumo são fabricadas as mais diferentes espécies de vinho.

(~) **-brandy** ***(Ing.)*** = aguardente de uvas, também conhecida como bagaceira.

grape juice ***(Ing.)*** = suco de uva.

grapefruit ***(Ing.)*** = toranja. Ver *pamplemousse.*

grapeseed oil / grape seed oil / grape oil ***(Ing.)*** = óleo extraído de sementes de uvas, empregado na fabricação de maionese e usado como molho em saladas.

grapesugar ***(Ing.)*** = açúcar extraído de uvas.

grappa ***(It.)*** = tipo de aguardente feito do bagaço de uvas; bagaceira.

grappe de raisin ***(Fr.)*** = cacho de uvas.

grappolo d'uva ***(It.)*** = cacho de uvas.

gras de cuisse ***(Fr.)*** = corte da carne de frango, correspondente à região que envolve a asa ligada à carne branca da ave, mantendo-se a pele.

gras(se) ***(Fr.)*** = gorduroso(a).

gras, au ***(Fr.)*** = cozido na gordura.

graso ***(Esp.)*** = gordura; gorduroso.

grassato ***(It.)*** = carne gorda; cabra ou cordeiro entremeado com toucinho e cebola, assado com batatas, queijo e vinho. Originário da Sicília.

grasso ***(It.)*** = gorduroso.

grasso d'arrosto ***(It.)*** = gordura proveniente do assado de carnes em geral.

grate, to ***(v.) (Ing.)*** = ralar, raspar.

gratella ***(It.)*** = grelha.

gratén de ostras ***(Esp.)*** = ostras gratinadas.

grater ***(Ing.)*** = ralador.

graticola ***(It.)*** = grelha.

gratin, au ***(Fr.)*** = estilo francês na preparação de alimentos, em que qualquer prato é salpicado com manteiga, queijo ralado e/ou farinha de rosca, dourado na grelha para gratinar.

gratin dauphinois ***(Fr.)*** = batatas em fatias finas, em camada com queijo, alho, temperos, leite/creme de leite, assado em forno ou grelhado, lentamente, até que a camada superior esteja dourada e gratinada com queijo.

gratin de pommes de terre ***(Fr.)*** = batatas gratinadas.

gratinare ***(It.)*** = gratinar. Ver *cook au gratin, to.*

gratinato ***(It.)*** = gratinado.

gratiné ***(Fr.)*** = gratinado; acabamento dourado e tostado dos alimentos.

gratinée ***(Fr.)*** = tipo de sopa de cebola com queijo gratinado.

grattare ***(It.)*** = raspar.

gratter ***(Fr.)*** = raspar.

grattugia ***(It.)*** = ralador.

grattugiato ***(It.)*** = ralado.

gravlax (*Ing.*) = finas fatias de salmão cru, marinadas e mantidas por alguns dias na geladeira antes de consumidas; geralmente servidas com torradas, blinis etc. É uma especialidade da cozinha escandinava.

gravy ***(Ing.)*** = molho feito com suco de carne e engrossado com farinha.

grease ***(Ing.)*** = gordura.

grease, to *(v.) (Ing.)* = untar a superfície de uma forma com óleo ou manteiga para evitar que o alimento grude durante seu preparo.

greaves *(Ing.)* = torresmo do toucinho.

greca, alla *(It.)* = à moda grega, ou seja, especificamente servido em molho preparado com azeitonas, azeite de oliva, suco de limão, ervas e especiarias.

grecque, à la *(Fr.)* = à moda grega. O termo também se refere à guarnição feita com vegetais, como alcachofras, cogumelos, cebolas, aipo, salsinha, azeitonas etc., para usá-los como *hors d'œuvres* (entrada) ou acompanhamento.

green almond *(Ing.)* = amêndoa verde; fruto não maduro da amendoeira, de uso bastante popular no Oriente Médio e na região do Mediterrâneo, principalmente em sorvetes e doces.

green beans *(Ing.)* = vagem, feijão-verde. Ver *fagiolini*.

green cheese *(Ing.)* = queijo fresco.

green coffee bean *(Ing.)* = grãos de café verdes, crus.

green corn *(Ing.)* = milho verde, espiga de milho. Ver *choclo*.

green food *(Ing.)* = verdura fresca.

green fruits *(Ing.)* = frutas frescas.

green goddess salad *(EUA)* = salada preparada com alface cortado, endívias, chicória, cebolas, salsinha, estragão e cravo-da-índia, servida em recipiente previamente untado com alho cru, temperada com maionese preparada com vinagre. Coloca-se por cima carne de galinha, de caranguejo, anchova ou camarões.

green lentil *(Ing.)* = lentilha; planta de origem asiática, cujas sementes são muito nutritivas pelo alto teor de ferro e fósforo que apresentam, além de fibras. É degustada em saladas, ensopados, sopas e no tradicional arroz com lentilha, típico da culinária árabe.

green mignonette *(Ing.)* = espécie de alface cultivada no Havaí, também chamada de alface *manoa*.

green olives *(Ing.)* = azeitonas verdes. Ver *aceituna*.

green pea soup *(Ing.)* = sopa de ervilhas frescas ou secas, em que se adicionam cenouras, alho-poró cortado e cebolas, com *bouquet garni* e presunto cozidos em caldo de galinha, lentamente; o presunto e as cebolas são removidos, e o líquido é peneirado e temperado; serve-se quente com croutons.

green pepper *(Ing.)* = pimentão verde. Ver *morrón*.

green peppercorns *(Ing.)* = pimentas verdes, ligeiramente picantes, em geral conservadas como picles em salmoura ou vinagre.

green salad *(Ing.)* = salada de folhas cruas às quais podem ser acrescentadas frutas.

green sauce *(Ing.)* = nome que se dá a diversos tipos de molhos, todos contendo ervas como ingredientes principais, porém com algumas variações: folhas de espinafre, estragão, cebolinhas, salsão, salsa, sálvia, cerefólio, alcaparras, alho, cebola, e agrião, amassadas em azeite e passadas por uma peneira fina, com ou sem maionese. Acompanham carnes, peixes, aves e legumes.

green tea ***(Ing.)*** = chá verde.

green tomatoes ***(Ing.)*** = tomates não maduros, usados para fazer molho do tipo *chutney* ou conservas. Ver *pomodori.*

green vegetables (Ing.) = hortaliças verdes.

green walnuts ***(Ing.)*** = nozes verdes, colhidas ainda imaturas, antes que a concha se desenvolva, e conservadas em vinagre ou em calda de açúcar. Na Itália, essas nozes são usadas na fabricação de famosos licores.

greenery ***(Ing.)*** = verduras, hortaliças em geral.

green-leafy vegetable ***(Ing.)*** = vegetais de folhas verdes (rúcula, acelga, repolho, espinafre etc.).

greens ***(Ing.)*** = folhas verdes para salada; cheiro verde.

greenstuff ***(Ing.)*** = verdura, hortaliça.

grembiale ***(It.)*** = avental.

gremolada / gremolata ***(It.)*** = tradicional acompanhamento para a iguaria italiana chamada *osso bucco* de vitela, trata-se de uma mistura de salsinha picada, alho picado, cascas de limão raspadas.

gremolata, alla ***(It.)*** = mistura de alho picado, cascas de limão raspadas e salsa cortadinha, salpicada sobre um alimento. Dependendo da receita, poderão ser usados outros ingredientes.

grenade ***(Fr.)*** = romã. Ver *granada.*

(~) **sauvage** ***(Fr.)*** = romã selvagem.

grenadille ***(Fr.)*** = maracujá--vermelho. Ver *fruit de la passion.*

grenadin ***(Fr.) (Ing.)*** = fatias finas ou filés de vitela, assados com pedacinhos de bacon.

grenadine ***(Fr.) (Ing.)*** = xarope, suco ou licor feito de romãs.

grenobloise, à la ***(Fr.)*** = à moda ou ao estilo de Grenoble, na França: preparação do alimento é feita com manteiga escurecida, alcaparras, salsinha picada, suco de limão e pedaços de limão com croutons. Acompanha tradicionalmente a truta, que é abundante na região dos Alpes.

grenouille ***(Fr.)*** = rã. Ver *frog.*

gribenes / gricbenes (***Ing.***) = guarnição da culinária judaica, consiste em tiras de pele de galinha, ganso ou pato salteadas com cebola até ficarem crocantes.

gribiche sauce ***(Ing.)*** = molho frio de gemas de ovos cozidas, duras, amassadas com azeite, vinagre ou sumo de limão, mostarda, alcaparras picadas, pepininhos, estragão, alcaparras, cerefólio, salsão e salsinha, temperadas com claras de ovos *à la Julienne.*

griblette *(Fr.)* = pedaços pequenos de carne de porco fresca ou salgada, enrolados em bacon e assados na grelha. A iguaria pode ser opcionalmente preparada também com outras carnes (vitela, ave etc.).

griddle *(Ing.)* = chapa de ferro ou grelha para assar panquecas ou bolinhos; frigideira ou assadeira para pão.

griddle cakes *(Ing.)* = bolinhos de farinha de trigo, com espessura fina, semelhante a panquecas, assados na grelha.

griddle scone *(Ing.)* = bolinho tradicional de farinha, assado na manteiga em chapa ou na grelha, ao invés de no forno.

grifole *(It.)* = espécie de fungo que cresce em árvores, de cor escura. Ver *champignon*.

griglia *(It.)* = grelha.

griglia, alla *(It.)* = assado na grelha.

grigliare *(It.)* = grelhar.

grigliata mista *(It.)* = carnes mistas grelhadas.

grigliato alla brace *(It.)* = assado na brasa, grelhado.

grill *(Ing.)* = grelha.

grill, sur le *(Fr.)* = grelhado.

grill, to *(v.)* *(Ing.)* = grelhar, usualmente carnes, na chapa.

grillade *(Fr.)* = grelhado; por extensão de sentido, churrasco misto ou fatia de carne ou de peixe cozido na grelha.

(~) **à la braise** *(Fr.)* = assado na brasa.

grillé *(Fr.)* = grelhado.

grilled *(Ing.)* = grelhado, preparado na grelha.

(~) **beef** *(Ing.)* = carne grelhada.

(~) **chicken** *(Ing.)* = frango grelhado.

(~) **grapefruit** *(Ing.)* = toranja cortada em duas metades, coberta com açúcar mascavo e manteiga, dourada na grelha. Serve-se quente como aperitivo.

(~) **grouper** *(Ing.)* = garopa grelhada.

(~) **hake** *(Ing.)* = merluza grelhada na chapa.

(~) **king prawns** *(Ing.)* = camarões pequenos grelhados.

(~) **mushrooms** *(Ing.)* = cogumelos grelhados na chapa.

(~) **salmon** *(Ing.)* = salmão grelhado.

(~) **sandwich cheese** *(Ing.)* = fatias de pão de forma tostadas com queijo grelhado.

(~) **sardines** *(Ing.)* = sardinhas grelhadas.

(~) **squid** *(Ing.)* = lulas grelhadas.

(~) **sole** *(Ing.)* = linguado grelhado.

(~) **steak** *(Ing.)* = filé grelhado na brasa.

(~) **veal** *(Ing.)* = vitela grelhada.

griller *(Fr.)* = grelhar.

grillettato *(It.)* = assado lentamente.

grind, to *(v.)* *(Ing.)* = moer, triturar.

grinder ***(Ing.)*** = triturador de alimentos; picador, moedor de carne.

griset ***(Fr.)*** = sargo preto; peixe muito encontrado na zona do Mediterrâneo, de pouco valor comercial, embora sua carne seja bastante apreciada na região.

grisette ***(Fr.)*** = cogumelo de coloração acinzentada, sabor adocicado e pouco apreciado, que se torna comestível apenas depois de farto cozimento, do contrário tem propriedades tóxicas.

grissini ***(It.)*** = palitos de pão seco, longos e finos, servidos como aperitivo. Ver *breadsticks.*

grive del langhe ***(It.)*** = mistura de carne de porco picada, fígado e especiarias, enrolada e cozida em azeite.

groceries ***(Ing.)*** = artigos vendidos em mercearia.

grocery ***(Ing.)*** = mercearia, armazém, empório.

grongo ***(It.)*** = congro; enguia marinha. Ver *anguila.*

gros pain / pain parisien ***(Fr.)*** = pão alongado, geralmente comercializado a peso, similar a uma *baguette.*

gros sel ***(Fr.)*** = sal grosso.

groseille ***(Fr.)*** = groselha. Ver *gooseberry.*

(~) **blanche** ***(Fr.)*** = groselha--branca.

(~) **noire** ***(Fr.)*** = groselha-preta. Ver *black currant.*

(~) **rouge** ***(Fr.)*** = groselha--vermelha. Ver *red currant.*

(~) **verte** ***(Fr.)*** = groselha-verde.

grosella ***(Esp.)*** = groselha. Ver *gooseberry.*

(~) **blanca** ***(Esp.)*** = groselha--branca.

(~) **negra** ***(Esp.)*** = groselha--preta. Ver black currant.

(~) **roja** ***(Esp.)*** = groselha--vemelha. Ver *red currant.*

gross weight ***(Ing.)*** = peso bruto ou peso total.

grosse crevette ***(Fr.)*** = camarão grande encontrado no Mediterrâneo. Ver *camarón.*

grosse palourde ***(Fr.)*** = molusco grande bivalve, bastante utilizado na culinária mediterrânea. Ver *almeja.*

grosse pièce ***(Fr.)*** = pedaço grande de carne. O termo também se refere ao prato que vai no centro da mesa com a comida principal da refeição.

grossetana, alla ***(It.)*** = à moda de Grosseto, na Toscana, isto é, à base de cogumelos e molho de tomate com manteiga, salsa, alho, azeite, sal, pimenta e queijo ralado.

grosso rombo ***(It.)*** = peixe chato, rodovalho ou linguado. Ver *carrelet.*

ground ***(Ing.)*** = moído, triturado.

(~) **almonds** ***(Ing.)*** = amêndoas doces, moídas.

(~) **beef** ***(EUA)*** = carne moída.

(~) **meat** ***(EUA)*** = carne moída ou picada.

(~) **nut** ***(Ing.)*** = nozes moídas.

(~) **rice** ***(Ing.)*** = farinha grossa de arroz triturado, usada para enriquecer massas ou para engrossar e dar uma textura crocante a biscoitos ou pãezinhos.

(~) **tomatoes** ***(Ing.)*** = extrato ou purê de tomates.

ground ***(v. to grind) (Ing.)*** = moer, triturar. Verbo no particípio.

grouper ***(Ing.)*** = garoupa; peixe de cor marrom-avermelhada, da família do cherne, bastante cotado comercialmente. Indicado para ensopados ou assados. Ver *cernia.*

gruau d'avoine ***(Fr.)*** = aveia grossa. Ver *avena.*

gruel ***(Ing.)*** = mingau leve, preparado com aveia ou arroz, leite ou água ou caldo de carne.

grumeaux ***(Fr.)*** = pequenas "bolas" que se formam na fase de preparação de um alimento por algum ingrediente mal dissolvido.

Gruyère ***(Fr.) (Ing.)*** = queijo suíço originário da região homônima, produzido desde o século 12, confeccionado com leite de vaca não pasteurizado, cozido e prensado, teor de gordura médio, textura cremosa, coloração amarelo-clara e sabor amendoado.

guacamole ***(Esp.)*** = purê feito de abacate, tomates, suco de limão e salsa, usado para rechear tacos, de origem mexicana, e complementar de outros pratos.

guaiava ***(It.)*** = goiaba. Ver *Brazilian guava.*

guanti da forno ***(It.)*** = luvas apropriadas para manipular recipientes em temperatura elevada no forno.

guarnire ***(It.)*** = guarnecer, adornar, enfeitar.

guarnito ***(It.)*** = guarnição.

guava ***(Ing.)*** = goiaba. Ver *Brazilian guava.*

guayaba ***(Esp.)*** = goiaba. Ver *Brazilian guava.*

guéridon ***(Fr.)*** = carrinho ou mesinha lateral colocada junto ao cliente, em um restaurante, para facilitar o serviço da refeição, fatiando um alimento, preparando um *crêpe* etc.

guinda ***(Esp.)*** = ginja; espécie de cereja de cor mais vermelha do que a comum e de sabor agradável. Ver *cereza.*

guisantes ***(Esp.)*** = ervilhas verdes. Ver *arvejas.*

guisar ***(Esp.)*** = refogar, cozinhar por fervura lenta.

guiso ***(Esp.)*** = quisado, ensopado em geral.

gum ***(Ing.)*** = goma de mascar.

guscio ***(It.)*** = casca.

gut ***(Ing.)*** = tripa de animal.

gut, to ***(v.) (Ing.)*** = remover as tripas de um animal ou peixe, incluindo as guelras do peixe, limpando a cavidade abdominal.

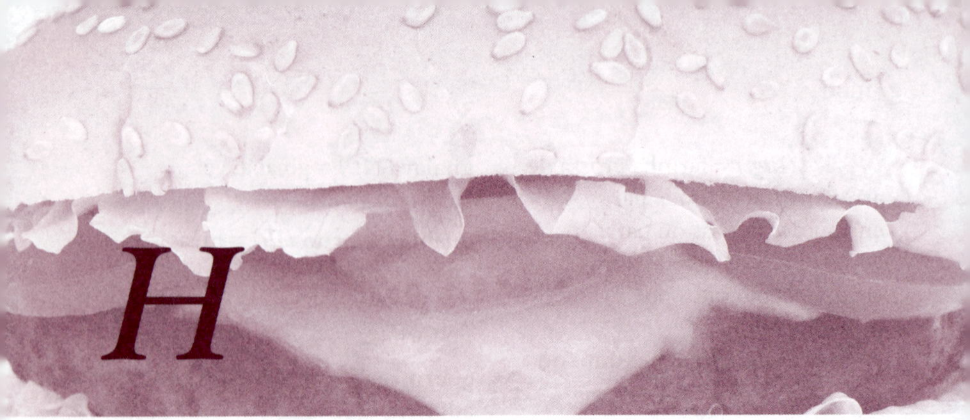

H

haba ***(Esp.)*** = feijão grande, fava.

haba de vainilla ***(Esp.)*** = fava de baunilha. Ver *vainilla*.

habas a la montañesa ***(Esp.)*** = favas assadas no forno, com presunto, toucinho fresco e cebolas, temperado com especiarias.

habichuela ***(Esp.)*** = tipo de feijão.

habichuela verde ***(Esp.)*** = feijão--verde. Ver *fagiolini*.

haché ***(Fr.)*** = moído ou picado.

hacher ***(Fr.)*** = moer ou picar.

hachis parmentier ***(Fr.)*** = prato clássico feito com carne moída, batatas, leite, queijo ralado e especiarias.

haddock ***(Ing.)*** = hadoque. Ver *aiglefin*.

hake ***(Ing.)*** = merluza; designação comum a vários peixes marinhos, que apresentam o corpo coberto por pequenas escamas, encontrados no Oceano Atlântico, no Pacífico e no Mediterrâneo, da família do bacalhau. Possuem significativo valor comercial pela carne saborosa e de sabor suave, sendo consumido fresco ou industrializado, prerencialmente em filés.

(~) **in a garlic sauce** ***(Ing.)*** = merluza ao molho de alho.

(~) **in sauce** ***(Ing.)*** = merluza ao molho.

(~) **steaks** ***(Ing.)*** = medalhões de merluza.

(~) **with chilli** ***(Ing.)*** = merluza com chili.

(~) **with garlic and chili** ***(Ing.)*** = merluza com alho e chili.

(~) **with potatoes** ***(Ing.)*** = iguaria típica da Galícia, feita com filés de merluza, caldo de peixe, cebola, alho, vinagre de vinho e pimenta-de-caiena.

half cream ***(Ing.)*** = creme leve, contendo um mínimo de gordura (em média, 12%, mas o percentual varia), usado como creme líquido.

half-and-half ***(EUA)*** = mistura de creme com leite integral.

half-bottle of mineral water ***(Ing.)*** = meia garrafa de água mineral.

half-bread ***(Ing.)*** = pão meio assado.

ham ***(Ing.)*** = presunto; corte de carne de porco, da perna, geralmente defumado.

(~) **and eggs** ***(Ing.)*** = presunto com ovos.

(~) **croquettes** ***(Ing.)*** = croquetes de presunto.
(~) **mousse** ***(Ing.)*** = musse de presunto.
(~) **with egg yolk garnish** ***(Ing.)*** = presunto com fios de ovos.

hamburger ***(Ing.)*** = hambúrguer.

hamburger bun ***(Ing.)*** = pão redondo, achatado, apropriado para hambúrguer.

hamburguesa ***(Esp.)*** = hambúrguer.

handful ***(Ing.)*** = punhado ou um pouco.

hard ***(Ing.)*** = duro de morder ou cortar; aplica-se a queijos que resistem ao corte ou ao vinho muito ácido e adstringente.

hard boiled egg ***(Ing.)*** = ovo cozido (duro).

hard cheese ***(Ing.)*** = queijo duro de cortar, geralmente contendo menos do que 40% de água.

hard nougat ***(Ing.)*** = nugá duro.

hard red spring wheat flour ***(EUA)*** = tipo de farinha crua de trigo integral produzida nos Estados Unidos, a partir do glúten.

hard roe ***(Ing.)*** = ovas de peixe, usadas tanto como antepasto como ingredietnte para a confecção de outros pratos.

hard smoked herring ***(Ing.)*** = arenque ou salmão defumado.

hard wheat ***(Ing.)*** = trigo de grãos duros, que produz uma farinha mais encorpada, apropriada para a fabricação de pães e macarrão.

hard-boil, to ***(Ing.)*** = ferver, cozinhando até endurecer, geralmente ovos durante dez minutos até que a gema fique sólida.

hare ***(Ing.)*** = lebre; mamífero de carne semelhante à do coelho. Ver *conejo*.

hare stew ***(Ing.)*** = lebre cozida.

hareng ***(Fr.)*** = arenque. Ver *aringa*.
(~) **fumé** ***(Fr.)*** = arenque defumado.
(~) **mariné** ***(Fr.)*** = arenque em salmoura.
(~) **saur** ***(Fr.)*** = arenque vermelho defumado, geralmente servido como entrada.

haricot ***(Fr.)*** = feijão. Ver *bean*.
(~) **bean** ***(Ing.)*** = feijão-branco seco, geralmente de 8 a 10 mm de comprimento e de formato oval, servido cozido ou em sopas.
(~) **beurre** ***(Fr.)*** = feijão--manteiga.
(~) **blanc** ***(Fr.)*** = feijão-branco.
(~) **de mouton** ***(Fr.)*** = carneiro quisado com verduras e feijão.
(~) **lamb** ***(Ing.)*** = cordeiro cozido com feijão de formato oval, cebolas e nabos.
(~) **rouge** ***(Fr.)*** = feijão--vermelho, de formato oval.
(~) **vert** ***(Fr.)*** = feijão-verde; vagem. Ver *fagiolini*.

harina ***(Esp.)*** = farinha.

harina de linaza ***(Esp.)*** = farinha de linhaça.

harina de maíz ***(Esp.)*** = farinha de milho.

harina de pan / harina de pan rallado ***(Esp.)*** = farinha de rosca.

harissa (*Fr.*) (*Ing.*) = pasta de pimenta originária do Norte da África.

hash *(Ing.)* = prato feito com carne moída ou pedaços de sobras de carne picadinha, misturados com batata assada ou frita.

hash, to *(Ing.)* = picar ou cortar alimentos em pequenos pedaços.

hash brown potatoes *(EUA)* = batatas cruas raladas, fritas como uma panqueca em gordura animal, geralmente servidas no café da manhã, com bacon e ovos; também batatas cortadas em quadradinhos, fritas com cebolas.

haute cuisine *(Fr.)* = comida sofisticada e refinada, apresentada de maneira ornamental e preparada por especialistas.

hazelnut *(Ing.)* = avelã. Ver *avellana*.

(~) **butter** *(Ing.)* = manteiga de avelã, feita com avelãs descascadas, assadas e trituradas, misturadas com manteiga leve ou óleo, depois peneiradas.

heart of palm *(Ing.)* = palmito, geralmente vendido em conservas. Ver *cœur de palmier*.

heat, to *(Ing.)* = esquentar, sem ferver.

heavenly hash *(EUA)* = nome dado a diversas sobremesas doces com *marshmallow*.

heavy cream *(EUA)* = creme de leite grosso, com 36% a 40% de gordura. Usa-se batido.

heladera *(Esp.)* = geladeira.

helado *(Esp.)* = sorvete.

(~) **de vainilla** (*Esp.*) = sorvete de baunilha.

helar *(Esp.)* = gelar ou congelar.

herb *(Ing.)* = erva culinária.

herbes de Provence *(Fr.)* = tradicional mistura de ervas culinárias, geralmente tomilho, manjericão, alecrim, erva-doce e orégano, dentre outras que podem ser utilizadas. Usam-se ervas frescas ou desidratadas.

herbs *(Ing.)* = ervas, cujas hastes, folhas e flores são usadas como condimentos.

(~) **bread** *(Ing.)* = as principais ervas usadas para pães são as seguintes: sementes de anis, manjericão, cebolinhas, endro, erva-doce, papoula, alecrim, sementes de girassol e tomilho.

(~) **dessert** *(Ing.)* = uso de ervas em sobremesas, bolos, doces, saladas de frutas, compotas etc. As mais utilizadas são as seguintes: anis, louro, bergamota, endro, hortelã, verbena, alecrim, pétalas de rosas e mirra doce.

(~) **spread** *(Ing.)* = patê de ervas.

(~) **salts** *(Ing.)* = mistura de sal e ervas culinárias secas. Usa-se como condimento.

(~) **soup** *(Ing.)* = sopa de ervas e vegetais frescos: espinafre, manjericão, louro, salsa, cebolinhas, manjerona, cerefólio, tomilho e salsão.

Hereford sausages *(Ing.)* = salsichas fritas e cozidas lentamente, durante 20 minutos, em molho feito de bacon e cebolas cozidas na gordura das salsichas. Adiciona-se farinha de trigo e, finalmente, sidra e caldo de carne de porco com uma folha de louro. Cogumelos fatiados são acrescentados nos últimos dez minutos.

Herefordshire cod ***(Ing.)*** = filés de bacalhau assados em bebida de sidra com cogumelos em fatias e tomates durante 15 minutos a 190ºC; o líquido obtido é engrossado com molho dourado, colocado sobre o bacalhau, depois gratinado com queijo e dourado na grelha.

herrera ***(Esp.)*** = maria-luísa ou pescadinha; peixe de pequeno comprimento, bastante encontrado nas águas do Atlântico Ocidental, de carne saborosa e delicada, é consumido inteiro ou filetado, frito, ensopado cozido ou gratinado. Pela textura de sua carne, também pode ser utilizado para engrossar caldos de peixe, de modo a tornarem-se aveludados.

herring ***(Ing.)*** = arenque. Ver *aringa.*

(~) **butter** ***(Ing.)*** = manteiga aromatizada com filés de arenque defumados, cortados em quadrados e acrescentados na mesma proporção, peneirada no final. Ótima opção para servir com peixes grelhados.

(~) **caviar** ***(eua)*** = ovos de fêmea de arenque, processados para parecer caviar.

(~) **salad** ***(Ing.)*** = salada de arenque.

Hervé ***(Fr.)*** = queijo belga produzido com leite não pasteurizado da vaca, originário da região de Hervé, em Liège, de aroma forte e sabor igual, consistência firme, textura macia e formato retangular. Bastante consumido em toda a Europa, pode ser degustado com pão e acompanhado de cerveja preta.

hervir ***(Esp.)*** = ferver.

hervir a fuego lento ***(Esp.)*** = cozer em ponto de fervura, cozinhar em fogo brando.

hibiscus tea ***(Ing.)*** = chá de pétalas de folhas de hibisco, também chamado de flor-de-jamaica ou *roselle*, servido quente ou gelado em cafés e hotéis de várias regiões do mundo, sendo muito popular na América Latina, no sul dos Estados Unidos e no norte da África.

hielo ***(Esp.)*** = gelo.

hierba luisa ***(Esp.)*** = erva-cidreira. Ver *balm-mint.*

hierbabuena ***(Esp.)*** = hortelã ou menta; designação geral a vários tipos de plantas do gênero *Mentha*, originária de diferentes partes do mundo (Ásia, Europa e Oriente Médio), tem sabor refrescante e intenso. Pode ser consumida em chás ou como tempero, aromatizando molhos, saladas, geleias, licores, sobremesas, carnes em geral, conservas etc. É um ingrediente básico na confecção do tabule, tradicional salada da culinária árabe.

hierbas aromáticas ***(Esp.)*** = ervas aromáticas.

hierbas finas ***(Esp.)*** = mistura de ervas. Ver *fines herbes*.

higadito de pollo ***(Esp.)*** = fígado de frango.

hígado ***(Esp.)*** = fígado.

(~) **encebollado** ***(Esp.)*** = fígado acebolado.

higo ***(Esp.)*** = figo. Ver *fico*.

hind-cut steak ***(Ing.)*** = bife de corte traseiro.

hinojo ***(Esp.)*** = erva-doce. Ver *anice*.

hoagie ***(EUA)*** = sanduíche de pão francês ou italiano cortado em sentido longitudinal, recheado com várias carnes, queijos, salada de vegetais, picles, cebolas, molhos etc. Também chamado de *Italian sandwich*.

hochepot ***(Fr.)*** = espécie de guisado, tradicional na culinária belga, feito com carne de porco salgada, rabo e orelhas de porco, rabo bovino, carne de carneiro, repolho, toucinho, alho-poró, nabos, cenouras e batatas, temperado com pimenta, alho e zimbro.

hoja ***(Esp.)*** = folha.

hoja de laurel ***(Esp.)*** = folha de louro. Ver *alloro*.

hojaldre ***(Esp.)*** = massa folhada.

hojas de uva ***(Esp.)*** = folhas de videira (ou de uva); usadas em receitas tradicionais da culinária árabe, à base de carne ou peixe. Também são utilizadas para guarnecer saladas ou em recheios.

holy basil ***(Ing.)*** = variedade oriental de manjericão com folhas escuras e sabor seco, levemente semelhante ao do anis.

homard ***(Fr.)*** = lagosta. Ver aragosta.

(~) **Thermidor** ***(Fr.)*** = fatias de uma lagosta grelhada, cobertas com molho cremoso feito com um pouco de mostarda e glaçada ligeiramente no forno ou na grelha. Ver *lobster Thermidor*.

home baked bread ***(Ing.)*** = pão caseiro.

homity pie ***(Ing.)*** = tradicional torta aberta de vegetais, típica da culinária britânica, levemente crocante e recheada com batatas, cebolas, alho-poró, ervas e condimentos, coberta com queijo e levada ao forno. Consta ter sido uma receita criada em razão da economia de guerra provocada pela Segunda Guerra Mundial.

homus / homos / houmous hummus ***(Ing.)*** = pasta feita de grão-de-bico cozido e misturada com *tahine* (pasta de gergelim de uso disseminado na culinária sírio-libanesa), sumo de limão, sal, salsinha picada, alho e azeite de oliva, oriunda do Oriente Médio, servida com pão árabe, como antepasto.

honey ***(Ing.)*** = mel de abelhas.

honey-baked ham ***(Ing.)*** = presunto temperado com especiarias, assado no forno enquanto se vai regando com mel e açúcar mascavo.

honeyberry ***(Ing.)*** = madressilva comestível; fruto azulado da família das framboesas, semelhante ao *blueberry*, originário das regiões temperadas do hemisfério Norte; come-se crua ou cozida, como sobremesa, geleia, suco ou compota.

honeybun ***(EUA)*** = pãozinho achatado, feito com levedura e untado com mel antes de ir para o forno.

honeycomb ***(Ing.)*** = favo; estrutura de cera que segura o mel das abelhas, assim como seus ovos.

hongo ***(Esp.)*** = cogumelo. Ver *champignon*.

hongroise, à la ***(Fr.)*** = à moda húngara, ou seja, uma guarnição para carnes e ovos com molho preparado à base de creme de leite e páprica.

hornillo ***(Esp.)*** = forno ou fogão portátil.

horno ***(Esp.)*** = forno.

horno, al ***(Esp.)*** = cozido ou assado no forno.

(~) **pescado al horno** ***(Esp.)*** = peixe ao forno.

(~) **pollo al horno** ***(Esp.)*** = frango ao forno.

hors d'œuvre ***(Fr.)*** = entrada, antepasto; alimentos frios, geralmente servidos antes das refeições como aperitivos.

horseradish ***(Ing.)*** = raiz-forte ou rábano-rústico; raiz de *Armoracia rusticana*, vegetal originário da Europa Oriental, utilizada como condimento picante, muito usado na preparação de molhos e conservas. No Japão, corresponde ao *wasabi*, planta similar que tempera *sashimi*, iguaria típica da culinária nipônica.

horseradish sauce ***(Ing.)*** = molho de raiz-forte descascada e ralada, misturada com vinagre e creme temperado levemente batido; serve-se com saladas, carne assada, trutas e enguias defumadas.

hortalizas ***(Esp.)*** = verduras.

hostess ***(Ing.)*** = atividade profissional surgida nos Estados Unidos, trata-se de um tipo especial de recepcionista que faz o atendimento inicial dos clientes de restaurantes, bares, boates ou determinados eventos.

hot ***(Ing.)*** = quente, picante, apimentado ou muito condimentado.

(~) **black bean sauce** ***(Ing.)*** = molho picante de origem chinesa, feito de feijão-preto amassado com pimenta chili, gergelim, óleo vegetal, alho, molho de soja, sal e açúcar. Usa-se como acompanhamento de outros pratos.

hot dog ***(EUA)*** = cachorro-quente; sanduíche de salsicha quente servido em pão alongado, com ou sem molho, típico da culinária norte-americana.

hot water ***(Ing.)*** = água quente.

hotchpotch ***(Ing.)*** = sopa quente espessa feita com carne de boi ou de carneiro, vegetais diversos, batatas e temperos, oriunda da Escócia. Também chamada *hotpot* na Inglaterra.

hotpot ***(Ing.)*** = cozido; ensopado britânico de carne com batatas. Ver *hotchpotch*.

hot-smoke, to ***(Ing.)*** = defumar carne a uma temperatura entre 40ºC e 105ºC, ao mesmo tempo em que é cozida. Se for peixe, a temperatura é de 80ºC.

hotstuff ***(Ing.)*** = comida bem condimentada.

hot-water bottle ***(Ing.)*** = garrafa térmica.

houting ***(Ing.)*** = peixe de água doce dos rios da Europa e da Ásia, da família do salmão. Por ser uma das espécies ameaçadas de extimção, seu consumo tornou--se restrito.

hueco ***(Esp.)*** = buraco; oco.

huerta ***(Esp.)*** = horta.

hueso ***(Esp.)*** = osso.

huevo ***(Esp.)*** = ovo ou ova de peixe.

(~) **a la copa** ***(Esp.)*** = ovos fervidos ou quentes.

(~) **de Pascua** (***Esp.)*** = de Páscoa.

(~) **escalfado** ***(Esp.)*** = ovo poché.

(~s) **a la flamenca** ***(Esp.)*** = ovos fritos com chouriço, presunto, pimentão vermelho, tomate fresco, ervilhas e azeite de oliva.

(~s) **al horno** ***(Esp.)*** = ovos assados com batatas e bacon no forno.

(~s) **al nido** ***(Esp.)*** = ninhos de ovos; entrada preparada com gemas de ovos cozidas em "ninhos" de pãezinhos, com queijo, e cobertas com as claras.

(~s) **al plato** ***(Esp.)*** = ovos fritos simples.

(~s) **duros** ***(Esp.)*** = ovos cozidos duros.

(~s) **estrellados** ***(Esp.)*** = ovos fritos em azeite de oliva ou óleo.

(~s) **con tocino ahumado** ***(Esp.)*** = ovos fritos com bacon.

(~s) **hervidos** ***(Esp.)*** = ovos quentes com casca.

(~s) **hilados** ***(Esp.)*** = fios de ovos.

(~s) **nevados** ***(Esp.)*** = ovos nevados (claras batidas em neve). Há também uma sobremesa com este nome, que aproveita as claras em neve sobre biscoito doce mergulhado em creme.

(~s) **pasados por agua** ***(Esp.)*** = ovos quentes.

(~s) **poché o en camisa** ***(Esp.)*** = ovos ligeiramente fervidos em um pouco de água com sal e algumas gotas de vinagre branco; servem-se sobre torradas de pão com manteiga.

(~) **rancheros** ***(Esp.)*** = clássica iguaria mexicana, trata-se de ovos em tortilla, preparados com molho de tomate, alho, pimenta, cebola e queijo ralado.

(~s) **revueltos** ***(Esp.)*** = ovos mexidos.

huile *(Fr.)* = óleo ou azeite.
(~) **d'arachide** *(Fr.)* = óleo de amendoim.
(~) **d'olive** *(Fr.)* = azeite de oliva.
(~) **d'olive, à l'** *(Fr.)* = prato servido com azeite de oliva, temperado com o mesmo.
(~) **de canola** *(Fr.)*= óleo de canola.
(~) **de coton** *(Fr.)* = óleo de algodão.
(~) **de foie de morue** *(Fr.)* = óleo de fígado de bacalhau.
(~) **de maïs** *(Fr.)* = óleo de milho.
(~) **de noix** *(Fr.)* = óleo de nozes, preferencialmente usado em saladas.
(~) **de noix de coco** *(Fr.)* = óleo de coco, também conhecido como manteiga de coco por ficar sólido à temperatura ambiente.
(~) **de palme** *(Fr.)* = óleo de palma, extraído da polpa do fruto do dendezeiro, bastante usado na culinária africana.
(~) **de soja** *(Fr.)* = óleo de soja.
(~) **de tournesol** *(Fr.)* = óleo de girassol.
(~) **de truffe** *(Fr.)* = óleo de trufa.
(~) vierge *(Fr.)* = azeite virgem, da primeira tirada da baga ou semente.

huître *(Fr.)* = ostra; molusco bivalve comestível, de concha irregular, característico de águas relativamente salgadas, de baixa concentração calórica e fácil digestão, consumido desde a Antiguidade, tanto no Egito quanto no Japão, em banquetes reais. Pode ser desgustado cru com limão, em entradas, ou cozido em sopas, cremes, molhos e pratos gratinados.

huîtres au gratin *(Fr.)* = ostras gratinadas.

humear *(Esp.)* = cozinhar no vapor ou fumegar.

humita *(Esp.)* = pamonha mexicana, feita com massa de milho cozida em vapor, carne moída, temperos e pimenta. Seu uso é ancestral, desde os antigos povos maias e astecas.

humo *(Esp.)* = fumaça.

husk, to *(v.)* *(Ing.)* descascar, tirar a palha (milho etc.).

husk corn *(Ing.)* = palha de milho.

huss *(Ing.)* = cação. Ver *dogfish*.

hussarde, à la *(Fr.)* = ao estilo dos hussardos (de origem húngara), isto é, guarnição de berinjelas, batatas recheadas, raiz forte ralada e, às vezes, cogumelos. Acompanha carne em pedaços.

hussarde, sauce *(Fr.)* = cebolas cortadas em fatias finas, chalotas douradas na manteiga, vinho branco reduzido à metade; molho *demi-glace*, molho de tomates, caldo de galinha, alho, *bouquet garni* e um pedaço de presunto cru – todos estes ingredientes são fervidos durante 30 minutos e coados, reservando-se o presunto; ao molho anterior já preparado, acrescentam-se o presunto reservado, cortado em fatias bem finas, um pouco de raiz forte ralada e salsinha picada. Serve-se com carne grelhada ou assada.

I

ice ***(Ing.)*** = gelo.

(~) **water** ***(Ing.)*** = água gelada.

ice, to ***(v.) (Ing.)*** = cobrir ou decorar bolos, biscoitos, bolinhos etc. com glacê; cristalizar; gelar, congelar.

icebox pie *(EUA)* = torta com recheio gelado ou congelado para torná-la firme.

ice-cream ***(Ing.)*** = sorvete; iguaria confeccionada com açúcar, leite, frutas, cremes ou chocolate, apresentando grande variedade de sabores.

(~) **cone** ***(Ing.)*** = sorvete de casquinha.

(~) **gâteau** ***(Ing.)*** = bolo ou torta de sorvete.

(~) **scoop** ***(Ing.)*** = colher de sorvete.

(~) **soda** ***(Ing.)*** = bebida gelada feita de refrigerante, sorvete e calda aromatizada, às vezes servida com creme chantili.

(~) **sundae** ***(Ing.)*** = porção de sorvete individual com frutas frescas ou enlatadas, creme chantili, chocolate ou outro molho doce com nozes no topo.

(~) **with chopped nuts** ***(Ing.)*** = sorvete crocante (com nozes picadas).

iced tea ***(Ing.)*** = chá gelado.

icing ***(Ing.)*** = pasta de açúcar e água, às vezes com suco de limão, claras de ovos, colorante e aromatizantes, usada para cobrir bolos, bolinhos etc., para decorá-los ou cristalizá-los.

(~) **sugar** ***(Ing.)*** = açúcar de confeiteiro, usado para decorar e para fazer alguns tipos de doces.

igname ***(Fr.) (It.)*** = inhame; tubérculo comestível cultivado em regiões tropicais de vários continentes, de alto valor calórico e fonte de proteínas e potássio, normalmente consumido após cozimento. Pode ser degustado em sopas, purês, acompanhamentos diversos ou farinhas.

île flottante ***(Fr.)*** = sobremesa francesa preparada com claras em neve flutuando em creme com sabor de baunilha, decorados com lâminas de amêndoas ou de limão.

imbevere ***(It.)*** = embeber, ensopar.

imbiancare ***(It.)*** = embranquecer.

imbibé *(Fr.)* = embebido.

imbiber *(Fr.)* = embeber, ensopar.

imbottini delizia *(It.)* = pedaços de vitela recheados com presunto, queijo e pequenas trufas.

imbottire *(It.)* = rechear.

imbottito *(It.)* = embutido, recheado.

imbrecciata *(It.)* = sopa de batata, aipo, grão-de-bico, feijão, cevada, milho e lentilhas, com cebola, pedaços de pão frito e azeite de oliva, originária da Úmbria.

imbuto *(It.)* = funil.

immangiabile *(It.)* = que não é comestível; incomível.

immergere *(It.)* = mergulhar, ensopar.

impanare *(It.)* = empanar, passar por farinha de rosca; preparar à milanesa.

impanato *(It.)* = empanado ou coberto com migalhas de pão torrado ou farinha de rosca.

impastare *(It.)* = amassar ou sovar (como pão).

impastoiata *(It.)* = mistura de polenta e feijão com cebola e aipo, servida com molho de tomates, originária da Úmbria.

inagrire *(It.)* = azedar.

incasciata *(It.)* = mistura de talharim ou espaguete, ovos duros cozidos e picados, tomate, alho, queijo ralado e carne em tiras, com adição opcional de berinjelas.

incise, to *(v.) (Ing.)* = fazer pequenos cortes em alimentos crus, para, por exemplo, ajudar a penetração de escabeche, a fim de amolecê-los, ou para inserir neles alho, ervas ou especiarias.

Indian bread *(EUA)* = pão de milho, nos Estados Unidos, por tradição dos povos indígenas. Em outras regiões, o termo corresponde a uma variedade de pães integrantes da culinária indiana, feitos com farinhas de diferentes origens, como o milho, a batata e o arroz.

Indian corn *(EUA)* = milho; nome alternativo para milho. Ver *choclo.*

Indian date *(Ing.)* = tamarindo; fruto nativo das savanas africanas, rico em fibras, frutose e vitaminas A e C, de sabor marcadamente agridoce, consumido em sucos, conservas, sorvetes e sobremesas.

Indian fig *(Ing.)* = figo-da-índia. Ver *fico d'india.*

Indian meal *(Ing.)* = farinha de milho ou fubá.

Indian mustard *(Ing.)* = mostarda asiática; hortaliça de cuja semente se extrai um condimento de cor marrom.

Indian pine *(Ing.)* = pinhão; designação genérica para as sementes comestíveis de diferentes espécies de pinheiro, nativas do Brasil e de alguns países europeus, fontes de proteína, degustadas cozidas ou assadas em ensopados, doces, molhos e aperitivos.

Indian rice *(Ing.)* = arroz selvagem. Ver *arroz salvaje.*

Indienne, à l' ***(Fr.)*** = à moda indiana: muito condimentada com especiarias e curry.

inedible ***(Ing.)*** = que não é comestível; incomível.

infant baby food ***(Ing.)*** = comida especial para bebês.

infarinare ***(It.)*** = enfarinhar.

infarinata ***(It.)*** = espécie de polenta cozida com feijão, bacon e repolho, além de cebola, alho, aipo e outros temperos; serve-se fria ou fatiada e frita. Trata-se de uma especialidade da Toscana.

infarinato ***(It.)*** = coberto de farinha ou farinhento.

infiammato ***(It.)*** = flambado.

infuse, to ***(Ing.)*** = extrair um ingrediente, introduzindo-o em um líquido quente, a fim de obter-se o sabor da substância. Por exemplo: o leite para fazer-se o molho *béchamel* preparado com noz-moscada, louro, sal e pimenta. Para fazer pratos doces, como creme, o leite é misturado à vagem de baunilha, canela em pauzinhos, raspas de limão ou laranja.

ingrédients ***(Fr.)*** = ingredientes.

innards ***(Ing.)*** = vísceras de animais.

insaccati ***(It.)*** = salsichas ou linguiças.

insalata ***(It.)*** = salada.

(~) **alla moda d'alba** ***(It.)*** = salada de aspargos, aipos e trufas. Pode ser servida com frango.

(~) **caprese** ***(It.)*** = salada simples feita à moda de Capri, com mozarela de búfala fatiada, tomate e manjericão, temperada com sal, pimenta moída e azeite de oliva, típica da região italiana da *Campagna*.

(~) **composta** ***(It.)*** = salada composta de diversas verduras.

(~) **cotta e cruda** ***(It.)*** = salada que mescla vegetais cozidos e folhas verdes, além de queijo.

(~) **di mare** ***(It.)*** = salada de frutos do mar.

(~) **di frutti di mare** ***(It.)*** = salada de frutos do mar.

(~) **di pasta** ***(It.)*** = salada de massa, feita com tipos adequados de macarrão, molho e especiarias. Há variações quanto aos demais ingredientes.

(~) **mista** ***(It.)*** = salada mista.

(~) **paesana** ***(It.)*** = salada campesina feita com batatas, cebola, cerefólio e vegetais variados (alface, agrião etc.), além de ervas aromáticas. Pode haver inclusão de outros ingredientes, como ovos, tiras de toucinho e queijo.

(~) **primaverile** ***(It.)*** = salada primaveril, com alcachofras, outras verduras e queijo.

(~) **siciliana** ***(It.)*** = salada feita de tomates recheados com anchovas, cebola e especiarias. Há variações quanto aos ingredientes.

(~) **russa** ***(It.)*** = salada de legumes cozidos, principalmente batatas, ovos com molho de maionese, servida como entrada.

(~) **verde** ***(It.)*** = salada verde, geralmente com apenas um tipo de folhas.

insalatone ***(It.)*** = salada mista de verduras, especialmente alface, tomates-cerejas, cebola, milho, ovos, mozarela e atum, temperada com azeite de oliva, sal e vinagre balsâmico.

insipido ***(It.)*** = insípido, sem gosto.

insolation ***(Ing.)*** = método de secar os alimentos, expondo-os ao sol. Usa-se para carnes, peixes e frutas.

instant coffee ***(Ing.)*** = café solúvel em pó, que somente necessita do acréscimo de água fervente.

instant flour ***(EUA)*** = farinha instantânea, processada para se tornar facilmente solúvel em líquidos frios ou quentes.

instant food ***(Ing.)*** = alimentos preparados e desidratados de maneira a ser usados imediatamente, apenas adicionando-se água fervente. Café, chá, sopas e *noodles* são exemplos típicos.

instant rice ***(Ing.)*** = arroz pré--cozido e desidratado.

integrale ***(It.)*** = qualidade atribuída aos alimentos feitos com farinha integral ou que se apresentam com suas propriedades originais: pão, arroz, farinha etc.

interiore ***(It.)*** = miúdos de animais.

interlard, to ***(EUA)*** = entremear a carne com gordura.

intingolo ***(It.)*** = molho.

invernengo ***(It.)*** = queijo parmesão feito durante o inverno (de dezembro a março).

involtini ***(It.)*** = fatias de carne (de boi, de ave, de peixe etc.) enroladas com recheios variados, de acordo com a preferência de quem elabora a iguaria. Trata-se de um prato muito popular entre os italianos, geralmente servido com purê de batatas ou polenta.

(~) **al prosciutto** ***(It.)*** = rolinhos de carne recheados com presunto e queijo e servidos em caldo de carne.

(~) **de pesce spada** ***(It.)*** = receita tradicional da culinária siciliana, consiste em rolinhos de filé de peixe-espada recheados com migalhas de pão, especiarias e alcaparras.

inzuppare ***(It.)*** = embeber, umedecer.

iodine ***(Ing.)*** = iodo necessário para a glândula tireoide, atualmente incluído no sal, mas encontrado principalmente em peixes marinhos e frutos do mar.

iodized salt ***(Ing.)*** = sal ao qual foi adicionado iodato de potássio ou iodo, principalmente em países onde a substância não está presente no solo ou na água potável.

ippoglosso ***(It.)*** = halibute, considerado o maior dos linguados. Ver *carrelet*.

Irish coffee ***(Ing.)*** = coquetel feito de uísque irlandês, café quente, açúcar e creme chantili, típico da Irlanda.

Irish potato *(Ing.)* = batata-inglesa.

Irish stew *(Ing.)* = carne de cabrito ou carneiro ensopada, cortada em pedaços, com batatas, cebolas e temperos. Prato antigamente popular no norte da Inglaterra e no norte da Irlanda, é também conhecido pelo nome de guisado irlandês.

Irish whiskey *(Ing.)* = uísque irlandês, considerado uma das bebidas destiladas mais antigas da Europa, feito com pasta de cevada verde sem preparação com malte, com sabor acentuado do cereal, e três vezes submetido ao processo de destilação, o que lhe confere leveza e pureza.

Irlandaise, à l' *(Fr.)* = à moda irlandesa: pratos acompanhados com batatas, tendo em vista a batata ser a base da maioria dos pratos tradicionais irlandeses.

irrorare *(It.)* = untar uma forma com gordura antes de levá-la ao forno; umedecer, molhar, borrifar, salpicar.

Ischiana, all' *(It.)* = à moda da Ilha de Ischia, na Itália: o alimento é assado em azeite, vinho branco, tomates e ervas aromáticas.

italienne, à l' *(Fr.)* = à moda italiana: com massa, queijo, cogumelos, tomates e, às vezes, alcachofras. Na verdade, pela abrangência da culinária italiana, a expressão se torna bastante flexível quanto aos ingredientes empregados.

izer cookie *(EUA)* = biscoito assado em moldes com várias figuras e desenhos.

J

jabalí ***(Esp.)*** = javali. Ver *boar*.

jacket potato ***(Ing.)*** = batata lavada e depois seca, com ou sem casca, furada com garfo, assada no forno ou em um churrasco, podendo ser envolta em papel-alumínio, ou não, até que fique tenra. Serve-se cortada, aberta, com alguma espécie de recheio.

jackfish ***(Ing.)*** = lúcio (peixe). Ver *brochet*.

jacobean potatoes ***(Ing.)*** = batatas assadas com pele.

jalea ***(Esp.)*** = geleia.

jam ***(Ing.)*** = geleia; substância obtida pelo cozimento de frutas em pedaços com açúcar e água, adicionando-se um agente gelatinoso, geralmente pectina.

(~) **puffs** ***(Ing.)*** = massa folhada cozida, cortada em duas partes e recheada com geleia e creme de leite.

(~) **sauce** ***(Ing.)*** = geleia fervida com suco de limão e água, engrossada com araruta ou farinha de milho, caso seja necessário, cozida e peneirada. Usa-se com pudins assados no forno.

(~) **sugar** ***(Ing.)*** = açúcar granulado misturado com ácido cítrico e pectina, usado para fazer geleia com frutas que necessitem de um ácido extra e pectina.

(~) **tart** ***(Ing.)*** = torta doce, aberta ou fechada, recheada com geleia misturada com um pouco de água para deixá-la mais líquida.

Jamaican pepper ***(Ing.)*** = pimenta-da-jamaica. Ver *allspice*.

jambalaya ***(EUA)*** = prato típico da Louisiana, à base de arroz, carnes e/ou frutos do mar, vegetais e condimentos; principal exemplo da influência espanhola e francesa na gastronomia negra do sul dos Estados Unidos.

jambon ***(Fr.)*** = presunto; pernil de porco.

(~) **beurre** ***(Fr.)*** = tipo de sanduíche de presunto feito com baguete tostado com manteiga.

(~) **blanc** ***(Fr.)*** = presunto cozido.

(~) **cru** ***(Fr.)*** = presunto cru.

(~) **cuit de Prague** ***(Fr.)*** = presunto cozido e redondo, de sabor suave e adocicado.

(~) **de Paris** ***(Fr.)*** = presunto branco, cozido, de sabor suave.

(~) **de Parme et figue** ***(Fr.)*** = presunto de Parma servido com figos.

(~) **de Parme et mangue** ***(Fr.)*** = presunto de Parma servido com manga.

(~) **de Toulouse** ***(Fr.)*** = espécie de presunto não defumado, que foi salteado e seco. Come-se cru ou cozido.

(~) **fumé** ***(Fr.)*** = presunto defumado.

(~) **persillé** ***(Fr.)*** = prato tradicional de verão, uma espécie de gelatina feita com presunto salgado cru, misturado com geleia preparada com pé de porco, vinho, salsinha picada, cebolas, alho, pimenta moída e especiarias, cozido em uma assadeira. Depois de frio, é virado e servido.

jamón ***(Esp.)*** = presunto.

(~) **de Parma e higos** ***(Esp.)*** = presunto de Parma servido com figos.

(~) **de Parma y mango** ***(Esp.)*** = presunto de Parma servido com manga.

jar ***(Ing.)*** = jarra; pote de doces.

jarro ***(Esp.)*** = jarro; caneca para cerveja.

jaune d'œuf ***(Fr.)*** = gema de ovo.

jellied eels ***(Ing.)*** = tradicional iguaria britânica, originária do século 19, que consiste em enguias frescas, sem pele, cozidas lentamente em água ou em caldo de peixe, temperadas com vinagre, adquirindo uma consistência gelatinosa. Colocam-se para esfriar e são servidas como aperitivos.

jelly ***(Ing.)*** = gelatina; substância proteica de origem animal ou vegetal que solidifica diversas iguarias após ser processada em calor. Na culinária, é encontrada em sobremesas preparadas com sumo de frutas (a gelatina propriamente dita) e em galantinas ou como espessante em sorvetes, geleias, margarinas etc. O termo também pode se referir a geleias em geral.

(~) **beans** ***(Ing.)*** = confeitos coloridos de goma e açúcar em formato de feijão com sabor de diferentes frutas

(~) **mushroom** ***(Ing.)*** = espécie de cogumelo comestível com aparência gelatinosa.

(~) **shot** (***Ing.)*** = drinque feito à base de gelatina de frutas e vodca, servido em copinhos.

jelly, to ***(Ing.)*** = cobrir com geleia.

jengibre ***(Esp.)*** = gengibre. Ver *gingembre.*

jewfish ***(EUA)*** = mero (peixe); espécie de garoupa. Ver *cernia.*

jocoque ***(Esp.)*** = creme de leite azedo.

jodda ***(It.)*** = nome dado ao iogurte na Sicília, Itália.

Jojutla rice ***(Ing.)*** = tipo de grão de arroz longo, produzido na região mexicana homônima, considerado por muitos o melhor arroz do mundo.

jota / iota ***(It.)*** = sopa tradicional da região de Trieste, de consistência grossa, cozida lentamente, feita de carnes defumadas, batatas, feijão ou polenta, nabos, bacon e chucrute.

joue de porc ***(Fr.)*** = bochecha de porco.

jour, du ***(Fr.)*** = no âmbito da culinária, a expressão significa "do dia", ou seja, prato especialmente servido em determinado dia, como sopa do dia ou prato do dia.

judía ***(Esp.)*** = feijão. Ver *bean*.

(~) **manteca** ***(Esp.)*** = feijão-manteiga.

(~s) **blancas** ***(Esp.)*** = feijões-brancos.

(~s) **verdes** ***(Esp.)*** = vagens, feijão-verde. Ver *fagiolini*.

judic, à la ***(Fr.)*** = guarnição de tomates recheados, alface cozida, batatas e, às vezes, trufas e rins.

jug ***(Ing.)*** = jarro, pote, moringa.

jugo ***(Esp.)*** = suco.

(~) **de naranja** ***(Esp.)*** = suco de laranja.

juguera ***(Esp.)*** = liquidificador.

juice ***(Ing.)*** = suco de frutas, vegetais ou até carnes, obtido de vários modos: espremido, liquidificado, por descongelamento ou aquecimento.

(~) **extractor** ***(Ing.)*** = centrífuga usada para extrair sucos.

juicy ***(Ing.)*** = suculento.

jujube ***(Ing.)*** = jujuba; pequenas balas, com sabor de frutas, com textura de gelatina.

Julienne, à la ***(Fr.) (Ing.)*** = método de corte de verduras, legumes, frutas ou cascas de frutas cítricas em tiras uniformes com mais ou menos de 3 mm, tipo palito, que são consumidos crus ou cozidos, usados como guarnição.

jumbo ***(Ing.)*** = maior do que o normal; por exemplo, um hambúrguer gigante.

juniper ***(Ing.)*** = zimbro; especiaria picante e levemente adocicada cujos frutos (*juniper berries*) são usados como tempero para carnes e conservas. É empregada também no fabrico de bebidas aromatizadas como gim, genebra e steinhaeger.

junk food ***(EUA)*** = expressão de cunho pejorativo que designa alimento com muitas calorias, geralmente com açúcar, gordura e proteínas, mas poucos nutrientes, sem vitaminas.

jus ***(Fr.)*** = suco de frutas, de legumes ou de carne.

(~), **au** ***(Fr.)*** = acompanhamento do suco natural obtido do próprio alimento assado, enriquecido com outros ingredientes para realçar o sabor do prato.

(~) **de rôti** ***(Fr.)*** = extrato oriundo do recipiente em que foi preparado um assado (carne ou ave), aproveitado na confecção do molho servido com o respectivo alimento.

(~) **d'orange** ***(Fr.)*** = suco de laranja.
(~) **de fruit** (***Fr.)*** = suco de fruta.
(~) **de pomme** ***(Fr.)*** = suco de maçã.
(~) **de viande** ***(Fr.)*** = molho de carne, caldo de carne.

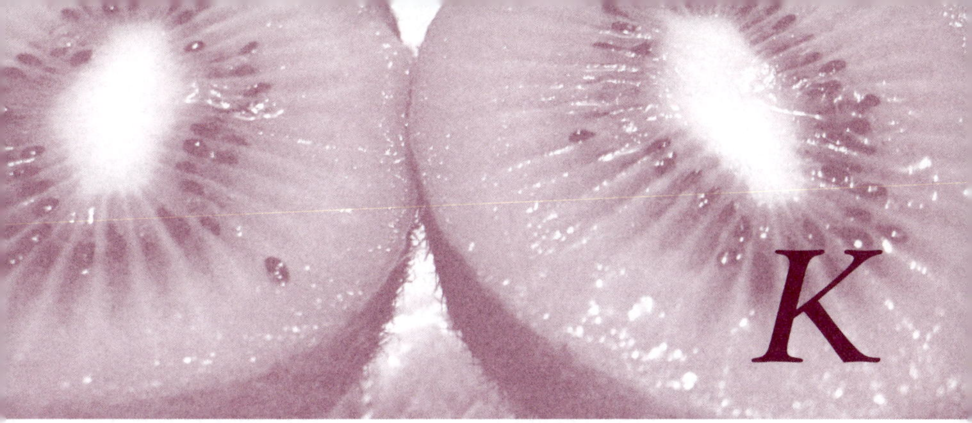

kadaif (***Ing.***) = macarrão do tipo cabelo de anjo, muito utilizado no preparo de doces e sobremesas no Oriente Médio e no Mediterrâneo.

kail / kale ***(Ing.)*** = repolho crespo. Ver *cabbage*.

kaki ***(Fr.)*** = caqui. Ver *cachi*.

kasha / kashe (***Ing.***) = trigo sarraceno.

kernel ***(Ing.)*** = a parte central de uma noz ou caroço de uma fruta.

ketchup ***(Ing.)*** ***(EUA)*** = molho de tomate condimentado, levemente adocicado.

kettle ***(Ing.)*** = chaleira.

kg ***(Ing.)*** = abreviação de quilo em qualquer idioma.

kidney ***(Ing.)*** = rim.

(~) **bean** ***(Ing.)*** = feijão comum, feijão roxinho.

(~s) **with sherry** ***(Ing.)*** = rins ao xerez.

kilogram ***(Ing.)*** = quilo.

kilogramme ***(Fr.)*** = quilo.

king crab ***(Ing.)*** = tipo de caranguejo grande, com pernas longas, de cor marrom-clara e carne mais farta que os demais, bastante apreciada por seu sabor e sua textura. Pesa mais de 3,5 kg, podendo chegar a 12 kg, e é encontrado em águas geladas, como na costa do Alasca.

king prawn ***(Ing.)*** = camarão gigante, encontrado no Mediterrâneo. Ver *camarón*.

kipper ***(Ing.)*** = arenque ou salmão defumado. Ver *aringa*.

kirsch ***(Ing.)*** = espécie de aguardente de cerejas; bebida alcoólica licorosa produzida por um processo de destilação do suco de cerejas silvestres, usada para beber, preparar drinques ou temperar alguns pratos.

kitchen ***(Ing.)*** = cozinha.

(~) **garden** ***(Ing.)*** = horta.

(~) **utensils** (***Ing.***) = utensílios de cozinha em geral.

kitchenware (***Ing.***) = utensílios de cozinha.

kiwifruit = ***(Ing.)*** *kiwi* ou quiuí; fruta cítrica nativa de regiões úmidas e frias da China, com elevadíssima concentração de vitamina C, rica em potássio e ferro, apresenta coloração externa castanha, formato oval, sementes escuras e polpa de cor esverdeada. Tem sabor adocicado e é consumida em sucos, doces, geleias, sorvetes, musses, drinques e acompanhamentos.

knaidel / knaidlach (pl.) (*Ing.*) = kneidel / kneidlach; bolinhos de massa da culinária judaica, cozidos em água fervente, geralmente feitos de farinha de matzá (*matza ball*), embora haja variações com batata e amido de outros vegetais.

knead, to *(v.) (Ing.)* = amassar, misturar (massa de pão etc.).

knife *(Ing.)* = faca, cutelo; teve seu começo como uma ferramenta ou arma, e somente foi usada como utensílio para comer quando o homem descobriu como fazer fogo.

kosher *(Ing.)* = kasher; alimento preparado em conformidade com as leis religiosas judaicas.

kossuth cake *(EUA)* = pão de ló gelado, recheado com sorvete ou creme e servido com calda (caramelo, chocolate etc.), criado no século 19 por um confeiteiro de Baltimore, em homenagem a um líder revolucionário húngaro, Louis Kossuth.

kugel *(Ing.)* = pudim judaico, consistindo de pão ou macarrão, frutas secas e frescas, nozes cortadas, ovos, açúcar, especiarias e margarina ou gordura de galinha.

kümmel *(Ing.)* = sementes de alcaravia, similar ao cominho; licor com sabor de cominho, às vezes usado como tempero. O termo é de origem alemã.

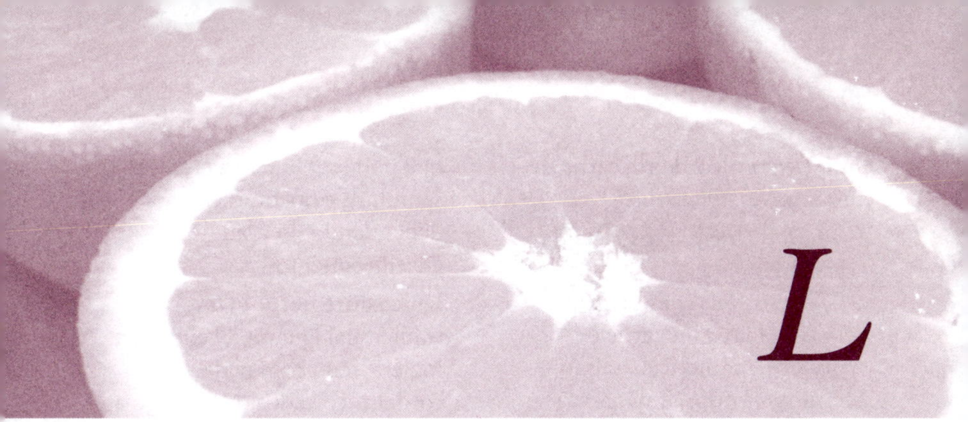

L

lace, to *(v.) (Ing.)* = adicionar a um prato alguma bebida alcoólica, condimentos ou especiarias para torná-lo mais saboroso e interessante.

lacerto *(It.)* = cavala. Ver *caballa.*

lacón con grelos *(Esp.)* = ombro de porco fervido e curado com batatas e folhas de nabos.

lacto-ovo-vegetarian *(Ing.)* = pessoa que não come carne vermelha, aves ou peixes, mas se alimenta com ovos e produtos lácteos.

lacto-vegetarian *(Ing.)* = pessoa que não come carne vermelha, branca, peixes ou ovos, mas se alimenta com leite e seus derivados.

ladle *(Ing.)* = concha para sopa ou alimentos líquidos.

ladyfingers *(Ing.)* = pequenos biscoitos ou bolinhos de pão de ló, doces, em formato alongado, geralmente usado para compor sobremesas como charlote ou *tiramisù*. No Brasil, correspondem aos conhecidos biscoitos do tipo champanhe.

lager beer *(Ing.)* = cerveja leve (de origem alemã). Ver *beer.*

lait *(Fr.)* = leite.

(~) **aigre** *(Fr.)* = leite azedo.

(~), **au** *(Fr.)* = com leite; alimento cozido, misturado ou preparado à base de leite.

(~) **caillé** *(Fr.)* = coalhada.

(~) **chocolaté** *(Fr.)* = leite achocolatado.

(~) **concentré** *(Fr.)* = leite condensado.

(~) **d'amande** *(Fr.)* = leite de amêndoa.

(~) **de coco** *(Fr.)* = leite de coco.

(~) **demi-écrémé** *(Fr.)* = leite semidesnatado.

(~) **de poule** *(Fr.)* = gemada. Ver *eggnog.*

(~) **écrémé** *(Fr.)* = leite desnatado.

(~) **en poudre** *(Fr.)* = leite em pó.

(~) **entier** *(Fr.)* = leite integral.

(~) **pasteurisé** *(Fr.)* = leite pasteurizado.

laitage *(Fr.)* = laticínio.

laitance de poisson *(Fr.)* = ova de peixe.

laiterie *(Fr.)* = leiteria.

laitue *(Fr.)* = alface.

lakerda (*Ing.*) = laquerda; peixe curtido.

lamb ***(Ing.)*** = cordeiro; carne de cordeiro. Ver *abbacchio*.

(~) **chop** ***(Ing.)*** = costeleta de carneiro.

(~) **herbs** ***(Fr.)*** = as principais ervas usadas com carne de cordeiro: manjericão, salsão, cominho, endro, limão, erva-cidreira, orégano, hortelã, salsinha, alecrim, segurelha e tomilho.

(~) **fillet** ***(Ing.)*** = filé de cordeiro.

(~) **liver** ***(Ing.)*** = fígado de cordeiro, muido delicado, de cor marrom-clara que não deve ser cozido por muito tempo para que não fique duro.

(~s) **fry** ***(Ing.)*** = nos Estados Unidos, o termo se refere aos testículos do carneiro, geralmente cortado em pedaços, empanados e fritos ou servidos com molho; na Inglaterra, ao fígado (às vezes a outros miúdos) do cordeiro.

lampada, alla ***(It.)*** = alimento preparado à mesa sobre fogareiro portátil.

lampone ***(It.)*** = framboesa.

lamprey ***(Ing.)*** = lampreia; peixe marinho alongado, semelhante à enguia, de carne bastante apreciada nos países do hemisfério Norte, consumido em assados e risotos ou em conserva. Requer mais tempo de cozimento que a enguia.

lamproie ***(Fr.)*** = lampreia. Ver *lamprey*.

Lancashire ***(Ing.)*** = queijo inglês originário da região homônima, feito do leite pasteurizado da vaca, que pode ser macio e cremoso ou semiduro e quebradiço, dependendo do grau de envelhecimento.

Lancashire hotpot ***(Ing.)*** = tradicional iguaria da culinária inglesa, feita com pedaços de cordeiro cortados do pescoço até os rins, preparados com cebolas e cenouras, cobertos com uma camada de batatas em fatias que se tornam douradas e crocantes no forno.

lançon ***(Fr.)*** = peixe alongado semelhante à enguia. Ver *anguila*.

lane cake ***(EUA)*** = tradicional bolo de camadas de pão de ló, contendo *brandy* ou *bourbon*, nozes picadas, frutas secas e coco. É coberto com uma nuvem de açúcar refinado ou com glacê após assado.

langosta ***(Esp.)*** = lagosta. Ver *aragosta*.

(~) **adobada** ***(Esp.)*** = lagosta marinada.

(~) **a la parrilla** ***(Esp.)*** = lagosta grelhada, temperada com ervas e pincelada com manteiga derretida.

langostino ***(Esp.)*** = camarão-d'água-doce, pitu. Ver *crayfish*.

langouste ***(Fr.)*** = lagosta. Ver *aragosta*.

(~) **marinée** ***(Fr.)*** = lagosta marinada.

Langres ***(Fr.)*** = queijo francês de leite de vaca não pasteurizado, que se mantém umedecido por ser molhado no espumante mais tradicional do mundo. Produzido na região de Champagne desde o século 18, tem cheiro forte e é levemente salgado, sendo degustado em tábuas de queijo ou saladas.

langue ***(Fr.)*** = língua.

languedocienne, à la ***(Fr.)*** = à moda de Languedoc, isto é, preparado ou guarnecido com berinjelas, cogumelos, tomates e salsinha picada.

langues de chat ***(Fr.)*** = biscoitinhos doces e achatados, feitos com manteiga, açúcar, claras de ovos, farinha de trigo e essência de baunilha. Ver *ladyfingers*.

languier ***(Fr.)*** = língua de porco defumada.

lapereau ***(Fr.)*** = coelho novo. Ver *conejo*.

lapin ***(Fr.)*** = coelho. Ver *conejo*.

lard ***(Fr.) (Ing.)*** = toucinho. Ver bacon. Por extensão, o termo também se refere à gordura de porco.

lard maigre ***(Fr.)*** = parte da barriga do porco chamada de bacon magro, com mais carne e menos gordura.

lard, to ***(Ing.)*** = costurar pequenas tiras de bacon dentro de carnes ou aves para mantê-las suculentas durante o assado, usando-se, para isso, uma agulha com buraco grande.

larder ***(Fr.)*** = untar carne, inclusive por dentro, através de incisões.

larding ***(Ing.)*** = técnica de inserir tiras ou pedaços de toucinho em carnes, de modo a mantê-las saborosas e suculentas.

(~) **needle** ***(Ing.)*** = espécie de agulha grossa, projetada para introduzir pedaços de toucinho no interior de carnes.

lardo ***(It.)*** = toucinho. Ver *bacon*.

(~) **affumicato** ***(It.)*** = toucinho defumado.

lardoire ***(Fr.)*** = instrumento pontiagudo usado para introduzir ingredientes na carne.

lardon ***(Fr.) (Ing.)*** = fatias de toucinho, em geral colocadas dentro de carnes magras, para temperá-las ou deixá-las suculentas. Também podem ser utilizadas depois do cozimento como um componente de saladas ou, ainda, fritas em lanches, sanduíches e desjejuns.

lardoncini ***(It.)*** = tiras ou cubos fritos de carne de porco salgada.

large loaf ***(Ing.)*** = pão feito em forma.

(~) **pan** ***(Ing.)*** = forma para pão.

lasagna ***(Ing.) (It.)*** = lasanha; prato tradicional de massa em folhas dispostas em camadas entremeadas de recheios diversos, gratinado depois de ser montado.

(~) **verde** ***(It.)*** = lasanha feita com massa de cor verde, preparada com purê de espinafre.

(~) **alla bolognese** ***(It.)*** = lasanha à bolonhesa; lasanha cozida em tiras e colocada em camadas intercaladas com molho de tomate com carne e queijo, e por cima molho bechamel com queijo parmesão ralado. Há diversas variações entre as receitas.

(~) **alla fiorentina** ***(It.)*** = tiras de massa cozidas, em camadas, intercaladas com espinafre e ricota, molho de tomate com ervas frescas e queijo parmesão.

(~) **da fornel** ***(It.)*** = tiras de massa cozida, intercaladas com molho feito na manteiga, sementes de papoula, nozes, uvas-passas, maçãs e figos.

(~) **pasticciate alla napoletana** ***(It.)*** = massa cozida intercalada com camadas de *béchamel*, mozarela e molho de tomate à bolonhesa, manjericão, berinjela, coberta com uma camada final de queijo ralado e colocada no forno para gratinar até que fique crocante. Pela própria natureza do prato, há uma significativa variação de ingredientes.

lasagne ***(Fr.)*** = lasanha. Ver *lasagna.*

lasagnette ***(It.)*** = lasanha pequena; tipo de massa cortada em fitas longas, de tamanho intermediário entre lasanha e *tagliatelle.*

lasaña ***(Esp.)*** = lasanha. Ver *lasagna.*

lasca ***(It.)*** = peixe de água doce do hemisfério Norte, semelhante à carpa. Ver *carp.*

latke (***Ing.***) = espécie de panqueca judaica, à base de batata ralada.

latte ***(It.)*** = leite. O termo também se refere a uma bebida preparada com café e leite quente, misturada em partes iguais.

(~) **acido** ***(It.)*** = leite azedo.

(~) **cagliato** ***(It.)*** = leite coalhado.

(~) **condensate** ***(It.)***= leite condensado.

(~) **di mandorla** ***(It.)*** = leite de amêndoas; bebida típica da Sicília, obtida com a infusão de amêndoas em água até ficarem moles e cremosas, descascadas e espremidas, adoçada a gosto. Pode ser enriquecida e condimentada com raspas de limão e canela em pó. Serve-se gelada.

(~) **intero** ***(It.)*** = leite integral.

(~) **scremato** ***(It.)*** = leite desnatado.

latteria ***(It.)*** = leiteria.

lattice top ***(Ing.)*** = método de cobrir uma torta aberta, segundo o qual tiras de massa são colocadas sobre ela, de modo cruzado, a fim de que o recheio seja visto pelas aberturas.

lattiera ***(It.)*** = leiteira.

lattuga ***(It.)*** = alface. Ver *batavia.*

(~) **a cappuccio** ***(It.)*** = espécie de alface redonda.

(~) **romana** ***(It.)*** = variedade de alface.

laums ***(Fr.)*** = queijo de leite de vaca moldado como um tijolo e frequentemente embebido em café; especialidade da Borgonha.

laurel ***(Esp.) (Ing.)*** = louro. Ver *alloro.*

laurie ***(Fr.)*** = tubarão.

laurier *(Fr.)* = louro. Ver *alloro*.

laurier, feuille de *(Fr.)* = folha de louro. Ver *alloro*.

lauro *(It.)* = louro. Ver *alloro*.

laverello *(It.)* = truta dos lagos do norte da Europa. A truta é um peixe de água doce da família do salmão, com escamas e formato alongado, de alto valor nutritivo e poucas calorias, originária do hemisfério Norte. Pode ser consumida inteira ou filetada, fresca ou defumana, assada, cozida ou grelhada.

layer *(Ing.)* = camada.

(~) **cake** *(Ing.)* = bolo ou pão de ló em camadas recheadas.

layered sandwich *(Ing.)* = sanduíche de várias camadas, combinando fatias grossas de pão de forma e recheios variados que combinem.

lazagne *(It.)* = lasanha. Ver *lasagna*.

leaf fat *(Ing.)* = camada fina, como uma folha, da parte de baixo da cavidade abdominal do porco.

leaf gelatine *(Ing.)* = folha de gelatina, de formato retangular, semelhante a uma folha de celofane. Deve ser diluída na água durante cinco minutos, antes de ser usada.

leaven *(Ing.)* = levedura; fermento para pães.

leavened bread *(Ing.)* = pão fermentado; qualquer pão preparado com levedura ou outro agente de crescimento para torná-lo mais leve, incorporando dióxido de carbono ou ar.

lebonnet rice *(EUA)* = espécie de grão de arroz longo, pontiagudo.

lechas *(Esp.)* = ovas de peixe.

leche *(Esp.)* = leite.

(~) **condensada** *(Esp.)* = leite condensado.

(~) **desnatada** *(Esp.)* = leite desnatado.

(~) **en polvo** *(Esp.)* = leite em pó.

(~) **entera** *(Esp.)* = leite integral.

lechecillas *(Esp.)* = moleja; timo de vitela ou cordeiro, localizada na parte inferior do pescoço destes animais, usada em culinária.

lechera *(Esp.)* = leiteira.

lechón *(Esp.)* = leitão. Ver *cerdo*.

lechoncillo *(Esp.)* = leitãozinho novo.

lechoso *(Esp.)* = leitoso, lácteo.

lechuga *(Esp.)* = alface.

(~) **flamenca** *(Esp.)* = alface crespa.

lecithin *(Ing.)* = lecitina; substância natural encontrada na gema de ovo, usada como antioxidante.

leek *(Ing.)* = alho-poró; vegetal utilizado desde a Antiguidade, tornou-se um dos símbolos nacionais do País de Gales. Fonte de proteínas, ferro e vitamina C, é bastante degustado em todo o mundo, em saladas ou como ingrediente de pratos quentes.

leek and potato soup *(Ing.)* = sopa de batatas e alho-poró, feita com alho-poró cortado e passado na manteiga, caldo de galinha, *bouquet garni*, batatas cortadas e temperadas, tudo cozido em fogo brando.

leftovers ***(Ing.)*** = sobras, restos de comida.

leg of lamb ***(Ing.)*** = perna de carneiro para assar.

leg of mutton ***(Ing.)*** = perna de cordeiro para assar.

leg of pork ***(Ing.)*** = perna de porco para assar.

leg of veal = carne de vitela para assar, podendo ser inteira ou em partes.

léger ***(Fr.)*** = leve.

legumbres ***(Esp.)*** = legumes, verduras.

legumbres secas ***(Esp.)*** = grãos desidratados de diversas leguminosas: grão-de-bico, lentilha etc.

legume soup ***(Ing.)*** = sopa de legumes e/ou verduras, geralmente cremosa.

légumes ***(Fr.)*** = verduras.

(~), **crème de** ***(Fr.)*** = sopa-creme de verduras, com adição de leite ou creme ou leite.

(~), **purée de** ***(Fr.)*** = purê de legumes cozidos, amassados e temperados, usado como acompanhamento de carnes ou como prato único.

(~) **secs** ***(Fr.)*** = legumes em grão.

(~) **verts** ***(Fr.)*** = hortaliças em geral.

legumi ***(It.)*** = verduras, hortaliças.

Leicester cheese ***(Ing.)*** = queijo inglês de leite pasteurizado de vaca, semelhante ao Cheddar, de cor laranja, sabor suavemente cítrico, com o formato de cilindro. Sua textura quebradiça recomenda o uso em pratos gratinados.

lemon ***(Ing.)*** = limão. Ver *citron*.

(~) **balm** ***(Ing.)*** = erva-cidreira, melissa. Ver *balm-mint*.

(~) **barley water** ***(Ing.)*** = drinque não alcoólico refrescante, obtido de cevada cozida e peneirada, misturada com açúcar e suco de limão, usado como bebida de muitas calorias.

(~) **essence** ***(Ing.)*** = essência de limão.

(~) **fluff** ***(Ing.)*** = sobremesa gelada feita com um creme de limão com gelatina, açúcar e leite consensado, depois decorada com nozes picadas. A gelatina pode ser substituída por farinha e gemas de ovos. As claras dos ovos são batidas em ponto de neve e misturadas a uma calda de açúcar com raspas de limão.

(~) **grass** ***(Ing.)*** = capim-limão; erva de uso predominantemente medicinal, consumida em chás, refrescos, sobremesas, caldas, molhos e como aromatizante de bebidas.

(~) **juice** ***(Ing.)*** = suco de limão.

(~) **meringue pie** ***(Ing.)*** = massa de torta recheada com molho grosso de sumo de limão, farinha, ovos e açúcar, coberta com merengue e assada até dourar. Serve-se fria.

(~) **peel** ***(Ing.)*** = casca de limão.

(~) **pudding** ***(Ing.)*** = pudim básico aromatizado com raspas de casca de limão.

(~) **squeezer** ***(Ing.)*** = espremedor de limão.

(~) **zester / zester** ***(Ing.)*** = ralador de metal, pequeno, usado para ralar a casca de limões.

lemon squash ***(Ing.)*** = bebida feita a partir do cozimento das cascas do limão com açúcar, a que se adiciona o sumo de limões espremidos previamente. Em algumas regiões de língua inglesa, pode referir-se ao refrigerante conhecido como soda limonada.

lemonade ***(Ing.)*** = limonada.

lengua ***(Esp.)*** = língua.

lenguado ***(Esp.)*** = linguado. Ver *carrelet.*

lenguado a la vasca ***(Esp.)*** = filé de linguado com amêijoas, mexilhões e camarões salteados no azeite de oliva, com molho de vinho branco e alho. Acompanham batatas e cogumelos.

lenteja ***(Esp.)*** = lentilha. Ver *green lentil.*

lenticchia ***(It.)*** = lentilha. Plural: *lenticchie.* Ver *green lentil.*

lentil ***(Ing.)*** = lentilha. Ver *green lentil.*

lentil soup ***(Ing.)*** = sopa de lentilhas preparada com cenouras em pedaços, cebolas, presunto, ervas, molho de tomates, fervida com caldo de carne até que tudo fique cozido; depois, remove-se o presunto e passa-se tudo pelo liquidificador. Tempera-se e serve-se quente com croutons.

lentille ***(Fr.)*** = lentilha. Ver *green lentil.*

lessare ***(It.)*** = ferver.

lesso ***(It.)*** = fervido ou cozido (carnes em geral, legumes etc.).

(~) **valdostano** ***(It.)*** = carne e salsichas fervidas em um pote fechado.

letterato ***(It.)*** = nome dado ao atum pequeno em algumas regiões da Itália. Ver *atún.*

lettuce ***(Ing.)*** = alface. Ver *batavia.*

levadura ***(Esp.)*** = levedura ou fermento.

levadura en polvo ***(Esp.)*** = fermento em pó.

levain ***(Fr.)*** = levedura ou fermento.

(~) **en poudre** ***(Fr.)*** = fermento em pó.

levraut ***(Fr.)*** = lebre jovem; mamífero de carne semelhante ao coelho. Ver *conejo.*

levure ***(Fr.)*** = fermento ou outro agente para crescimento.

(~) **chimique** ***(Fr.)*** = fermento em pó.

liaise, to ***(v.) (Ing.)*** = ligar.

liaison ***(Fr.) (Ing.)*** = combinação de ingredientes usados para engrossar ou ligar sopas, molhos, assados etc., dando-lhes a consistência desejada As gemas de ovos, cremes e misturas de amido são ligações típicas.

lickerish ***(Ing.)*** = guloso, amante de iguarias finas e delicadas.

lickerishness ***(Ing.)*** = gulodice, qualidade do que é apetitoso.

licorice / liquorice ***(Ing.)*** = alcaçuz; raiz de propriedades medicinais utilizada desde a Antiguidade, especialmente entre os egípcios, serve também como aromatizante de doces, sorvetes, licores e balas. Também é usado na fabricação de alguns tipos de cerveja, aumentando a espuma da bebida.

licuar ***(Esp.)*** = derreter, dissolver, liquidificar.

liebre ***(Esp.)*** = lebre. Ver *conejo*.

lier ***(Fr.)*** = ligar, engrossar ou ligar.

lievero ***(It.)*** = lebre nova; mamífero similar ao coelho. Ver *conejo*.

lievitare ***(It.)*** = fermentar por meio de fermento ou levedura.

lievito ***(It.)*** = levedura, fermento.

lievito in polvere ***(It.)*** = fermento em pó.

lièvre ***(Fr.)*** = lebre; mamífero de carne semelhante ao coelho. Ver *conejo*.

light brown sugar ***(EUA)*** = açúcar mascavo com menos melaço.

light corn syrup ***(EUA)*** = xarope de milho claro.

light muscovado ***(Ing.)*** = açúcar mascavo suave.

light refreshment ***(Ing.)*** = refresco.

light soya sauce ***(Ing.)*** = molho de soja fresca, leve e salgado.

light whipping cream ***(Ing.)*** = creme de leite batido, ou creme chantili, que contém um mínimo de gordura, cerca de 35%.

Ligueil ***(Fr.)*** = queijo de leite de cabra fortemente temperado, originário da região do Vale do Loire, na França, feito de forma cilíndrica.

ligurienne, à la ***(Fr.)*** = prato à moda da Ligúria, na Itália: guarnição de tomates recheados (com manjericão, azeitonas etc.), batatas *duchesse* e molho de pesto.

lima ***(Esp.) (It.)*** = lima; fruta cítrica encontrada na Índia, no Oriente Médio, no Caribe e na América do Sul, de sabor meio amargo, é degustada principalmente em bebidas alcoólicas (drinques e coquetéis, como caipirinha, *mojito* etc.) e não alcoólicas (refrigerantes, como soda limonada). As raspas de sua casca funcionam como eficaz aromatizante e a fruta é usada ao natural, em sucos, doces e compotas. Sua valorização maior ocorre na culinária do sudeste asiático, em especial a tailandesa.

lima bean ***(EUA)*** = feijão-manteiga.

limanda ***(It.)*** = solha ou linguado. Ver *carrelet*.

limande ***(Fr.)*** = solha ou linguado. Ver *carrelet*.

lime ***(Ing.) (Fr.)*** = lima. Ver *lima*.

limetta *(It.)* = lima. Ver *lima.*

limón *(Esp.)* = limão. Ver *citron.*

limoncello *(It.)* = tradicional licor de limão originário da Itália, feito com cascas de limão siciliano maceradas em álcool de cereais e açúcar. Bebe-se bem gelado.

limoncillo *(Esp.)* = capim-limão. Ver *lemon grass.*

limone *(It.)* = limão. Ver *citron.*

limone, al *(It.)* = preparado ou servido com molho de limão.

limousine, à la *(Fr.)* = à moda de Limoges, na Bélgica, isto é, com repolho roxo e castanhas.

limpet *(Ing.)* = lapa; espécie de pequeno molusco encontrado no Adriático, Mediterrâneo e Atlântico, de coloração externa castanho-amarelada e interna branco-esverdeada ou alaranjada, de 4 a 5 cm.

linge de table *(Fr.)* = toalha de mesa.

lingua alla borghese *(It.)* = língua de boi assada com vinho, conhaque e carne de porco salgada.

linguattola *(It.)* = nome genérico para designar peixes marinhos achatados. Ver *carrelet.*

linguine *(It.)* = tiras finas de massa, achatadas e compridas, no formato de língua.

linseed *(Ing.)* = linhaça; semente do linho, fonte de fibras, proteínas e vitaminas, é usada desde a Antiguidade, especialmente a farinha e o óleo dela extraídos, em bolos, pães, tortas, molhos etc.

(~) **flour** *(Ing.)* = farinha de linhaça.

(~) **oil** *(Ing.)* = óleo de linhaça.

liquefare *(It.)* = derreter, dissolver.

liquéfier *(Fr.)* = derreter, dissolver.

liquefy *(Ing.)* = liquefazer, liquidificar, dissolver.

liqueur / liquor *(Fr.) (Ing.)* = licor; bebida geralmente doce, destilada ou resultante da infusão com aromatizantes ou da adição de essências, sem passar por processo de fermentação. Usa-se, também, para aromatizar alguns pratos. Cointreau, marasquino e amarula são alguns exemplos tradicionais de licores.

(~) **de framboise** *(Fr.)* = licor de framboesa.

(~) **de noyau** *(Fr.)* = licor preparado com caroços de cerejas ou damascos, usado como aromatizante.

liquirizia *(It.)* = alcaçuz. Ver *licorice.*

liquorice *(Ing.)* = alcaçuz. Ver *licorice.*

liscio *(It.)* = suave.

lisette *(Fr.)* = cavala pequena (peixe). Ver *caballa.*

lista *(It.)* = cardápio.

litchi *(Fr.) (Ing.) (It.)* = lichia ou lechia; fruta tropical de origem asiática, altamente perecível, cultivada especialmente na China, com alto teor de vitamina C e potássio. Sua polpa é gelatinosa, translúcida e tem sabor adocicado, consumida ao natural, em conserva ou na forma desidratada, além de ser usada em sucos e geleias.

litre ***(Fr.) (Ing.)*** = litro.

litro ***(It.) (Esp.)*** = litro.

liver ***(Ing.)*** = fígado.

liver herbs ***(Ing.)*** = ervas usadas no preparo de fígado. As principais são as seguintes: manjericão, endro, orégano, sálvia e estragão.

livornaise, à la ***(Fr.)*** = à moda de Livorno, na Itália, isto é, acompanhamento de pasta de anchovas, azeite doce, gemas de ovos ou cebolinhas, tomates e trufas. Frutos do mar também naturalmente acompanham pratos da região.

livornese, alla ***(It.)*** = à moda de Livorno. Ver *à la livornaise.*

loaf ***(Ing.)*** = pão.

(~) **sugar** ***(Ing.)*** = pão doce. O termo também pode se referir a tabletes de açúcar.

lobster ***(Ing.)*** = lagosta. Ver *aragosta.*

(~) **cocktail** ***(Ing.)*** = coquetel de lagosta.

(~) **Newburg** ***(EUA)*** = prato típico da culinária norte--americana, feito com carne de lagosta cortada em cubos, salteada na manteiga, com acréscimo de *sherry*, depois engrossada com gemas de ovos e creme, e temperada com pimenta-de-caiena. Serve-se com arroz condimentado com páprica. O nome é um anagrama do criador da iguaria, Ben Wenberg, que a lançou no famoso restaurante Delmonico, de Nova York, no século 19.

(~) **Thermidor** ***(Ing.)*** = lagosta ao Thermidor. Trata-se de um médoto de preparação da lagosta, cujo nome se relaciona ao 11º mês do calendário francês. O crustáceo é dividido em duas partes no sentido longitudinal, sua carne é cortada em cubos e imersa em molho *mornay*. Em seguida, os cubos são repostos na casca e polvilhados com queijo ralado, levando-se ao forno para gratinar.

loin ***(Ing.)*** = lombo; alcatra.

lombarda ***(It.)*** = repolho roxo. Ver *cabbage.*

lombata ***(It.)*** = lombo de carne.

lombatina ***(It.)*** = lombo de vitela.

lombo di maiale al latte ***(It.)*** = lombo de porco preparado com cebola, cenoura, cravo, pedaços de canela e outras especiarias, assado no leite, muito popular na região de Bolonha, na Itália.

lomo ***(Esp.)*** = lombo.

long drink ***(Ing.)*** = bebidas servidas em copos altos, refrescantes, feitas com uma mistura de destilados, sucos de frutas e gelo.

long-life milk ***(Ing.)*** = leite longa vida.

lorgnettes ***(Fr.)*** = qualquer alimento enrolado em forma de anel ou círculo (filé de peixes ou rodelas fritas de cebolas, por exemplo.

lorraine, à la ***(Fr.)*** = alimento preparado à moda Lorraine, ou seja, guarnecido com batatinhas salteadas na manteiga e bolas de repolho roxo cozido no vinho.

lotte de mer ***(Fr.)*** = diabo-marinho; peixe muito grande e feio, raramente visto por inteiro, pois sua cabeça enorme é sempre descartada antes de chegar aos mercados; somente a cauda é comestível, e vendida em filés frescos ou congelados. Seu apelido é lagosta dos pobres. Ver também *goosefish*.

lotte de rivière ***(Fr.)*** = espécie de peixe de água doce comestível, característico do hemisfério Norte, servido frito ou cozido.

louche ***(Fr.)*** = concha para servir alimentos líquidos.

Louisiana yam / sweet potato ***(Ing.)*** = batata-doce. Ver *batata*.

loupe de mer ***(Fr.)*** = lobo-do-mar (peixe), também chamado de robalo. Ver *branzino*.

lourd ***(Fr.)*** = pesado.

low fat ***(Ing.)*** = qualquer alimento com baixo teor de gorduras; dietético.

low-calories ***(Ing.)*** = baixo valor de calorias.

low-fat milk ***(Ing.)*** = leite de baixa caloria, com, no máximo, 2% de gordura.

low-starch flour ***(Ing.)*** = farinha da qual o amido foi removido. Usada por diabéticos, faz um pão esponjoso.

lox ***(EUA)*** = salmão defumado. O salmão é um peixe característico de rios e mares europeus, havendo uma espécie cujo hábitat é o Atlântico. Sua carne rosada é bastante saborosa e benéfica ao sistema cardiovascular humano, sendo apreciada pela culinária de diversos países. É degustado cru (em *sashimi*), defumado ou fresco em antepastos, assados, grelhados, gratinados etc.

lubina ***(Esp.)*** = robalo. Ver *branzino*.

luccio ***(It.)*** = lúcio. Ver *brochet*.

(~) **del Trasimeno arrostito** ***(It.)*** = lúcio assado com ervas aromáticas, bacon e anchovas, típico da Úmbria.

lucines ***(Fr.)*** = moluscos bivalves comestíveis, do tipo dos lucinídeos, que habitam, principalmente, os mares tropicais.

lukewarm ***(Ing.)*** = morno.

lumaca ***(It.)*** = caracol, lesma. Ver *caracol*.

lumache ***(It.)*** = macarrão com formato de concha.

lumpfish ***(Ing.)*** = peixe de pele cinzenta ou esverdeada, encontrado nas águas geladas do Atlântico Norte, do Ártico e do Báltico, que mede cerca de 60 cm e apresenta o corpo em formato arredondado. O macho é oleoso e pode ser fervido. A fêmea não se come porque é capturada pelas ovas pretas, vermelhas ou douradas; seu colorido não é estável, mas é usado para guarnecer pratos.

lumpfish roe *(Ing.)* = ovas que substituem o caviar, do qual são uma imitação, usadas principalmente como guarnição.

lumpy sauce *(Ing.)* = molho encaroçado.

lunch *(Ing.)* = almoço.

(~) **fork** *(Ing.)* = garfo de refeição, de mesa.

lunch, to *(v.) (Ing.)* = almoçar.

luncheon *(Ing.)* = almoço ou lanche formal.

luncheonette *(Ing.)* = estabelecimento que serve refeições rápidas.

lupin bean / lupin *(Ing.)* = tremoço. Ver *graines de lupin.*

lychee *(Ing.)* = lichia ou lechia. Ver *litchi.*

lyonnaise, à la *(Fr.)* = à moda de Lyon: contendo cebolas cortadas e fritas.

lysozyme *(Ing.)* = enzima encontrada na clara do ovo e em outras substâncias, de onde é extraída para uso industrial, especialmente para controlar as bactérias lácticas dos vinhos.

M

macadamia nut ***(Ing.)*** = macadâmia; fruto da árvore *Macadamia ternifolia*, originária da Austrália, parecido com avelã, com a casca dura, podendo ser consumido cru ou cozido depois de seco, em confeitos, doces diversos e chocolates.

macaron ***(Fr.)*** = pequeno bolo ou biscoito crocante, pequeno e geralmente redondo, feito de amêndoas moídas, açúcar e claras de ovos batidas em neve, assado a 150ºC. Usa-se como *petit-four* ou amassado para ser usado em sobremesas.

macaroni ***(Fr.) (Ing.)*** = macarrão em pequenos tubos curtos, que não contém ovos em sua composição.

macaroni alla veronese ***(It.)*** = *macaroni* servido com manteiga, alho, ricota, *cream cheese*, mozarela e queijo ralado.

macaroons ***(Ing.)*** = biscoitos feitos com farinha de amêndoas e açúcar.

macarrones ***(Esp.)*** = macarrões em geral.

Maccagno ***(It.)*** = queijo italiano da região do Piemonte, levemente salgado, produzido com leite não pasteurizado de vaca, em formato redondo, sem quaisquer aditivos.

maccarello ***(It.)*** = cavala (peixe). Ver *caballa*.

maccheroni ***(It.)*** = termo usado para designar os diferentes tipos de macarrão.

macco di fave ***(It.)*** = feijão fervido e amassado com um vegetal (em geral, beterraba), misturado com azeite e erva-doce. Trata-se de um prato campesino, típico da Sicília.

macédoine ***(Fr.)*** = variedade de frutas e vegetais picados em cubos pequenos.

(~) **de fruits** ***(Fr.)*** = salada de frutas.

macedonia di frutta ***(It.)*** = salada de frutas sazonais, geralmente servida com calda ou licor.

macellaria ***(It.)*** = açougue.

macerate, to ***(v.) (Ing.)*** = submergir frutas em líquidos para amaciá-las ou para que adquiram sabor, na maioria das vezes usando bebida alcoólica e açúcar.

macérer ***(Fr.)*** = macerar, embeber ou pôr em infusão.

mach ***(It.)*** = sopa de leite, do norte da Itália, com castanhas e arroz.

machado ***(Esp.)*** = pão frito em azeite de oliva até ficar torrado, misturado com vinho branco e usado para tornar mais espessos ensopados, sopas etc.

macinapepe ***(It.)*** = moedor de pimenta.

macinare ***(It.)*** = moer, triturar.

macinato ***(It.)*** = moído, triturado.

mackerel ***(Ing.)*** = carapau ou xerelete. Trata-se de um dos peixes de mar mais baratos, pode ser encontrado fresco ou defumado. Uma das opções de preparo é cozinhá-lo inteiro, em filés ou bifes, e servi-lo com molho de groselha. Ver *caballa*.

(~) **shark** ***(Ing.)*** = espécie de tubarão. Tubarão é um nome genérico para diferentes peixes de esqueleto cartilaginoso, que habitam diferentes tipos de águas espalhadas pelo mundo. Sua carne é considerada saborosa pela culinária de diferentes países (China, Islândia, Portugal etc.), sendo consumida em postas ou filés, fresca ou curada, assada ou grelhada ou, ainda, em sopas.

Madagascar bean ***(Ing.)*** = feijão em fava, consumido fresco ou seco.

maddalene ***(It.)*** = madalenas; pão de ló assado em forminhas para madalenas. Ver *magdalena*.

Madeira ***(Ing.)*** = vinho fortificado pela adição de álcool vínico, originário da Ilha da Madeira e produzido desde o século 15. De sabor forte e elevado teor alcoólico, é usado em molhos ou degustado como aperitivo e digestivo.

(~) **cake** ***(Ing.)*** = bolo de pão de ló, tradicional iguaria da culinária inglesa, aromatizado com suco de limão e adornado com cascas de cidra cristalizada durante o cozimento no forno.

(~) **sauce** ***(Ing.)*** = molho Madeira: uma parte de vinho Madeira para dez partes de *demi-glace*, temperado, peneirado e ao qual se adiciona manteiga.

madeleine ***(Fr.)*** = madalena; bolinho de pão de ló, redondo ou oval, de massa delicada feito de partes iguais de farinha, manteiga, açúcar e ovos. Ver *magdalena*.

madeleine mould ***(Ing.)*** = molde para assar madalenas, que tem formato de um escalope.

madeline ***(Ing.)*** = madalena (do francês, *madeleine*).

mafalde ***(It.)*** = tipo de massa em tiras longas e achatadas com pontas onduladas.

magdalena ***(Esp.)*** = bolinhos populares, para serem embebidos em café quente, no café da manhã. A receita tradicional usa quantidades de peso iguais de ovos (ainda na casca para serem pesados), açúcar, farinha de trigo, azeite aromatizado com anis. Os ingredientes são bem batidos com o azeite, a fim de possibilitar a maior entrada possível de ar. São colocados em forminhas de papel e assados no forno a 180ºC durante 20 minutos. As claras dos ovos são batidas em separado antes de serem acrescentadas com o fermento em pó.

maggiorana ***(It.)*** = manjerona; erva aromática usada fresca ou desidratada, originária da África, do Oriente Médio e da Índia, apresentando sabor muito leve e aroma intenso. Condimenta sopas, saladas, peixes, carnes, molhos, massas, embutidos e ovos.

magnonese ***(It.)*** = maionese morna servida com peixe ou carne.

magnosa ***(It.)*** = lagosta achatada, como um crustáceo, que se encontra no Mediterrâneo.

magnum ***(Fr.) (Ing.)*** = garrafa grande, com capacidade para 1,5 litro.

magret ***(Fr.)*** = peito de pato sem osso.

(~) **de canard** ***(Fr.)*** = peito de pato. Pode ser servido em fatias malpassadas.

(~) **fumé** ***(Fr.)*** = peito defumado de pato ou ganso.

magro ***(It.)*** = alimento com baixo teor de gordura.

maguro ***(It.)*** = atum.

maiale ***(It.)*** = porco, carne de porco. Ver *cerdo*.

(~) **ubriaco** ***(It.)*** = costeletas de carne de porco cozidas em vinho tinto.

maialino ***(It.)*** = leitãozinho.

maid of honour ***(Ing.)*** = tortinha de massa folhada feita com leite integral ou queijo cremoso, gemas de ovos e manteiga, com um pouco de açúcar apenas para dar sabor e aromatizada com raspas de casca de limão e, caso se queira, canela e noz-moscada. Os ingredientes para o recheio incluem geleia, farinha de amêndoas moídas e, às vezes, água de flor de laranjeira. Dizem que a receita foi inventada por Anne Boleyn quando foi dama de honra no casamento de Henrique VIII com Catherina de Aragon, sua primeira mulher.

maigre ***(Fr.)*** = magro, com baixas calorias; clara e/ou sem gordura (para sopas).

maillot, à la ***(Fr.)*** = à moda de Maillot, região da França, isto é, assado no vinho e servido com legumes e molho Madeira. Acompanha presunto ou carne de porco.

main course / main dish ***(Ing.)*** = prato principal de uma refeição (almoço ou jantar) quando ela é constituída de uma entrada, prato principal e sobremesa; geralmente composto de carnes, aves ou peixe.

Maintenon, à la ***(Fr.)*** = à moda de Maintenon: guarnição com molho contendo purê de cebolas, queijo ralado, salsinha e cogumelos picados.

maionese ***(It.)*** = maionese.

maïs ***(Fr.)*** = milho. Ver *choclo*.

(~) **doux** ***(Fr.)*** = milho doce.

(~) **en épi** ***(Fr.)*** = espiga de milho. Ver choclo.

maison, de la ***(Fr.)*** = em tradução literal, casa; o termo é usado para indicar que determinado alimento foi preparado em algum restaurante por um método próprio.

maître d' *(EUA)* = abreviatura de *maître d'hotel* (pronuncia-se *maître dee*).

maître d'hôtel ***(Fr.)*** = anfitrião de restaurante, que recebe os clientes, os acomoda e estabelece o ambiente e o estilo do estabelecimento; chefe dos garçons.

maíz ***(Esp.)*** = milho ainda na espiga. Ver *choclo*.

maize ***(Ing.)*** = milho; origina-se de *zea maiz*, nome dado pelo botânico sueco Linnaeus ao milho; *zea* é termo grego, que significa cereal ou grão. Ver *choclo*.

(~) **flour** ***(Ing.)*** = farinha de milho, fubá.

(~) **oil / corn oil** ***(Ing.)*** = óleo de milho.

majorana ***(Esp.)*** = manjerona. Ver *maggiorana*.

Malakoff, tarte ***(Fr.)*** = bolo de camadas de biscoitos de pão de ló (biscoitos do tipo champanhe), embebidos em rum e com creme feito de manteiga, açúcar, amêndoas moídas, aromatizado com café ou essência de baunilha. O nome provém de um bairro dos subúrbios de Paris.

malfatta ***(It.)*** = bolas caseiras, de massa (literalmente, malfeita).

malfatti ***(It.)*** = nhoque preparado com espinafre e ricota.

malt ***(Ing.)*** = malte; cevada germinada artificialmente, usada para fazer cerveja e outras bebidas destiladas.

(~) **vinegar** ***(Ing.)*** = vinagre escuro feito de malte de cevada. Contém cerca de 5% de ácido acético.

malt extract ***(Ing.)*** = extrato de malte; solução concentrada dos açúcares extraídos do malte. É especialmente usado na fabricação de cervejas.

malta ***(Esp.)*** = malte. Ver *malt*.

maltagliati ***(It.)*** = massa para macarrão cortada grosseiramente (literalmente, mal cortada), típica da região de Emilia-Romagna, usada preferencialmente em sopas de feijão.

malted milk ***(Ing.)*** = bebida feita de cevada maltada e evaporada, farinha de trigo e leite em pó.

malto ***(It.)*** = malte. Ver *malto*.

maltose / malt sugar ***(Ing.)*** = maltose, açúcar de malte.

mamón ***(Esp.)*** = mamão; fruto originário do sul do México e países vizinhos, de polpa macia e sabor adocicado, é um alimento rico em sais minerais, vitamina A e vitamina C. É consumido ao natural, em saladas, sucos, purês, doces e sobremesas em geral.

manche ***(Fr.)*** = a parte referente ao pescoço ou ao nó da perna de carneiro.

Manchego *(Esp.)* = queijo curado, considerado uma preciosidade da gastronomia espanhola, produzido com leite de ovelha, com tempo de maturação mínima de dois meses (fabricação industrial), chegando a um ano (fabricação artesanal). O sabor é levemente ácido e picante; a textura, ligeiramente elástica e amanteigada.

manchon, en *(Fr.)* = método de apresentar peixinhos fritos ou empanados, cortando-lhes a cabeça e a cauda após cozinhá-los.

manciata *(It.)* = punhado.

mandarin *(Ing.)* = tangerina. Ver *clementina.*

mandarina *(Esp.)* = tangerina. Ver *clementina.*

mandarine *(Fr.)* = tangerina. Ver *clementina.*

mandarino *(It.)* = tangerina. Ver *clementina*

mandorla *(It.)* = amêndoa. Ver *almendra.*

mandorlato *(It.)* = bolo de amêndoas com mel ou açúcar caramelado; nugá.

mango *(Esp.) (Ing.) (It.)* = manga; fruto originário de algumas regiões da Ásia, típica de clima tropical, de polpa suculen

(~) **chutney *(Ing.)*** = mistura indiana de manga, açúcar, vinagre e temperos, usada como complemento de pratos de carne ou queijo e, principalmente, de curry. Ver *chutney.*

mangue *(Fr.)* = manga. Ver *mango.*

manicotti *(It.)* = espécie de canelone grande, geralmente recheado com vários tipos de queijo, carnes, frutos do mar etc., depois assado em molho de tomate.

maniera di, alla *(It.)* = à maneira de; alimento preparado segundo determinada tradição.

manina ferrarese *(It.)* = espécie de pãozinho crocante italiano.

manioc *(Fr.) (Ing.)* = mandioca, aipim. Ver *cassava.*

(~) **flour *(Ing.)*** = farinha de mandioca.

(~) **frit *(Fr.)*** = mandioca frita.

manioca *(It.)* = mandioca, aipim. Ver *cassava.*

(~) **fritta *(It.)*** = mandioca frita.

manteca *(Esp.)* = manteiga ou gordura.

(~) **de cerdo *(Esp.)*** = banha (de porco).

mantecado *(Esp.)* = amanteigado; na cozinha espanhola, o termo se refere a uma variedade de bolinhos doces feitos com gordura de porco (o mais comum leva amêndoas), consumidos especialmente no período de festas natalinas; na culinária mexicana, *mantecado* é uma espécie de sorvete com creme chantili.

mantecare *(It.)* = bater, transformar em creme batido.

mantecato *(It.)* = cremoso; sorvete amaciado pela adição de creme batido.

mantecoso *(Esp.)* = untado, oleoso, amanteigado.

mantel ***(Esp.)*** = toalha de mesa.

mantequilla ***(Esp.)*** = manteiga.

(~) **de cacao** ***(Esp.)*** = manteiga de cacau.

(~) **sin sal** ***(Esp.)*** = manteiga sem sal.

manzana ***(Esp.)*** = maçã. Ver *apple.*

manzo ***(It.)*** = bife de gado jovem (com menos de 4 anos).

(~) **alla certosina** ***(It.)*** = bife ensopado com bacon, anchovas e ervas.

(~) **arrosto** ***(It.)*** = rosbife.

(~) **brasato** ***(It.)*** = carne assada.

(~) **lesso** ***(It.)*** = carne cozida.

(~) **salato** ***(It.)*** = carne conservada em salmoura; carne em conserva.

(~) **stufato** ***(It.)*** = carne assada ou ensopada.

maple ***(EUA)*** = bordo; árvore do Canadá, com folhas pontudas, de onde se extrai uma seiva açucarada que produz açúcar e xarope.

(~) **-sugar** ***(EUA)*** = açúcar fino e aromático produzido a partir da seiva do bordo.

(~) **syrup** ***(EUA)*** = melado extraído da seiva do bordo.

(~) **syrup pie** ***(EUA)*** = torta recheada com calda de maple, farinha de milho, manteiga e pedaços de nozes, típica da região de Quebec, no Canadá.

maquereau ***(Fr.)*** = cavala (peixe). Ver *caballa.*

maquereaux au vin blanc ***(Fr.)*** = filés de cavala cozidos em vinho branco, cenoura, cebola e especiarias, servidos frios como aperitivo, preferencialmente no dia seguinte.

maracuja ***(It.)*** = maracujá. Ver *fruit de la passion.*

maracuyá ***(Esp.)*** = maracujá. Ver *fruit de la passion.*

Maraschino ***(Ing.)*** = licor incolor envelhecido, feito a partir de um processo de destilação do suco de cerejas do tipo *marasca* e de seus caroços amassados, que lhe dão um sabor de amêndoa. Produzido industrialmente desde o século 18, em regiões da Croácia e no norte da Itália, usa-se como aromatizante.

(~) **cherries** ***(Ing.)*** = cerejas em conserva, preservadas em calda e aromatizadas com azeite de amêndoas ou licor marasquino.

maratello rice ***(It.)*** = qualidade de arroz comprido, ovalado, levemente pegajoso, ideal para *minestrone.*

marée ***(Fr.)*** = peixe fresco.

marennes ***(Fr.)*** = variedade de ostras pequenas. Ver *huître.*

margarine ***(Ing.)*** = margarina; produto substituto da manteiga, feito de 80% de óleos vegetais (por exemplo, soja, algodão e milho), com pouca quantidade de laticínios. Os restantes 20% são compostos de leite, água e, geralmente, vitaminas A e D. É usada com pão e torradas ou como ingrediente de muitos pratos.

margarita *(EUA)* = tradicional coquetel de origem mexicana, preparado com três partes de tequila, duas partes de licor de laranja e uma parte de sumo de limão fresco, servido em taças com sal na borda.

Marie-Louise, à la *(Fr.)* = à maneira de Maria Luísa, ou seja, acompanhamento feito com guarnição de purê de cebolas, fundos de alcachofra e cogumelos.

marigold *(Ing.)* = calêndula ou malmequer; tipo de flor cultivada em jardins, de propriedades medicinais e cosméticas, de sabor picante e aroma intenso, algumas vezes usada na confecção de iguarias, como tortas, vinhos, geleias e biscoitos.

marinade *(Fr.) (Ing.)* = alimento em escabeche; vinha d'alhos com vinagre ou vinho, cebolas, alho e condimentos, usada para temperar carnes e aves.

marinar *(Esp.)* = marinar, pôr em salmoura.

marinara, alla *(It.)* = à moda dos marinheiros: com molho contendo tomates, ervas aromáticas, azeite, vinho, salsinha e alho, geralmente utilizado em pratos de massa, risotos e frutos do mar.

marinare *(It.)* = marinar, pôr em salmoura.

marinate, to *(v.) (Ing.)* = pôr em salmoura; cobrir carne ou peixe com molho, preparado com líquido temperado até ficar totalmente embebido.

marinated fish *(Ing.)* = peixe marinado.

marinated lobster *(Ing.)* = lagosta marinada.

marinato *(It.)* = marinado, em picles.

mariné *(Fr.)* = marinado, em picles.

mariner *(Fr.)* = pôr em salmoura.

marinière, à la *(Fr.)* = à moda dos marinheiros: pratos com guarnição de mexilhões cozidos em vinho branco e manteiga, às vezes aromatizados com cebola ou cebolinha e ervas.

mariscos *(Esp.)* = frutos do mar em geral.

maritozzo *(It.)* = bolinho ou pãozinho doce recheado semelhante ao sonho. Algumas receitas incluem uvas-passas na massa.

marjolaine *(Fr.)* = manjerona.

marjoram *(Ing.)* = manjerona.

marmalade *(Ing.)* = geleia de frutas cítricas, principalmente laranjas, ou marmelada.

marmalade sauce *(Ing.)* = calda de laranja, limão ou lima com temperos, em vez de geleia, servida com aves e frutos do mar.

marmande farcie *(Fr.)* = tomates recheados (preferencialmente, os da variedade *marmande*, que são redondos, semelhantes a uma maçã) representam uma iguaria clássica da culinária francesa, sendo o recheio em geral elaborado com carnes picadas (de vaca, de cordeiro), salsichas ou peixes (por exemplo, salmão ou atum), cebolas, alho, especiarias e azeite de oliva. É servido como aperitivo.

marmelade *(Fr.)* = geleia ou purê espesso de frutas cítricas, obtido por fervura, até ficar reduzido; marmelada.

marmellata *(It.)* = geleia de frutas ou marmelada.

marmellata d'arancia *(It.)* = geleia de laranja ou de outra fruta cítrica.

marmite *(Fr.)* = panela, caçarola.

(~) **dieppoise** *(Fr.)* = sopa de peixes diversos, cozidos em caldo de mexilhões, vinho branco e verduras, guarnecida com mexilhões e camarões, terminada com creme de leite.

marmitta *(It.)* = panela semelhante a uma marmita.

maro / salsa maro *(It.)* = sementes de feijão-verde cozidas e misturadas com hortelã picada, alho, queijo e óleo, prato também conhecido como *pestum de fave*. Pode haver o acréscimo de anchovas.

marocaine, à la *(Fr.)* = à moda marroquina: guarnecida com berinjelas, pimentões, arroz temperado com açafrão e tomates ou purê de verduras.

marquise au chocolat *(Fr.)* = sobremesa gelada feita com chocolate, manteiga e ovos.

marquise de Bourgogne *(Fr.)* coquetel de vinho branco seco, espumante, aguardente, água gaseificada, baunilha e limão.

marrón *(Esp.)* = castanha. Ver *castagna*.

marron *(Fr.)* *(Ing.)* = castanha mediterrânea. Ver *castagna*.

marron glacê *(Fr.)* = marrom-glacê; doce preparado com castanhas fervidas em calda de açúcar até secar e aromatizado com baunilha; usado como sobremesa ou na decoração de pratos. Na forma de purê e peneirado, serve para aromatizar merengue e creme batido.

marrone *(It.)* = castanha do Mediterrâneo. Ver *castagna*.

marrons, purée de *(Fr.)* = purê de castanhas feito com ou sem baunilha e açúcar. Há versões deste purê salgado, enriquecido com creme de leite, manteiga e pimenta moída.

marrow *(Ing.)* = tutano; tecido gelatinoso existente no interior dos ossos, rico em calorias e com alto teor de colesterol. O termo também significa abóbora. Ver *calabaza*.

marrowbone *(Ing.)* = ossos que contêm tutano, principalmente o osso da coxa (fêmur) do boi, degustado em sopas e ensopados. Ver *osso bucco*.

Marsala *(It.)* = espécie de vinho de sobremesa fortificado com *brandy*, doce e de sabor forte, originário da Sicília, geralmente degustado como aperitivo, antes das refeições, ou como acompanhamento de queijos de sabor mais intenso, do tipo Roquefort ou Gorgonzola.

Marseillaise, à la ***(Fr.)*** = à moda de Marselha: guarnecida com tomates, anchovas, batatas, alho e azeitonas. Usada principalmente em carnes.

marshmallow ***(Ing.)*** = confeito doce de textura esponjosa, resultante da mistura de calda de milho ou açúcar, gelatina, goma arábica aromatizada, que forma uma geleia, cortada em cubos e enrolada em açúcar refinado. Por extensão de sentido, o termo pode se referir também à calda preparada com essa substância e servida com sorvetes e outros doces.

martini ***(EUA)*** = coquetel preparado com gim, vermute seco e gelo picado, colocados em copo gelado, guarnecido por uma azeitona ou cereja.

marzapane ***(It.)*** = marzipã: pasta de origem árabe, preparada com amêndoas amassadas, clara de ovos e açúcar, ligada por uma calda aromatizada com diferentes essências ou água de rosas e moldada em formatos variados. Pode receber ou não cobertura de chocolate ou glacê.

marzipan ***(Ing.)*** = marzipã Ver *marzapane*.

masa ***(Esp.)*** = massa para tortas, pastéis etc.

Mascarpone ***(It.)*** = tipo de queijo branco cremoso de sabor adocicado, originalmente produzido na região da Lombardia, na Itália, é produzido com o coalho de leite, delicadamente aromatizado, muito gorduroso, ideal para sobremesas. Contém 45% de água, 45% de gordura, 7% de proteína e de 2% a 3% de lactose.

mascotte, à la ***(Fr.)*** = guarnição com fundos de alcachofra, trufas e batatas na manteiga.

masculini ***(It.)*** = anchovas pequenas, da Sicília. São servidas com azeitonas secas, alcaparras, migalhas de pão, ervas e temperos.

mash ***(Ing.)*** = purê ou pasta feito de legumes, verduras ou frutas com margarina ou manteiga e leite.

mash, to ***(v.) (Ing.)*** = triturar e esmagar frutas macias ou verduras até transformá-las em uma pasta homogênea suave.

mashed potatoes ***(Ing.)*** = batatas fervidas e amassadas com leite e manteiga; purê de batatas.

mask, to ***(v.) (Ing.)*** = cobrir uma parte de carne assada ou peixe com molho temperado, glaçado ou gelatinoso ou forrar com esse molho o interior de uma forma.

masquer ***(Fr.)*** = cobrir, tapar.

Masséna, à la ***(Fr.)*** = em homenagem a André Masséna, Duque de Rivoli, ou seja, guarnição de fundos de alcachofra com fragmentos de tutano escalfado, acompanhada de molho *béarnaise* grosso.

massepain ***(Fr.)*** = marzipã. Ver *marzapane*.

matafan aux pommes ***(Fr.)*** = maçãs descascadas e cortadas em fatias misturadas com fermento, conhaque, ovos, creme e farinha, cozidas em uma frigideira em forno brando durante 30 minutos, mexidas e depois cozidas durante mais 15 minutos. Servem-se com açúcar de confeiteiro. Podem ser usadas outras frutas.

matambre ***(Esp.)*** = especialidade argentina e uruguaia, trata-se de uma fatia de carne bem fina e longa, enrolada com espinafre, anéis de cebolas, cenouras fatiadas, ovos cozidos cortados, cozida ou assada em caldo até amolecer. Depois de esfriar, é usada como aperitivo, cortada em fatias.

matelote ***(Fr.)*** = peixe ensopado com vinho, azeite, cebolas, cogumelos e especiarias.

(~) **d'anguilles** ***(Fr.)*** = espécie de caldeirada de enguias, ensopadas em molho de vinho.

matignon ***(Fr.)*** = vegetais aromáticos, cortados bem finos e usados com carnes assadas ou para aromatizar molhos.

mattarello ***(It.)*** = rolo de madeira para abrir massa para biscoitos, pães ou massas em geral.

mature ***(Ing.)*** = sazonado, conservado durante algum tempo para desenvolver aroma especial, principalmente produtos como queijos, salames etc.

matzá / matzah (***Ing.***) = pão ázimo; massa feita de farinha e água, sem fermento. Trata-se de um alimento fundamental na celebração da Páscoa judaica (Pessach), sendo também chamado de pão dos pobres ou "pão da aflição", em alusão àquele que os escravos comiam. O ato de comê-lo representa a libertação.

matze meal (***Ing.***) = farinha de *matzá*, não fermentável.

maximillian sauce ***(Ing.)*** = maionese temperada com anchovas, purê de tomates, pepinos cortados, alcaparras e salsinha.

mayonesa ***(Esp.)*** = maionese.

mayonnaise ***(Fr.) (Ing.)*** = maionese.

(~), **sauce** ***(Fr.) (Ing.)*** = maionese; prepara-se com gemas de ovo, suco de limão ou vinagre, azeite adicionado aos poucos, batendo-se bem até que atinja a consistência desejada. O acréscimo de mais azeite a endurece mais, enquanto mais vinagre lhe dá menos consistência.

(~) **verte** ***(Fr.)*** = maionese colorida com purê cru de espinafre, agrião, salsinha ou estragão.

mayorana ***(Esp.)*** = manjerona. Ver *maggiorana.*

mazapán / marzapán ***(Esp.)*** = marzipã. Ver *marzapane.*

mazorca de maíz ***(Esp.)*** = espiga de milho. Ver *choclo.*

mazzacuogni / mazzancolla ***(It.)*** = camarão grande encontrado no Mediterrâneo. Ver *camarón.*

meal ***(Ing.)*** = refeição; termo usado, também, para designar a parte dos grãos comestíveis, como sementes, nozes etc., geralmente mais grossa do que farinha. Em inglês, a palavra é acrescentada ao final dos nomes de sementes, como *wheatmeal, oatmeal, cornmeal.*

meal-time ***(Ing.)*** = hora da refeição.

measure ***(Ing.)*** = medida.

meat ***(Ing.)*** = carne; parte comestível da fruta, noz etc. Por extensão de sentido, o termo também pode significar alimento de forma genérica.

(~) **croquette** ***(Ing.)*** = croquete de carne.

(~) **-filled roll** ***(Ing.)*** = rolinho de carne.

(~) **glaze** ***(Ing.)*** = caldo de carne ou de galinha, reduzido pela fervura até atingir consistência. Usa-se como base para molhos ou para melhorar o sabor de um prato. O mesmo que *glacé de viande.*

(~) **mallet** ***(Ing.)*** = martelo de carne.

(~) **pie** ***(Ing.)*** = torta recheada com carne pré-cozida, molho temperos e aromatizantes e cozida no forno.

(~) **tenderer** ***(Ing.)*** = apetrecho com placa dentada para amaciar carne.

meat grading ***(EUA)*** = classificação da carne, graduada nos Estados Unidos como *prime*, *choice*, *good*, *standard*, *commercial* e *utility* ou *cutter.* Verifique na ordem alfabética de cada um.

meatball ***(Ing.)*** = almôndega.

meatloaf ***(Ing.)*** = carne moída misturada com temperos, ligados com ovo ou farinha, assada em uma forma no forno, desenforma-se e corta-se em fatias; pastel de carne.

medaglioni ***(It.)*** = medalhões; fatias de carne. Ver *médaillon.*

médaillon ***(Fr.)*** = fatias grossas e redondas de carne vermelha nobre e macia, frango ou peixe, fritas, assadas ou grelhadas.

medallion ***(Ing.)*** = medalhão. Ver *médaillon.*

medialuna ***(Esp.)*** = croissant.

Médici, alla ***(It.)*** = em homenagem à família Médici, ou seja, guarnição de presunto e alguns vegetais, como fundos de alcachofra, ervilhas, cogumelos, cenouras, aspargos, nabos e, às vezes, tomates. Usa-se com filés de carne ou massas.

Mediterranean squid ***(Ing.)*** = lula de até 50 cm de comprimento, encontrada no mar Mediterrâneo. O termo também se refere a um prato da culinária mediterrânea feito de lulas misturadas com legumes assados.

Mediterranean sturgeon ***(Ing.)*** = esturjão encontrado no mar Mediterrâneo. Ver *esturgeon.*

medium oily ***(Ing.)*** = alimento que contém de 2% a 6% de gordura ou óleo (carne de peixes), ou seja, teor de oleosidade moderada.

medium rare ***(Ing.)*** = corte de carne que a torna mais tenra e suculenta quando grelhada ou frita. Neste caso, a carne é servida malpassada, com seu interior cru.

medium white wine ***(Ing.)*** = vinho branco meio seco.

medium-fat ***(Ing.)*** = alimento que contém de 10% a 20% de gordura, de acordo com o tipo (queijo, iogurte etc.).

medlar ***(Ing.)*** = nêspera; fruto originário do sudeste da China, com alto teor de açúcar e pectina, consumido ao natural ou em licores (feito com as sementes), doces, compotas e geleias. No Brasil, é conhecido também como ameixa amarela, denominação pouco usada para não confundir com uma espécie de ameixa com essa coloração.

mejillón ***(Esp.)*** = mexilhão, mexilhões. Plural: *mejillones*. Ver *concha*.

mejillones a la marinera ***(Esp.)*** = mexilhões cozidos em molho de cebola, alho, vinho branco, azeite, suco de limão e salsinha.

mejillones rellenos ***(Esp.)*** = mexilhões recheados e assados no forno.

mejorana ***(Esp.)*** = manjerona. Ver *maggiorana*.

mela ***(It.)*** = maçã. Ver *apple*.

melacotogna ***(It.)*** = marmelo. Ver *coing*.

melagrana ***(It.)*** = romã. Ver *granada*.

mélange ***(Fr.)*** = mistura, mescla.

mélanger ***(Fr.)*** = misturar, mesclar.

melanzana ***(It.)*** = berinjela. Ver *aubergine*.

melanzane alla finitese ***(It.)*** = berinjelas recheadas com linguiça, queijo, manjericão e pimenta, fritas em óleo bem quente. O prato é originário da Calábria.

melassa ***(It.)*** = melado, melaço.

mélasse ***(Fr.)*** = melado, melaço.

melaza ***(Esp.)*** = melado, melaço.

melba sauce ***(Ing.)*** = calda doce feita de purê de framboesas ou geleia de groselha coado. Usa-se sobre sorvetes e outras sobremesas.

melba toast ***(Ing.)*** = fatias de pão bem finas, cortadas em sentido longitudinal, torradas no forno ou na grelha. Servem-se com sopas ou como base de aperitivos.

Melbury ***(Ing.)*** = queijo branco inglês de sabor suave com casca comestível, de textura firme, no formato de um pão.

mele alla certosa ***(It.)*** = maçãs recheadas e assadas.

melissa ***(It.)*** = erva-cidreira. Ver *balm-mint*.

mélisse ***(Fr.)*** = erva-cidreira. Ver *balm-mint*.

melocotón ***(Esp.)*** = pêssego. Ver *durazno*.

(~) **en almíbar** ***(Esp.)*** = pêssegos em calda.

melograno ***(It.)*** = romã. Ver *granada*.

melón ***(Esp.)*** = melão; fruto da família das frutas e dos vegetais que inclui pepinos, melancias e cantalupos, provavelmente nativo do Oriente Médio. De sabor suave e refrescante, é consumido ao natural, em sucos, antepastos, molhos, doces e sobremesas.

(~) **de agua** ***(Esp.)*** = melancia. Ver anguria.

(~) **de verano** ***(Esp.)*** = melão cantalupo. Ver cantaloup.

melon ***(Fr.) (Ing.)*** = melão. Ver *melón.*

(~) **baller** ***(Fr.)*** = utensílio para cortar o melão em formato de bolas.

melone ***(It.)*** = melão. Ver *melón.*

melt, to ***(v.) (Ing.)*** = derreter; dissolver, liquefazer, fundir.

melting moments ***(Ing.)*** = biscoitinhos redondos e crocantes, cobertos com aveia ou açúcar de confeiteiro, que derretem na boca.

membrillo ***(Esp.)*** = marmelo. Ver *coing.*

menestra ***(Esp.)*** = ensopado de verduras e legumes.

(~) **a la castellana** ***(Esp.)*** = carne e verduras ensopadas em vinho e molho de tomates.

(~) **de legumbres frescas** ***(Esp.)*** = guisado de legumes; verduras diversas cozidas, com adição opcional de um ovo escaldado.

menta ***(Esp.) (It.)*** = hortelã (erva ou essência). Ver *hierbabuena.*

(~) **piperita** ***(Esp.)*** = hortelã--pimenta, variedade de hortelã. Ver *hierbabuena.*

menthe ***(Fr.)*** = menta/hortelã. Ver *hierbabuena.*

(~) **à l'eau** ***(Fr.)*** = refresco de menta.

(~) **poivrée** ***(Fr.)*** = hortelã--pimenta. Ver *hierbabuena.*

mentonnaise, à la ***(Fr.)*** = à moda de Menton, na França: guarnição de abóbora de polpa amarela ou abobrinhas, tomate e arroz, com batatas em corte arredondado e fundos de alcachofras passados na manteiga.

mentuccia ***(It.)*** = hortelã/menta. Ver *hierbabuena.*

menu ***(Fr.) (Ing.)*** = cardápio; lista de alimentos, acompanhados de seus respectivos preços, disponíveis nos restaurantes.

menudillos ***(Esp.)*** = miúdos de ave.

menudo ***(Esp.)*** = espécie de cozido de miúdos (preferencialmente estômago) e patas de bovinos (mocotó), temperado com alho, cebola, limão orégano e chili, típico da culinária mexicana. Há variações do prato em que são acrecentados milho e bacon.

merca ***(It.)*** = tainha fervida em caldo, depois salgada, enrolada e coberta com ervas.

merenda ***(It.)*** = merenda, lanche, refeição leve ou ligeira, em geral levada em passeios, viagens ou piqueniques.

merienda *(Esp.)* = lanche. Ver *merenda.*

meringa *(It.)* = merengue. Ver *meringue.*

meringato *(It.)* = mistura de outras substâncias, como chocolate ou trufas, com merengue.

meringhe *(It.)* = merengue. Ver *meringue.*

meringue *(Fr.) (Ing.)* = suspiro ou merengue, feito com claras de ovos batidas em neve com açúcar e levada ao forno brando para secar. Geralmente, usam-se 50 gramas de açúcar por clara de ovo. Uma iguaria supostamente inventada no século 18, na cidade de Meiringen, Suíça, origem do nome.

(~) **cuite** *(Fr.)* = merengue mais firme que o comum, feito com claras batidas em neve em banho-maria, ao mesmo tempo em que se adiciona açúcar de confeiteiro. Fica mais dura e mais branca, porque requer mais cuidado e mais força ao bater, e o resultado é melhor.

merise *(Fr.)* = cereja pequena, selvagem. Ver *cereza.*

merlan *(Fr.)* = badejo inglês. Ver *abadejo.*

merlango *(It.)* = badejo inglês. Ver *abadejo.*

merluche = *(Fr.)* = merluza. Ver *hake.*

merluza *(Esp.)* = merluza. Ver *hake.*

(~) **a la plancha** *(Esp.)* = merluza assada ou grelhada em chapa de metal.

merluzzo *(It.)* = merluza. Ver *hake.*

(~) **comune** *(It.)* = bacalhau. Ver *bacalao.*

mermelada *(Esp.)* = geleia de frutas ou marmelada.

mero *(Esp.)* = garoupa do Mediterrâneo. Ver *cernia.*

mérou *(Fr.)* = garoupa do Mediterrâneo. Ver *cernia.*

mesan place *(Fr.)* = expressão que caracteriza o método de organizar todos os ingredientes limpos, medidos, separados e prontos para uso, de modo que estejam sempre próximos, o que evita risco desnecessário de erros durante a prática culinária.

mescolare *(It.)* = misturar, mesclar.

mestolo *(It.)* = concha para sopa.

mesure *(Fr.)* = medida.

mets *(Fr.)* = iguaria, manjar.

mettre em boîte *(Fr.)* = enlatar, pôr em conserva em lata.

(~) **le couvert** *(Fr.)* = pôr a mesa

meunière, à la *(Fr.)* = em tradução literal, à moda da moleira (mulher que trabalha em moinho): estilo de cozinhar normalmente relacionado a peixes, passados na farinha para empanar, cozidos na manteiga e condimentados com suco de limão, alcaparras, molho de anchovas e salsinha.

meunière butter sauce *(Ing.)* = molho de manteiga aquecida até clarear, esfriada com sumo de limão, com salsinha e pimenta branca moída. Considerado um molho rústico francês, usa-se com peixes.

meurette ***(Fr.)*** = mistura de peixe ensopado com vinho tinto.

Mexicaine, à la ***(Fr.)*** = ao estilo mexicano: guarnição com tomates, feijão ou milho, pimentas doces, arroz e, às vezes, berinjelas.

mezcla ***(Esp.)*** = mistura.

mezclar ***(Esp.)*** = misturar

mezzani ***(It.)*** = massa em formato de tubo, semelhante ao *penne*.

mezzo ***(It.)*** = metade, semi.

Mi-chèvre ***(Fr.)*** = queijo feito com uma mistura de leite de cabra e de vaca, contendo pelo menos 25% de leite de cabra.

microwave oven ***(Ing.)*** = forno de micro-ondas.

mi-cuit ***(Fr.)*** = meio cozido.

midolla ***(It.)*** = miolo de pão, polpa de frutas.

midollo ***(It.)*** = tutano. Ver *marrow*.

mie ***(Fr.)*** = miolo de pão.

miel ***(Fr.) (Esp.)*** = mel.

miele ***(It.)*** = mel.

miette ***(Fr.)*** = migalha.

miga ***(Esp.)*** = miolo de pão.

migajas ***(Esp.)*** = migalhas, restos, sobras.

migas ***(Esp.)*** = prato para o café da manhã, com miolos de pão fritos, temperados com alhos, bacon e pimentões, originário da região do Alentejo, em Portugal.

mignon ***(Fr.)*** = pequeno; iguaria fina, termo principalmente aplicado a cortes de carne, como de peito de frango ou um pequeno final de um filé, localizado na parte traseira do boi, sempre macio e magro.

mignonette ***(Fr.)*** = molho com pimenta-do-reino esmagada, cebolinha verde picada e vinagre de vinho tinto. O termo também se refere a fatias finas e pequenas de carne de porco sem membranas ou gordura.

mijo ***(Esp.)*** = espécie de milho pequeno.

mijoter ***(Fr.)*** = cozinhar em fogo brando.

milanaise, à la ***(Fr.)*** = ao estilo de Milão: acompanhado com espaguete ou outro tipo de macarrão, molho de tomates, cogumelos, trufas e presunto ou língua empanados com farinha de rosca e queijo ralado antes de fritar. Há várias possibilidades de refeições com este atributo: feito com manteiga, queijo parmesão e ovo frito; acompanhado de nhoque grelhado com parmesão; com fatias de alimentos diversos empanados.

milanese, alla ***(It.)*** = à moda de Milão, ou seja, pratos de filés de carne ou peixes empanados, fritos na manteiga e pulverizados com suco de limão. Ver *milanaise, à la*.

(~) **soufflé** ***(Ing.)*** = suflê de Gorgonzola e mozarela com especiarias.

milhojas ***(Esp.)*** = mil-folhas, doce em formato retangular feito com massa folhada, disposta em várias camadas levíssimas, entremeadas com cremes diversos, sendo o mais tradicional o creme de confeiteiro. A última camada costuma ser coberta com açúcar de confeiteiro, embora possam ser usados outros ingredientes.

milk ***(Ing.)*** = leite; suco leitoso.

(~) **bar** ***(Ing.)*** = bar de leite, termo comum na Inglaterra e em algumas regiões da Austrália para designar estabelecimentos onde se servem predominantemente produtos à base de leite (sorvetes, doces, chocolates, milk-shake etc.).

(~) **bread** ***(Ing.)*** = pão de leite.

(~) **fat** ***(Ing.)*** = nata ou gordura do leite.

(~) **jug** ***(Ing.)*** = leiteira.

(~) **powder** (***Ing.)*** = leite em pó.

(~) **pudding** ***(Ing.)*** = pudim feito com farinhas de arroz, semolina ou tapioca, por exemplo, cozidos em leite adoçado.

(~) **-shake** ***(Ing.)*** = leite batido com sorvete.

milky ***(Ing.)*** = leitoso, lácteo.

mill, to ***(v.) (Ing.)*** = moer, triturar.

millassata ***(It.)*** = omelete de queijo Pecorino, recheada de miolo de alcachofras e aspargos, com salsa; especialidade da Sicília.

mille foglie ***(It.)*** = mil-folhas. Ver *milhojas.*

mille-feuilles ***(Fr.)*** = mil-folhas. Ver *milhojas.*

mince ***(Ing.)*** = picado, triturado; o termo, por extensão, também pode se referir a picadinho de carne.

(~) **pie** ***(Ing.)*** = torta recheada de carne.

(~), **to** ***(v.) (Ing.)*** = picar, triturar, cortar em pedaços.

minced meat ***(Ing.)*** = carne picada.

(~) **balls** ***(Ing.)*** = almôndegas.

mincemeat ***(Ing.)*** = picadinho de carne com mistura de passas, frutas cristalizadas, bebida destilada e especiarias, utilizada como recheio de tortas.

mincer ***(Ing.)*** = moedor de carne.

mineral water ***(Ing.)*** = água mineral.

minestra ***(It.)*** = sopa; o primeiro prato de uma refeição.

(~) **asciutta** ***(It.)*** = sopa sólida, com massa, arroz, ervilhas, feijão etc., temperada com alho, manjericão e salsa, que se come com garfo em vez de colher.

(~) **col battuto alla romana** ***(It.)*** = sopa com aipo, presunto, cebolas e alho.

(~) **de ternera** ***(Esp.)*** = ensopado no qual a vitela é fervida com vegetais tenros como cenouras e ervilhas.

(~) **di riso alla cappuccina** ***(It.)*** = sopa de arroz com anchovas, temperada com cebolas, manjericão, alho e sálvia.

(~) **in brodo** ***(It.)*** = caldo de carne com macarrão.

minestrina ***(It.)*** = caldo leve.

(~) **tricolore** ***(It.)*** = sopa de batatas preparadas com cenouras cortadas em fatias, nabos e salsa em caldo de carne. O nome do prato se justifica pela intenção de os vegetais escolhidos reproduzirem as três cores da bandeira italiana.

minestrone ***(It.)*** = sopa espessa feita com diversos vegetais, como cebolas, cenouras, aipo e tomates, caldo de carne e temperos diversos (*bouquet garni*), fervida durante 20 minutos, podendo ser acrescida de macarrão, arroz, feijão, ervilhas ou outras variações.

(~) **alla milanese** ***(It.)*** = sopa clássica, com tomates, ervilhas, feijão, abobrinhas, batatas, repolho, bacon e arroz.

(~) **alla sarda** ***(It.)*** = sopa característica da Sardenha, feita com feijão, grão-de-bico, batatas, salsão, cebolas, repolho, erva-doce, macarrão e carne de porco.

mingle, to ***(v.) (Ing.)*** = misturar; mesclar.

mini pastry ***(Ing.)*** = minitortas, salgadas ou doces, podendo ser servidas como minicanapés folhados ou como docinhos em festas, dependendo do recheio.

miniature corn ***(Ing.)*** = espiga de milho doce e pequenina com, no máximo, 10 cm de comprimento, cozida, usada como vegetal para comer por inteiro, muito comum na culinária dos países asiáticos. Costuma ser servida como aperitivo.

Minnesota slim ***(EUA)*** = queijo úmido envelhecido, cor de laranja, semelhante ao Cheddar, que derrete facilmente. Produzido em Minnesota, nos Estados Unidos.

mint ***(Ing.)*** = hortelã. Ver *hierbabuena*.

(~) **julep** ***(Ing.)*** = espécie de drinque feito com uísque, açúcar, gelo e folhas de hortelã.

(~) **sauce** ***(Ing.)*** = molho preparado com folhas de hortelã cortadas, amassadas em partes iguais na água fervente e vinagre. Serve-se com carneiro assado.

minute ***(Fr.)*** = destinado ao preparo imediato, cozido rapidamente.

minute steak ***(Ing.)*** = bifes finos, batidos com martelo, para ser grelhados ou fritos rapidamente. Também chamados *flash-fry steak*.

mirabelle ***(Fr.)*** = ameixa-amarela, redonda, perfumada e muito doce. Ver *ciruela*.

mirabelle yellow plum ***(Ing.)*** = ameixa-amarela. Ver *ciruela*.

mirasol ***(Esp.)*** = girassol. Ver *girasole*.

mirepoix ***(Fr.)*** = mistura de cenouras, cebolas e salsão picados, refogados na manteiga e condimentados com ervas, acrescentada ao cozimento de caldos, molhos e como base para assar carnes com o propósito de condimentá-las.

miroton ***(Fr.)*** = carne fatiada servida com cebola e molho de mostarda com vinagre.

mirtilli *(It.)* = mirtilos, frutas de cor azul, quase preta, pequeninas, usadas em geleias, compotas e licores. Ver *airelle*.

mirto *(It.) (Esp.)* = murta; mirto. A flor desta planta é comestível, usada em saladas de frutas.

miscelare *(It.)* = misturar, fundir.

mischiare *(It.)* = misturar, mesclar.

misticanza *(It.)* = salada mista de folhas verdes, ervas e vegetais crus variados, temperados com azeite de oliva, limão e vinagre balsâmico.

misto *(It.)* = misto, misturado.

misto mare *(It.)* = mistura de frutos do mar fritos.

misura *(It.)* = medida.

mitili *(It.)* = mexilhões. Ver *concha*.

mix *(Ing.)* = mistura de ingredientes secos aos quais são adicionados água, leite, ovos, ou todos deles, e o resultado pode ser consumido como está ou deixado para descansar ou usado para compor pães, bolos ou sopas.

mix, to *(v.) (Ing.)* = misturar, amassar.

mixed grill *(Ing.)* = pedacinhos de carne grelhada de diversos tipos, dependendo da região. Na Inglaterra, por exemplo, são incluídos miolo, língua, fígado etc., com presunto, bacon, salsichas, cogumelos grelhados e tomates, servidos como prato principal.

mixed herbs *(Ing.)* = mistura de ervas para condimentos, usadas em diversos pratos. Em geral, são as seguintes: manjericão, manjerona, orégano, tomilho, alecrim, sálvia, salsa e cebolinha.

mixed salad *(Ing.)* = salada mista composta de vegetais crus ou cozidos, folhas, frutas, queijo, às vezes peixe cozido, miúdos de carne e ovos cozidos. Servida aquecida ou fria.

mixed spice / pudding spice *(Ing.)* = mistura britânica de especiarias básicas para temperos, destinada a sobremesas, bolos, biscoitos etc.

mixer *(Ing.)* = batedeira elétrica ou manual, misturador.

mixeur *(Fr.)* = liquidificador, misturador.

mixing bowl *(Ing.)* = tigela arredondada, apropriada para misturar alimentos.

mixing glass *(Ing.)* = copo com graduação, usado nos bares para misturar bebidas; coqueteleira.

mixture *(Ing.)* = mistura.

mocetta *(It.)* = salame grande, originalmente feito com carne de cabra selvagem curada (nos dias de hoje, já é usada até carne bovina, em razão de restrições à caça do animal montanhês) servido em fatias finas como antepasto, típico do norte da Itália.

mocha *(Ing.)* = moca. Ver *moka*. O termo também se refere a uma bebida quente e agradável que mistura café com leite e chocolate em pó (*mochaccino*), finalizada sem espuma. Pode ser adicionado creme chantili.

moda, alla ***(It.)*** = à moda de, à maneira de.

mode, à la ***(Fr.)*** = à moda de, ao estilo de.

moderne, à la ***(Fr.)*** = à moda moderna: guarnição de tufos de couve-flor cobertos com molho de queijo, tomates e batatas *duchesse*.

moelle ***(Fr.)*** = tutano. Ver *marrow*.

(~) **sauce** ***(Ing.)*** = variação do molho *bordelaise* com vinho branco, tutano fervido, picado em cubos com salsinha picada.

moist sugar / muscovado sugar ***(Ing.)*** = açúcar mascavo (açúcar em estado natural, sem refino), muito usado em pães e bolos de frutas. Trata-se de um açúcar úmido, escuro e grosso, rico em ferro.

moisten, to (v.) ***(Ing.)*** = umedecer, adicionar um pouco de qualquer líquido a uma mistura seca de alimentos para amolecê-la.

mojettes ***(Fr.)*** = feijão-branco. Quando cozido, come-se quente ou frio, como salada.

moka ***(Fr.)*** = moca; variedade de café árabe com aroma forte e sabor achocolatado intenso. Pode ser consumido puro ou como ingrediente para aromatizar bolos e pudins.

molasses ***(Ing.)*** = melaço, melado.

mold ***(EUA)*** = forma.

moler ***(Esp.)*** = moer, triturar.

molido ***(Esp.)*** = moído.

molle ***(Fr.) (It.)*** = ensopado ou mole, macio.

mollejas ***(Esp.)*** = moelas, órgão responsável pela digestão das aves. O termo também se refere ao timo, glândula da vitela ou do cordeiro. São consumidas assadas, ensopadas ou fritas.

mollet ***(Fr.)*** = levemente cozido, principalmente ovos.

molleto ***(It.)*** = ligeiramente fervido.

mollica ***(It.)*** = migalha de pão.

mollusc ***(Ing.)*** = molusco.

mollusco ***(It.)*** = molusco.

mollusk ***(EUA)*** = molusco.

mollusque ***(Fr.)*** = molusco.

molten ***(Ing.)*** = derretido, fundido.

molto cotto ***(It.)*** = bem cozido.

mondar ***(Esp.)*** = descascar, limpar.

mondare ***(It.)*** = descascar.

mondeghili ***(It.)*** = bolinhos de carne moída misturada (carne bovina, salsicha e mortadela) com queijo e leite, depois empanados e fritos, especialidade da Lombardia.

mondelech (***Ing.***) = espécie de massinhas fritas, feitas com leite, ovos e farinha, servidas como acompanhamento de caldos e sopas na culinária judaica.

monder ***(Fr.)*** = descascar, tirar a pele.

mondongo ***(Esp.)*** = vísceras de animais.

monkey-nut ***(Ing.)*** = amendoim. Ver *arachide*.

monkfish ***(Ing.)*** = diabo-marinho. Ver *lotte de mer* e *goosefish*.

Monsieur fromage ***(Fr.)*** = queijo da Normandia de sabor forte com formato de cilindro. Ver *fromage de monsieur*.

Mont Blanc / Mont Blanc aux marrons ***(Fr.)*** = sobremesa de purê doce de nozes ou castanhas, montada em um cone com creme chantili para assemelhar-se à montanha e "fios"de marron-glacê.

montare ***(It.)*** = bater ovos ou creme.

montato ***(It.)*** = batido ou transformado em creme.

Monte Bianco ***(It.)*** = o mesmo que o francês *Mont Blanc*, com chocolate e mel.

monter ***(Fr.)*** = aumentar o volume de um ingrediente, batendo-o para incorporar ar.

monter au beurre ***(Fr.)*** = adicionar manteiga a um molho no último momento, sem alterar sua cor clara nem seu aroma, para dar-lhe brilho.

Montoire ***(Fr.)*** = queijo francês suave, feito de leite de cabra, de sabor frutado e agradável, consistência firme, típico da região do Vale do Loire. Presta-se ao acompanhamento de sobremesas e lanches.

montone ***(It.)*** = carne de carneiro. Ver *ariete*.

Montpensier, garnish ***(Fr.)*** = filé com guarnição de fundos de alcachofras fatiados, aspargos verdes, trufas e molho Madeira.

Montreuil ***(Fr.)*** = com pêssegos. O termo também se refere a peixe cozido em vinho branco, servido com fatias largas de batata e molho de camarão.

mora ***(Esp.)*** = amora. Ver *blackberry*.

mora ***(It.)*** = amora-preta. Plural: *more*. Ver *blackberry*.

morbidelle ***(It.)*** = bolinhas de carne (de boi, de ave, de peixe, de vitelo) em consistência bem macia ou pastosa.

morceau ***(Fr.)*** = pequena porção, pedaço pequeno.

(~) **de sucre** (***Fr.)*** = torrão de açúcar.

morcilla ***(Esp.)*** = morcela; espécie de salsichão feito de sangue e miúdos de porco, alho, especiarias diversas e bacon.

morcilla blanca ***(Esp.)*** = tipo de morcela feito com carne de galinha, bacon, salsinha e ovos duros cozidos.

morilles ***(Fr.)*** = cogumelo francês com algumas espécies comestíveis. Ver *champignon*.

mormora ***(It.)*** = maria-luísa ou pargo. Ver *herrera*.

morrón ***(Esp.)*** = pimentão; hortaliça rica em vitamina C e fibras, mas com baixa concentração calórica, podendo ser consumida verde ou madura, crua, assada ou frita em saladas, temperos, molhos e acompanhamentos.

mortadella ***(It.)*** = mortadela; originalmente, *forcemeat* temperada com murta, pimenta preta e/ou pistache. A melhor mortadela é a produzida apenas com carne de porco, embora haja casos de mistura com carne de cavalo e de boi.

(~) **di campotosta** *(It.)* = espécie de mortadela fabricada em Campotosta com bacon formando uma coluna interna bem no centro.

mortadelle *(Fr.)* = mortadela.

morue *(Fr.)* = bacalhau. Ver *bacalao*.

morue salée *(Fr.)* = bacalhau salgado. Ver *bacalao*.

moscovita *(It.)* = sobremesa cremosa do tipo musse.

moss curled endive *(Ing.)* = escarola. Ver *escarole*.

moss curled parsley = salsinha crespa. Ver *French parsley*.

mostaccioli *(It.)* = tipo de massa semelhante ao *penne*, porém de textura menos rígida.

mostacciolo *(It.)* = tradicional bolo calabrês, feito de frutas com amêndoas, mel e frutas cristalizadas.

mostarda *(It.)* = mostarda (condimento).

mostaza *(Esp.)* = mostarda (condimento).

mosto *(It.)* = suco de uva não fermentado.

mother sauce *(Fr.) (Ing.)* = em tradução literal, "molho-mãe"; na realidade, trata-se de um molho utilizado como base para a confecção de outros molhos. Modernamente, são consideradas seis categorias pela cozinha clássica francesa (no século 19, eram apenas quatro): *béchamel*, *espagnole*, *hollandaise*, *mayonnaise*, *sauce tomate* e *velouté*.

mouclade *(Fr.)* = ensopado de mexilhões com vinho branco e molho de creme engrossado com gemas de ovos, salsa e temperos.

moudre *(Fr.)* = moer, triturar.

mould *(Ing.)* = forma.

mould, to *(v.) (Ing.)* = moldar à mão ou em forma.

moule *(Fr.)* = mexilhão. Ver *concha*. O termo também pode significar molde ou forma.

(~) **à gâteau** *(Fr.)* = forma de bolo.

(~) **à tarte** *(Fr.)* = forma de torta.

moules marinière *(Fr.)* = mexilhões limpos, cozidos em panela fechada, com vinho branco, cebolas em pedacinhos, salsinha picada e temperos. Quando os mexilhões abrem, são servidos com o líquido do cozimento.

moules poulettes *(Fr.)* = mexilhões apresentados no prato com creme de leite, cebola, salsinha, especiarias e vinho branco.

mountain ham *(Ing.)* = presunto produzido nas montanhas ou em ambiente climatizado como tal.

mousquetaire sauce *(Fr.)* = molho rústico de maionese temperada com cebolas picadas ou cebolinhas e salsinha anteriormente cozidas lentamente em vinho branco seco, com adição de mostarda seca e azeite. Serve-se fria.

moussaka / mousaka ***(Ing.)*** = camadas alternadas de carneiro em fatias e alcacofras fritas fatiadas ou berinjelas em camadas, encimadas por molho bechamel ou iogurte, ovos e queijo misturados, condimentados com noz-moscada e gratinados com farinha de rosca e queijo, assados no forno. O prato é originário da Grécia, mas degustado também na Inglaterra.

moussant ***(Fr.)*** = espumante.

mousse ***(Fr.) (Ing.)*** = musse, iguaria doce ou salgada leve, usada em sobremesas ou entradas; mistura saborosa, à qual se adiciona gelatina ou claras batidas.

(~) **au chocolat** ***(Fr.)*** = musse de chocolate.
(~) **au citron** ***(Fr.)*** = musse de limão.
(~) **au fromage de chèvre** ***(Fr.)*** = musse de queijo de cabra.
(~) **de foie de volaille** ***(Fr.)*** = musse de fígado de galinha.
(~) **de jamón** ***(Esp.)*** = musse de presunto.
(~) **de jambon** ***(Fr.)*** = musse de presunto.
(~) **de salmón** ***(Esp.)*** = musse de salmão.
(~) **de saumon** ***(Fr.)*** = musse de salmão.

mousseline ***(Fr.)*** = preparo culinário de textura delicada, uma espécie de purê mais leve e aerado que o comum, geralmente resultante da adição de creme de leite batido ou claras de ovos em neve.

mousseline, sauce ***(Fr.) (Ing.)*** = molho holandês (ver *hollandaise sauce*) batido com creme de leite ou chantili antes de ser servido. Usa-se com aspargos, brócolis, peixe cozido, frango e pratos com ovos.

moutarde ***(Fr.)*** = mostarda.

mouton ***(Fr.)*** = carneiro. Ver *ariete*.

mozzarella ***(It.)*** = mozarela; variedade de queijo de massa filada (em fios), originário da Itália, feito inicialmente apenas com leite de búfala, fresco, branco e macio, o único tipo certificado no país. Por ter seu uso disseminado em todo o mundo, este queijo passou a ser produzido também com leite de vaca com técnicas diferenciadas, adquirindo uma coloração amarela.

(~) **affumicata** ***(It.)*** = mozarela defumada.
(~) **di bufala** ***(It.)*** = mozarela de leite de búfala.
(~) **in carozza** ***(It.)*** = sanduíche frito recheado com mozarela, servido como antepasto.

mucca ***(It.)*** = vaca. Ver *bœuf*.

muesli ***(Ing.)*** = papa ou mingau de cereal para o café da manhã, composto de aveia, frutas secas, nozes picadas, mel e farelo (de trigo).

muffin ***(Ing.)*** = bolo pequeno, leve, redondo e chato, preparado em forma individual, com uma grande variedade de sabores e estilos, de preferência servido quente durante o chá.

muffuletta ***(It.)*** = originalmente, um macio pão siciliano de textura esponjosa. Em Nova Orleans, o termo se refere ao sanduíche recheado com salada verde, mortadela, presunto, salame, mozarela e provolone.

mug *(Ing.)* = caneca para cerveja.

muge *(Fr.)* = tainha.

muggine *(It.)* = tainha.

mujaddara / mjadra (*Ing.*) = arroz com lentilhas, típico do Oriente Médio.

mulberry *(Ing.)* = amora; amoreira.

mulet doré *(Fr.)* = tainha dourada.

mull, to *(v.) (Ing.)* = aquecer uma bebida, temperando-a com especiarias, especialmente vinho e cerveja.

mulled wine *(Ing.)* = vinto tinto com calda de açúcar, aquecido, condimentado com pauzinhos de canela, gengibre seco, cravos e cascas de laranja. O termo também significa ponche. Ver *punch*.

mullet *(Ing.)* = tainha; nome genérico para várias espécies de peixes marinhos característicos de águas tropicais e temperadas (há algumas de água doce), com carne gordurosa, de sabor acentuado, indicada para assados; tem espinhos.

munchies *(EUA) (Ing.)* = aperitivos ou petiscos para lanche, para beliscar.

murcott tangerine *(Ing.)* = espécie de tangerina muito doce, com alto teor de açúcar, conhecida como *honey tangerine*. Ver *clementina*.

mûre *(Fr.)* = amora. Ver *blackberry*.

(~) **de ronce** *(Fr.)* = amora-preta. Ver *blackberry*.

(~) **sauvage** *(Fr.)* = amora selvagem. Ver *blackberry*.

muriche *(It.)* = espécie de molusco, geralmente servido como antepasto.

murseddu *(It.)* = um dos mais famosos pratos da Calábria, feito com tripas em tiras, fatias de fígado de vitela e fígado de porco, tomates, vinho tinto, pão, especiarias e azeite.

murstica *(It.)* = antepasto típico da região da Calábria, feito com filhotes de anchovas salgados em conserva no azeite de oliva, temperados com pimenta-do-reino.

mus *(It.)* = polenta, mingau, purê ou papa.

muscade *(Fr.)* = noz-moscada; especiaria versátil de sabor amargo e aroma inconfundível, tornou-se conhecida na Europa a partir do século 12. Serve para temperar pães, biscoitos e bolos, carnes, molhos, massas, queijos, coquetéis e bebidas. Deve ser ralada na hora de usar, pois seu sabor e aroma se perdem rapidamente.

muscat *(Fr.)* = vinho moscatel.

(~) **grape** *(Ing.)* = uva moscatel.

muscatel raisings *(Ing.)* = passa de uva moscatel.

muscle *(Esp.)* = mexilhão. Ver *concha*.

muscoli *(It.)* = mexilhões. Ver *concha*.

muscolo / muscoletti *(It.)* = músculo de vaca ou vitela, que tem carne suculenta e saborosa, prestando-se a sopas e assados.

muscovado sugar / moist sugar *(Ing.)* = açúcar mascavo. Ver *moist sugar*.

mush *(EUA)* = mingau ou papa, similar à polenta.

(~) **of sweet corn** *(Ing.)* = canjiquinha; iguaria feita com milho triturado, em consistência de mingau, com carne (porco ou frango) e temperos. Também existe uma versão doce do prato.

mushroom *(Ing.)* = cogumelo. Ver *champignon*.

(~) **oyster** *(Ing.)* = espécie de cogumelo. Ver *oyster mushroom*.

(~) **quiche** *(Ing.)* = quiche de cogumelos.

(~) **sauce** *(Ing.)* = molho peneirado com cogumelos pequenos e fatiados, preparado com vinho branco ou *béchamel*.

(~) **soup** *(Ing.)* = sopa de cogumelos, contendo pelo menos 5% de cogumelos frescos e cortados, acompanhada de pão; especialidade inglesa.

(~) **soya sauce** *(Ing.)* = molho de soja aromatizado com extrato de cogumelos.

musillo *(It.)* = a parte grossa e central do bacalhau salgado.

musk *(Ing.)* = almíscar.

muskmelon *(Ing.)* = melão almiscarado. Ver *cantaloup* ou *mélon*.

muslim curry *(Ing.)* = molho espesso de curry (caril) com leite de coco, canela, suco de limão e nozes, recomendado para ser usado com carnes e frangos.

muslo *(Esp.)* = coxa.

mussel *(Ing.)* = mexilhão. Ver *concha*.

mustard *(Ing.)* = mostarda.

(~) **and cream sauce** *(Ing.)* = creme batido com mostarda inglesa e pimenta branca moída e um pouco de suco de limão como ao fazer maionese. Serve-se com canapés ou presunto.

(~) **butter** *(Ing.)* = mistura de mostarda com manteiga, temperada com cebola, alho e salsinha, em rolos de 2,5 cm, refrigerada e cortada em fatias para guarnecer carnes grelhadas ou peixe.

mutton *(Ing.)* = carne de carneiro. Ver *ariete*.

(~) **fish** *(Ing.)* = espécie de peixe da família da enguia. Ver *eel*.

(~) **sausage** *(Ing.)* = salsicha de carne de carneiro.

(~) **-chop** *(Ing.)* = costeleta de carneiro.

muy hecho *(Esp.)* = bem passado ou bem cozido (bife ou ovo, por exemplo).

myrtille *(Fr.)* = mirtilo. Ver *airelle*.

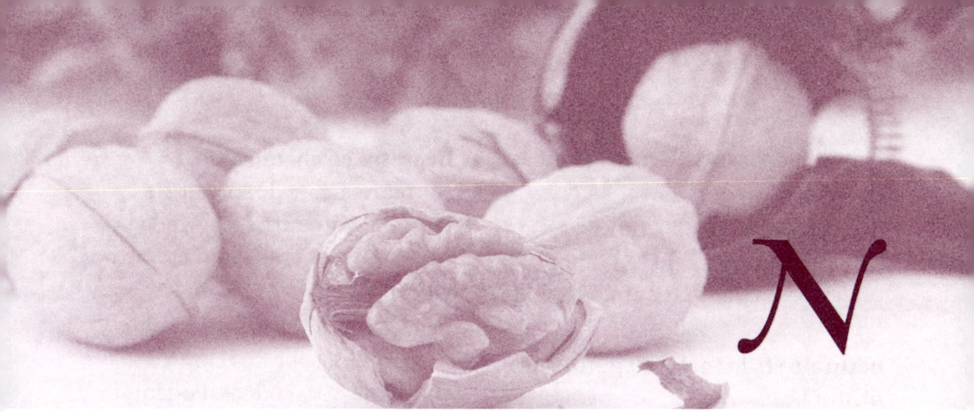

nabo ***(Esp.)*** = nabo. Ver *colinabo*.

nage, à la ***(Fr.)*** = modo de preparo com frutos do mar diversos cozidos em caldo de legumes e vinho branco com ervas e condimentos aromáticos. O prato é servido com os legumes do cozimento.

nantaise, à la ***(Fr.)*** = à moda de Nantes: guarnição com molho de vinho, cebolas pequenas e ameixas ou cenouras. Existe ainda a referência a pratos preparados com mexilhões, cogumelos, trufas e molho holandês.

nantaise, sauce ***(Fr.)*** = molho à base de *roux* dourado, chalotas picadas, pepinos tipo *cornichon* cortados em rodelas, vinagre, gemas de ovo e mostarda.

nantua, à la ***(Fr.)*** = à moda de Nantua: guarnecida com cauda de camarões d'água doce e trufas fatiadas. Usada, principalmente, com peixes.

nap, to ***(v.) (Ing.)*** = cobrir um alimento com molho, geralmente um prato de carne ou peixe.

napkin ***(Ing.)*** = guardanapo.

(~) **ring** ***(Ing.)*** = porta-guardanapos.

napoleón biscuits ***(Fr.)*** = dois biscoitos feitos com farinha, ovos e amêndoas, juntos como sanduíche, recheados com geleia e polvilhado com açúcar.

napolitaine, à la ***(Fr.)*** = à moda napolitana: servido com espaguete preparado com molho de tomates, queijo ralado e pedaços de tomates.

nappe ***(Fr.)*** = toalha de mesa.

napper ***(Fr.)*** = cobrir um alimento com molho, geralmente carne ou peixe.

naranja ***(Esp.)*** = laranja. Ver *arancia*.

(~) **amarga** ***(Esp.)*** = laranja de Sevilha ou laranja-da-terra. Ver *arancia*.

naranjada ***(Esp.)*** = laranjada.

nasello ***(It.)*** = badejo ou merluza. Ver *abadejo* ou *hake*.

nata ***(Esp.)*** = nata, a parte gordurosa do leite.

(~) **batida** ***(Esp.)*** = creme batido.

natillas ***(Esp.)*** = tradicional sobremesa espanhola, trata-se de uma espécie de mingau feito de leite, farinha de milho, baunilha ou canela, açúcar e gemas de ovos.

native oyster ***(Ing.)*** = ostra pequena, famosa pelo seu sabor, podendo medir até 12 cm. Ver *huître*.

naturale ***(It.)*** = natural, puro, sem mistura.

nature ***(Fr.)*** = simples, como omelete sem qualquer outro ingrediente, ou café ou chá sem a adição de leite.

naturel, au ***(Fr.)*** = alimento cozido sem molhos ou servido em seu estado natural.

navarin ***(Fr.)*** = carne de cordeiro ou carneiro ensopada com cebolas e batatas ou nabos.

(~) **à la printanière** ***(Fr.)*** = ensopado de cordeiro ou carne de carneiro com cebolas, alho, tomate, ervilhas, nabos, batatas, vagem, ervas e temperos.

navet ***(Fr.)*** = nabo. Ver *colinabo*.

Neapolitan ***(Ing.)*** = método de preparação em que o alimento é disposto em camadas de diversas cores.

Neapolitan ice cream ***(Ing.)*** = sorvete ou cassata de chocolate, baunilha e morango.

Neapolitan sauce ***(EUA)*** = molho de tomates com alho, cebolas, manjericão, salsinha e outras ervas; originário de Nápoles, porém consolidado nos Estados Unidos.

nectarine ***(Ing.)*** = nectarina. Ver *brugnon*.

nèfle ***(Fr.)*** = nêspera. Ver *medlar*.

négresse en chemise ***(Fr.)*** = sobremesa feita de sorvete de chocolate ou musse, colocada no centro de um prato com creme por cima e ao redor.

negretti ***(It.)*** = pequenos bolos individuais, cobertos com chocolate e amêndoas. Podem ser incluídos passas e conhaque para adicionar sabor.

negritas / masitas negritas ***(Esp.)*** = bolinhos com textura de musse de chocolate cobertos com iogurte ou creme chantili.

negroni ***(It.)*** = coquetel clássico à base de vermute *rosso*, Campari e gim, servido antes das refeições.

neige ***(Fr.)*** = claras de ovos batidas em neve.

(~), **monter en** ***(Fr.)*** = bater as claras de ovos em ponto de neve bem espessa.

(~) **de Florence** ***(Ing.)*** = flocos bem finos de massa, utilizados em sopas claras.

nero ***(It.)*** = negro.

nespola ***(It.)*** = nêspera. Ver *medlar*.

nettoyer ***(Fr.)*** = limpar.

Neufchâtel ***(Fr.)*** = queijo francês dos mais antigos, provavelmente produzido desde o século 6. Originário da região da Normandia, é macio, branco e friável, feito com leite não pasteurizado de vaca, apresentando textura granulada e um sabor de cogumelos levemente salgado e suave.

New Bedford pudding ***(EUA)*** = pudim feito com fubá (ou farinha de milho) e farinha de trigo, leite e ovos.

Newburg sauce ***(Fr.) (Ing.)*** = molho de carne de lagosta cortada em cubos, cozida em caldo ou óleo ou manteiga. O molho é coado, coberto com vinho Madeira, reduzido, temperado com pimenta-de-caiena, cebola, creme e caldo de peixe, cozidos lentamente e depois engrossado com gemas de ovos. A lagosta pode ser flambada com conhaque; suas partes cremosas e rosadas podem ser adicionadas no final.

newspaper cooking ***(Ing.)*** = método de cozinhar um peixe inteiro, lavado, enrolando-o em oito ou nove folhas de jornal, mergulhando-o na água e depois assando-o no forno moderado até que o papel fique totalmente seco (aproximadamente uma hora para um peixe de 1,5 quilo).

niçoise, à la ***(Fr.)*** = no estilo de Nice, na França, isto é, guarnição à base de tomates, alcaparras, azeite de oliva, azeitonas verdes e pretas, ervas frescas (manjericão, salsinha, tomilho) e suco de limão.

niçoise, sauce ***(Ing.)*** = molho vinagrete com mostarda, pedacinhos de anchovas, alcaparras picadas, azeitonas, tomates frescos e secos, alho, cebolinha e salsinha, temperado com azeite de oliva, vinagre balsâmico e manjericão. Serve-se com salada de carnes e ovos duros, cozidos.

nidi ***(It.)*** = macarrão fino emaranhado, tipo cabelo de anjo; literalmente: ninhos.

nido, al ***(It.)*** = no ninho, isto é, um ingrediente dentro de outro.

níspero ***(Esp.)*** = nêspera. Ver *medlar*.

nizzarda ***(It.)*** = salada *niçoise*, à moda de Nice, feita com atum em conserva, batatas, azeitonas pretas, cebola, cebolinha, feijão-verde, filés de anchova em conserva e azeite doce.

nocciola ***(It.)*** = avelã. Ver *avellana*.

nocciolina ***(It.)*** = amendoim. Ver *arachide*.

nocciolo ***(It.)*** = caroço de fruta.

noce ***(It.)*** = noz.

(~) **del Brasile / del Para** ***(It.)*** = castanha-do-pará. Ver *Brazil nut*.

(~) **di anacardio** ***(It.)*** = castanha--de-caju. Ver *cashew-nut*.

(~) **di cocco** ***(It.)*** = coco. Ver *coconut*.

(~) **moscata** ***(It.)*** = noz-moscada. Ver *muscade*.

nocepesca ***(It.)*** = nectarina. Ver *brugnon*.

noisette ***(Fr.)*** = avelã. Ver *avellana*.

(~) **sauce** ***(Ing.)*** = molho preparado no último momento, feito com 150 gramas de manteiga de avelã por quilo de manteiga. Usa-se com salmão cozido e trutas.

noix ***(Fr.)*** = noz.

(~) **de cajou** ***(Fr.)*** = castanha-de--caju. Ver *cashew-nut*.

(~) **de coco** *(Fr.)* = coco. Ver *coconut.*

(~) **de macadam** *(Fr.)* = noz-macadâmia.

(~) **de pecan** *(Fr.)* = noz-pecã; fruto originário do sul dos Estados Unidos e do México, rico em vitamina E, normalmente consumido ao natural, em bolos, tortas, molhos etc.

(~) **du Brésil** *(Fr.)* = castanha-do-pará. Ver *Brazil nut.*

(~) **muscade** *(Fr.)* = noz-moscada. Ver *muscade.*

non-fat *(Ing.)* = qualificação do alimento do qual se retirou a gordura.

(~) **dry milk** *(Ing.)* = leite em pó desnatado.

(~) **milk** *(Ing.)* = leite desnatado.

(~) **plain yogurt** *(Ing.)* = iogurte natural desnatado.

nonna, alla *(It.)* = à moda da avó; no estilo caseiro tradicional.

nonnette *(Fr.)* = tipo de biscoito doce glaçado.

nonnette de Dijon *(Fr.)* = pão de gengibre redondo, recheado com geleia de laranja, glaçado.

noodle = talharim (macarrão); massa feita com farinha de trigo, ovos e água, cortada em tiras de várias larguras.

(~) **soup** *(Ing.)* = sopa de macarrão.

noques *(Fr.)* = nhoques.

ñoquis *(Esp.)* = nhoques.

Norfolk apple cake / apple cake *(Ing.)* = bolo de maçã feito com massa fina recheada com uma mistura de maçãs cozidas, geleia de laranja e uvas-passas.

Norfolk dumpling *(Ing.)* = bolinho de massa feito de farinha de trigo, ovos e leite, sem gordura de qualquer espécie, com levedura de fermento para crescer antes de cozinhar.

normande sauce *(Ing.)* = são conhecidas algumas versões do molho *normande*: molho de peixe enriquecido com creme, gema de ovos e manteiga, servido com peixes e mariscos; molho *velouté* com gema de ovo, peixe defumado e cogumelos; molho de suco de maçã com manteiga, creme de leite e pimenta.

nougat *(Ing.) (Fr.)* = nugá ou torrone; doce em pasta firme, feito com amêndoas, avelãs ou nozes, calda de açúcar, caramelo ou mel, vendido, em geral, em tabletes.

nougatine *(Fr.) (Ing.)* = doce, tipo *praline* feito de caramelo leve misturado com amêndoas ou avelãs amassadas, cortado em diversas formas ou cortado como um grande círculo para ser usado como base para um bolo ou sobremesa.

nourriture *(Fr.)* = comida, alimentação.

nouvelle cuisine *(Fr.) (Ing.)* = novo estilo de cozinhar, desenvolvido nos anos 1970, na França, liderado por *chefs* famosos, como Paul Bocuse, que se distanciou da cozinha clássica, baseando-se em alimentos naturais e de preparo simples, arrumados artisticamente no prato. Ver também *cuisine nouvelle.*

noyau ***(Fr.)*** = caroço de fruta.

nueces ***(Esp.)*** = nozes.

nuez ***(Esp.)*** = noz.

(~) **de anacardo** ***(Esp.)*** = castanha-de-caju. Ver *cashew-nut.*

(~) **de Brasil** ***(Esp.)*** = castanha--do-pará. Ver *Brazil nut.*

(~) **moscada** ***(Esp.)*** = noz--moscada. Ver *muscade.*

nun's toast ***(Ing.)*** = em tradução literal, "torrada de freira", como eram chamadas as rabanadas na Inglaterra, por volta do século 15. Fatias de pão embebidas em mistura de leite e ovos, fritas.

(***Ing.***) = doce de origem judaica, parecido com o nogado, feito com nozes, caramelo e mel, comumente servido na celebração de Purim.

nurse hound ***(Ing.)*** = cação grande, pintado. Ver *dogfish.*

nut ***(Ing.)*** = noz.

nut meal ***(Ing.)*** = nozes moídas, usadas para substituir farinhas como mistura para fazer biscoitos, bolos e recheios.

nut oil ***(Ing.)*** = qualquer óleo extraído de nozes, que conserva seu sabor peculiar.

nutcracker ***(Ing.)*** = quebra-nozes.

nutmeg ***(Ing.)*** = noz-moscada. Ver *muscade.*

nutmeg melon ***(Ing.)*** = melão cantalupo. Ver *cantaloup.*

nutrient ***(Ing.)*** = nutriente; qualquer alimento utilizado para produzir energia para o corpo e reparar os tecidos.

nutritional needs ***(Ing.)*** = necessidades nutricionais: quantidade dos vários componentes de alimentos necessários para uma boa saúde.

nutritive ***(Ing.)*** = nutritivo.

nutshell ***(Ing.)*** = casca de noz.

nymphes à l'aurore ***(Fr.)*** = perninhas de rãs cozidas em vinho branco, cobertas com molho picante e guarnecidas com gelatina de carne.

O

oak leaf lettuce ***(Ing.)*** = alface com folhas avermelhadas e crespas, de sabor suave. Também *red oak leaf lettuce*. Ver *batavia*.

oak mushroom ***(Ing.)*** = cogumelo *shiitake*. Ver *shiitake mushroom*.

oast cake ***(Ing.)*** = tipo de bolinho contendo uvas-passas, frito em óleo ou manteiga até ficar dourado.

oat ***(Ing.)*** = aveia. Ver *avena*.

(~) **flakes** ***(Ing.)*** = aveia em flocos, usada para fazer mingau.
(~) **flour** ***(Ing.)*** = farinha de aveia, que não contém glúten e deve ser combinada com farinha de trigo para fazer um pão que cresça.

oatcake ***(Ing.)*** = bolinho de aveia similar à panqueca, recheado com carne, linguiça, bacon e queijo ou frutas, doces e geleias.

oatmeal ***(Ing.)*** = farinha ou mingau de aveia.

oats ***(Ing.)*** = cereal de aveia

oca ***(It.)*** = ganso. Ver *ánsar*.

(~) **farcita alla borghese** ***(It.)*** = ganso assado recheado com carne de porco picada, maçãs, cebolas, nozes e o fígado do ganso.

occhi di lupo ***(It.)*** = macarrão em formato de tubinhos curtos.

occhialone ***(It.)*** = brema (peixe redondo). Ver *bream*.

ocean perch ***(Ing.)*** = perca de mar (peixe). Ver *perca*.

ocean quahog ***(EUA)*** = molusco bivalve comestível nativo do Atlântico Norte, pescado nos Estados Unidos, onde é usado como mariscos. Ver *concha*.

octopus ***(Ing.)*** = polvo. Ver *élédone*.

odour ***(Ing.)*** = odor, aroma causado por alguma substância. Há seis odores principais: de frutas, de flores, de resina, de condimentos, de podre e de queimado.

œil d'anchois ***(Fr.)*** = em tradução literal "olhos de anchova", iguaria preparada com gema de ovo crua, cebolas picadas e anchovas, servida como entrada.

œuf ***(Fr.)*** = ovo.

(~) **à la coque** = ovo quente.
(~) **à la poêle** ***(Fr.)*** = ovo frito.
(~) **de Pâques** = ovo de Páscoa.
(~) **dur** ***(Fr.)*** = ovo duro, cozido.
(~) **frit** ***(Fr.)*** = ovo frito.

(~) **mollet** ***(Fr.)*** = ovo levemente fervido na casca; ovo mole.

(~) **poché** ***(Fr.)*** = ovo poché; cozido sem a casca em água fervente por tempo breve.

œufs ***(Fr.)*** = ovos.

(~) **à la bénédictine** ***(Fr.)*** = ovos quentes servidos sobre fatias de muffins e presunto, com molho *hollandaise*.

(~) **à la causalade** ***(Fr.)*** = ovos fritos e bacon.

(~) **à la coque** ***(Fr.)*** = ovos pouco fervidos, servidos na casca.

(~) **à l'agenaise** ***(Fr.)*** = ovos fritos na gordura de ganso com berinjelas e cebolas.

(~) **à la neige** ***(Fr.)*** = ovos nevados; doce preparado com claras de ovos batidas em neve.

(~) **à la tripe** ***(Fr.)*** = prato de ovos cozidos em rodelas com cebolas, típico de Lyon.

(~) **au chasseur** ***(Fr.)*** = ovos mexidos com fígado de galinha.

(~) **au lait** ***(Fr.)*** = espécie de manjar de ovos.

(~) **brouillés** ***(Fr.)*** = ovos mexidos.

(~) **bûcheronés** ***(Fr.)*** = ovos batidos sobre fatias de presunto e torradas, assados no forno.

(~) **de poisson** ***(Fr.)*** = ovas de peixe.

(~) **en cocotte** ***(Fr.)*** = ovos cozidos em um prato para suflê, colocados rapidamente em água fervente. Vários itens podem ser colocados sob os ovos, como pão, queijo etc., antes ou depois do cozimento.

(~) **en gelée** ***(Fr.)*** = ovos fervidos cobertos por uma camada gelatinosa.

(~) **en meurettes** ***(Fr.)*** = ovos quentes, cozidos em vinho tinto com fatias de toucinho e cebola.

(~) **farcis** ***(Fr.)*** = ovos recheados.

(~) **florentine** ***(Fr.)*** = ovos quentes sobre espinafre, com molho de queijo, gratinado com farinha de rosca e queijo, dourados na grelha.

(~) **Justine** ***(Fr.)*** = ovos cozidos recheados com cogumelos misturados a um creme grosso de queijo, empanados e fritos na manteiga.

(~) **mayonnaise** ***(Fr.)*** = entrada de ovos cozidos em metades, cobertos por maionese caseira e salpicados com salsinha.

(~) **montés en neige** ***(Fr.)*** = claras de ovos batidas até endurecerem.

(~) **sur le plat** ***(Fr.)*** = ovos assados em assadeira untada.

offal ***(Ing.)*** = miúdos de animais, como miolo, língua, rim, coração, fígado.

oie ***(Fr.)*** = fêmea do ganso. Ver *ánsar*.

oignon ***(Fr.)*** = cebola. Ver *cebolla*.

(~) **frais** ***(Fr.)*** = cebolinha verde. Ver *cebollino*.

(~) **piquet** ***(Fr.)*** = cebola descascada e espetada com cravos e uma folha de louro, usada para condimentar pratos em fase de preparo.

oignons, purée d' ***(Fr.)*** = sopa--creme de cebolas.

oil ***(Ing.)*** = óleo; azeite.

(~) **pastry** ***(Ing.)*** = massa feita com óleo em vez de gordura. Devido à sua fragilidade, ela é enrolada em folhas de papel--manteiga. É mais adequada para pratos salgados.

oil, to ***(v.) (Ing.)*** = untar.

oily ***(Ing.)*** = oleaginoso; gorduroso, untuoso.

oily fish / oil-rich fish / pelagic fish ***(Ing.)*** = espécies de peixe que contêm mais de 6% de gordura.

oindre ***(Fr.)*** = untar.

oiseau ***(Fr.)*** = pássaro.

oison ***(Fr.)*** = ganso jovem. Ver *ánsar*.

okra ***(Ing.)*** = quiabo. Ver *gombo*.

olandese, all' ***(It.)*** = com molho holandês.

old bay ***(Ing.)*** = tempero seco composto de aipo salgado, mostarda seca, páprica etc. Usado no preparo de frutos do mar, principalmente camarões fervidos ou caranguejos.

olio ***(It.)*** = óleo.

(~) **d'arachide** ***(It.)*** = óleo de amendoim.
(~) **di cocco** ***(It.)*** = óleo de coco.
(~) **di cotone** ***(It.)*** = óleo de algodão.
(~) **di fegato di merluzzo** ***(It.)*** = óleo de fígado de bacalhau.
(~) **di girasole** ***(It.)***= óleo de girassol.
(~) **di mais** ***(It.)*** = óleo de milho.
(~) **di noci** ***(It.)*** = óleo de nozes.
(~) **di semi di girasole** =***(It.)*** = óleo de sementes de girassol.
(~) **d'oliva** ***(It.)*** = azeite de oliva.
(~) **di soia** ***(It.)*** = óleo de soja.
(~) **di tartufo** ***(It.)*** = óleo de trufas.

olio, all' ***(It.)*** = preparado no óleo ou azeite.

oliva ***(Esp.) (It.)*** = azeitona. Ver *aceituna*.

olive ***(Fr.) (Ing.)*** = azeitona. Ver *aceituna*.

(~) **all'anconetana** ***(It.)*** = azeitonas verdes, grandes, recheadas com carne, presunto ou frango e fritas em óleo bem quente.
(~) **-oil** ***(Ing.)*** = azeite de oliva.
(~) **noire** ***(Fr.)*** = azeitona preta.
(~) **verte** ***(Fr.)*** = azeitona verde.

olive nere ***(It.)*** = azeitonas pretas. Ver *aceituna*.

(~) **ripiene** ***(It.)*** = azeitonas recheadas.
(~) **verdi** ***(It.)*** = azeitonas verdes.

olive oil ***(Ing.)*** = óleo de oliva; azeite.

extra-virgin (~) ***(Ing.)*** = azeite obtido da primeira prensagem das azeitonas por meio de processos totalmente físicos: lavagem, moagem, prensa fria e centrifugação; de sabor e aroma intensos, apresenta acidez menor do que 0,8%.
virgin (~) ***(Ing.)*** = produzido sob os mesmos princípios do azeite extravirgem, é elaborado a partir de frutos um pouco mais maduros, com resultado

levemente inferior no que diz respeito ao aroma, ao sabor e à acidez, que deve permanecer entre 0,8% e 2%.

olives farcies ***(Fr.)*** = azeitonas recheadas.

olivette ***(Fr.)*** = tomate de tamanho médio em formato alongado. Ver *pomodoro*.

olla ***(Esp.)*** = panela.

(~) **de San Antón** ***(Esp.)*** = carne de porco (orelha, rabo, costelas) e linguiça com arroz, feijão, pimentão, cebola e erva-doce. Prato tradicional da Andaluzia para a festa de Santo Antônio.

olla gitana ***(Esp.)*** = iguaria típica da região da Múrcia, na Espanha, trata-se de um guisado de grão-de--bico com legumes variados, especiarias e peras.

olor ***(Esp.)*** = cheiro.

omeletta ***(It.)*** = omelete.

(~) **al formaggio** ***(It.)*** = omelete de queijo.

omelette ***(EUA) (Esp.) (Fr.) (Ing.)*** = omelete.

(~) **à la lyonnaise** ***(Fr.)*** = omelete com cebolas picadas e salsinha.

(~) **du fromage** ***(Fr.)*** = omelete de queijo.

(~) **landaise** ***(Fr.)*** = omelete de patê de ganso, temperado com manjericão, cebolinha, pimenta e noz-moscada.

(~) **norvégienne** (Fr.) = sobremesa preparada com pão de ló, sorvete e merengue, quente por fora e gelada por dentro.

omelette pan ***(Ing.)*** = omeleteira.

on the rocks ***(Ing.)*** = bebida servida sobre cubos de gelo.

onion ***(Ing.)*** = cebola. Ver *cebolla*.

(~) **brûlée** ***(Ing.)*** = literalmente, cebola queimada; queima-se a cebola cortada em duas partes; é usada para temperar e dar cor a caldos e molhos.

(~) **rings** ***(Ing.)*** = cebola cortada em anéis empanados e bem fritos.

(~) **sauce** ***(Ing.)*** = cebolas cortadas bem finas, cozidas na manteiga e adicionadas ao molho *béchamel* ou a creme de leite, temperadas com especiarias. Usa-se com carne de cordeiro assada ou pato.

(~) **soup** ***(Ing.)*** = sopa de cebolas, composta de caldo de carne ou de galinha, cebolas fritas e temperos. A adição de conhaque é opcional.

oniony ***(Ing.)*** = acebolado.

opéra, à l' ***(Fr.)*** = à moda da ópera: guarnição com fígado de galinha, batatas assadas e pontas de aspargos.

orange ***(Fr.) (Ing.)*** = laranja. Ver *arancia*.

(~) **amère** ***(Fr.)*** = laranja amarga, também chamada de laranja-de--sevilha.

(~) **-blosson** ***(Ing.)*** = flor de laranjeira.

(~) **chiffon cake** ***(Ing.)*** = bolo leve feito com farin

(~) **compote** ***(Ing.)*** = compota de laranja.

(~) **essence** *(Ing.)* = essência forte feita de cascas de laranja, usada como aromatizante.
(~) **flower water** *(Ing.)* = água de flor de laranjeira.
(~) **juice** *(Ing.)* = suco de laranja.
(~) **-marmalade** *(Ing.)* = geleia de laranja.
(~) **passion fruit punch** *(Ing.)* = bebida refrescante feita com sucos de laranja, maracujá e limão, misturados com açúcar dissolvido no fogo, água gaseificada e gelo picado.
(~) **-peel** *(Ing.)* = casca de laranja cristalizada.
(~) **pekoe** *(Ing.)* = qualidade de chá preto produzido na Índia, na China e no Sri Lanka, não aromatizado com laranja.
(~) **pressée** *(Fr.)* = suco de laranja.
(~) **pudding** *(Ing.)* = pudim de laranja, para o qual há uma diversidade de receitas, incluindo o uso de fatias da fruta, geleia ou raspas de cascas de laranja.
(~) **squeezer** *(Ing.)* = espremedor de laranja.

orangeade *(Ing.)* = laranjada.

orecchia di San Pietro *(It.)* = espécie de molusco com duas conchas. Ver *abalone.*

orecchiette *(It.)* = massa (macarrão) com formato de orelha ou concha.

orecchio di porco *(It.)* = orelha de porco.

orégano *(Esp.)* = orégano. Ver *common marjoram.*

oreille de mer *(Fr.)* = molusco com duas conchas. Ver *abalone.*

oreille de porc *(Fr.)* = orelha de porco.

oreja de mar *(Esp.)* = molusco com duas conchas. Ver *abalone.*

organ meat *(EUA)* = miúdos de animais, partes não aproveitadas.

organic food *(Ing.)* = alimento orgânico, plantado e cultivado sem fertilizantes ou pesticidas.

orge *(Fr.)* = cevada. Ver *barley.*

orientale, à l' *(Fr.)* = alimento preparado à moda do leste europeu, isto é, com tomates, alho e açafrão.

origan *(Fr.)* = orégano. Ver *common marjoram.*

origano *(It.)* = orégano. Ver *common marjoram.*

Orly, fish à *(Fr.)* = filés de peixe marinados em óleo e suco de limão, passados na farinha, fritos e guarnecidos com limão, salsinha ou coentro picado e servidos com molho de tomates.

oronge *(Fr.)* = espécie de cogumelo comestível, apreciado desde a Antiguidade.

orozuz *(Esp.)* = alcaçuz. Ver *licorice.*

orphie *(Fr.)* = peixe-agulha. Ver *garfish.*

ortaggi *(It.)* = verduras de folhas verdes.

orzo *(It.)* = cevada. Ver *barley.*

os *(Fr.)* = osso.
(~) **à l'** *(Fr.)* = pedaços de carne servidos ainda no osso.

(~) **à moelle** ***(Fr.)*** = tutano de osso.

oseille ***(Fr.)*** = azedinha. Ver *acetosella.*

osso bucco ***(It.)*** = ossobuco; tradicional iguaria italiana da região da Lombardia, especificamente Milão, feito de carne guisada da coxa de vitela, juntamente de osso (sem retirar o tutano), temperado com tomate, vinho, azeite de oliva e especiarias.

ostia ***(It.)*** = hóstia; biscoito fininho, bolacha.

ostra ***(Esp.)*** = ostra. Ver *huître.*

ostrica ***(It.)*** = ostra. Ver *huître.*

(~) **giapponese** ***(It.)*** = espécie de ostra côncava nativa do Pacífico, na costa da Ásia.

(~) **piatta** ***(It.)*** = ostra achatada, nativa da Europa.

(~) **portoghese** ***(It.)*** = ostra encontrada na Península Ibérica.

ostrich ***(Ing.)*** = avestruz.

ostriche ***(It.)*** = ostras. Ver *huître.*

(~) **gratinate** ***(It.)*** = ostras gratinadas.

ounce ***(Ing.)*** = unidade de peso equivalente a um sexto de uma libra.

oursin ***(Fr.)*** = ouriço-do-mar; invertebrado marinho da espécie dos equinoides; alguns tipos são comestíveis, apreciados por seu sabor delicado.

oven ***(Ing.)*** = forno.

oven toast ***(Ing.)*** = fatia de pão com manteiga dos dois lados, assada no forno até dourar.

ovenproof ***(Ing.)*** = refratário ao calor.

overheat ***(Ing.)*** = superaquecer, esquentar demais.

ovini ***(It.)*** = carneiros. Ver *ariete.*

ovoli ***(It.)*** = bolinhas de queijo mozarela, às vezes consumidas com queijo parmesão.

ox ***(Ing.)*** = boi. Ver *bœuf.*

(~) **liver** ***(Ing.)*** = fígado de boi.

(~) **tongue** ***(Ing.)*** = língua de boi, que pode ser servida guisada ou cozida e prensada em fatias, em sanduíches, com molho de mostarda ou de vinho Madeira.

Oxford blue ***(Ing.)*** = queijo inglês do tipo azul (apresenta veios azulados pelo efeito de bactérias), produzido em Buckinghamshire e feito de leite de vaca, apresenta textura suave, consistência cremosa e sabor forte.

Oxford pudding ***(Ing.)*** = torta de massa folhada, típica de Oxfordshire, com geleia de abricó (damasco), recheada com merengue.

oxtail ***(Ing.)*** = rabo de boi, rabada.

oyster ***(Ing.)*** = ostra. Ver *huître.*

(~) **cracker** ***(Ing.)*** = pequena bolacha salgada.

(~) **knife** ***(Ing.)*** = faca com lâmina afiada e pontuda, usada para abrir ostras.

(~) **mushroom** ***(Ing.)*** = tipo de cogumelo em forma de leque, com sabor sutil, textura de borracha e coloração acinzentada, conhecido também como shimeji. É usado em receitas de macarrão ou risotos.

(~) **sauce** ***(Ing.)*** = molho viscoso feito com ostras (ou extrato de ostras), água, sal, amido de milho e molho de soja, bastante usado na culinária de países asiáticos. Alguns tipos já foram industrializados, sendo encontrados à venda no mercado.

(~) **shell** ***(Ing.)*** = concha de ostra.

(~s) **au gratin** ***(Ing.)*** = ostras gratinadas.

(~s) **Rockefeller** ***(EUA)*** = tradicional iguaria de ostras cobertas com molho de vários vegetais, dentre os quais se destaca o espinafre (embora este ingrediente não figure na receita original), licor Pernod (ou absinto), migalhas de pão ralado, temperadas e assadas no forno rapidamente e servidas na metade da concha. O nome no prato faz uma referência a John D. Rockefeller, em razão da cor verde predominante (como as notas de dólar) e do sabor considerado "o mais rico", como o industrial milionário.

padella ***(It.)*** = frigideira.

paella ***(Esp.)*** = prato típico da gastronomia espanhola, originário de Valência, onde surgiu entre os séculos 15 e 16, feito à base de arroz, vegetais, frutos do mar e açafrão, que apresenta algumas variações quanto aos ingredientes. A receita clássica, no entanto, chamada *paella valenciana*, inclui carne de galinha, porco, coelho e pato, lulas, vôngoles, mexilhões, polvo, camarões e lagosta cozidos em uma panela grande, como se fosse risoto. Os mariscos são acrescentados após cinco ou dez minutos depois da adição de um caldo bem temperado, juntando-se cebolas, alho, pimentões e açafrão e as demais carnes. O termo origina-se do nome de uma frigideira especial chamada *paella*.

paesana, alla ***(It.)*** = à moda campestre ou camponesa: principalmente massa com bacon, cogumelos e tomates.

paglia e fieno ***(It.)*** = talharins finos, verdes e amarelos, secos e vendidos misturados no pacote.

pagnotta ***(It.)*** = pão redondo.

(~) **Santa Chiara** ***(It.)*** = pão de batatas, especialidade de Nápoles, recheado com tomates, anchovas e ervas, em comemoração ao dia de santa Clara.

pagre ***(Fr.)*** = pargo (denominação genérica a várias espécies); peixe de água salgada, de coloração vermelha com reflexos dourados e pontos azuis esparsos e nadadeiras amarelas. Geralmente é consumido assado e/ou recheado.

paillard ***(Fr.)*** = escalope bem fino ou fatia fina de peixe, frango ou carne, para preparo rápido. O termo se refere a um prato criado no século 19 por um *chef* parisiense chamado Paillard: uma fatia fina de filé de vitela, levemente batida e grelhada, sem qualquer outro condimento que não sal e pimenta, e gotas de suco de limão depois de pronta.

(~) **de vitelle** ***(Fr.)*** = variante da receita original de *paillard*, feita com bife fino de contrafilé de vitela grelhado, condimentado com sal e pimenta, servido com suco de limão.

paillettes ***(Fr.)*** = tiras ou anéis de batatas, massas, cebolas etc.

(~) **d'oignons frits** ***(Fr.)*** = anéis de cebola empanados e fritos.

pain ***(Fr.)*** = pão ou baguete.

(~) **à cacheter** ***(Fr.)*** = biscoito leve e fino.

(~) **au chocolat** ***(Fr.)*** = tipo de croissant com chocolate no centro. Come-se quente.

(~) **aux noix** ***(Fr.)*** = pão de nozes.

(~) **aux raisins** ***(Fr.)*** = pão com passas.

(~) **bis** ***(Fr.)*** = pão integral ou preto.

(~) **blanc** ***(Fr.)*** = pão branco.

(~) **brûlé** ***(Fr.)*** = pão queimado.

(~) **complet** ***(Fr.)*** = pão integral.

(~) **cuit au bois** ***(Fr.)*** = pão assado em forno a lenha.

(~) **de campagne** ***(Fr.)*** = bengala de pão caseiro, feita com trigo e centeio.

(~) **de ménage** ***(Fr.)*** = pão caseiro tradicional.

(~) **de mie** ***(Fr.)*** = pão de forma, especial para sanduíches.

(~) **d'épices** ***(Fr.)*** = pão de mel aromatizado com especiarias.

(~) **de seigle** ***(Fr.)*** = pão de centeio.

(~) **de sucre** ***(Fr.)*** = pão doce.

(~) **frais** ***(Fr.)*** = pão fresco.

(~) **grillé** ***(Fr.)*** = pão torrado.

(~) **intégral** ***(Fr.)*** = pão integral.

(~) **long: la baguette** ***(Fr.)*** = pão alongado; baguete (300 g).

(~) **maison** ***(Fr.)*** = pão caseiro.

(~) **noir** ***(Fr.)*** = pão preto.

(~) **parisien** ***(Fr.)*** = pão alongado; baguete grande (400 g).

(~) **perdu** ***(Fr.)*** = rabanadas; fatias de pão amanhecido banhadas numa mistura de ovos e leite, adoçadas e aromatizadas com baunilha, fritas até ficarem crocantes e douradas.

(~) **rassis** ***(Fr.)*** = pão amanhecido, duro.

(~) **rôti** ***(Fr.)*** = torrada.

(~) **Viennois** ***(Fr.)*** = pão vienense. Ver *Vienna loaf*.

palamita ***(It.)*** = bonito (peixe). Ver *bonite*.

palatable ***(Ing.)*** = apetitoso, saboroso.

paleron ***(Fr.)*** = corte de bife que inclui o pescoço até a costela (corresponde à paleta), assado ou ensopado, algumas vezes marinado e depois assado.

palestine, crème ***(Fr.)*** = sopa cremosa com miolos de alcachofras, feita com leite ou molho bechamel, sendo servida com croutons. É também chamada *cream of artichoke soup*.

paletta ***(It.)*** = pazinha para bolo.

palette ***(Fr.)*** = escápula de porco, boi ou carneiro, osso que sai do ombro.

palillo ***(Esp.)*** = palito.

palm heart ***(Ing.)*** = palmito. Ver *cœur de palmier*.

palm oil ***(Ing.)*** = óleo de palma ou azeite de dendê.

palmiers ***(Fr.) (Ing.)*** = espécie de biscoito de massa folhada enrolado em formato de folha de palmeira ou borboleta, cortado em fatias de

2 cm, com um dos lados adoçado com açúcar, assado no forno durante dez minutos, virado e caramelizado em calda de açúcar ou coberto de mel.

paloma ***(Esp.)*** = pombo; ave originária da Ásia, da Europa e de alguns países andinos, de carne tenra e suculenta, cujo consumo é bastante disseminado nos mercados europeu e asiático, o que não ocorre, por exemplo, no Brasil. Costuma ser degustada em assados ou grelhados, caldos, molhos e recheios.

palourde ***(Fr.)*** = molusco bivalve.

palta ***(Esp.)*** = abacate. Ver *aguacate*.

pámpano ***(Esp.)*** = folha de uva. Ver *hojas de uva*.

pamplemousse ***(Fr.)*** = toranja ou grapefruit. Ver *pomelo*.

pan ***(Esp.)*** = pão.

(~) **blanco** ***(Esp.)*** = pão branco ou pão francês.

(~) **casero** ***(Esp.)*** = pão caseiro.

(~) **de centeno** ***(Esp.)*** = pão de centeio ou pão preto.

(~) **de especias** ***(Esp.)*** = pão de especiarias.

(~) **de frutas** ***(Esp.)*** = pão de frutas.

(~) **de nueces** ***(Esp.)*** = pão de nozes.

(~) **integral** ***(Esp.)*** = pão integral.

(~) **moreno** ***(Esp.)*** = pão preto.

pan ***(Ing.)*** = panela; frigideira; tacho.

pan drippings ***(EUA)*** = resíduos da panela ou assadeira, obtidos após se assar ou fritar carne ou verduras, usados como base para molho.

pan, to ***(v.)*** = fritar, frigir.

panaché ***(Fr.)*** = originalmente, o termo se refere a uma mistura de ingredientes diferentes, inclusive em relação à cor, dispostos em camadas, por exemplo: sobremesas, saladas, sorvetes etc. No entanto, com esse nome há uma bebida preparada com cerveja e limonada, bastante consumida na Europa. Na culinária argentina, são verduras cozidas sortidas.

panada ***(It.)*** = caldo engrossado com migalhas de pão, azeite e queijo parmesão por cima.

panada ***(Ing.)*** = pudim de pão.

panade ***(Fr.)*** = sopa camponesa baseada em água, caldo ou leite, e engrossada com migalhas ou miolo de pão.

panadería ***(Esp.)*** = panificadora, padaria.

panafracchi ***(It.)*** = bolos no formato de anéis ou tortas com nozes e frutas cristalizadas; também chamados *ciambelle*.

panage ***(Fr.)*** = cobertura de um alimento feita com farinha de rosca.

panato ***(It.)*** = empanado.

pan-bagnat ***(Fr.)*** = sanduíche preparado com pão redondo, tomates, anchovas, ovo cozido e atum.

pancake ***(Ing.)*** = panqueca. Ver *fritella*.

pancake pan *(Ing.)* = panela especial para panquecas e crepes.

pancetta *(It.)* = gordura salgada do ventre do porco; toucinho. Usa-se como tempero ou como frios. Ver *bacon*.

(~) **affumicata** *(It.)* = toucinho italiano curado em sal e especiarias.

(~) **di vitello** *(It.)* = a parte magra da barriga da vitela.

pancho *(Esp.)* = cachorro-quente. Ver *hot dog*.

pancotto *(It.)* = sopa espessa com pão amanhecido, vegetais, temperos, azeite e queijo.

pandorato *(It.)* = pão italiano amanhecido ou torrada com presunto, mozarela e anchovas espalhados, depois embebido em leite e passado no ovo para fritar.

pandowdy *(EUA)* = tipo de torta de maçã feita com fatias de maçã cozidas em açúcar e limão, colocadas em camadas em uma forma com manteiga, açúcar mascavo e canela, umedecidas com sidra e cobertas com biscoitos amassados até se tornarem farinha, açúcar mascavo e canela. Leva-se ao forno até dourar.

pané *(Fr.)* = empanado.

pané *(Ing.)* = galicismo derivado de *paner*; empanado.

pane *(It.)* = pão.

(~) **alle noci** *(It.)* = pão de nozes.

(~) **alle spezie** *(It.)* = pão com especiarias.

(~) **bianco** *(It.)* = pão branco.

(~) **bigio** *(It.)* = pão artesanal do tipo italiano.

(~) **bolognese** *(It.)* = pão doce feito de farinha, frutas cristalizadas, nozes e creme.

(~) **carasau** *(It.)* = pão fininho em forma de círculo, similar ao pão sírio, típico da Sardenha.

(~) **casereccio** *(It.)*= pão caseiro.

(~) **cotto a legna** *(It.)* = pão cozido no forno a lenha.

(~) **di avena** *(It.)* = pão de aveia.

(~) **di farro** *(It.)* = pão especial feito com trigo farro.

(~) **di frumento** *(It.)* = pão de trigo.

(~) **di Genova** *(It.)* = bolo doce, especialidade de Gênova. Consta que, no século 19, durante a ocupação francesa da região, houve uma substituição do pão pelo bolo, pela disponibilidade de grãos misturados e amêndoas nos armazéns.

(~) **di mais** *(It.)* = pão de milho.

(~) **di Natale** *(It.)* = pão de Natal; pão enriquecido com frutas cristalizadas, nozes, uvas-passas etc., em vários formatos.

(~) **di riso** *(It.)* = pão de arroz.

(~) **di segale** *(It.)* = pão de centeio.

(~) **di Spagna** *(It.)* = pão de ló simples embebido em licor ou café, recheado com geleia ou creme.

(~) **dolce** *(It.)* = pão doce.

(~) **d'oro** *(It.)* = bolinho assado doce e redondo.

(~) **grattato / grattugiato** *(It.)* = farinha de rosca.

(~) **integrale** ***(It.)*** = pão integral.

(~) **nero** ***(It.)*** = pão preto.

(~) **scuro** ***(It.)*** = pão italiano escuro.

(~) **tostato** ***(It.)*** = torrada.

panecillo ***(Esp.)*** = pãozinho.

paner ***(Fr.)*** = empanar; cobrir com farinha de rosca, preparar à milanesa.

panforte ***(It.)*** = bolo de Natal de Siena, na Toscana, em formato de disco e feito com frutas cristalizadas, canela, noz-moscada, pimenta, cravo-da-Índia, nozes, amêndoas, cascas de laranja e de limão.

panfrutto ***(It.)*** = pão de frutas cristalizadas.

pan-fry, to ***(v.) (Ing.)*** = fritar com pouca quantidade de gordura ou óleo, geralmente apenas untando a frigideira.

pangrattato ***(It.)*** = farinha de rosca ou migalhas de pão.

panino ***(It.)*** = pãozinho.

(~) **imbottito** ***(It.)*** = sanduíche.

paniscia ***(It.)*** = salsichas ou salame, arroz e feijões cozidos em caldo de carne, acompanhado de legumes, especialidade do Piemonte.

panissa ***(It.)*** = massa frita e cortada em fatias, feita de farinha de grão-de-bico cozida com cebolas picadas, característica da Ligúria.

panna ***(It.)*** = nata ou creme de leite sem bater.

(~) **cotta** ***(It.)*** = sobremesa típica do Piemonte, trata-se de creme de leite aromatizado com baunilha ou canela e endurecido com gelatina, geralmente servido com molho de frutas.

(~) **fermentata** ***(It.)*** = creme de leite azedo.

(~) **montata** ***(It.)*** = creme chantili.

pannequet ***(Fr.)*** = crepe pequeno com recheio doce ou salgado, dobrado em quatro. Na culinária belga, o termo se refere a uma iguaria feita com fatias finas de carne em substituição ao crepe, recheadas com alcaparras, mostarda, pimentão vermelho e queijo parmesão.

pannetone ***(It.)*** = panetone; espécie de pão fermentado, originário de Milão, na Itália, em formato cilíndrico, enriquecido com frutas cristalizadas ou chocolate. Trata-se de uma iguaria muito consumida durante as festas natalinas.

panqueque ***(Esp.)*** = panqueca. Ver *fritelle.*

pansotti ***(It.)*** = pequeno pastel recheado, também chamado *pansoti.* Ver *panzarotti.*

pantosta ***(It.)*** = torrada.

pantry ***(Ing.)*** = despensa, copa.

panure ***(Fr.)*** = pão ralado, transformado em farinha, usado para empanar alimentos ou dar liga a alguns recheios.

panzanella ***(It.)*** = salada feita com tomates picados, pepinos, manjericão e alcaparras, temperada com azeite e vinagre, deixada durante algumas horas para absorver os temperos antes de servir e misturada com croutons; especialidade da Toscana, apropriada para o verão.

panzarotti / panzerotti *(It.)* = pasteizinhos fritos recheados com presunto picado, mozarela e salsinha ou, como alternativa, anchovas, espinafre, ricota, cogumelos, manjericão e ovos cozidos, em formato similar a um *calzone* em miniatura. Também chamados *pansotti.*

papa *(Esp.)* = batata. Ver *patata.*

papaia *(It.)* = mamão ou mamão papaia. Ver *mamón.*

papaya *(Esp.) (Ing.)* = mamão ou mamão papaia. Ver *mamón.*

papaye *(Fr.)* = mamão ou mamão papaia. Ver *mamón.*

papel de paja de arroz *(Esp.)* = papel de arroz.

papel mantequilla *(Esp.)* = papel-manteiga.

papier aluminium *(Fr.)* = papel--alumínio.

papier de beurre *(Fr.)* – papel--manteiga.

papier de riz *(Fr.)* = papel de arroz.

papillote, en *(Fr.) (Ing.)* = forma de preparo de carne em pedaços temperados e embrulhados em papel-manteiga ou folha de alumínio, assados no forno. Método frequentemente usado com peixes, carnes e aves.

pappa *(It.)* = papa, sopa engrossada com pão amanhecido ou farinha.

(~) **al pomodoro** *(It.)* = sopa de pão com tomates cozidos em óleo, alho e manjericão; especialidade da Toscana.

pappardelle *(It.)* = variedade de talharim largo, feito com ovos, tendo as beiradas retas.

paprika *(Esp.) (Fr.) (Ing.)* = páprica; variedade de pimenta vermelha em pó, adocicada, utilizada na Europa desde o século 15 e oriunda da Hungria, que serve para temperar e colorir alimentos variados. É degustada em molhos, embutidos, sopas, aves e carnes em geral.

parboil, to *(v.) (Ing.)* = escaldar, ferver alimentos ligeiramente, até o ponto de ficarem meio cozidos.

parch, to *(v.) (Ing.)* = secar e assar até ficar bem dourado.

parched corn *(EUA)* = caroços de milho cozidos ou ligeiramente secos e assados.

parfait *(Fr.)* = creme de ovos batidos, gelado, com chocolate (tradicional), frutas, baunilha, licores ou amêndoas. Nos Estados Unidos, o termo dá nome a uma sobremesa em camadas, feita de creme, sorvete e gelatina.

parfum *(Fr.)* = aroma, cheiro.

paring knife *(Ing.)* = faquinha usada para descascar frutas e verduras.

parisian spice *(EUA)* = mistura de várias especiarias, como tomilho seco, louro, manjericão e sálvia moídos com sementes de coentro, noz-moscada e pimenta preta em grãos, usada como condimento.

parisien ***(Fr.)*** = pão grande.

parisienne, à la ***(Fr.)*** = no estilo parisiense, ou seja, sempre com guarnição de batatas *sauté*, podendo os demais ingredientes variar: fundos de alcachofra ou alface refogada, por exemplo.

Parma ham ***(It.)*** = presunto mais famoso do mundo, defumado, temperado e envelhecido em Langhirano, região próxima a Parma, na Itália, sem aditivos ou conservantes.

(~) **ham and figs** ***(Ing.)*** = presunto de Parma servido com figos.

(~) **ham and mango** ***(Ing.)*** = presunto de Parma servido com manga.

Parmentier, purée ***(Fr.) (Ing.)*** = cebolas em fatias com alho-poró passados na manteiga. Adicionam-se *bouquet garni*, molho e batatas em fatias, que são fervidos lentamente, depois são coados. Remove-se o *bouquet garni*, peneira-se tudo ou coloca-se no liquidificador e tempera-se, verificando-se a consistência. O prato é servido com croutons.

parmesan ***(Fr.) (Ing.)*** = termo genérico que abrange os queijos que imitam o Parmigiano-Reggiano, fabricados fora da Itália. Ver *Parmigiano-Reggiano*.

parmesane, à la ***(Fr.)*** = à moda de Parma: alimento preparado basicamente com queijo parmesão, podendo ser acompanhado das tradicionais *melanzanes*, fatias de berinjela grelhada em suco de limão, cobertas com mozarela e rodelas de tomate com queijo ralado.

parmigiana, alla ***(It.)*** = à moda de Parma. Ver *parmesane, à la*.

(~) **scaloppine di vitello** ***(It.)*** = escalope de vitela empanado com farinha de rosca, coberto com molho de tomate e fatias de mozarela para gratinar.

Parmigiano-Reggiano ***(It.)*** = um dos mais famosos e consumidos queijos italianos em todo o mundo, sua produção é oriunda das províncias de Parma, Reggio Emilia, Modena, Mantova e Bologna, onde permanece guardado durante um ano para curar. Feito com o leite não pasteurizado da vaca, sua consistência, em geral, é dura; a textura é consistente e compacta; o sabor é fino, levemente adocicado e picante; a coloração, amarelada. Usado fatiado ou ralado, é amplamente empregado na composição de molhos e acompanhamentos ou servido com frutas. O nome é protegido pela legislação da Itália, de modo que outros queijos que o imitam recebem o rótulo genérico de parmesão ou *parmesan*.

parrilla ***(Esp.)*** = grelha para assar.

parrilla, a la ***(Esp.)*** = grelhado.

parrillada de pescado ***(Esp.)*** = peixe acompanhado de frutos do mar diversos, tudo grelhado. Um prato tradicional da culinária catalã.

parsley ***(Ing.)*** = salsa. Ver *French parsley.*

parsley sauce ***(Ing.)*** = molho bechamel feito com salsinha bem picada e um pouco de suco de limão, usado com peixes, aves e verduras fervidos.

parsnip ***(Ing.)*** = espécie de cenoura branca.

partridge ***(Ing.)*** = perdiz. Ver *perdigón.*

pasa ***(Esp.)*** = uva-passa.

pasilla / chilli passilla / chilli negro ***(Esp.)*** = espécie de pimenta geralmente seca, de coloração escura e aparência enrugada, conhecida como uma pequena uva-passa devido a seu sabor suavemente doce.

passato ***(It.)*** = sopa tipo purê com tomates descascados, sem sementes, com cebolas picadas, alho, manjericão, aipo, folhas de louro, cozidos em fogo brando até reduzir pela metade, temperada e peneirada. Pode ser servida fria.

passera di mare ***(It.)*** = linguado. Ver *carrelet.*

passion cake ***(Ing.)*** = tipo de bolo de cenoura.

passion fruit ***(Ing.)*** = maracujá. Ver *fruit de la passion.*

passoire ***(Fr.)*** = coador ou peneira.

pasta ***(Esp.) (Ing.) (It.)*** = massa, macarrão.

(~) **al dente** ***(It.)*** = massa cozida o suficiente, sem estar muito mole, ou seja, mantém certa resistência à mastigação.

(~) **al forno** ***(It.)*** = massa assada no forno.

(~) **al tartufo** ***(It.)*** = massas aromatizadas com trufas, em geral servidas com molho de queijo.

(~) **all'acciuga** ***(It.)*** = macarrão com molho de tomate, anchovas e mariscos.

(~) **alla puttanesca** ***(It.)*** = com molho de tomate, bem espesso, preparado com alho, azeitonas, alcaparras, anchovas e orégano. O prato recebeu este nome por ser feito à moda das prostitutas, como nos bordéis durante os períodos de guerra. Ver *puttanesca, alla.*

(~) **alla sarde** ***(It.)*** = camadas alternadas de macarrão, erva-doce e sardinhas, cozidas e servidas frias, especialidade da Sicília.

(~) **all'uovo** ***(It.)*** = macarrão feito com farinha e ovos, sem água ou óleo, geralmente feito com quatro ovos por quilo de farinha, o que lhe dá uma coloração amarela bem definida.

(~) **de hojaldre** ***(Esp.)*** = pastel de massa folhada.

(~) **e fagioli** ***(It.)*** = sopa tradicional italiana, feita de macarrão, feijão-branco, legumes e carne de porco salgada.

(~) **fatta in casa** ***(It.)*** = massa fresca, caseira.

(~) **in brodo** ***(It.)*** = massa cozida, servida em caldo de carne.

(~) **italiana** ***(Esp.)*** = espaguete.

(~) **liscia** ***(It.)*** = massa leve.

(~) **lunga** ***(It.)*** = massa em formato de longas hastes, tubos ou fitas.

(~) **rigata** ***(It.)*** = massa estriada ou com nervuras.

(~) **rossa** ***(It.)*** = massa vermelha ou rosada, colorida com purê de tomates.

(~) **secca** ***(It.)*** = massa seca, industrializada, mais resistente que a fresca e indicada para molhos pesados e ensopados.

(~) **sfoglia** ***(It.)*** = massa folhada.

(~) **verde** ***(It.)*** = massa verde colorida com espinafre.

pastasciutta ***(It.)*** = macarrão com molho de tomates.

paste, to *(v.)* ***(Ing.)*** = converter em massa, grudar.

pastel de almendras ***(Esp.)*** = torta ou bolo de amêndoas.

pastel, en ***(Esp.)*** = em torta, em mistura de farinha, ovos e leite.

pastelitos de té ***(Esp.)*** = *petit-fours*; biscoitinhos para o chá.

pastello ***(It.)*** = pastel.

pastèque ***(Fr.)*** = melancia. Ver *anguria*.

pasteurized milk ***(Ing.)*** = leite pasteurizado.

pasticceria ***(It.)*** = doceria, confeitaria.

pasticciata ***(It.)*** = massa assada com molho, queijo e creme. Ver *pasticcio*. Na Itália, também é feita a famosa *polenta pasticciata*, em que pedaços cortados de polenta substituem a massa.

pasticcini da tè ***(It.)*** = *petit-fours*; biscoitinhos usados para acompanhar o chá.

pasticcio ***(It.)*** = massa tipo *penne* ou *fusili* preparada em camadas, semelhante à lasanha, com carne moída de vaca ou cordeiro, molho de tomate e *béchamel*, gratinada com queijo. Apesar do nome de origem italiana, o prato é típico da culinária grega.

pastiera ***(It.)*** = torta de massa folhada recheada com ricota.

(~) **napoletana** ***(It.)*** = massa folhada, recheada com ricota, grãos cozidos e frutas cristalizadas, depois adiciona-se água de flor de laranjeira. É um símbolo da Páscoa nas mesas napolitanas.

pastina ***(It.)*** = variedade de macarrão pequeno para sopa.

pastrami ***(EUA)*** = carne magra condimentada, defumada e cozida, geralmente servida em fatias.

pastries ***(Ing.)*** = nome genérico dado a vários tipos de bolos pequenos, decorados e feitos de massa esponjosa.

pastry ***(Ing.)*** = qualquer massa, como tortas, bolos, biscoitos, *petit-fours* etc.

(~) **brush** ***(Ing.)*** = pincel para pincelar gema de ovo sobre tortas etc.

(~) **cutter** ***(Ing.)*** = espécie de misturador ou cortador de massa.

(~) **cutter** (shape) ***(Ing.)*** = forminhas de metal para cortar ou assar doces, de formatos diversos.

(~) **shop** ***(Ing.)*** = confeitaria.

(~) **trowel** ***(Ing.)*** = espátula para bolo.

(~) **wheel** ***(Ing.)*** = carretilha (cortador de massa: pastéis, biscoitos etc.).

patata ***(Esp.) (It.)*** = batata ou batata-inglesa; tubérculo comestível originário do Peru e da Bolívia, rico em amido, ferro e vitaminas C e B, considerado um dos vegetais mais degustados em todo o mundo. Oferece as mais diversas opções de consumo: cozida, assada, frita, gratinada, ensopada; em pratos quentes ou frios; como acompanhamento ou prato principal. Ainda pode ser utilizada para a fabricação de pães.

(~) **arrostita** ***(It.)*** = batata assada ou grelhada.

(~) **bollita** ***(It.)*** = batata cozida.

(~) **dolce** ***(It.)*** = batata-doce. Ver *batata*.

(~) **impastata** ***(It.)*** = batata amassada.

(~s) **a la importancia** ***(Esp.)*** = batatas passadas no ovo, fritas e fervidas em vinho temperado com cebola, alho, salsinha e açafrão.

(~s) **bravas** ***(Esp.)*** = prato picante de batatas fritas em óleo e cobertas com molho de tomate temperado com cebola, alho, vinho branco, salsinha e pimenta vermelha. Uma especialidade da Espanha.

(~s) **fritas** ***(Esp.)*** = batatas fritas.

patate ***(Fr.) (It.)*** = batata. Ver *patata*.

(~) **al forno** ***(It.)*** = batatas assadas.

(~) **al gratin** ***(It.)*** = batatas gratinadas com queijo derretido em cima.

(~) **alla borghese** ***(It.)*** = batatas com manteiga e limão.

(~) **alla veneziana** ***(It.)*** = batatas cortadas em cubos, fritas com cebolas e ervas.

(~) **arrosto** ***(It.)*** = assadas.

(~) **douce** ***(Fr.)*** = batata-doce. Ver *batata*.

(~) **fritte** ***(It.)*** = batatas fritas.

(~) **lesse** ***(It.)*** = batatas fervidas ou cozidas.

(~) **rosolate** ***(It.)*** = batatas salteadas, ligeiramente fritas.

(~) **sabbiose** ***(It.)*** = batatas passadas em farinha de rosca, depois salteadas.

pâte ***(Fr.)*** = massa, pastel, empada, torta.

(~) **brisée** ***(Fr.)*** = massa leve e quebradiça.

(~) **à choux** ***(Fr.)*** = bombinhas recheadas, conhecidas como carolinas, usadas, por exemplo, em *profiteroles*.

(~) **croquante** ***(Fr.)*** = massa crocante feita de amêndoas e açúcar.

(~) **d'amandes** ***(Fr.)*** = marzipã. Ver *marzapana*.

(~) **de fruits** (***Fr.)*** = jujuba.

(~) **feuilletée** ***(Fr.)*** = massa folhada.

(~) **frollée** ***(Fr.)*** = massa fina e quebradiça, aromatizada com amêndoas.

(~) **sablée** ***(Fr.)*** = massa amanteigada.

(~) **sucrée** ***(Fr.)*** = massa folhada, adoçada e quebradiça, específica para *tartelette* doce.

pâté ***(Fr.)*** = pasta, patê.

(~) **à tartiner** ***(Fr.)*** = creme ou patê para espalhar em pães, torradas etc.

(~) **à tartiner au saumon** ***(Fr.)*** = patê de salmão.

(~) **à tartiner au thon** ***(Fr.)*** = patê de atum.

(~) **à tartiner aux olives** ***(Fr.)*** = patê de azeitonas.

(~) **aux fines herbes** ***(Fr.)*** = patê de ervas.

(~) **chinois** ***(Fr.)*** = iguaria gratinada à base de carne moída, batatas e creme de milho, típica da culinária canadense.

(~) **d'anchois** ***(Fr.)*** = patê de anchovas.

(~) **de campagne** ***(Fr.)*** = patê geralmente preparado com carne de porco picada, fígado de porco e de frango, bacon, ovos, cebola, alho e ervas.

(~) **de foie gras** ***(Fr.)*** = patê preparado com fígado de ganso aumentado, condimentado com trufas.

(~) **maison** ***(Fr.)*** = patê de fígado de frango e carne de porco, com temperos e especiarias, cortado em fatias como aperitivo e servido com torradas.

patè ***(It.)*** = patê, pasta cremosa.

(~) **d'acciughe** ***(It.)*** = pasta de anchovas.

(~) **di erbe** ***(It.)*** = patê de ervas.

(~) **di olive** ***(It.)*** = patê de azeitonas.

(~) **di pomodori secchi** ***(It.)*** = patê de tomates secos.

(~) **di salmone** ***(It.)*** = patê de salmão.

(~) **di tonno** ***(It.)*** = patê de atum.

paté ***(Esp.)*** = patê, pasta.

(~) **de aceitunas** ***(Esp.)*** = patê de azeitonas.

(~) **de aguacate** ***(Esp.)*** = patê de abacate.

(~) **de hierbas** ***(Esp.)*** = patê de ervas.

(~) **de hígado de pollo** ***(Esp.)*** = patê de fígado de galinha.

patelle ***(Fr.)*** = lapa; espécie de pequeno molusco marinho. Ver *limpet*.

pater nostri ***(It.)*** = espécie de macarrão achatado, em formato de pequenos anéis, geralmente usado em sopas; macarrão padre-nosso.

pâtes ***(Fr.)*** = massas em geral, macarrão.

pâtes de fruits ***(Fr.)*** = jujubas, confeitos de frutas cristalizadas.

pâtisserie ***(Fr.)*** = confeitaria; docinhos feitos com massa, recheados e decorados.

patty ***(Ing.)*** = tortinha.

paupiette ***(Fr.) (Ing.)*** = filé de carne ou peixe recheado e enrolado.

paupiettes d'anchois ***(Fr.)*** = filés de anchova.

pava ***(Esp.)*** = chaleira, bule.

pavo ***(Esp.)*** = peru. Ver *dinde.*

pavo relleno a la catalana ***(Esp.)*** = peru assado e recheado à moda da Catalunha.

paysanne, à la ***(Fr.)*** = à moda campestre. Ver *alla paesana.*

pea sausage ***(Ing.)*** = linguiça vegetariana feita de ervilhas cozidas e amassadas, cebolas, noz-moscada e temperos, tudo ligado com um pouco de gordura e farinha, embutidas em pele não animal.

peach ***(Ing.)*** = pêssego. Ver *durazno.*

peach Melba ***(Ing.)*** = sobremesa londrina clássica, feita com pêssegos, sorvete de baunilha e molho de framboesa.

peanut ***(Ing.)*** = amendoim. Ver *arachide.*

(~) **butter** ***(Ing.)*** = creme, manteiga ou pasta feita com amendoim, azeite vegetal e sal.

(~) **oil** ***(Ing.)*** = óleo de amendoim.

pear ***(Ing.)*** = pera; fruto carnoso característico de climas temperados, rico em fibras e contém vitaminas A, C e B. Com baixo teor calórico, bastante apreciado pelo sabor suave e suculento, além de suas propriedades nutritivas. É degustado ao natural, em sucos, sorvetes, tortas, compotas, sobremesas variadas, molhos, geleias e bebidas.

peas ***(Ing.)*** = ervilhas. Ver *arvejas.*

pea-soup ***(Ing.)*** = sopa-creme de ervilhas.

pecan nut ***(Ing.)*** = noz-pecã. Ver *noix de pecan.*

pecan pie ***(Ing.)*** = torta doce feita com xarope de milho e recheada com nozes pecãs, servida no Dia de Ação de Graças, típica do sul dos Estados Unidos.

pêche ***(Fr.)*** = pêssego. Ver *durazno.*

(~) **jaune** ***(Fr.)*** = pêssego amarelo.

(~) **Melba** ***(Fr.)*** = sobremesa de sorvete. Ver *peach Melba.*

pecho ahumado de pato ***(Esp.)*** = peito de pato defumado.

pecho de ternera ***(Esp.)*** = peito de vitela.

pechuga ***(Esp.)*** = peito de aves em geral.

(~) **de ave a la Sarasate** ***(Esp.)*** = peito de frango ou peru assado e recheado com linguiça, ameixas, damascos, pinhões, castanhas, presunto magro, trufas e especiarias.

pecora ***(It.)*** = carneiro. Ver *ariete.*

Pecorino ***(It.)*** = queijo italiano dos mais antigos, feito com leite de *pecora* (ovelha), razão pela qual tem esse nome; é macio, branco e de sabor suave. Pode ser envelhecido, sendo chamado, então, de *Pecorino romano.*

pectin *(Ing.)* = pectina; tipo de fibra alimentar que tem a propriedade de formar gel com o açúcar, sendo largamente empregada como espessante na indústria alimentícia, especialmente na fabricação de geleias, gelatina e compotas. Algumas frutas cítricas, maçãs, uvas-passas e certas qualidades de ameixa são naturalmente ricas em pectina.

peel *(Ing.)* = casca (de fruta etc.).

peel, to *(v.) (Ing.)* = descascar.

pelapatate *(It.)* = descascador de batata.

pelar *(Esp.)* = descascar ou depenar.

pelare *(It.)* = descascar.

pelato *(It.)* = descascado.

peler *(Fr.)* = descascar, tirar a pele.

pelota *(Esp.)* = bola de carne picada.

penne *(It.)* = um dos mais conhecidos tipos de massa em formato de pequenos tubos com cerca de 4 cm de comprimento, cortados em diagonal.

pennyroyal *(Ing.)* = poejo; erva aromática da família da hortelã. Ver *hierbabuena*.

pensées brouillées *(Fr.)* = bolinhos fritos bem torrados, conhecidos como *donuts*.

pentola *(It.)* = panela, caçarola.

pentola a pressione *(It.)* = panela de pressão.

peoci *(It.)* = mexilhões, que podem ser servidos dourados no forno. Ver *concha*.

pepe *(It.)* = pimenta.

(~) **bianco** *(It.)* = pimenta-do--reino branca.

(~) **di cayenna / caienna** *(It.)* = pimenta-de-caiena. Ver *cayenne pepper*.

(~) **forte** *(It.)* = pimenta chili. Ver *chili*.

(~) **nero** *(It.)* = pimenta preta ou pimenta-do-reino.

(~) **verde** *(It.)* = pimenta-do--reino verde.

peperata *(It.)* = molho picante feito com queijo, pimenta preta, manteiga e farinha de rosca, servido com assados.

peperonata *(It.)* = tipo de *ratatouille* feito com cebolas, pimentões vermelhos e amarelos, tomates, cebola roxa e um pouco de alho com salsinha fresca ou manjericão picado por cima. A iguaria, tradicional da culinária italiana, é geralmente servida fria, como entrada.

peperoncino *(It.)* = variedade de pimentão e pimenta chili, pequena e verde, pouco picante, usada em saladas.

peperone *(It.)* = pimentão vermelho, geralmente doce, às vezes usada para pimentas chili. Ver *morrón*.

peperone giallo *(It.)* = pimentão amarelo. Ver *morrón*.

pepinillo *(Esp.)* = pepino em conserva.

pepino de mar *(Esp.)* = pepino--do-mar; equinodermo habitante do fundo dos mares. Costuma ser aproveitado na culinária depois de desidratado, especialmente na cozinha oriental.

pepita ***(Esp.)*** = semente de uva, de tomate, de abóbora etc.

pepper ***(Ing.)*** = pimenta; pimenteira.

pepper mill ***(Ing.)*** = moedor de pimenta.

pepper pot ***(EUA)*** = guisado característico da região do Caribe, de sabor apimentado, feito de frango e carne de porco, temperado com especiarias, alho, *cassareep* e vinagre. Nos Estados Unidos, em especial na Filadélfia, o termo se refere a uma sopa espessa, muito temperada, ou ensopado preparado com carne bovina e tripas, com cebolas e batatas.

pepper sauce ***(Ing.)*** = molho apimentado.

pepper steak ***(EUA)*** = bife preparado com pimentões verdes e vermelhos fatiados, temperado com molho de soja e gengibre, engrossado com farinha de milho. O prato é originário da culinária chinesa, mas amplamente degustado nos Estados Unidos.

pepper, to ***(v.) (Ing.)*** = salpicar pimenta moída; temperar com pimenta.

pepperbox ***(Ing.)*** = pimenteiro, recipiente para guardar e/ou servir pimenta.

peppercorn ***(Ing.)*** = grão de pimenta.

peppermint ***(Ing.)*** = hortelã-pimenta. Ver *hierbabuena.*

(~) **cream** ***(Ing.)*** = espécie de docinhos de hortelã feitos com ovo e açúcar de confeiteiro, cobertos ou não com chocolate, muito popular entre as crianças.

pepperoncini ***(EUA)*** = variedade de pimentão e pimenta. Ver *peperoncino.*

pepperoni ***(It.)*** = variedade de salame de carne de boi ou de porco, condimentado com pimentões vermelhos picados e erva-doce, geralmente usado sobre pizza.

peppery ***(Ing.)*** = apimentado.

pera ***(Esp.) (It.)*** = pera. Ver *pear.*

perca ***(Esp.)*** = perca; peixe de água doce que reúne várias espécies sob o mesmo nome, encontrado em quase todo o mundo, sendo consumido inteiro ou em postas, grelhado, assado ou gratinado.

perch ***(Ing.)*** = perca. Ver *perca.*

perche ***(Fr.)*** = perca. Ver *perca.*

perche truitée ***(Fr.)*** = achigã; peixe nativo da América do Norte, de coloração esverdeada e carne saborosa.

perchia ***(It.)*** = perca. Ver *perca.*

perdigón ***(Esp.)*** = perdiz; ave de caça de tamanho médio, com baixo teor de gordura, rica em proteínas e ferro, bastante comum no sul da Europa e na Península Ibérica. Pode ser consumida assada, recheada, gratinada, em suflês etc.

perdrix ***(Fr.)*** = perdiz. Ver *perdigón.*

perejil ***(Esp.)*** = salsinha. Ver *French parsley.*

perline ***(It.)*** = bolinhas de carne bovina e suína moída, temperadas; usadas em acompanhamentos e sopas.

pernacchia ***(It.)*** = framboesa. Ver *framboise.*

pernice ***(It.)*** = perdiz. Ver *perdigón.*

Pernod ***(Fr.)*** = tradicional marca francesa de um tipo de licor feito à base de alcaçuz (a erva), com elevado teor alcoólico e muito popular no sul da Europa. Sua produção foi direcionada para substituir o absinto, de consumo probido em vários países. Na culinária, o Pernod é usado como ingrediente de molhos, sendo ótima opção para flambar pratos.

pérou ***(Fr.)*** = peru; embora encontrado em algumas receitas, o termo é usado de forma disseminada para se referir ao país homônimo da América do Sul, que apresenta uma culinária com pratos exóticos dentro do continente.

perry ***(Ing.)*** = vinho ou aguardente de peras. Ver *poiré.*

Persian melon ***(EUA)*** = melão de casca verde, grande, redondo, com polpa rosada e sabor bem doce. Ver *cantaloup.*

persicata ***(It.)*** = massa doce feita de pêssegos, seca e cortada em quadradinhos, especialidade da Bréscia.

persil ***(Fr.)*** = salsinha. Ver *French parsley.*

persillade ***(Fr.)*** = mistura de salsinha picada com azeite, alho ou cebolinhas e temperos, usada como condimento.

persimmon ***(Ing.)*** = caqui. Ver *cachi.*

pesca ***(It.)*** = pêssego. Ver *durazno.*

pescadilla ***(Esp.)*** = espécie de merluza. Ver *hake.*

pescaditos ***(Esp.)*** = peixinhos fritos.

pescado ***(Esp.)*** = peixe. Ver *fish.*

(~) **adobado** ***(Esp.)*** = peixe marinado.

(~) **a la asturiana** ***(Esp.)*** = peixe cozido no vinho branco, com tomates, alho, cebolas e mexilhões, temperado com salsinha e especiarias.

(~) **blanco a la malagueña** ***(Esp.)*** = peixe branco, sem pele e sem espinhas, servido frio com maionese.

(~) **frito a la andaluza** ***(Esp.)*** = peixe coberto com ovo batido e farinha, depois frito em óleo.

pesce ***(It.)*** = peixe. Ver *fish.*

(~) **affumicato** ***(It.)*** = peixe defumado.

(~) **castagna** ***(It.)*** = peixe de escamas similar ao sargo, de corpo arredondado, consumido preferencialmente em filés. Ver *griset.*

(~) **gatto** ***(It.)*** = peixe-gato, bagre. Ver *catfish.*

(~) **marinato** ***(It.)*** = peixe marinado.

(~) **nasello** ***(It.)*** = abrótea, peixe semelhante ao bacalhau. Ver *abadejo e hake.*

(~) **persico** ***(It.)*** = perca. Ver *perca.*

(~) **rombo** ***(It.)*** = rodovalho ou linguado. Ver *carrelet.*

(~) **san pietro** ***(It.)*** = peixe-galo, de formato achatado, com escamas, comum em todo o Mediterrâneo.

(~) **spada** ***(It.)*** = peixe-espada. Ver *espadon.*

(~) **stocco** ***(It.)*** = bacalhau seco. Ver *bacalao.*

(~) **turcino** ***(It.)*** = cavala (peixe). Ver *caballa.*

pescecane ***(It.)*** = tubarão. Ver *mackerel shark.*

pesche ***(It.)*** = pêssegos. Ver *durazno.*

pestello ***(It.)*** = pilão.

pestle ***(Ing.)*** = pilão.

pestle, to ***(Ing.)*** = pilar, triturar.

pesto ***(Ing.) (It.)*** = tradicional molho genovês feito de folhas de manjericão, alho, azeite de oliva e nozes, misturadas e processadas.

pestun di fave ***(It.)*** = feijão cozido e amassado com hortelã picada, alho, queijo e azeite.

pet de nonne ***(Fr.)*** = sonhos ou rosquinhas fritas, servidos quentes com açúcar polvilhado e, às vezes, passados em calda de açúcar, recheados com creme ou geleia.

petit déjeuner ***(Fr.)*** = café da manhã.

petit oignon ***(Fr.)*** = cebolas pequenas.

petit pain ***(Fr.)*** = pãozinho.

petit pain fourré ***(Fr.)*** = pãozinho recheado.

petit pâte ***(Fr.)*** = tortinha ou rissole de carne moída ou outro recheio.

petit pois ***(Fr.)*** = ervilhas pequenas, tenras e doces.

petit pot ***(Fr.)*** = potinho de comida industrializada para bebês.

petit salé ***(Fr.)*** = pedacinhos de carne de porco salgada.

(~) **aux lentilles** ***(Fr.)*** = carne de porco salgada servida com lentilhas.

petit-beurre ***(Fr.)*** = biscoitinho amanteigado.

petits sécs ***(Fr.)*** = biscoitinhos com creme.

petits-fours ***(Fr.) (Ing.)*** = biscoitinhos doces decorados (cobertos com *fondant* ou chocolate, por exemplo), servidos com o café após as refeições ou como parte de uma sobremesa.

(~) **salés** ***(Fr.)*** = salgadinhos ou biscoitos salgados, consumidos como aperitivos.

Petit-suisse ***(Fr.)*** = queijo franco-suíço fresco, cremoso e suave, produzido com leite pasteurizado de vaca, apresenta consistência similar à do requeijão e sabor adocicado. Pode ser servido como aperitivo ou em sobremesas, acompanhando frutas.

pétrir ***(Fr.)*** = amassar.

petti di pollo ***(It.)*** = peitos de frango.

pettini ***(It.)*** = escalopinhos.

petto di tacchino affumicato ***(It.)*** = peito de peru defumado.

petto di tacchino alla milanese ***(It.)*** = peito de peru empanado e frito.

pez ***(Esp.)*** = peixe. Ver *fish*.

(~) **de San Pedro** ***(Esp.)*** = peixe-galo. Ver *pesce san-pietro*.

(~) **gato** ***(Esp.)*** = peixe-gato. Ver *catfish*.

(~) **espada** ***(Esp.)*** = peixe-espada. Ver *espadon*.

pezzo ***(It.)*** = *pedaço* (de bolo, de torta etc.).

pheasant ***(Ing.)*** = faisão. Ver *fagiano*.

Philadelphia cheese steak ***(EUA)*** = sanduíche tradicional da Filadélfia, feito de fatias finas de carne com queijo derretido, cebolas e molho.

Philadelphia cream-cheese ***(EUA)*** = marca de queijo cremoso muito renomado, de sabor suave e bastante versátil quanto ao uso, inicialmente fabricado em Nova York.

Philadelphia eggs ***(EUA)*** = *muffin* cortado ao meio coberto com fatias de peito de frango, um ovo escaldado e molho *hollandaise*.

piadina ***(It.)*** = pão achatado típico da Itália, consumido desde a Antiguidade, geralmente servido com presunto ou espinagre e/ou ricota, mas outros ingredientes podem ser usados.

pianuzza ***(It.)*** = peixe chato de diversas espécies, da família da solha. Ver *carrelet*.

piatti ***(It.)*** = pratos (para alimentos).

piattino ***(It.)*** = pratinho, pires.

piatto del giorno ***(It.)*** = prato do dia.

piatto freddo ***(It.)*** = prato de frios.

picadillo ***(Esp.)*** = picadinho de carne ou de peixe.

piccante ***(It.)*** = picante.

piccata ***(It.)*** = medalhão pequeno ou escalope de carne (pode ser de frango ou de vitela), servido sobre molho de limão, manteiga e especiarias.

piccino ***(It.)*** = pequeno.

piccione ***(It.)*** = pombo. Ver *paloma*.

piccolo ***(It.)*** = pequeno.

pichón ***(Esp.)*** = pombo. Ver *paloma*.

pickerel ***(Ing.)*** = lúcio (peixe) pequeno. Ver *brochet*.

pickle ***(Ing.)*** = picles; conjunto de vegetais (pepino, cenoura etc.) conservados em molho de vinagre e sal, geralmente usado como condimento ou acompanhamento pelo seu sabor salgado e ácido.

pickle, to ***(v.) (Ing.)*** = conservar alimentos, colocando-os em salmoura ou vinagre com temperos. A alta concentração de sal impede o crescimento de micro-organismos.

pickled cucumber ***(Ing.)*** = pepino, fatiado ou não, conservado em salmoura ou vinagre.

pickled garlic ***(Ing.)*** = dentes de alho descascados e conservados em vinagre, podendo ser adicionado um pouco de açúcar. Comem-se como aperitivos ou para acompanhamento de diversos pratos.

pickled shallots *(Ing.)* = cebolinhas conservadas em uma mistura de vinagre e açúcar, usadas como aperitivos ou para acompanhamento de diversos pratos.

pickling spice *(Ing.)* = mistura de diversos condimentos, como gengibre seco, sementes de mostarda, cravos, pimenta preta em grãos, pimenta chili, noz-moscada e sementes de coentro, usada para aromatizar ou dar sabor a carnes ou vegetais durante o processo de preparação.

picnic *(Ing.)* = piquenique.

(~) **ham** *(EUA)* = parte da frente da perna de porco defumada, com sabor similar ao de presunto.

Picodon *(Fr.)* = nome de diversos queijos de leite não pasteurizado de cabra, produzidos na região do vale Drôme-Rhône, na França. Todas as variedades apresentam formato circular e coloração que vai do branco ao dourado; no entanto, texturas e sabores apresentam-se diferenciados conforme o tipo.

pie *(Ing.)* = torta, pastelão.

pie dish *(Ing.)* = forma redonda ou oval para tortas ou pizzas.

piece *(Ing.)* = pedaço; parte.

pièce de bœuf *(Fr.)* = o primeiro corte da carne de boi ou de vaca.

pièce montée *(Fr.)* = bolo montado em formato de pirâmide com carolinas caramelizadas recheadas com creme, servido em eventos de grande porte (casamentos, batizados etc.).

piecrust *(Ing.)* = crosta da torta ou do pastelão.

(~) **pastry** *(EUA)* = massa crocante.

pied de cochón / de porc *(Fr.)* = pé de porco.

piedini di maiale alla piemontese *(It.)* = pés de porco, empanados e bem fritos, servidos com molho condimentado, como o tártaro.

pieds et paquets *(Fr.)* = tripa de carneiro dobrada como se fosse um embrulho, recheada com temperos, cozida em fogo brando com bacon ou pés de porco, tomates descascados, cebolas e ervas. Trata-se de um prato da região de Provença, acompanhado de batatas cozidas.

piémontaise, à la *(Fr.)* = no estilo de Piemonte, Itália: servido com polenta ou risoto, trufas brancas, nativas dessa região e, eventualmente, molho de tomate. Ver *alla piemontese.*

piemontese, alla *(It.)* = à moda de Piemonte: o alimento é confeccionado à base de trufas brancas, podendo ser acrescentados outros ingredientes, de acordo com o prato, como cremes, queijos, especiarias etc.

pieplant *(Ing.)* = ruibarbo; vegetal mais conhecido por suas propriedades medicinais. Na culinária, apenas seu talo, quando cozido, é usado como alimento na preparação de molhos, recheios, doces e geleias.

pierced tablespoon *(Ing.)* = colher furada para servir alimentos que precisam ser drenados.

pierna *(Esp.)* = perna, coxa ou pata de carne.

(~) **de cordero** *(Esp.)* = perna de cordeiro.

pierrade *(Fr.)* = espécie de chapa de aquecimento elétrico, que pode ser levada à mesa para preparar carne, peixe ou verduras cozidas sem óleo ou gordura.

pieuvre *(Fr.)* = polvo. Ver *élédone.*

pig *(Ing.)* = porco; leitão. Ver *cerdo.*

pig's ear *(Ing.)* = orelha de porco.

pig's trotters *(Ing.)* = pés de porco.

pigeon *(Fr.) (Ing.)* = pombo. Ver *paloma.*

pigmeat *(Ing.)* = carne de porco.

pignatta *(It.)* = tipo de panela ou caçarola de cerâmica ou louça.

pignoli *(It.)* = pinhões, sementes de pinheiro, parecidas com uma amêndoa, de formato oval. Ver *Indian pine.*

pignolo *(EUA)* = pinhão. Ver *Indian pine.*

pignons *(Fr.)* = pinhões. Ver *Indian pine.*

pike *(Ing.)* = lúcio. Ver *brochet.*

pilaf (*Ing.*) (*Fr.*) = modo de preparar o arroz no Oriente Médio.

pilon de cuisse *(Fr.)* = perna de galinha cozida.

piment *(Fr.)* = pimenta.

(~) **doux** *(Fr.)* = pimentão. Ver *morrón.*

(~) **fort** *(Fr.)* = pimenta-de--caiena ou chili.

(~) **rouge** *(Fr.)* = pimentão vermelho. Ver *morrón.*

pimenté *(Fr.)* = apimentado, picante.

pimentón *(Esp.)* = pimentão seco e moído, geralmente vermelho (embora haja outras tonalidades, como amarela ou alaranjada), com aroma similar ao da páprica, integrando a fabricação deste condimento.

pimienta *(Esp.)* = pimenta.

pimienta negra *(Esp.)* = pimenta--do-reino. Ver *black pepper.*

pimiento *(Esp.)* = pimentão; pimentão vermelho, em forma de coração, suave e doce, geralmente assado e engarrafado. É usado para rechear azeitonas verdes ou, depois de seco e moído, para fazer páprica.

pimiento morrón *(Esp.)* = pimentão doce. Ver *morrón.*

piña *(Esp.)* = abacaxi. Ver *ananas.*

pinbone steak *(EUA)* = bife cortado do lombo de boi ou vaca.

pincée *(Fr.)* = pitada, pequena quantidade de algum ingrediente.

pinch *(Ing.)* = pitada.

pincisgrassi *(It.)* = lasanha com camadas de presunto de Parma e creme de leite, uma mistura refogada de miúdos de carneiro (timo e miolos) com fígado de frango em vinho, coberta com queijo parmesão, cogumelos e trufas brancas em fatias. Também chamada *vincisgrassi maceratese.*

pine nut ***(Ing.)*** = pinha ou pinhão. Ver *Indian pine.*

pineapple ***(Ing.)*** = abacaxi. Ver *ananas.*

Pineapple cheese ***(EUA)*** = queijo suave, tipo Cheddar, de Connecticut, produzido desde o século 18, na Inglaterra, e patenteado no século 19, nos Estados Unidos, é moldado em formato de cone, similar ao abacaxi. Atualmente, não é mais fabricado, embora, desde o final da década de 1990, haja estudos de uma nova linha de produção.

pink bean ***(EUA)*** = feijão roxinho.

pink sauce ***(EUA)*** = molho *rosé*, feito com tomates, creme de leite, manjericão, alho, azeite doce e sal.

pinocchio ***(It.)*** = pinhão; denominação utilizada na Toscana. Ver *Indian pine.*

pinolo / pinoli ***(It.)*** = pinhão; pinhões. Ver *Indian pine.*

piñón ***(Esp.)*** = pinhão. Ver *Indian pine.*

pint ***(Ing.)*** = quartilho (medida de capacidade para litros, equivalente a cerca de meio litro).

piovra ***(It.)*** = polvo. Ver *élédone.*

pipas ***(Esp.)*** = grãos, sementes.

(~) **de calabaza** ***(Esp.)*** = sementes de abóbora.

piperade ***(Fr.)*** / **piperrada** (Esp) = prato típico da culinária basca, cujas cores simbolizam a bandeira do país (verde, vermelho e branco): tomates salteados, pimentões, cebolas e alho cozidos em azeite de oliva ou gordura, ervas aromáticas picadas, podendo haver a adição de ovos batidos, levemente mexidos, ou carnes. Serve-se com presunto frito ou grelhado, com guarnição de pedaços de pão cortados em triângulos e fritos.

piquancy ***(Ing.)*** = sabor picante.

piquant ***(Fr.)*** = bem condimentado, picante.

piquante sauce ***(Ing.)*** = cebolinhas picadas em vinagre reduzido à metade, com acréscimo de *demi-glace*, pepinos picados, alcaparras, estragão e salsinha. Serve-se com pratos elaborados e carnes grelhadas.

piquer ***(Fr.)*** = fazer cortes na carne com uma faca bem afiada para nela inserir dentes de alho ou ervas.

piselli ***(It.)*** = ervilhas. Ver *arvejas.*

(~) **all'antica** ***(It.)*** = ervilhas cozidas com alface e terminadas com mozarela e gema de ovo dissolvida misturada com pimenta branca em pó. Tempera-se com açafrão.

(~) **alla romana** ***(It.)*** = ervilhas cozidas na manteiga com cebolas picadas e presunto ou bacon.

(~) **freschi** ***(It.)*** = ervilhas frescas.

(~) **secchi** ***(It.)*** = ervilhas secas, geralmente partidas.

pissaladière ***(Fr.)*** = espécie de pizza do sul da França, mais grossa que a comum e sem tomates, formando uma torta aberta recheada com cebolas, alho, azeitonas pretas e filés de anchovas. Pode-se comer fria ou quente.

pistacchio ***(It.)*** = pistache; fruto de polpa oleosa, rico em betacaroteno e vitamina E, nativo do sudoeste asiático, cujos grãos são consumidos torrados e salgados ou frescos, como aperitivos, em saladas, sorvetes, doces ou como ingredientes em vários pratos.

pistache ***(Fr.)*** = pistache. Ver *pistacchio.*

pistachio ***(Ing.)*** = pistache. Ver *pistacchio.*

pistacho ***(Esp.)*** = pistache. Ver *pistacchio.*

pisto ***(Esp.)*** = tomates picados, pimentões, tomates, cebolas e abobrinhas, fritos e ensopados juntos.

pistou ***(Fr.)*** = acompanhamento típico da região de Provença, similar ao pesto, feito com manjericão, alho, queijo Gruyère, processado para formar uma pasta suave, à qual se acrescenta azeite. O termo também se refere a uma sopa de verão feita com vagem, feijão-branco, abobrinhas, batatas, alho e macarrão *vermicelli.*

pit ***(Ing.)*** = caroço de fruta.

pit, to ***(v.) (Ing.)*** = descaroçar fruta.

pita (***Ing.***) (***Fr.***) = pão redondo e achatado feito de trigo e fermento, tradicional na cozinha mediterrânea e do Oriente Médio; conhecido no Brasil como pão sírio.

pitted ***(Ing.)*** = descaroçado (ameixa, azeitona, tâmara etc.).

pizca ***(Esp.)*** = pitada (de sal, acúcar).

pizza ***(It.)*** = pizza; refeição barata e popular em formato de disco, antigamente feita com restos de massa de pão ou mistura à base de farinha de trigo, arroz ou grão-de--bico, consumida originariamente por egípcios, gregos (sem recheio) e fenícios (com cobertura de carne e cebola). A pizza chegou à Itália na Idade Média, por ocasião das cruzadas. Atualmente, é coberta com molhos e recheios diversos e assada em forno.

Pizza cheese ***(EUA)*** = queijo pasteurizado gorduroso e de textura macia, similar à mozarela, porém de qualidade inferior, fabricado com a finalidade de derreter bem, usado tradicionalmente nos Estados Unidos na confecção de pizza. Por extensão de sentido, o termo pode se referir à pizza coberta com esse queijo.

pizzaiola, alla ***(It.)*** = em estilo semelhante à pizza, ou seja, preparado com molho de tomates sem peles e sementes, alho, salsinha, orégano e temperos, adicionando-se mozarela.

pizzelle ***(It.)*** = massa assada em grelha, dobrada no formato de um cone, enquanto quente para receber o recheio, semelhante ao *waffle*.

pizzetta ***(It.)*** = pequena pizza feita com farinha e ovos, coberta com queijos diversos, molho de tomate, manteiga e temperos. Come-se como aperitivo.

pizzico ***(It.)*** = pitada.

plaice ***(Ing.)*** = espécie de linguado. Ver *carrelet*.

plain ***(Ing.)*** = simples; comum.

(~) **chocolate** ***(Ing.)*** = chocolate com pouca porcentagem de açúcar (menos de 30%) e cor escura.

(~) **court bouillon** ***(Ing.)*** = tipo de molho feito com água, sal, cebola, sumo de limão e alguma erva (como salsa, por exemplo), usado para cozinhar peixes maiores, principalmente linguado.

(~) **omelette** ***(Ing.)*** = omelete simples, preparada sem recheio, exceto temperos e, talvez, com água.

plancha ***(Esp.)*** = chapa de metal.

plancha, a la ***(Esp.)*** = pratos preparados em chapa de metal sobre fogo, brasas ou aquecida por eletricidade.

planche de charcuterie ***(Fr.)*** = tábua de frios.

plantation shortcake ***(EUA)*** = pão de milho quente coberto com galinha picada, ovos, cogumelos, e presunto em molho de creme de leite.

plat ***(Fr.)*** = prato.

(~) **de résistance** ***(Fr.)*** = prato principal.

(~) **du jour** ***(Fr.)*** = prato do dia.

plat principal ***(Fr.)*** = prato principal.

plátano ***(Esp.)*** = banana. Ver *banana*.

plate ***(Ing.)*** = prato.

plate, to ***(v.)(Ing.)*** = colocar alimentos ou guarnição em um prato antes de servi-lo.

plateau ***(Fr.)*** = bandeja, tábua.

(~) **de fromages** ***(Fr.)*** = tábua ou mesa de queijos.

(~) **de fruits de mer** ***(Fr.)*** = tábua ou mesa de frutos do mar.

platija ***(Esp.)*** = peixe achatado, espécie de linguado. Ver *carrelet*.

platillo ***(Esp.)*** = prato, bandeja, tabuleiro.

plato ***(Esp.)*** = prato.

(~) **fuerte** ***(Esp.)*** = prato principal.

platter ***(Ing.)*** = travessa grande em que se servem diversos alimentos.

plegonero ***(Esp.)*** = espécie de merluza. Ver *hake*.

plein de ***(Fr.)*** = cheio de; recheado.

pletzlach (***Ing.***) = massa preparada em formato redondo para consumo individual ou assada inteira para ser cortada em quadradinhos, com recheio de damascos ou ameixas, servida na festa judaica do Pessach; pode também ser recheada com cebolas e sementes de papoula para acompanhar sopas.

pleurote *(Fr.)* = espécie de cogumelo, ostra. Ver *oyster mushroom.*

plie *(Fr.)* = solha, espécie de linguado. Ver *carrelet.*

plombières aux marrons *(Fr.)* = creme gelado de castanhas com rum, baunilha e *kirsch.*

pluck, to *(v.) (Ing.)* = depenar aves em geral.

plum *(Ing.)* = ameixa. Ver *ciruela.*

(~) **-cake** *(Ing.)* = bolo com uvas-passas, frutas secas etc.

plumer *(Fr.)* = depenar (aves).

plum pudding *(Ing.)* = tradicional pudim inglês de Natal, feito com ameixas frescas.

poach, to *(v.) (Ing.)* = escaldar os ovos sem a casca; escalfar (ovos).

poached egg *(Ing.)* = ovo escaldado, ovo *poché.*

poché *(Fr.)* = escalfado.

pocher *(Fr.)* = escalfar; cozinhar em líquido fervente.

pochino *(It.)* = pouquinho, um pouco.

poción *(Esp.)* = poção, dose.

poco hecho / poco pasado *(Esp.)* = malpassado (bife ou carne).

pod *(Ing.)* = vagem de leguminosas em geral.

poêle *(Fr.)* = frigideira.

poêlon *(Fr.)* = caçarola com tampa, usada para cozinhar alimentos lentamente.

poignée, une *(Fr.)* = punhado.

point steak *(Ing.)* = ponta de filé de alcatra.

pointe de filet *(Fr.)* = filé de porco (do lombo).

poire *(Fr.)* = pera. Ver *pear.*

(~) **Belle-Hélène** *(Fr.)* = sobremesa francesa feita com peras em metades, cozidas sem casca e caroços em calda de caramelo e baunilha, servidas com creme chantili e sorvete. Outra versão: peras em conserva com sorvete de baunilha e calda de chocolate.

poiré *(Fr.)* = perada; espécie de vinho efervescente, produzido a partir da fermentação do sumo de peras doces. É também chamado de sidra de peras; aguardente de peras.

poireau *(Fr.)* = alho-poró. Ver *leek.*

poirée *(Fr.)* = acelga. Ver *acelga.*

poires Alma *(Fr.)* = peras cozidas em vinho do Porto, com calda de laranja e creme.

pois *(Fr.)* = ervilhas. Ver *arvejas.*

(~) **à la française** *(Fr.)* = ervilhas refogadas com alface, um pouco de açúcar, cebolas picadas, salsinha e uma pequena quantidade de água. Pode haver adição de creme e bacon.

(~) **chiche** *(Fr.)* = grão-de-bico. Ver *cece.*

poisson *(Fr.)* = peixe. Ver *fish.*

(~) **à la française** *(Fr.)* = filés de peixe mergulhados em leite e passados na farinha, fritos a 195ºC, deixados escorrer para

secar o óleo, guarnecidos com lascas de limão e salsinha picada, servidos com molho.
(~) **chat** ***(Fr.)*** = peixe-gato. Ver *catfish*.
(~) **fumé** ***(Fr.)*** = peixe defumado.
(~) **mariné** ***(Fr.)*** = peixe marinado.
(~) **meunière aux amandes** ***(Fr.)*** = peixe preparado com amêndoas.
(~) **pané** ***(Fr.)*** = peixe empanado.
(~) **volant** ***(Fr.)*** = peixe-voador. Ver *butterfly fish*.

poitrine ***(Fr.)*** = peito de animais, como cordeiro, vitela, porco, frango etc., que pode ser servido ensopado ou desossado, enrolado com recheio e assado.

poivrade sauce ***(Fr.)*** = molho francês que apresenta três versões: *mirepoix* de cebolas, cenoura, aipo, folhas de louro e tomilho na manteiga, removendo-se a camada gordurosa e reduzindo-a com vinho, vinagre e grãos de pimenta esmagados. Cozinha-se com *demi-glace* lentamente durante 30 minutos, peneira-se e adicionam-se temperos; a receita anterior com acréscimo de cogumelos; a mais antiga, com cebola, cenoura, presunto, salsinha, tomilho, maçã, tudo bem picado, fervido com vinagre, manteiga e caldo de carne. Todas as versões combinam com carnes em geral.

poivre ***(Fr.)*** = pimenta; termo genérico que engloba diferentes tipos de pimenta.
(~), **au** ***(Fr.)*** = com pimenta, geralmente grãos amassados grosseiramente.
(~) **de la Jamaïque** (***Fr.)*** = pimenta-da-jamaica. Ver *allspice*.
(~) **noir** (Fr.) = pimenta preta.
(~) **vert** ***(Fr.)*** = pimenta verde.

poivron ***(Fr.)*** = pimentão. Ver *morrón*.

polenta ***(Ing.) (It.)*** = mistura de fubá (farinha de milho) com água salgada (150 gramas de fubá por litro de água), cozida em fogo brando, mexendo-se sempre até que a mistura se desprenda da panela. Usa-se tradicionalmente com molho à bolonhesa e queijo parmesão. É um prato versátil, podendo ser consumido frio, em fatias fritas para acompanhar carnes, com queijos, bacalhau, cogumelos e caracóis. Polvilhada com açúcar e regada com leite, torna-se sobremesa ou lanche.
(~) **al forno** ***(It.)*** = polenta em camadas com salsichas ao molho de carne e coberta com queijo mozarela.
(~) **alla bergamasca** ***(It.)*** = prato originário de Bérgamo, consiste em polenta cremosa feita com queijo e manteiga. Acompanha carne de coelho e de aves.

polipo ***(It.)*** = polvo. Ver *élédone*.

polla ***(Esp.)*** = franga, galinha jovem. Ver *chicken*.

pollame ***(It.)*** = aves domésticas.

pollastro ***(It.)*** = frango. Ver *chicken*.

pollito ***(Esp.)*** = franguinho, galetinho. Ver *chicken*.

pollo ***(Esp.) (It.)*** = frango. Ver *chicken*.

(~) **a la chilindrón** ***(Esp.)*** = frango salteado com pimenta, tomates, azeitonas e presunto. Especialidade de Zaragoza.

(~) **a la extremeña** ***(Esp.)*** = frango com salsichas ou presunto e tomates, assado em brandy.

(~) **a la navarra** ***(Esp.)*** = frango na caçarola com vinho, cenouras, cebolas, salsinha, estragão, manteiga e tiras de presunto.

(~) **alla cacciatora** ***(It.)*** = frango de origem toscana, ensopado em caldo com cogumelos, tomates, cenoura, aipo, condimentos e vinho Marsala. Serve-se com massa fresca, caseira.

(~) **alla contadina** ***(It.)*** = frango desossado em pedaços, frito em azeite de oliva, misturado com batatas em fatias, que são fritas em separado, ensopado com tomates picados, cebola, cogumelos, cenoura, aipo, temperos e um pouco de vinho branco até tudo ficar cozido.

(~) **alla marengo** ***(It.)*** = frango ensopado em caldo de carne, com vinho branco, camarão ou lagosta, ovos, tomates, cogumelos, salsinha, alho, azeitonas pretas, pão e temperos. Uma saborosa iguaria da cozinha piemontesa, cujo nome remonta ao final do século 18, quando o cozinheiro de Napoleão Bonaparte preparou-lhe o prato, após sua vitória sobre os austríacos na região de Marengo.

(~) **all'arentina** ***(It.)*** = frango ensopado em vinho.

(~) **alla romana** ***(It.)*** = frango em pedaços, assado em forno brando com vinho branco e caldo de frango, tomates, alho, cebola, presunto ou bacon, pimenta e ervas.

(~) **al Padre Pero** ***(Esp.)*** = meio frango fervido em molho de tomate apimentado, temperado com louro, alho, cominho e cebola.

(~) **de naranja** ***(Esp.)*** = frango em pedaços marinados em suco de laranja, mel, tomilho e hortelã, fritos na manteiga.

(~) **en chanfaina a la catalana** ***(Esp.)*** = frango em pedaços ensopado com presunto magro, cebola, pimenta, berinjelas, molho de tomates e especiarias. Acompanham croutons.

(~) **ripieno alla trentina** ***(It.)*** = frango recheado com uma mistura de nozes picadas, miolo de pão, tutano de boi e fígado picado, depois cozido.

(~) **salteado** ***(Esp.)*** = frango frito com cebolas e cogumelos, servido com fundos de alcachofra e molho de tomate.

pollock ***(Ing.)*** = espécie de pescada, peixe de carne branca muito comum nas águas do Atlântico Norte. É consumido fresco ou defumado, frito, cozido ou empanado.

polluelo ***(Esp.)*** = pinto, pintinho. Ver *chicken.*

polonaise, à la ***(Fr.)*** = à moda polonesa: guarnição contendo manteiga derretida, vegetais, especialmente couve-flor, aspargos, uma mistura de ovos duros, cozidos e picados, e salsinha com pão ralado. Há receitas que incluem creme de leite azedo, couve roxa ou beterrabas.

polpa ***(It.)*** = polpa de frutas, de carne.

polpetta ***(It.)*** = almôndega de carne.

polpettine ***(It.)*** = bolinhas tipo almôndegas feitas de materiais diversos, como carne, peixe, queijo, legumes etc.

polpettone ***(It.)*** = em tradução literal, almôndega grande. A receita clássica, de Bolonha, combina carne moída com ovos, bacon, pão ralado, queijo Parmigiano e temperos, dourada na manteiga e servida com ou sem molho. Dependendo da cultura e da região, pode ser feita com carne de frango ou peixe.

(~) **alla toscana** ***(It.)*** = mistura de carne moída com pão, queijo ralado, linguiça ou presunto, alho, cenoura, gengibre, aipo e temperos, ligada com ovo, colocada em assadeira em forma de torta e fatiada.

polpo ***(It.)*** = polvo. Ver *élédone.*

polvere di curry ***(It.)*** = curry em pó.

polvo de hornear ***(Esp.)*** = fermento.

pomace ***(Fr.)*** = compota de maçãs.

pomegranate ***(Ing.)*** = romã. Ver *granada.*

pomelo ***(Esp.)*** = toranja ou grapefruit. Ver *pamplemousse.*

pomfret ***(Ing.)*** = peixe de mar com pele prateada e pequenas manchas pretas, chamado freira.

pomme ***(Fr.)*** = maçã. Ver *apple.*

pomme de terre ***(Fr.)*** = batata; referida apenas como *pomme* quando nomeia pratos à base de batata ou modos de seu preparo. Ver *patata.*

Pommel ***(Fr.)*** = queijo cremoso francês, sem sal, parecido ao queijo franco-suíço *petit-suisse.*

pommes

(~) **à l'anglaise** ***(Fr.)*** = batatas cozidas com manteiga e salsinha.

(~) **allumettes** ***(Fr.)*** = batatas fritas em fatias bem fininhas, tipo palito.

(~) **amandine** ***(Fr.)*** = batatas feitas da mesma maneira que croquetes, mas empanadas com farinha, ovos e amêndoas raladas em vez de farinha de rosca

(~) **boulangère** ***(Fr.)*** = batatas assadas.

(~) **dauphine** ***(Fr.)*** = bolinhas fritas de purê de batata.

(~) **dauphinoise** ***(Fr.)*** = batatas em fatias colocadas em camadas, com leite, farinha de milho ou trigo, creme de leite, queijo

ralado, alho e manteiga, depois assadas no forno.
(~) **en robe de chambre** ***(Fr.)*** = batatas com casca, fervidas ou cozidas no vapor.
(~) **frites** ***(Fr.)*** = batatas fritas.
(~) **mousseline** ***(Fr.)*** = purê de batatas batido com creme, de aspecto semelhante ao da musse.
(~) **noisette** ***(Fr.)*** = bolinhas de batata coradas.
(~) **paille** ***(Fr.)*** = batata palha.
(~) **sautées** ***(Fr.)*** = batatas cozidas salteadas no azeite ou na manteiga, com alho, salsa e manjericão.
(~) **savoyarde** ***(Fr.)*** = preparadas como *pommes dauphinoises*, com a adição de cebolinha, mostarda, vinho branco e bacon.

pomodori di magro alla sarda ***(It.)*** = tomates recheados com anchovas, atum e pedaços de berinjela, depois assados no forno.

pomodori ripieni alla novarese ***(It.)*** = tomates recheados com arroz, cebolas picadas e queijo, enpanados e fritos em óleo bem quente.

pomodorini ***(It.)*** = tomates pequenos, tomates-cerejas.

pomodorino ciliegia ***(It.)*** = tomate-cereja.

pomodoro ***(It.)*** = tomate; fonte de potássio e vitaminas A, B e C, trata-se de um fruto amplamente utilizado na culinária de todo o mundo, apesar de suas origens remontarem à América pré--colombiana. Pode ser consumido em molhos, saladas, lanches ou aperitivos.

pompelmo ***(It.)*** = toranja, *grapefruit*.

ponkan orange ***(Ing.)*** = poncã; variedade de tangerina doce, com casca solta, originária do Japão e da China. Ver *clementina*.

poor boy ***(EUA)*** = sanduíche que consiste em um pão francês cortado em seu comprimento e recheado com a mistura que se desejar, com temperos, similar ao *casse-croûte*. Originou-se em Nova Orleans no século 19 quando os sanduíches de ostras eram doados aos pobres. Também chamado *po boy*.

poor knights of Windsor ***(Ing.)*** = fatias de pão embebidas numa mistura de ovos e manteiga, às vezes aromatizadas com licor ou xerez, e bem fritas. Consomem-se quentes, salpicadas com açúcar e canela.

poor man's caviar ***(Ing.)*** = polpa de berinjelas assada e processada com alho e azeite de oliva, temperada com cominho, curry, pimenta, sal, alho, suco de limão, salsinha picada e folhinhas de manjericão.

popcorn ***(Ing.)*** = pipoca.

pope ***(Ing.)*** = peixe de água doce similar à perca.

popone ***(It.)*** = melão. Ver *melón*.

popper ***(EUA)*** = pipoqueira; panela para fazer pipocas.

poppy ***(Ing.)*** = papoula.

poppy seed ***(Ing.)*** = semente de papoula; especiaria saborosa, utilizada em saladas, massas, pães, bolos, tortas, biscoitos, cremes e compotas.

porc ***(Fr.)*** = porco; carne de porco. Ver *cerdo.*

porcella ***(Esp.)*** = leitão assado.

porchetta ***(It.)*** = leitão inteiro desossado, recheado com as vísceras e temperos, assado lentamente, deixando-se a pele crocante. Uma iguaria típica da Úmbria.

porcini mushrooms ***(It.)*** = cogumelos pequenos e selvagens, saborosos, gordinhos e com muita polpa. Disso provém seu nome, que, em italiano, significa porquinhos. Ver *cep.*

porgy ***(Ing.)*** = pargo; peixe do Mediterrâneo e costa da América, de coloração vermelha, que se alimenta de crustáceos e moluscos. Possui valor comercial, sendo consumido preferencialmente assado.

pork ***(Ing.)*** = carne de porco. Ver *cerdo.*

(~) **chop** ***(Ing.)*** = costeleta de porco.

(~) **escalope** ***(Ing.)*** = escalope de filé de lombo de porco.

(~) **fat** ***(Ing.)*** = gordura de porco.

(~) **fillet** ***(Ing.)*** = lombo de porco; filé de carne de porco.

(~) **jowl** ***(Ing.)*** = carne das bochechas e da cara do porco.

(~) **sausage** ***(Ing.)*** = linguiça de porco.

(~) **tenderloin** ***(Ing.)*** = corte do lombo de porco, grelhado ou frito como escalopes.

poroto ***(Esp.)*** = feijão. Ver *bean.*

poroto de manteca ***(Esp.)*** = feijão-manteiga.

porridge ***(Ing.)*** = mingau de aveia. Consome-se no café da manhã.

porro ***(It.)*** = alho-poró. Ver *leek.*

Port / Port wine ***(Ing.)*** = vinho tradicional português, naturalmente adocicado, originário da região do Porto, característico por sua fermentação incompleta, em decorrência da adição de aguardente vínica. Apresenta teor alcoólico elevado e aroma típico, sendo servido em pequenas quantidades após as refeições ou acompanhando sobremesas.

portabella mushroom ***(Ing.) (It.)*** = tipo de cogumelo grande, de aroma acentuado e textura de carne, também chamado de cogumelo do campo. É refogado inteiro em manteiga e alho; sem o caule, presta-se a ser assado.

portabellini mushroom ***(Ing.) (It.)*** = cogumelo de tamanho médio e cor marrom, textura firme e sabor de noz. É degustado cru, em saladas, ou levemente cozido em sopas, massas, guisados ou molhos.

porter ***(Ing.)*** = tipo de cerveja escura, muito forte, feita com malte torrado.

Porto, sauce ***(Ing.)*** = calda feita com vinho do Porto.

Port-Salut ***(Fr.)*** = queijo semifirme e curado, feito do leite da vaca, de sabor suave e textura sedosa, produzido originariamente no século 19, na região oeste da França, usado como sobremesa por combinar com frutas.

portugaise, à la ***(Fr.)*** = à moda portuguesa: método de preparar alimentos com verduras diversas, azeite de oliva, tomates descascados e sem sementes, cebolas picadas, purê de tomate, alho, salsinha, folhas de louro e tomilho. Podem ser incluídos no acompanhamento arroz e batatas.

portugaise, crème ***(Fr.)*** = creme de tomates com bacon fatiado; sopa de creme de tomates, acompanhada por arroz branco.

Port-wine jelly ***(Ing.)*** = gelatina doce com vinho do Porto e especiarias. Depois de fria e desenformada, é coberta com creme de leite batido.

posate ***(It.)*** = talheres.

postre ***(Esp.)*** = sobremesa.

pot ***(Ing.)*** = panela, caçarola; alimento.

pot au feu ***(Fr.)*** = ensopado tradicional da França, feito com carne de vaca ou de aves, refogado ou cozido em forno brando em caldo de carne com várias verduras. O caldo e a carne são servidos separadamente.

Pot cheese ***(EUA)*** = queijo fresco similar ao Cottage, levemente seco e quabradiço, de textura cremosa, consistência mole e rico em proteínas.

pot pie ***(EUA)*** = torta crocante de carne (de vaca, de frango, de peru) e várias verduras cozidas com molho espesso.

potabile ***(It.)*** = potável, bebível.

potable ***(Esp.) (Fr.) (Ing.)*** = potável, bebível.

potage ***(Fr.)*** = sopa, geralmente de de legumes e carne, bem leve.

(~) **bonne femme** ***(Fr.)***= sopa de batatas, cenoura e alho-poró, temperada com alho e salsinha, adicionando-se creme de leite e manteiga após o cozimento.

(~) **de tomates** ***(Fr.)*** = sopa de tomates.

potaje ***(Esp.)*** = sopa ou caldo de verduras.

potato ***(Ing.)*** = batata. Ver *patata*.

(~) **cake** ***(Ing.)*** = bolo originário do norte da Inglaterra, feito de batatas cozidas, amassadas com sal e manteiga, compondo uma massa simples, que é enrolada, passada na farinha e frita, servida quente com manteiga.

(~) **crisp** ***(Ing.)*** = batata frita crocante. Ver *potatoes chips*.

(~) **croquette** ***(Ing.)*** = batatas cozidas, amassadas com manteiga, leite e ovos, formando pequenos cilindros, fritos em óleo bem quente.

(~) **flour** ***(Ing.)*** = farinha de batata, menos densa que a fécula.
(~) **peeler** ***(Ing.)*** = descascador de batata.
(~) **salad** ***(Ing.)*** = salada de batatas, em geral com maionese e outros ingredientes.
(~) **scone** ***(Ing.)*** = bolinho de batata em formato circular, muito popular na Escócia.
(~) **skin** ***(Ing.)*** = batata com casca assada e recheada; o termo também se refere a cascas de batatas servidas geralmente com um recheio ou como aperitivos, bem fritas até ficarem crocantes.
(~) **starch** ***(Ing.)*** = fécula de batata.
(~es) **chips** ***(EUA)*** = batatinhas fritas, inventadas nos Estados Unidos, no século 19, por um *chef* como protesto pela reclamação de um cliente insatisfeito por ter recebido batatas fritas muito grossas em sua refeição. Hoje, elas se encontram amplamente industrializadas e são degustadas mundialmente.

pote gallego ***(Esp.)*** = ensopado bem espesso de carne de porco, bacon, feijão e repolho. Trata-se de uma iguaria típica da Galícia.

potée ***(Fr.)*** = sopa espessa que contém salsichas, carne de porco salgada ou bacon, repolho, batatas, cebolas, feijão, lentilhas ou outros vegetais, temperados e condimentados com noz-moscada e louro. Às vezes, é reduzida a um ensopado.
(~) **champenoise** ***(Fr.)*** = sopa espessa ou ensopado feito com peito de porco salgado, presunto, bacon, salsichas (ou linguiças) legumes e verduras. O líquido é servido como sopa e a carne com as verduras, como prato principal. Acompanham fatias de torradas.

potiron ***(Fr.)*** = abóbora. Ver *calabaza.*

pottage ***(Ing.)*** = caldo ou sopa espessa, contendo verduras amassadas e pedaços de carne.

potted meat ***(Ing.)*** = carne cozida até formar uma pasta ou bem picada, ervas e temperos, colocada em um recipiente fechado com gordura ou manteiga. É comercializada enlatada e muito usada em acampamentos.

pouding ***(Fr.)*** = pudim.
(~) **au pain** ***(Fr.)*** = pudim de pão.
(~) **de cochon** ***(Fr.)*** = bolo de carne e fígado de porco, característico da culinária canadense.
(~) **de Noël** ***(Fr.)*** = pudim de Natal.

poudre de curry ***(Fr.)*** = pó de curry.

poularde ***(Fr.)*** = galinha grande e gorda, pesando, no mínimo, dois quilos.

poule au pot ***(Fr.)*** = galinha cozida com verduras e legumes, servida com o líquido reduzido em que passou por cocção.

poulet *(Fr.)* = frango, geralmente de dois a oito meses. Come-se assado, guisado, grelhado ou salteado. Ver *chicken.*

(~) **au curry** *(Fr.)* = frango guisado, temperado com curry e leite de coco, uma iguaria clássica da culinária francesa.

(~) **au vinaigre de vin** *(Fr.)* = frango com cebolinhas, tomates, alho e manteiga, cozido em vinagre de vinho, com creme de leite adicionado no final.

(~) **basquaise** = frango salteado com tomate, pimentão e alho.

poulette *(Fr.)* = franguinha. Ver *chicken.*

poulpe *(Fr.)* = polvo. Ver *élédone.*

poultry *(Ing.)* = aves domésticas em geral, criadas para alimento ou por seus ovos.

poultry shears *(Ing.)* = cortador de aves em geral.

pound *(Ing.)* = libra (unidade de peso equivalente a 454 gramas).

(~) **cake** *(Ing.)* = tradicional bolo preparado com uma libra de cada farinha, manteiga, açúcar e ovos.

pound, to *(v.) (Ing.)* = triturar, esmagar alimentos duros a fim de reduzi-los a pó.

poupeton *(Fr.)* = prato provençal que utiliza sobras de peixe (pode ser bacalhau, por exemplo) de refeições anteriores, misturadas a pão amolecido em leite e a claras de ovos batidas. Serve-se após gratinar.

pour, to *(v.) (Ing.)* = derramar, entornar, despejar.

pouring batter *(Ing.)* = massa fina feita de farinha de trigo, ovos, leite, sal e, às vezes, açúcar, usada para alguns doces e panquecas.

pousser *(Fr.)* = crescer (massa).

powdered milk *(Ing.)* = leite em pó.

powdered sugar *(Ing.)* = açúcar refinado.

pozole *(Esp.)* = tradicional ensopado mexicano, consumido desde os tempos pré-colombianos, feito com milho, carnes, verduras, temperos e, claro, pimenta.

praliné *(Fr.)* = confeito caramelizado ou cobertura de *praline*, usado em suflês, cremes, bombons de chocolate e sorvetes. Ver *praline.*

praline *(Ing.)* = confeito de amêndoa feito com amêndoas em pedaços, assadas, grelhadas ou cozidas, misturadas com quantidade igual de açúcar, um pouco de água e caramelizadas até atingirem uma cor marrom, depois quebradas para obter-se um pó grosso, usado como recheio de bombons de chocolate, por exemplo.

(~) **cream** *(Ing.)* = praline misturada com creme chantili, usada como acompanhamento ou cobertura de tortas.

pranzo *(It.)* = almoço.

prataiolo *(It.)* = do campo; por exemplo, os cogumelos.

prawn ***(Ing.)*** = camarão grande. Ver *camarón*.

precio fijo ***(Esp.)*** = cardápio com preço fixo.

pre-cook, to ***(v.) (Ing.)*** = cozinhar previamente um ou mais ingredientes que serão usados em outro prato ou *a posteriori*. Por exemplo, batatas cozidas que irão compor uma salada.

pre-cooked ***(Ing.)*** = pré-cozido.

preheat oven ***(Ing.)*** = forno preaquecido.

preheat, to ***(v.) (Ing.)*** = pre-aquecer.

preservative ***(Ing.)*** = conservante; qualquer substância adicionada aos alimentos para conservá-los.

preserve ***(Ing.)*** = conserva, compota ou geleia em conserva, preparada mediante o cozimento ou a fervura do alimento com grande concentração de açúcar, óleo ou vinagre.

preserve, to ***(v.) (Ing.)*** = preparar alimentos para longa armazenagem, impedindo o surgimento de micro-organismos ou enzimas, por meio de várias técnicas, como enlatar, engarrafar, secar, curar, salgar etc.

preserved vegetables ***(Ing.)*** = legumes ou hortaliças em conserva.

preserves ***(Ing.)*** = pedaços grandes de fruta ou a fruta inteira conservados em açúcar caramelado; conserva ou compota.

press, to ***(v.) (Ing.)*** = formatar alimentos, geralmente carne e frutas, compactando-os em um recipiente com um peso em cima para adquirirem um formato sólido, de modo que possam ser cortados em fatias; espremer sucos de frutas.

pressé ***(Fr.)*** = espremido.

pressure cooking ***(Ing.)*** = método de cozimento a vapor por pressão.

pressure-cook, to ***(v.) (Ing.)*** = cozinhar em panela de pressão.

pressure-cooker ***(Ing.)*** = panela de pressão.

pressurer ***(Fr.)*** = espremer frutas para fazer suco.

présure ***(Fr.)*** = coalho.

pretzel ***(Ing.)*** = biscoito salgado, glaçado, em forma de nó ou laço.

prezzemolo ***(It.)*** = salsinha. Ver *French parsley*.

prezzo fisso ***(It.)*** = cardápio com preço fixo.

prickly pear ***(Ing.)*** = figo-da-índia. Ver *fico d'india*.

prima colazione ***(It.)*** = café da manhã.

primavera, alla ***(It.)*** = à moda da primavera; versão italiana para a guarnição francesa. Ver *printanière, a la*.

prime beef ***(EUA)*** = de acordo com a tabela de classificação de cortes de carne dos Estados Unidos, a carne da melhor qualidade, de gado jovem, especialmente alimentado. É tenra, de excelentes sabor e textura, bastante marmorizada.

prime cut ***(Ing.)*** = corte de primeira qualidade de uma carne ou um peixe.

princesse, à la ***(Fr.)*** = à moda da princesa: guarnição com pontas de aspargos, trufas fatiadas com molho bechamel ou de nata; também pode ser feita com fundos de alcachofra recheados com as pontas de aspargos, acompanhados de batatas *noisette*.

printanière, à la ***(Fr.)*** = à moda da primavera: a guarnição clássica é preparada com legumes típicos da Primavera, como cenouras, nabos, ervilhas, feijão-verde e pontas de aspargos.

prix fixe ***(Fr.)*** = cardápio com preço fixo.

process, to ***(v.) (Ing.)*** = processar; moer em um processador de alimentos.

processor ***(Ing.)*** = processador de alimentos, usado para cortar, fatiar, misturar, pulverizar ou fazer purê.

prodotti alimentari ***(It.)*** = gêneros alimentícios; alimentos.

profiteroles ***(Fr.) (Ing.)*** = sobremesa de grande popularidade na culinária francesa, trata-se de bombinhas de baunilha, feitas com massa *choux*, recheadas com creme de baunilha, cobertas com calda quente de chocolate; cada bombinha tem cerca de 3 a 5 cm de diâmetro. São colocadas ao redor de uma forma, com o centro recheado com creme ou chantili ou sorvete. Consta que, no século 16, era considerada uma iguaria real, diante da preferência revelada em sua degustação pela rainha Catarina de Médici.

profumato ***(It.)*** = aromatizado.

prosciutto ***(It.)*** = presunto fresco, em conserva e/ou seco. O termo também pode se referir a pernil de porco.

(~) **cotto** ***(It.)*** = presunto cozido.

(~) **crudo** ***(It.)*** = presunto cru.

(~) **di montagna** ***(It.)*** = tipo de presunto curado nas montanhas, onde as temperaturas são mais baixas, de sabor forte e cor escura.

(~) **di Parma** ***(It.)*** = presunto de Parma; iguaria italiana milenar, produzida originalmente sem conservantes, curada no mínimo por um ano em ambiente ventilado.

(~) **di Parma con fichi** ***(It.)*** = presunto de Parma servido com figos.

(~) **di Parma con mango** ***(It.)*** = presunto de Parma servido com manga.

Prosecco ***(It.)*** = vinho de uvas frescas, fermentadas, geralmente seco, frisante e espumante, originário da região de Veneza, na Itália. É servido gelado, normalmente como aperitivo, sendo também usado como ingrediente de alguns coquetéis.

provençale, à la ***(Fr.)*** = à moda da Provença: preparado com azeite de oliva, alho, azeitonas pretas, tomates, cogumelos e anchovas, aromatizado com a mistura de *herbes de Provence*, como manjericão, alecrim, sálvia, manjerona, louro, segurelha e tomilho.

provisions ***(Ing.)*** = alimentos adquiridos para uso ou armazenagem, mantimentos.

Provolone ***(It.)*** = queijo compacto semiduro e de cor amarelada, feito com o coalho cozido do leite da vaca, originário do sul da Itália, de sabor amanteigado e salgado, sendo consumido fresco ou defumado.

prugna ***(It.)*** = ameixa. Ver *ciruela*.

(~) **gialla** ***(It.)*** = ameixa amarela.
(~) **secca** ***(It.)*** = ameixa seca.

prune ***(Fr.) (Ing.)*** = ameixa. Ver *ciruela*.

pruneau ***(Fr.)*** = ameixa seca.

pub ***(Ing.)*** = estabelecimento destinado a servir bebidas alcóolicas, típico dos países sob influência da cultura britânica; bar; taberna.

puchero ***(Esp.)*** = tradicional cozido espanhol, feito com pedaços de carne de vaca e de galinha, lombo defumado, grão-de-bico, cozidos em fogo lento, com paio, pedaços de bacon e salsichas (ou linguiças), ervilhas, cenoura, tomates picados, repolho e batatas, aos quais se adicionam arroz e tomates no final.

pudding ***(Fr.) (Ing.)*** = pudim; chouriço.

(~) **aux fruits confits** ***(Fr.)*** = pudim de frutas cristalizadas, semelhante ao pudim de pão.

pudín ***(Esp.)*** = pudim.

puerco ***(Esp.)*** = porco; carne de porco. Ver *cerdo*.

puerro ***(Esp.)*** = alho-poró. Ver *leek*.

puff pastry ***(Ing.)*** = massa folhada.

puff pastry with anchovy ***(Ing.)*** = massa folhada com anchovas.

puffer fish ***(Ing.)*** = baiacu; peixe amarelo e preto, muito comum na América do Sul, cuja carne crua é bastante apreciada pelos *gourmands* japoneses para ser usada como *sashimi*. No entanto, durante o preparo, é preciso ter cuidado com a alta toxidade de alguns de seus órgãos.

puffs ***(Ing.)*** = bolinhos ou tortinhas feitos com massa folhada e recheados com geleias, creme ou creme chantili, conhecidos como carolinas.

puits d'amour ***(Fr.)*** = massinhas redondas, pequenas, recheadas com geleias ou frutas (poço de amor).

pulp ***(Ing.)*** = polpa de frutas ou de vegetais.

pulp, to ***(v.) (Ing.)*** = retirar a polpa de um fruto e amassá-la, transformando-a em uma espécie de pasta.

pulpa ***(Esp.)*** = polpa de frutas ou de vegetais.

pulpeta *(Esp.)* = bolo de carne recheado com ovos cozidos, servido fatiado.

pulpo *(Esp.)* = polvo. Ver *élédone*.

pumpernickel *(Ing.)* = pão preto, que contém uma maior parte de centeio e a parte menor de farinha de trigo e melaço.

pumpkin *(Ing.)* = abóbora. Ver *calabaza*.

pumpkin pie *(EUA)* = tradicional iguaria norte-americana, trata-se de uma torta aberta com recheio de abóbora ou moranga cozida até formar um purê, misturado com ovos, açúcar, creme, melaço e especiarias, colocada no forno preaquecido e servida geralmente nas comemorações do Dia de Ação de Graças e do Natal.

pumpkin seeds *(Ing.)* = sementes de abóbora.

puñado *(Esp.)* = punhado (medida).

punch *(Ing.)* = ponche; termo que engloba uma variedade de bebidas alcóolicas e não alcoólicas, utilizando frutas e sucos de frutas, servidos em tigela.

punch-bowl *(Ing.)* = poncheira.

punta di vitello *(It.)* = peito de vitela.

puntina *(It.)* = pitada (por exemplo, de sal).

punto, en su *(Esp.)* = ao ponto (bife, por exemplo).

punto, nel *(It.)* = no ponto exato de cozimento (bife, por exemplo).

pupunha carpaccio *(Ing.)* = carpaccio de pupunha.

puré de patata *(Esp.)* = purê de batatas.

purea *(It.)* = purê ou pirão.

(~) **di patate** *(It.)* = purê de batatas.

purée *(Ing.)* *(Fr.)* = purê.

(~) **de freneuse** *(Fr.)* = creme de batatas com nabos com *béchamel* fino.

(~) **de navets** *(Fr.)* = sopa de nabos.

(~) **de poireau** *(Fr.)* = creme de alho-poró.

(~) **de pommes** *(Fr.)* = purê de maçãs.

(~) **de pommes de terre** *(Fr.)* = purê de batatas.

puttanesca, alla *(It.)* = literalmente, à moda das prostitutas: trata-se de um método de preparo de alimentos à base de molho feito com tomates, alho, cebola, alcaparras, azeitonas pretas e anchovas em azeite doce, temperado com pimenta, pimenta-do-reino, sal e orégano. Supostamente, uma das origens prováveis para o nome deste tradicional molho italiano é o fato de ele poder ser preparado rapidamente, no intervalo entre um cliente e outro.

putty knife *(Ing.)* = espátula (para massas, coberturas etc.).

Q

quadrello ***(It.)*** = lombo de porco ou de vitela.

quadretti di riso alla piemontese ***(It.)*** = camadas alternadas de arroz frito com molho de carne, ovo e queijo, além de trufas empanadas e fritas.

quadrucci ***(It.)*** = pequenos quadrados de massa de ovos, usados em sopas.

quaglia ***(It.)*** = codorna. Ver *caille*.

quagliette di vitello ***(It.)*** = fatias de carne de vitela com recheio de presunto, enroladas e depois grelhadas.

quaietta ***(It.)*** = costeletas de vitela recheadas com queijo e trufas; uma especialidade de Turim.

quail ***(Ing.)*** = codorna. Ver *caille*.

quail's eggs ***(Ing.)*** = ovos de codorna.

quart ***(Fr.)*** = um quarto (medida).

quasi de veau bourgeoise ***(Fr.)*** = pedaço final do lombo desossado de vitela, assado lentamente com carne de porco e verduras.

quatre épices ***(Fr.)*** = mistura picante de condimentos usada em frios e ensopados: pimenta-do--reino (branca ou preta), em proporção maior que os demais, noz-moscada, cravo-da-índia e gengibre seco, bem moído. Quando usado em pratos doces, coloca-se canela no lugar da pimenta-do--reino.

quattro spezie ***(It.)*** = literalmente, quatro condimentos. Trata-se de uma variante da mistura francesa de condimentos, com pimenta, noz-moscada, zimbro (ou canela) e cravos-da-índia. Ver *quatre épices*.

quattro stagioni ***(It.)*** = *pizza* em que as quatro partes contêm recheios diferentes, adicionados à base composta de tomates e queijo. Uma das mais famosas receitas de pizza italiana, representa as quatro estações do ano.

quenelle ***(Fr.) (Ing.)*** = bolinhos de peixe ou carne, muito condimentados, ligados com ovos batidos, claras batidas, creme de leite ou manteiga e farinha, gratinados e servidos com molhos ou sopas.

quesadilla ***(Esp.)*** = iguaria típica da cozinha mexicana, trata-se de um espécie de *tortilla* de farinha de trigo crocante, recheada com queijo derretido.

queso *(Esp.)* = queijo.

(~) **de nata** *(Esp.)* = queijo cremoso ou *cream-cheese.*

(~) **de varé** *(Esp.)* = queijo espanhol, produzido na região do Principado das Astúrias com leite de cabra pasteurizado, de sabor forte e formato cilíndrico.

(~) **Ciudad Real** *(Esp.)* = queijo de leite de cabra, defumado.

(~) **fresco** *(Esp.)* = queijo fresco.

(~) **helado** *(Esp.)* = sorvete de queijo.

queue de bœuf *(Fr.)* = rabo de boi.

quiche *(Fr.)* = torta aberta, feita de massa podre, com recheio à base de ovos e creme ao qual se adicionam pedacinhos de toucinho defumado e outros ingredientes, como cebolas, presunto, cogumelos ou vegetais diversos. Não leva cobertura e é gratinada e/ou decorada, sendo assada em forno a 200ºC a 230ºC até dourar. Embora seja uma iguaria clássica da culinária francesa, sua origem é alemã.

(~) **lorraine** *(Fr.) (Ing.)* = torta recheada com pedaços de presunto ou bacon e queijo ralado ou fatias de queijo Gruyère, consumida desde o século 16.

(~) **de champignon** *(Fr.)* = torta aberta de cogumelos.

(~) **de setas o champiñón** *(Esp.)* = torta de cogumelos.

(~) **di funghi** *(It.)* = torta aberta de cogumelos.

(~) **lorenese** *(It.)* = quiche *lorraine.*

quick bread *(EUA)* = literalmente, pão rápido; trata-se de uma expressão tipicamente norte-americana para designar o pão fermentado quimicamente, incluindo ainda biscoitos ou bolinhos.

quignon *(Fr.)* = pedaço, naco (de pão).

quince *(Ing.)* = marmelo. Ver *coing.*

(~) **jelly** *(Ing.)* = marmelada ou geleia de marmelo.

quinine *(Ing.)* = quinino, usado principalmente para dar sabor à água tônica.

quinoa *(Ing.)* = semente dourada e pequena, cultivada na América do Sul. Parece arroz (e pode substituí-lo às refeições), mas contém alto conteúdo de proteína. Requer fervura de 10 a 15 minutos.

quisquilla *(Esp.)* = camarão. Ver *camarón.*

quisquilla gris *(Esp.)* = camarão de cor cinza. Ver *camarón.*

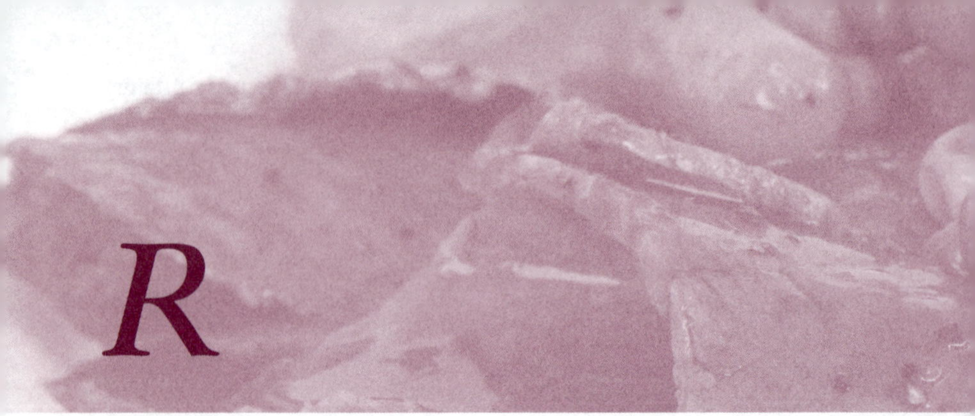

R

rábano ***(Esp.)*** = rabanete; hortaliça de baixo teor calórico, sua raiz em forma de bulbo, de sabor picante e coloração vermelha, é consumida crua, em saladas, ou levemente cozida, em conservas.

(~) **picante** ***(Esp.)*** = raiz-forte. Ver *horseradish.*

rabarbaro ***(It.)*** = ruibarbo. Ver *pieplant.*

rabbit ***(Ing.)*** = coelho. Ver *conejo.*

rabo de buey ***(Esp.)*** = rabo de boi.

Rachel, à la ***(Fr.)*** = à moda de Raquel: bifes guarnecidos com fundos de alcachofras, tutano e salsinha.

racine ***(Fr.)*** = raízes de vegetais.

Raclette ***(Fr.)*** = queijo franco-suíço produzido com leite de vaca, em formato redondo, que apresenta sabor suave de nozes, similar ao Gruyère, e oferece ótimas condições ao derretimento, o que o recomenda, por exemplo, a ser usado em fondue.

raclette ***(Fr.)*** = prato típico da Suíça, que faz uso do queijo Raclette aquecido e raspado sobre os pratos de cada comensal, acompanhado de batatas, frios ou pão. O termo também pode significar a bandeja coletora de gordura em aparelhos de *grill.*

radicchio ***(It.)*** = chicória de folhas vermelhas. Ver *achicoria.*

radici ***(It.)*** = rabanetes. De forma genérica, o termo significa "raízes".

radis ***(Fr.)*** = rabanete. Ver *rábano.*

radis noir ***(Fr.)*** = raiz-forte. Ver *horseradish.*

radish ***(Ing.)*** = rabanete. Ver *rábano.*

rafano ***(It.)*** = raiz-forte. Ver *horseradish.*

raffermo ***(It.)*** = não fresco; pão dormido.

raffinat ***(Fr.)*** = produto refinado.

raffreddare ***(It.)*** = refrigerar, resfriar.

raffreddato ***(It.)*** = alimento conservado por resfriamento.

rafraîchi ***(Fr.)*** = resfriado; alimento conservado por resfriamento.

ragno di mare ***(It.)*** = espécie de caranguejo. Ver *araignée de mer.*

ragoo *(Ing.)* = do italiano ragu, molho espesso de carne com temperos; o termo abrange ensopados ou guisados em geral (carnes diversas, legumes, embutidos, peixes etc.), preparados em fogo baixo.

ragoût *(Fr.)* = guisado ou ensopado. Ver *ragoo.*

ragù *(It.)* = guisado ou ensopado. Ver *ragoo.*

raie *(Fr.)* = raia ou arraia; peixe achatado sem escamas, que vive normalmente no fundo dos mares, sendo consumido em guisados, assados, risotos e grelhados.

(~) **blanche** *(Fr.)* = arraia branca.

raifort *(Fr.)* = raiz-forte. Ver *horseradish.*

rainbow sardine *(Ing.)* = espécie de sardinha encontrada em regiões do Índico e do Pacífico. A sardinha é um peixe de pequenas dimensões, cujo nome é oriundo da Ilha da Sardenha, na Itália, onde já foi abundante. Valorizadíssima pela culinária portuguesa, é consumida em todo o mundo fresca ou defumada, assada, grelhada, frita ou em antepastos, molhos e recheios.

raise, to *(v.) (Ing.)* = crescer massas e misturas para bolos mediante a adição de levedura de fermento antes do cozimento.

raisin *(Ing.)* = uva seca; uva-passa.

(~) **sec** *(Fr.)* = uva seca; uva-passa.

(~) **de Corinthe** *(Fr.)* = uva-passa produzida de um tipo de uva (também chamada groselha--branca) cultivada na Grécia, Califórnia, Austrália e África do Sul.

raising agent *(Ing.)* = mistura química para crescimento de massas; bicarbonato de sódio e fermento em pó são exemplos.

raita (*Ing.*) = salada indiana de pepinos e cebola com molho de iogurte.

Ramekin *(Fr.)* = queijo francês produzido com leite de vaca desnatado, geralmente degustado derretido, acompanhando salsicha cozida e salada verde.

ramekin *(Ing.)* = recipiente em porcelana, cerâmica ou vidro temperados, adequados ao cozimento em forno ou para esquentar alimentos em banho--maria. Também pode ser usado para servir refeições individuais em prato único, como suflês, cremes, musses ou pudins.

ramequin *(Fr.)* = recipiente em porcelana, cerâmica ou vidro resistentes. Ver *ramekin.*

(~) **au fromage** *(Fr.)* = torta de queijo servida quente ou fria em ramequin.

ramp *(EUA)* = alho-poró selvagem, de sabor forte. Ver *leek.*

rana comune *(It.)* = rã. Ver *frog.*

rane fritte *(It.)* = rãs fritas.

rankins *(EUA)* = espécie de pudim leve de queijo, ou suflê, contendo claras de ovos batidas.

ranocchio *(It.)* = rã comestível. Ver *frog.*

rapa *(It.)* = nabo. Ver *colinabo.*

rapata *(It.)* = sopa de arroz e nabos, da região da Lombardia.

rape *(Esp.)* = tamboril (peixe). Ver *goosefish.*

râpe *(Fr.)* = ralador.

râpé *(Fr.)* = ralado.

râper *(Fr.)* = ralar.

rare *(Ing.)* = carne malpassada.

rarebit *(Ing.)* = torrada com manteiga, coberta com molho espesso de queijo Cheddar, leite, mostarda e temperos, às vezes cerveja, até ficar uma mistura suave, depois grelhado até dourar. O molho pode ser guardado na geladeira e usado quando necessário.

rasp, to *(v.) (Ing.)* = raspar.

raspberry *(Ing.)* = framboesa. Ver *framboise.*

(~) **sauce** *(Ing.)* = calda de framboesa.

raspings *(Ing.)* = migalhas de pão.

ratafia *(Ing.)* = espécie de licor aromatizado com caroços de cerejas, amêndoas, pêssegos e outras frutas que contêm caroços, degustado como digestivo.

(~) **essence** *(Ing.)* = essência de amêndoas amargas, usada como aromatizante.

ratatouille *(Fr.) (Ing.)* = prato rústico da região de Provença, feito de berinjelas, ligeiramente fritas, tomates, pimentões verdes e vermelhos, abobrinhas, cebolas, alho, salsinha e manjericão picados, tomilho fresco, amarrado de ervas (folha de louro, ramos de salsinha, manjericão e tomilho, folhas e talinhos de salsão), azeite para dourar, sal e pimenta-do-reino. Tradicionalmente, frita-se cada ingrediente em separado e, depois, mistura-se tudo.

ratón *(Fr.)* = espécie de bolo de queijo.

rattatuia di frutti di mare alla marchigiana *(It.)* = ensopado de frutos do mar e tomates cozidos em vinho, servido com arroz.

rattle *(Ing.)* = variedade de salada de batatas.

ravanelli *(It.)* = rabanetes. Ver *rábano.*

ravioli *(Ing.) (It.)* = ravióli; massa quadrangular geralmente recheada com queijo, espinafre ou carne moída, fervida e servida com molho.

(~) **alla calabrese** *(It.)* = raviólis com recheio de linguiça ou lombo de porco, queijo e ovo, servidos com molho de tomate, manjericão e queijo ralado.

(~) **alla napolitana** *(It.)* = raviólis recheados com uma mistura de presunto, ricota, mozarela e queijo parmesão, servidos com molho de tomate.

(~) **della val pusteria** *(It.)* = raviólis feitos de farinha de centeio, recheados com espinafre ou queijo, fervidos ou fritos.

(~) **trentini** *(It.)* = raviólis com recheio de carne de vaca, galinha ou presunto, com molho de manteiga e queijo ralado, especialidade da região de Trento.

raviolini *(It.)* = raviólis bem pequenos.

raw *(Ing.)* = cru; em estado natural.

(~) **material** *(Ing.)* = matéria--prima.

(~) **meat** *(Ing.)* = carne crua.

rebanada *(Esp.)* = fatia de pão.

rebanar *(Esp.)* = fatiar.

receipt *(Ing.)* = receita.

receta *(Esp.)* = receita.

recette *(Fr.)* = receita.

réchaud *(Fr.)* = tipo de utensílio semelhante a uma panela que conserva os alimentos quentes.

rechauffé *(Fr.)* = requentado; alimentos já cozidos e que precisam ser reaquecidos, como rissoles, croquetes, tortas etc. O termo ainda pode se referir a pratos feitos com sobras.

rechauffer *(Fr.)* = requentar, esquentar.

recipe *(Ing.)* = receita.

reconstitute, to *(v.) (Ing.)* = adicionar um líquido, geralmente água, a alimentos secos para restaurar seu estado original.

rectifier l'assaisonnement *(Fr.)* = acertar os condimentos de acordo com o paladar; retificar.

red beans and rice *(EUA)* = especialidade da Louisiana, composta de feijões-vermelhos com presunto, servida com arroz.

red berries *(Ing.)* = frutas vermelhas.

red cabbage *(Ing.)* = repolho vermelho.

red chicory *(Ing.)* = chicória vermelha. Ver *achicoria.*

red crab *(EUA)* = caranguejo vermelho, de mais ou menos 15 cm, encontrado em águas profundas da costa oriental dos Estados Unidos. Ver *cangrejo.*

red currant *(Ing.)* = frutinha vermelha similar à groselha, porém mais ácida, geralmente cozida para compor geleias, gelatinas e molhos; groselha-vermelha.

(~) **and horseradish sauce** *(Ing.)* = vinho do Porto reduzido, com temperos, noz-moscada e canela, misturado com geleia de groselhas-vermelhas e rabanetes silvestres.

(~) **jelly** *(Ing.)* = geleia usada em muitos molhos, feita de groselhas-vermelhas, fervidas com um pouco de água até que a pele se quebre, peneiradas, com peso igual de açúcar adicionado ao suco, tudo fervido, durante três ou quatro minutos.

red flannel hash *(EUA)* = cebolas picadas, bacon, carne em conserva, beterrabas cozidas misturadas com batatas amassadas, fritas dos dois lados em gordura de bacon e servidas com ovos quentes ou fritos. A refeição é um desjejum típico do centro-oeste norte-americano.

red herring ***(Ing.)*** = arenque ou salmão defumado, curado em salmoura durante muitas semanas, para depois ser defumado. Deve ser dessalgado antes de comer, depois fervido para eliminar toxinas. Geralmente, encontra-se enlatado.

red ink ***(Ing.)*** = vinho tinto de qualidade inferior.

red meat ***(Ing.)*** = carne vermelha (boi, cabrito, carneiro), o oposto de carne branca (galinha, coelho, peru).

red mustard ***(Ing.)*** = espécie de mostarda; planta cujas folhas vão do verde a tons vermelhos e bordô, apresentando sabor bem picante.

red onion ***(Ing.)*** = cebola italiana vermelha; cebola roxa. Ver *cebolla*.

red passion fruit ***(Ing.)*** = maracujá-vermelho. Ver *fruit de la passion*.

red pepper ***(Ing.)*** = pimentão vermelho ou pimenta vermelha, como caiena ou chili.

(~) **peppers fried in oil and garlic** ***(Ing.)*** = pimentas do tipo malagueta fritas com alho.

red perch ***(Ing.)*** = perca vermelha (peixe de água doce). Ver *perca*.

red porgy ***(Ing.)*** = pargo vermelho (peixe). Ver *porgy*.

red sauce ***(EUA)*** = qualquer tipo de molho tipo italiano, feito à base de tomates.

red wine ***(Ing.)*** = vinho tinto.

(~) **wine vinegar court bouillon** ***(Ing.)*** = vinagre de vinho tinto e água, cebolas e cenouras à Julienne, salsinha, aipo, pimenta um pouco de tomilho, folhas de louro e pimentões. Usa-se com trutas e carpaccio para peixes ou aves.

reduce, to ***(v.) (Ing.)*** = reduzir um líquido, pela fervura, para engrossá-lo e concentrar seu sabor, geralmente molhos feitos com vinho e caldo de carne.

reducir ***(Esp.)*** = reduzir um líquido pela fervura. Ver *reduce, to*.

reduction sauce ***(Ing.)*** = molho com base em vinagre, vinho ou caldo de carne concentrado pela fervura que lhe dá sabor intenso e consistência.

réduire ***(Fr.)*** = reduzir um líquido pela fervura. Ver *reduce, to*.

refined vegetable oil ***(Ing.)*** = óleo refinado usado na culinária, do qual foram removidas substâncias nocivas ao organismo humano.

refresh, to ***(v.) (Ing.)*** = imersão de verduras na água fria corrente para esfriá-las e impedir mais cozimento; refrescar folhas e vegetais por meio de imersão em água fria.

refreshments ***(Ing.)*** = refeição ligeira (refrescos e lanches).

refrigerator ***(Ing.)*** = geladeira.

refroidir ***(Fr.)*** = esfriar, refrescar.

regaliz ***(Esp.)*** = alcaçuz. Ver *licorice*.

réglisse ***(Fr.)*** = alcaçuz. Ver *licorice*.

regular milled white rice ***(EUA)*** = arroz branco tratado com polimento especial para melhor cozimento.

reine, à la *(Fr.)* = método de cozimento no leite, envolvendo ovos picados, migalhas de pão ou biscoito. É aplicado em sopas, ovos escalfados, alcachofras, suflês, espinafre e costeletas de carneiro.

reine, crème *(Fr.)* = sopa-creme de galinha com *foie gras* e cominho.

reinette grise *(Fr.)* = espécie de maçã de casca em tom de canela e textura grossa. Ver *apple*.

rélâcher *(Fr.)* = acrescentar líquido a um molho para lhe dar consistência mais fina.

relevé *(Fr.)* = antigamente, o segundo item de um jantar francês tradicionalmente formal, na época em que eram servidos vários pratos na sequência. Atualmente, pode ser o *hors d'œuvre*, o peixe ou a sopa, precedendo a entrada. Se não houver peixe, é a entrada em uma refeição formal. O termo é considerado obsoleto pela cozinha francesa moderna.

relish *(EUA)* = condimentos, temperos.

relish, to *(v.) (Ing.)* = saborear; temperar.

rellenar *(Esp.)* = rechear.

relleno(a) *(Esp.)* = recheado(a).

remojar *(Esp.)* = molhar, embeber, empapar.

remojo, poner a *(Esp.)* = pôr de molho, deixar de molho.

remolacha *(Esp.)* = beterraba. Ver *barbabietola*.

remoulade sauce *(Ing.)* = molho francês picante, feito com mostarda, picles, alcaparras, páprica, raiz-forte, essência de anchovas, às vezes curry. Serve-se com peixes fritos e frutos do mar.

rene *(It.)* = rim (termo usado na culinária).

rennet *(Ing.)* = coalho.

répandre *(Fr.)* = derramar, espargir, entornar.

repápalos *(Esp.)* = pequenos bolos fritos, feitos de ovos misturados com farinha, leite e migalhas de pão, colocados em colheradas para fritar e depois em uma panela com cascas de laranja, açúcar e canela, onde são fervidos em fogo brando. Há outra versão da receita, salgada, com ovos, fatias de pão, alho, azeite e sal.

repas *(Fr.)* = refeição.

repasser *(Fr.)* = coar ou passar duas vezes por uma peneira.

repollo *(Esp.)* = repolho. Ver *cabbage*.

requin *(Fr.)* = tubarão. Ver *mackerel shark*.

réserver *(Fr.)* = reservar, colocar de lado para usar mais tarde na mesma receita.

restaurant *(Ing.)* = restaurante; lugar onde são vendidas refeições completas para consumir no local.

reste *(Fr.)* = sobra de comida.

resurrection pie ***(Ing.)*** = torta de sobras de verduras e carnes cozidas, colocadas em camadas, alternando-as com molho de queijo derretido e condimentado com mostarda. Depois de todos os ingredientes acondicionados, a torta é coberta com mais molho e queijo ralado, e colocada para gratinar e dourar em forno a 200ºC.

revolver ***(Esp.)*** = mexer, misturar.

revuelto de trigueros ***(Esp.)*** = pontas de aspargos com presunto picado, alho, cominho e louro, fritos em azeite de oliva, acrescentando-se ovos batidos e mexendo-se levemente para misturar.

rhubarb ***(Ing.)*** = ruibarbo. Ver *pieplant.*

rhubarbe ***(Fr.)*** = ruibarbo. Ver *pieplant.*

rhum ***(Fr.) (Ing.) (It.)*** = rum; bebida alcoólica secular, fabricada a partir de um processo de fermentação do melaço da cana-de-açúcar, seguido de destilação. É consumido ao natural ou usado na composição de drinques, além de atuar como ingrediente em vários pratos doces e salgados.

rib ***(Ing.)*** = costela.

rib of beef ***(EUA)*** = costelas do boi, geralmente cortada em bifes, cada um com um osso.

rib steak ***(EUA)*** = bife cortado da primeira costela, incluindo a parte externa com gordura. Pode ser com ou sem osso.

ribes ***(It.)*** = groselha, fruta da qual se faz o licor do mesmo nome. Ver *gooseberry.*

(~) **bianco** ***(It.)*** = groselha-branca. Ver *white currant.*

(~) **nero** ***(It.)*** = groselha-preta. Ver *black currant.*

(~) **rosso** ***(It.)*** = groselha-vermelha. Ver *red currant.*

ribollita ***(It.)*** = sopa de origem camponesa, feita com repolho, feijão e legumes baratos (como cenoura, por exemplo), que pode ser esquentada diariamente e engrossada com pão. Trata-se de uma especialidade da Toscana.

ricciarelli ***(It.)*** = tradicionais biscoitos de amêndoas da região da Toscana.

ricciolina ***(It.)*** = endívia encaracolada.

ricciolini ***(It.)*** = massa levemente torcida, em formato encaracolado.

ricco ***(It.)*** = rico, farto, abundante; qualidade atribuída a um alimento muito doce, com muita gordura, óleo ou creme de leite ou muito temperado.

rice ***(Ing.)*** = arroz. Ver *arroz.*

(~) **dessert** ***(Ing.)*** = arroz-doce preparado com leite fervente, açúcar, manteiga, sal, baunilha, canela ou casca de laranja; todos os ingredientes são cozidos no forno, sem mexer; em seguida, acrescentam-se gemas de ovos.

(~) **dough** ***(Ing.)*** = massa feita de farinha de arroz misturada à água fervida ou fria a fim de ser usada como base para fazer bolos ou bolinhos de arroz.

(~) **flakes** ***(Ing.)*** = flocos de arroz fervido ou cozido parcialmente, achatado com um rolo; pode-se comer cozido ou meio cozido, por exemplo, em *müsli*; também chamado *flaked rice*.

(~) **flour** ***(Ing.)*** = farinha de arroz.

(~) **pudding** ***(Ing.)*** = pudim de arroz; arroz coberto com leite adoçado, assado em forno lento, podendo-se adicionar frutas secas por cima; depois de pronto, costuma-se polvilhar com noz-moscada ralada.

(~) **ring** ***(Ing.)*** = arroz enformado e servido no formato de anel.

(~) **soup** ***(Ing.)*** = sopa de arroz.

(~) **vinegar** ***(Ing.)*** = vinagre de arroz.

(~) **wine** ***(Ing.)*** = vinho de arroz; bebida alcoólica feita de arroz cozido, amassado e fermentado. Tem sabor de *sherry* e é usado como bebida ou ingrediente para a cozinha.

rich ***(Ing.)*** = abundante, no que se refere a alimentos.

richelieu ***(Fr.)*** = bolo de camadas com abricó e creme entre elas, tudo embebido com *fondant* feito com marasquino; decora-se com tiras de massa.

Richelieu, à la ***(Fr.)*** = à moda do Duque de Richelieu: guarnição com tomates recheados polvilhados com pão ralado e assados, acompanhados de batatas fritas e alface.

Ricotta ***(It.)*** = derivado de queijo italiano branco e suave, de sabor adocicado, feito com soro de leite (de cabra, de búfala, de ovelha ou de vaca) drenado durante a fabricação de outros queijos, enriquecido com leite ou creme.

rigaglie ***(It.)*** = miúdos de aves.

rigatoni ***(It.)*** = macarrão em tubinhos, cortado em pedaços de 5 cm de comprimento por 4 cm de diâmetro.

rillettes ***(Fr.)*** = patê de carne preparada lentamente com ervas cozidas e carne de porco ou de ganso cozida na própria gordura até ficar tenra.

rillons ***(Fr.)*** = pedaços de carne de porco ou de ganso fritos ou grelhados conservados em gordura.

rimasugli ***(It.)*** = sobras de comida.

rimestare ***(It.)*** = mexer (líquido).

rimestato ***(It.)*** = mexido.

riñones ***(Esp.)*** = rins.

(~) **a la española** ***(Esp.)*** = rins salteados com cebolas, tomates e pimentões.

ripe ***(Ing.)*** = maduro.

ripen, to ***(v.) (Ing.)*** = amadurecer.

ripieno ***(It.)*** = recheio.

ris de veau ***(Fr.)*** = glândula carnosa (timo) da garganta da vitela.

riscaldare ***(It.)*** = aquecer, esquentar.

riscaldato ***(It.)*** = requentado.

rise, to *(v.) (Ing.)* = crescer (por meio de fermento).

risetto *(It.)* = croquetes feitos com pequenas anchovas e sardinhas.

risi e bisi *(It.)* = mistura de arroz cozido com ervilhas e bacon em uma pequena quantidade de caldo de carne e com queijo parmesão pulverizado por cima.

riso *(It.)* = arroz. Ver *arroz.*

(~) **al forno** *(It.)* = arroz ao forno, com variadas receitas, sempre acompanhadas de algum molho.

(~) **al forno in peverada alla rovigina** *(It.)* = arroz fervido em caldo de carne com fígado de galinha, cogumelos e anchovas.

(~) **alla canavesana** *(It.)* = arroz fervido em caldo de carne e finalizado com queijos diversos (Grana, Emmenthal etc.).

(~) **alla milanese** *(It.)* = arroz cozido em caldo de carne com açafrão e tutano, servido com manteiga e queijo.

(~) **alla piemontese** *(It.)* = arroz com creme, presunto, cogumelos e queijo.

(~) **alla siciliana** *(It.)* = arroz cozido em molho com anchovas, cebola, tomates, limão, pimenta, azeitonas pretas, manjerona, com queijo, azeite de oliva e vinho.

(~) **commune** *(It.)* = arroz de grão arredondado, suave, adequado para pratos doces de arroz, sopas e bolos.

(~) **integrale** *(It.)* = arroz integral.

(~) **integrale a grano corto** *(It.)* = arroz integral de grão curto.

(~) **integrale a grano lungo** *(It.)* = arroz integral de grão longo.

(~) **macinato** *(It.)* = arroz moído.

(~) **nero** *(It.)* = arroz preto.

(~) **ricco** *(It.)* = há tipos diferentes: arroz preparado com carne-seca, linguiça, chouriço, pés de galinha, costeletas de porco defumado, bacon, ervilhas, milho, azeitonas verdes, alho e passas. Outra versão traz fígado de pato, miúdos e carne de frango, linguiça, tutano, tomate, ervilhas e cenoura refogados e cozidos em caldo de carne com arroz.

(~) **selvatico** *(It.)* = arroz selvagem. Ver *arroz salvaje.*

risotto *(It.)* = prato italiano clássico de arroz, de preferência arbóreo, proveniente da Lombardia, frito na manteiga ou no azeite com cebolas picadas e pedaços de galinha cozida, mariscos, vegetais etc., um pouco de vinho branco até ser absorvido, colocando-se em seguida caldo de carne e terminando com queijo ralado.

(~) **ai funghi** *(It.)* = risoto com cogumelos.

(~) **alla certosina** *(It.)* = risoto com camarões, cogumelos, ervilhas e pernas de rãs.

(~) **alla marinara** *(It.)* = risoto com frutos do mar, molho de tomate e queijo.

(~) **alla milanese** *(It.)* = risoto feito com tutano, cebolas picadas e caldo de galinha, aromatizado com açafrão e com queijo parmesão ralado por cima.

(~) **alla monzese** ***(It.)*** = risoto com linguiça, cebola e molho de tomates.

(~) **alla toscana** ***(It.)*** = risoto com carne moída, aipo, cenoura, fígado de galinha, cebolas e molho de tomates.

(~) **al salto** ***(It.)*** = sobras do *risotto alla milanese* ligadas com ovos, fritas e douradas na manteiga, como se fossem minipanquecas.

(~) **polesano** ***(It.)*** = risoto com enguias, tainha e robalo ou perca, típico prato veneziano.

rissole ***(Ing.) (It.)*** = bolinho frito recheado com diferentes tipos de carne moída ou picada temperada ou peixe, ligado com ovo, coberto de massa. A liga pode ser dada com batatas amassadas, e o bolinho, enrolado em formato de pãezinhos, depois empanados e fritos. A confecção da iguaria sofre variações de acordo com a tradição culinária de cada país.

rissolé ***(Fr.)*** = carne tostada ou frita até ficar de cor castanha ou dourada.

rissoler ***(Fr.)*** = tostar, assar, torrar.

ristretto ***(It.)*** = reduzido ou concentrado (caldo, molho ou sopa).

river trout ***(Ing.)*** = truta de rio, de cor marrom. Ver *laverello*.

riz ***(Fr.)*** = arroz. Ver *arroz*.

(~) **à l'imperatrice** ***(Fr.)*** = sobremesa fria feita de camadas de gelatina firme colocadas em uma forma, arroz de grãos curtos cozidos em leite até amolecer, misturado com açúcar, essência de baunilha, gelatina e glacê de cerejas; quando quase endurecido, batem-se claras de ovos com creme de leite batido e tudo é despejado sobre a gelatina; depois tira-se da forma e vira-se em um prato. Serve-se com calda ou geleia.

(~) **au blanc** ***(Fr.)*** = arroz branco cozido.

(~) **au gras** ***(Fr.)*** = arroz frito na gordura da carne de frango (pode ser usado outro tipo de carne), especialidade da culinária africana.

(~) **au lait** ***(Fr.)*** = arroz-doce.

(~) **entier** ***(Fr.)*** = arroz integral.

(~) **entier petit grain** ***(Fr.)*** = arroz integral de grão curto.

(~) **entier long grain** ***(Fr.)*** = arroz integral de grão longo.

(~) **moulu** ***(Fr.)*** = *arroz moído*.

(~) **sauvage** ***(Fr.)*** = arroz selvagem. Ver *arroz salvaje*.

roast ***(Ing.)*** = pedaço de carne assado em forno entre 230ºC e 250ºC.

(~) **potatoes** ***(Ing.)*** = batatas assadas em forno entre 230ºC e 250ºC até dourarem e ficarem crocantes.

(~) **turkey** ***(EUA) (Ing.)*** = prato típico de peru assado, servido no Dia de Ação de Graças.

roast, to *(v.) (Ing.)* = assar carne, peixe etc., no forno.

roastbeef *(Ing.)* = rosbife; carne bovina assada.

roasted *(Ing.)* = assado.

roasting pan / roasting tin *(Ing.)* = assadeira.

robalo *(Ing.)* = robalo; peixe marinho de sabor delicado, carne branda e um pouco seca, pode ser degustado frito, assado ou ensopado; come-se também cru como *sashimi*. Ver *branzino*.

rocciata di Assisi *(It.)* = massa recheada com uma mistura de nozes, amêndoas, maçãs, uvas--passas, figos secos cortados e ameixas. Uma iguaria clássica da Úmbria.

rochambeau *(Fr.)* = guarnição para pedaços grandes de carne, com cenouras em bases de batatas *duchesse,* alface, couve-flor e batatas.

rociar *(Esp.)* = pulverizar, borrifar, salpicar.

rock salmon *(Ing.)* = espécie de salmão, tipo pequeno tubarão, muito consumido na Inglaterra.

rock salt *(Ing.)* = sal grosso, usado para assar batatas, peixes, carnes ou esquentar ostras.

rock sole *(Ing.)* = espécie de linguado com pele de cor castanha a cinza e carne branca não oleosa. Ver *carrelet.*

rock sugar *(Ing.)* = cristais de açúcar de cor castanha ou branca.

rocket *(Ing.)* = rúcula. Ver *arugula.*

rockmelon *(Ing.)* = espécie de melão do tipo cantalupo. Ver *cantaloup.*

rodaballo *(Esp.)* = espécie de linguado. Ver *carrelet.*

rodajas *(Esp.)* = rodelas, fatias.

(~) **de limón** *(Esp.)* = rodelas de limão.

rodillo *(Esp.)* = rolo para abrir massa de biscoitos e macarrão.

roe *(Ing.)* = ovas de peixe.

rognone *(It.)* = rim.

rognons *(Fr.)* = rins.

roll *(Ing.)* = pãozinho.

roll, to *(v.)* = *(Ing.)* = enrolar massa.

rollè *(Fr.)* = rocambole, alimento enrolado (pode ser carne, massa etc.).

rolling pin *(Ing.)* = rolo para abrir massas em geral.

rollmop herring *(Ing.)* = filés de arenque enrolados com cebolas picadas, pepininhos e pimenta em grãos, amarrados e marinados em vinagre temperado.

roly-poly *(Ing.)* = rocambole, bolo enrolado.

romaine, à la *(Fr.)* = à moda romana, isto é, pratos preparados com azeite de oliva, vinho, ervas frescas e especiarias, alho, pimenta moída e parmesão ralado. Em determinados pratos, pode haver adição de mel.

romaine lettuce *(Ing.)* = alface romana. Ver *batavia.*

romarin ***(Fr.)*** = alecrim; erva de origem árabe, apresenta sabor adocicado e aroma característico, sendo utilizado como condimento para temperar carnes brancas, peixes e legumes ou aromatizar vinagres e azeites.

rombo ***(It.)*** = rodovalho, espécie de linguado. Ver *carrelet.*

romero ***(Esp.)*** = alecrim. Ver *romarin.*

romsteck ***(Fr.)*** = bife de alcatra.

ron ***(Esp.)*** = rum. Ver *rhum*

rond de gigot ***(Fr.)*** = fatia grossa da perna de carneiro.

rondelle ***(Fr.)*** = fatias de cenouras, limões, salame etc.

rondelles de saucisson ***(Fr.)*** = rodelas de salsichas ou linguiças.

rondelli ***(It.)*** = massa italiana recheada.

Rondinella ***(It.)*** = vinho italiano da região de Veneza, na Itália, usado na mistura que dá origem ao famoso Valpolicella.

rondino ***(It.)*** = peixe de mar chamado freira. Ver *pomfret.*

root ***(Ing.)*** = raiz.

root ginger ***(Ing.)*** = gengibre em raiz, fresco ou seco. Ver *gingembre.*

Roquefort ***(Fr.)*** = um dos mais conhecidos e saboreados do mundo, trata-se de um tipo de queijo francês envelhecido na região de Roquefort, feito com leite de ovelhas, com veios azulados em razão do bolor a que é exposto. Sua textura é cremosa e o sabor, salgado e picante.

roquette ***(Fr.)*** = rúcula. Ver *arugula.*

rosbif ***(Esp.) (Fr.) (It.)*** = rosbife, geralmente malpassado.

rosemary ***(Ing.)*** = alecrim; rosmaninho. Ver *romarin.*

rosmarino ***(It.)*** = alecrim; rosmaninho. Ver *romarin.*

rosolare ***(It.)*** = saltear; fritar ligeiramente; dourar.

Rossini, à la ***(Fr.)*** = guarnição para acompanhar *tournedos* de filé *mignon* montados sobre croutons: uma fatia de *foie gras* frita, fatias de trufas e *demi-glace.*

rosso ***(It.)*** = vermelho.

(~) **d'uovo** ***(It.)*** = gema de ovo.

rosticceria ***(It.)*** = estabelecimento comercial que vende comestíveis finos.

rostida ***(It.)*** = tradicional prato de inverno preparado com intestinos de porco assados no molho de tomate, servido com polenta.

rosto ***(It.)*** = assado

rotella tagliapasta ***(It.)*** = carretilha (cortador de massa: pastéis, biscoitos etc.).

rôti ***(Fr.)*** = assado.

(~) **de bœuf** ***(Fr.)*** = carne assada.

rôtie ***(Fr.)*** = torrada, fatia de pão torrada.

rôtir ***(Fr.)*** = assar.

rôtisserie ***(Fr.)*** = churrascaria.

rôtissoire ***(Fr.)*** = assadeira.

rotolo ***(It.)*** = rocambole.

(~) **alla marmellata** ***(It.)*** = rocambole recheado com geleia.

roue de pâtisserie ***(Fr.)*** = carretilha (cortador de massas: pastéis, biscoitos etc.).

rougail ***(EUA)*** = condimento forte, muito picante, resultado da mistura de vários ingredientes, de origem *créole*, usado em pratos com arroz.

(~) **de saucisses** ***(Fr.)*** = refogado de linguiças cortadas com alho, gengibre, cebolas, tomates, tomilho, açafrão e pimenta-de--caiena. Típico prato de tradição *créole*.

rouget ***(Fr.)*** = trilha ou salmonete, tainha pequena. Ver *mullet*.

(~) **barbet** ***(Fr.)*** = variedade de tainha vermelha ou salmonete. Ver *mullet*.

rouille ***(Fr.)*** = molho feito com azeite de oliva e pão ralado, alho, sal, gemas de ovos, pimentões vermelhos, pimenta-de-caiena, açafrão, às vezes misturado a um caldo de peixe. Não se leva ao fogo. Espalha-se sobre pão e serve-se com *bouillabaisse* ou outro tipo de sopa de peixes.

roulade ***(Fr.)*** = espécie de rocambole feito com uma fatia fina de carne (carneiro, porco ou galinha) enrolada com recheio de queijo, legumes, migalhas de pão, cogumelos ou carne. Amarra-se e leva-se ao forno ou pode ser cozida lentamente em vinho ou caldo. Serve-se em rodelas. O termo também se refere a uma massa de pão de ló enrolada e recheada com geleia.

roulé ***(Fr.)*** = rocambole recheado com geleia ou doce pastoso.

rouler ***(Fr.)*** = enrolar.

roulette ***(Fr.)*** = enroladinho, massa enrolada com recheio.

round of bread ***(Ing.)*** = fatia de pão.

round steak ***(Ing.)*** = filé de alcatra cortado de forma arredondada.

round-cake tin ***(Ing.)*** = forma redonda para bolo, geralmente de alumínio.

roussette ***(Fr.)*** = cação. Ver *dogfish*.

roux ***(Fr.)*** = mistura em partes iguais de farinha de trigo e manteiga, levada ao fogo, podendo adquirir vários graus de cor, dependendo do tempo de cozimento: branca, dourada ou marrom. Usa-se para engrossar líquidos e fazer molhos de vários tipos.

rovella ***(It.)*** = brema (peixe) com manchas azuis. Ver *bream*.

royal icing ***(Ing.)*** = mistura de açúcar de confeiteiro, claras de ovos, suco de limão, às vezes colorido com alimentos que lhe dão cor, que endurece quando seco, usado para decorar bolos.

(~) **praline** ***(Ing.)*** = claras de ovos e açúcar de confeiteiro batidos até o ponto de suspiro e misturados com amêndoas picadas para adquirir consistência.

royale ***(Fr.)*** = creme de ovos e caldo de carne ou leite, temperado, coado e fervido em banho-maria em uma forma untada; depois de adquirir a consistência de pudim, é cortado e usado como guarnição para *consomê.*

royale, à la ***(Fr.)*** = à moda real: coberto com molho branco, rico e guarnecido com trufas e cogumelos pequenos. É também usado como *consomê* guarnecido com um *royale.*

rub in, to ***(v.)(Ing.)*** = besuntar; combinar gordura com farinha ou outros ingredientes secos, usando--se a ponta dos dedos ou um processador para obter uma mistura seca, semelhante a migalhas de pão, com pedacinhos de gordura por cima dos ingredientes secos.

rubanné ***(Fr.)*** = camadas de diferentes cores e sabores.

ruccola / rucola / rugola ***(It.)*** = rúcula. Ver *arugula.*

ruchetta ***(It.)*** = rúcula. Ver *arugula.*

ruda ***(Esp.)*** = arruda. Ver *garden rue.*

rue ***(Ing.)*** = arruda. Ver *garden rue.*

rum ***(Ing.) (It.)*** = rum; bebida alcoólica típica de países da América Central, produzida por um processo de fermentação do melaço de cana e posterior destilação.

rum baba ***(Ing.)*** = bolo embebido em calda aromatizada com rum. Ver *baba au rhum.*

rum butter ***(Ing.)*** = mistura de manteiga, açúcar mascavo e rum e, às vezes, canela. Quando frio, é usado como acompanhamento para pudins quentes.

rump ***(Ing.)*** = alcatra, carne da parte traseira do boi.

(~) **steak** ***(EUA)*** = fatia de bife tirado da alcatra.

runner bean / string bean ***(Ing.)*** = vagem. Ver *fagiolini.*

runny ***(Ing.)*** = semilíquido.

ruote ***(It.)*** = pedacinhos de massa cortados em rodelas irregulares, servidas com algum tipo de molho espesso. Também chamados de *rotini.*

rusks ***(Ing.)*** = pedacinhos de pao comum ou doce, torrados e assados no forno até ficarem bem dourados.

russe, alla ***(It.)*** = à moda russa: guarnição de beterrabas, couve, nabos, coalhada ou creme de leite, ovos cozidos, pão e, às vezes, arenque salgado.

Russian dressing ***(EUA)*** = maionese misturada com *ketchup*, com vinagre de estragão ou sumo de limão, salsinha, páprica, cebola ralada e molho inglês, apresentando coloração rosada, alaranjada ou avermelhada.

Russian salad ***(Ing.)*** = mistura de batatas cozidas e fatiadas ou em cubos, cenouras, ervilhas e carnes frias (frango, presunto, peixe, por exemplo) ligados com maionese. Geralmente servida sobre alface, guarnecida com ovos duros cozidos em fatias, e pepininhos; também pode ser enformada com gelatina. A receita original incluía lagosta, língua, trufas, alcaparras e filés de anchovas.

rustica, alla *(It.)* = à moda rústica: espaguete servido com tomates, anchovas, berinjelas e queijo derretido, condimentado com manjericão, alho e orégano.

ruta *(It.)* = arruda. Ver *garden rue.*

rye *(Ing.)* = centeio, grão seco similar ao trigo. Ver *centeno.*

(~) **bread** *(Ing.)* = pão de centeio.

(~) **flakes** *(Ing.)* = centeio em flocos obtidos com os grãos amassados, usados em *müsli* e como cereais cozidos no café da manhã.

(~) **flour** *(Ing.)* = farinha de centeio.

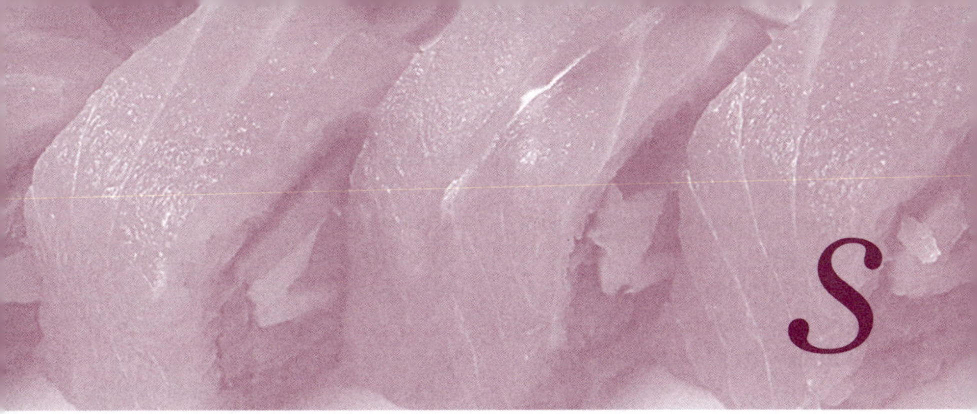

S

sabayon ***(Esp.)*** = mistura cremosa feita com gema de ovo comum, açúcar, vinho, batida em fogo brando até engrossar. Usa-se em molhos para ajudar a glaçar grelhados ou acompanhando frutas em sobremesas.

sabayon sauce ***(Ing.) (Fr.)*** = versão francesa do *zabaglione*, porém mais leve, com mais espuma, feita com gemas de ovos, xerez, Marsala ou rum, açúcar e, às vezes, creme de leite batido, aromatizado com raspas de casca de limão. Mistura--se tudo e serve-se com frutas ou pão de ló.

sablé biscuits ***(Fr.) (Ing.)*** = biscoitos nutritivos, de consistência arenosa, feitos de uma pasta amanteigada, contendo açúcar cristalizado. Formam-se rolinhos levados à geladeira para esfriar, depois fatiados e assados no forno. Também chamados *sand biscuits*.

sabre ***(Fr.)*** = peixe-espada. Ver *espadon*.

sabroso ***(Esp.)*** = saboroso, gostoso.

sacacorchos ***(Esp.)*** = saca-rolhas.

sacar ***(Esp.)*** = tirar.

sacar del fuego ***(Esp.)*** = tirar do fogo.

sacar las semillas ***(Esp.)*** = tirar as sementes.

saccharin ***(Ing.)*** = sacarina; adoçante artificial.

sacristain ***(Fr.)*** = massa folhada trabalhada no formato de espiral com amêndoas e açúcar ou queijo.

sad ***(Ing.)*** = bolo ou pão que está pesado, afundado ou que não tenha crescido.

saffron ***(Ing.)*** = açafrão. Ver *azafrán*.

(~) **milk cap** ***(Ing.)*** = cogumelo comestível com a parte de cima cor de laranja em formato circular, contendo uma depressão no centro. Põe-se em conserva no vinagre para ser usado como picles.

(~) **risotto** ***(It.)*** = risoto cremoso com queijo parmesão, colorido com açafrão.

(~) **sauce** ***(Ing.)*** = molho de cebolinhas bem picadas, cozidas em vinho branco até ficarem reduzidas a um sexto do original, batem-se fora do fogo, coloca-se creme de leite na mesma proporção do vinho branco e adiciona-se açafrão para colorir e aromatizar.

safran *(Fr.)* = açafrão. Ver *azafrán*.

sage *(Ing.)* = sálvia; espécie de erva com folhas verde-acinzentadas de propriedades medicinais, usada como tempero desde os tempos medievais. Devido ao seu sabor e aroma, é muito usada para condimentar carnes, saladas, risotos, massas, molhos, embutidos, pães etc. É bastante utilizada na cozinha mediterrânea.

sage and onion stuffing *(Ing.)* = cebolas assadas no forno, com sua parte interna, branca, misturada com miolo de pão anteriormente mergulhado em leite, em seguida espremida e temperada com sálvia picada. Usada como recheio para aves, ou também para incrementar um molho de carne.

saignant *(Fr.)* = malpassado; refere-se a carnes.

saín *(Esp.)* = sebo, gordura, banha.

saindoux *(Fr.)* = toucinho. Ver *bacon*.

Saint-Germain, à la *(Fr.)* = à moda de Saint-Germain: guarnição preparada com purê de ervilhas, com a opção de se adicionarem fundos de alcachofras.

Saint-Germain, crème *(Fr.)* = cebolas, alho-poró e aipo, cozidos na manteiga, com caldo de carne, hortelã, *bouquet garni*, ervilhas verdes, fervidos durante cinco minutos. Retira-se o *bouquet garni* e acrescenta-se quantidade igual de molho *béchamel*, depois ferve-se novamente até adquirir consistência, coa-se e termina-se com creme de leite.

Saint-Germain, fish *(Fr.)* = filés de peixe com carne branca, passados na farinha e na manteiga derretida com mostarda e farinha de rosca. Serve-se com molho *béarnaise* e batatas *noisette*.

Saint-Germain, purée *(Fr.)* = purê de ervilhas frescas, cenoura, alho-poró picado e cebolas, com *bouquet garni*, caldo de galinha ao qual se adicionou bacon, depois peneirado e temperado, ajustando-se a consistência com creme de leite ou *béchamel*. Serve-se com *croutons*.

Saint-Paulin *(Fr.)* = tipo de queijo francês produzido pelos monges trapistas, feito com leite integral pasteurizado de vaca, de cor amarela, consistência macia e gordurosa, sabor suave e formato redondo. Costuma ser degustado com frutas e vinhos mais leves.

Saint-Peter's fish *(Ing.)* = tilápia vermelha.

Saint-Pierre *(Fr.)* = tilápia vermelha. Ver *Saint-Peter's fish*.

saisir *(Fr.)* = dourar rapidamente em fogo alto.

sal grueso *(Esp.)* = sal grosso.

sal mariño *(Esp.)* = sal marinho.

salad *(Ing.)* = salada.

(~) **bar** *(Ing.)* = bufê de saladas.
(~) **bowl** *(Ing.)* = saladeira.

(~) **dressing** ***(Ing.)*** = tempero ou molho geralmente preparado com vinagre, sumo de limão ou iogurte, condimentado com ervas, tempero, alho etc.
(~) **fork** ***(Ing.)*** = garfo de salada ou sobremesa.
(~) **oil** ***(Ing.)*** = óleo para temperar salada.
(~) **onion** ***(Ing.)*** = cebolinha. Ver *cebollino.*
(~) **spoon** ***(Ing.)*** = colher de salada.

salade ***(Fr.)*** = salada verde, de alface.
(~) **composée** ***(Fr.)*** = salada mista feita com bacon, ovos cozidos, miúdos e queijo frito. *Salade niçoise* é um exemplo desta salada.
(~) **de fruits** ***(Fr.)*** = salada de frutas.
(~) **de printemps** ***(Fr.)*** = salada primavera.
(~) **mêlée** ***(Fr.)*** = salada mista.
(~) **mixte** ***(Fr.)*** = salada mista.
(~) **niçoise** ***(Fr.)*** = salada à moda de Nice: preparada com tomates, pepinos, feijões grandes, vagens cozidas, batatas, ovos cozidos, filés de anchovas, atum, azeitonas pretas, manjericão, salsinha, tudo temperado com molho vinagrete.
(~) **panachée** ***(Fr.)*** = salada mista.
(~) **russe** ***(Fr.)*** = salada russa. Ver *Russian salad.*
(~) **simple** ***(Fr.)*** = salada simples.
(~) **verte** ***(Fr.)*** = salada de folhas verdes.

saladier ***(Fr.)*** = saladeira, recipiente para colocar saladas.

salado ***(Esp.)*** = salgado.

salaison ***(Fr.)*** = processo de salgar carnes, queijos etc.

salambo ***(Fr.)*** = torta aberta recheada com creme aromatizado com *kirsch* ou rum e coberta com caramelo e nozes, avelãs ou pistaches.

salame ***(It.)*** = salame.
(~) **alla friulana** ***(It.)*** = fatias de salame salteadas com creme de cebola, servidas com polenta branca.
(~) **casalinga** ***(It.)*** = salame feito em casa.
(~) **cotto** ***(It.)*** = salame cozido.
(~) **di fegato** ***(It.)*** = salsicha de carne suína com fígado suíno.
(~) **di Felino** ***(It.)*** = salame curado produzido na cidade de Felino, feito de carne de porco pura picada, umedecida com vinho branco seco, temperada com alho e grãos inteiros de pimenta, que lhe dão um formato irregular.
(~) **di Sorrento** ***(It.)*** = salame composto de 80% de carne de porco e 20% de carne de vaca.
(~) **di Varzi** ***(It.)*** = salame da vila de Varzi, em tom vermelho, feito com carne de ombro do porco, curada, gordura de porco, alho, pimenta preta e vinho.
(~) **finocchione** ***(It.)*** = salame grande fresco, misturando pedaços de carne magra e gordura de porco, o que dá uma aparência manchada, temperado com erva-doce.

(~) **fiorentino** ***(It.)*** = salame famoso da Toscana com erva-doce. Ver *finocchione.*

(~) **friulano** ***(It.)*** = salame defumado feito com carne de porco picada misturada com bacon, pimenta, alho e vinho.

(~) **genovese** ***(It.)*** = salame defumado feito de partes iguais de carne de porco e de vitela, temperado com alho e ervas.

(~) **iola** ***(It.)*** = salame de carne de porco temperada com alho.

(~) **milanese** ***(It.)*** = salame feito de 50% de carne de porco magra, 20% de carne de porco gorda e 30% de carne de vitela, tudo picado e temperado com alho e pimenta branca em grãos, prensado de modo que a gordura fique granulada em pequenas partículas. Deixa-se amadurecer durante dois ou três meses.

(~) **napoletano** ***(It.)*** = salame longo e fino, feito com carne de porco e de vaca, temperado com pimenta em grãos; é seco e envelhecido por pelo menos seis meses, apresentando sabor bem forte.

(~) **sardo** ***(It.)*** = salame da Sardenha, muito temperado com pimenta vermelha.

(~) **ungarese** ***(It.)*** = salame húngaro, feito na Itália com carne de porco bem picada, gordura de porco, carne de vaca, cominho e alho, temperado e umedecido com vinho branco e aromatizado com páprica.

(~) **valdostano** ***(It.)*** = salame tipo salsicha, pequeno, feito de carne cozida de porco e de vaca, temperada com alho, ervas e vinho.

salami ***(Fr.) (Ing.)*** = salame em geral.

salamini ***(It.)*** = salaminho (salame pequeno).

salamoia ***(It.)*** = salmoura.

salatina ***(It.)*** = salada de folhas verdes, frescas.

salatini ***(It.)*** = biscoitinhos salgados (*salatino*, no singular).

salato ***(It.)*** = salgado.

salchicha ***(Esp.)*** = salsicha fresca, de aparência rústica e sabor delicado, feita com várias carnes. Pode ser servida crua ou cozida.

salchichas extremeñas ***(Esp.)*** = salsichas feitas de sangue com carne de porco moída e batata.

salé ***(Fr.)*** = salgado.

sale ***(It.)*** = sal.

sale grosso ***(It.)*** = sal grosso.

sale marino ***(It.)*** = sal marinho.

salero ***(Esp.)*** = saleiro.

saliera ***(It.)*** = saleiro.

salière ***(Fr.)*** = saleiro.

Salisbury steak ***(EUA)*** = iguaria feita com bife de carne moída ou picada grelhado, temperado, parecido com um hambúrguer, mas sem o pão e com outros temperos. Costuma ser servido com molho, acompanhado de purê de batatas ou macarrão.

salmagundi ***(Ing.)*** = salada inglesa criada no século 17, feita com diversas carnes (o nome do prato significa, literalmente, "miscelânea"), ovos duros cozidos, anchovas, picles e beterrabas, todos estes ingredientes cortados em quadradinhos e colocados sobre folhas de alface.

salmon ***(Ing.)*** = salmão; peixe encontrado no Atlântico e no Pacífico. Ver *laverello*.

(~) **spread** ***(Ing.)*** = patê de salmão defumado com cebolinha, limão, azeite e páprica ou pimenta em grão moída.
(~) **trout** ***(Ing.)*** = tipo de truta, que se distingue pela cor rosa de sua carne, mais áspera e menos suculenta do que o salmão; também denominada *pink trout* e *sea trout*.

salmón ***(Esp.)*** = salmão. Ver *laverello*.

(~) **ahumado** ***(Esp.)*** = salmão defumado.

salmone ***(It.)*** = salmão. Ver *laverello*.

(~) **affumicato** ***(It.)*** = salmão defumado
(~) **mousse** ***(Ing.)*** = musse de salmão.

salmonella ***(Ing.)*** = bactéria presente em comidas contaminadas, capaz de afetar seriamente a saúde humana.

salmonete ***(Esp.)*** = trilha, tainha pequena. Ver *mullet*.

salmorejo ***(Esp.)*** = molho suave e espesso, originário da região da Andaluzia, feito de tomates, migalhas de pão, pimentão verde, alho, óleo, vinagre e sal, sobre o qual se coloca carne de frango grelhado, peixe ou coelho, ainda quente, para esfriar e marinar durante pelo menos seis horas.

salmuera ***(Esp.)*** = salmoura; líquido salgado utilizado para conservar carnes e outros alimentos.

salpicon ***(Fr.) (Ing.)*** = salpicão; receita originariamente francesa que mistura pedaços pequenos de peixe, carne ou vegetais com cebolas, tomates, pimenta e condimentos, ligados com molho. Usa-se para rechear canapés, croquetes etc.

(~) **à la royale** = salpicão feito com trufas e cogumelos, acompanhado de purê de galinha.
(~) **d'anchois** = salpicão preparado com anchovas.
(~) **de pommes de terre** = salpicão de batatas e maionese.

salpicón ***(Esp.)*** = salpicão. Ver *salpicon*.

(~) **de mariscos** ***(Esp.)*** = salada com vários frutos do mar frescos e variados, como vieiras, lagosta, mexilhões, caranguejo e camarão, tomates, pimentões verdes e vermelhos picados, coberta com molho vinagrete e temperada com cebola e limão.

salsa ***(Esp.) (It.)*** = molho.

(~) **al hilo** ***(Esp.)*** = calda em ponto de fio.
(~) **alla pizzaiolo** ***(It.)*** = molho de tomates, bem condimentado com alho, manjericão ou orégano e salsinha picada; serve-se com carne, aves ou massas.

(~) **blanca** ***(Esp.)*** = molho branco.
(~) **bolognese** ***(It.)*** = molho à bolonhesa. Ver *bolognaise, sauce.*
(~) **de tomate** ***(Esp.)*** = molho de tomates.
(~) **di noci** ***(It.)*** = molho de nozes sem pele, preparado com pão umedecido, salsinha, sal, azeite e um pouco de alho, misturados com creme de leite ou coalhada, e servido com massas.
(~) **di olio e aceto** ***(It.)*** = molho ao vinagrete, de azeite e vinagre.
(~) **di ostriche** ***(It.)*** = molho de ostras.
(~) **di pomodoro** ***(It.)*** = molho de tomate.
(~) **di soia** ***(It.)*** = molho de soja.
(~) **francesa** ***(Esp.)*** = molho francês.
(~) **mayonesa** ***(Esp.)*** = molho de maionese; batem-se duas gemas, juntando-se aos poucos azeite, sem parar de bater, sal, pimenta e algumas gotas de limão ou vinagre.
(~) **olandese** ***(It.)*** = molho holandês. Ver *sauce hollandaise.*
(~) **rossa** ***(It.)*** = molho italiano espesso, feito de cebolinhas picadas, cozidas na manteiga e no azeite de oliva, tomate *concassée*, cenouras bem picadas, pimentão vermelho, aipo, temperos e um pouco de pó de chili, fervidos lentamente até ficarem tenros e bem ligados.
(~) **tártara** ***(Esp.)*** = molho tártaro.
(~) **verde** ***(It.)*** = molho preparado com azeite e vinagre, condimentado com alho amassado, cebola, anchovas salgadas e picadas, alcaparras e salsinha também picadas. Serve-se com saladas, carnes frias ou ovos duros cozidos.

salsetta ***(It.)*** = molho leve para saladas, feito com cebola, azeite doce, alho, vinho branco e açafrão ou anchovas.

salsiccia ***(It.)*** = linguiça ou salsicha.
(~) **di cinghiali** (~) = linguiça estreita feita com carne de javali, de coloração escura e pouco salgada.
(~) **di fegato** ***(It.)*** = linguiça feita de carne e fígado de porco, temperada com pimenta e erva-doce.
(~) **di mare** ***(It.)*** = linguiça fabricada com frutos do mar e carne de atum processada.
(~) **di nicosia** ***(It.)*** = linguiça de carne de porco e coelho, fabricada na Sicília.
(~) **fresca** ***(It.)*** = linguiça de porco pequena e fresca.
(~) **napoletana** ***(It.)*** = linguiça de porco e de carne de vaca muito apimentada com pimenta em pó e pimenta vermelha, além de alho, banha de porco, especiarias e vinho.
(~) **salamella** ***(It.)*** = linguiça napolitana.
(~) **salamella vaniglia** ***(It.)*** = linguiça napolitana temperada com baunilha.

(~) **secca** ***(It.)*** = linguiça seca.

(~) **toscana** ***(It.)*** = linguiça de porco, temperada com alho, sálvia, alecrim, pimenta e anis.

salsiccie alla romagna ***(It.)*** = linguiças fervidas, depois de secas, fritas na manteiga e no óleo até ficarem douradas, temperadas com alho esmagado e cobertas com tomate *concassée.*

salsiccie e fagioli ***(It.)*** = prato da Toscana, com feijões grandes e linguiças, alho, tomates, azeite de oliva e sálvia.

salsichón ***(Esp.)*** = salsicha grande feita de carne de porco[1] magra e gorda, temperada, apimentada, salgada e levemente defumada.

salt ***(Ing.)*** = sal; salgado ou curado.

(~) **beef** ***(Ing.)*** = carne salgada.

(~) **cod** ***(Ing.)*** = bacalhau salgado e seco.

(~) **herrings** ***(Ing.)*** = arenques conservados entre camadas de sal, geralmente em caixas de madeira.

(~) **pork** ***(Ing.)*** = carne de porco curada e conservada na salmoura.

(~) **-shaker** ***(Ing.)*** = saleiro (de mesa).

salt, in ***(Ing.)*** = em salmoura.

salt, to *(v.)* ***(Ing.)*** = salgar, salmourar, adicionar sal aos alimentos.

salt down, to *(v.)* ***(Ing.)*** = conservar alimentos mediante a imersão em salmoura.

saltare ***(It.)*** = saltear.

saltato ***(It.)*** = salteado, ligeiramente frito.

salted ***(Ing.)*** = salgado.

salted water ***(Ing.)*** = água salgada para escaldar ou ferver peixes (15 gramas de sal para um litro de água), usada para percas, tainhas etc.

saltimbocca ***(It.)*** = prato romano clássico, feito com fatias finas de vitela com presunto, sálvia e condimentos cozidos, formando rolos fritos na manteiga e fervidos em vinho branco durante 15 minutos.

(~) **alla marchigiana** ***(It.)*** = *saltimbocca*, iguaria feita com filés de carne bovina, bacon e presunto preparado com vinho branco, sálvia e banha de porco.

(~) **alla partenopea** ***(It.)*** = *saltimbocca*, prato feito com vitela, presunto e queijo, cozidos em molho de tomates.

saltine biscuits ***(Ing.)*** = biscoitos salgados, tipo *cracker*, polvilhados com sal cristalizado antes de ir para o forno.

saltless ***(Ing.)*** = sem sal, insosso.

salto, in ***(It.)*** = alimento frito, salteado em azeite ou óleo.

saltpetre ***(Ing.)*** = salitre.

salt-water fish ***(Ing.)*** = peixe de água salgada.

salty ***(Ing.)*** = salgado.

salumeria ***(It.)*** = delicatessen; estabelecimento comercial onde são vendidos comestíveis finos.

---

1 Atualmente, já existem no mercado salsichões de frango.

salumi *(It.)* = carnes salgadas embutidas, tipo salame e similares.

salvado *(Esp.)* = farelo de trigo ou de outros cereais.

salvia *(Esp.)* *(It.)* = sálvia; erva da região mediterrânea. Ver *sage*.

Sambuca *(It.)* = licor italiano, originalmente incolor, aromatizado com alcaçuz e óleo de anis--estrelado, o que lhe confere acentuado sabor de anis. É costume servi-lo com três grãos de café, que simbolizam o Pai, o Filho e o Espírito Santo, sendo preferencialmente degustado como digestivo, após as refeições. Também é usado como ingrediente no preparo de alguns drinques.

sand cake *(Ing.)* = pão de ló feito com amido da farinha de milho e fécula de batata, essência de limão, ovos e manteiga. Uma iguaria tradicional da culinária britânica.

sand sugar *(EUA)* = açúcar mascavo de cor clara.

sandía *(Esp.)* = melancia. Ver *anguria*.

sandwich *(Ing.)* = sanduíche, feito tradicionalmente com duas fatias de pão e recheio. Segundo consta, a iguaria recebeu o nome, no século 18, do conde Sandwich, jogador inveterado que, para não deixar a mesa de jogo para comer, solicitava lanches de pão com carne.

sang *(Fr.)* = sangue.

sangiovese *(It.)* = espécie de uva italiana utilizada na fabricação dos vinhos Chianti.

sanglier *(Fr.)* = javali. Ver *boar*.

sangrando / sangre, con *(Esp.)* = malpassado (bife, carne).

sangre *(Esp.)* = sangue.

(~) **con cebolla** *(Esp.)* = mistura frita de cebolas em fatias, alho, erva-doce picada, páprica e pedaços de sangue coagulado (de porco, vitela ou frango) e assado.

(~) **con pimientos y tomate** *(Esp.)* = mistura de tomates maduros e pimentões verdes picados e fritos com pedaços de sangue coagulado (pode ser de diferentes carnes) e assado.

sangría *(Esp.)* = ponche gelado, feito com vinho (em geral, tinto), pedaços de frutas, açúcar e água mineral; o nome provém do termo espanhol *sangre*, que significa sangue.

sangue, al *(It.)* = malpassado (bife, carne).

sanguinacchio *(It.)* = chouriço de carne de porco, característico do norte da Itália.

(~) **alla fiorentina** *(It.)* = sangue de porco misturado com nozes, condimentos, uvas-passas e mel, assado ou frito.

sans graisse *(Fr.)* = sem gordura.

santoreggia *(It.)* = segurelha; erva aromática de origem mediterrânea, bastante apreciada na culinária europeia em geral, com sabor levemente picante, utilizada em saladas, carnes, sopas, molhos, queijos etc.

sapore *(It.)* = sabor, gosto.

saporito ***(It.)*** = saboroso.

saporoso ***(It.)*** = saboroso.

sarda ***(It.)*** = sardinha. Ver *rainbow sardine.*

sarde, à la ***(It.)*** = no estilo da Sardenha: espécie de guarnição feita com arroz, tomates, cebola, acelga, pepinos recheados e, às vezes, cogumelos temperados com louro, alho e murta. É servida com assados.

sardella ***(It.)*** = espécie de patê com sabor marcante, cujos ingredientes principais são anchovas em conserva (também pode ser feita com sardinhas), tomate, pimentão vermelho, alho, louro e azeite de oliva. O termo também significa sardinha.

sardina ***(Esp.) (It.)*** = sardinha. Ver *rainbow sardine.*

sardine ***(Fr.) (Ing.)*** = sardinha. Ver *rainbow sardine.*

(~) **grilée** ***(Fr.)*** = sardinha assada.

sarriette ***(Fr.)*** = segurelha. Ver *santoreggia.*

sarsaparilla / salsaparrilla ***(Esp.)*** = bebida amarga feita com a raiz da erva homônima, colocada em refrigerantes, sorvetes ou doces. Antigamente, era usada como um dos ingredientes da cerveja.

sartén ***(Esp.)*** = frigideira.

Sassenage, Bleu du Vercors ***(Fr.)*** = espécie de queijo cremoso francês, fabricado na região de Dauphiné desde o século 14, produzido com leite de vaca. Apresenta consistência semimole, sabor de avelã adocicado e veios azuis.

saturated fats ***(Ing.)*** = gorduras saturadas, geralmente sólidas em temperatura ambiente, encontradas em carnes, leite, creme de leite, manteiga e queijo. Acredita-se que ingerir uma grande quantidade destas gorduras pode elevar o colesterol.

satureja ***(Esp.)*** = segurelha. Ver *santoreggia.*

sauce ***(Fr.) (Ing.)*** = molho.

(~) **à la moutarde** = molho de mostarda.

(~) **allemande** ***(Fr.)*** = molho francês tradicional, baseado em molho branco *velouté* reduzido e engrossado com gemas de ovos.

(~) **au chocolat** ***(Fr.)*** = calda de chocolate.

(~) **au vin rouge** ***(Fr.)*** = mistura de cebolas, cebolinha, caldo de galinha (ou carne) zimbro, vinho tinto reduzido à metade, alho amassado, molho preparado com purê de tomate e caldo espesso, tudo cozido lentamente e terminado com manteiga e pimenta-de-caiena. Serve-se com peixes ou carnes.

(~) **aux abricots** ***(Fr.)*** = molho de damascos.

(~) **aux airelles** ***(Fr.)*** = calda de mirtilo.

(~) **aux cerises** ***(Fr.)*** = molho de cerejas.

(~) **aux œufs** ***(Fr.)*** = molho de ovos.

(~) **aux huîtres** ***(Fr.)*** = molho de ostras.
(~) **aux oignons** ***(Fr.)*** = molho de cebola.
(~) **bâtarde / aux beurre** ***(Fr.)*** = molho branco feito com caldo de carne branca e de vegetais cozidos em água e amassados na manteiga. Pode ser enriquecido com gema de ovo, manteiga e suco de limão. Serve-se com aspargos ou peixe.
(~) **blanche** (***Fr.)*** = molho branco.
(~) **boat** (***Ing.)*** = molheira.
(~) **béarnaise** ***(Fr.)*** = molho de ervas aromáticas, vinagre, manteiga e ovos. Ver *béarnaise sauce.*
(~) **bolognaise** ***(Fr.)*** = molho à bolonhesa, originário da Bolonha, na Itália, feito com carne picada ou moída e servido sobre massas em geral. Ver *bolognaise, sauce.*
(~) **bourguignonne** ***(Fr.)*** = molho francês de vinho tinto condimentado com cebolas roxas ou brancas, cortadas, cogumelos, um *bouquet garni* com salsinha, alecrim, tomilho e folhas de louro, tudo reduzido e peneirado, depois engrossado com manteiga. Serve-se com grelhados ou rosbife.
(~) **chasseur** (Fr.) = molho de cogumelos, vinho branco e tomate.
(~) **choron** ***(Fr.)*** = variação do molho *béarnaise*, com adição de purê de tomate, também chamado de *sauce béarnaise tomatée.*
(~) **de groseille** ***(Fr.)*** = molho de groselha.
(~) **espagnole** ***(Fr.)*** = um dos molhos básicos clássicos da culinária francesa, consolidado no século 19, cujo preparo conta com um *roux* escuro, caldo de carne concentrado, temperos e polpa de tomate.
(~) **génoise** ***(Fr.)*** = molho de consistência cremosa feito de pistaches descascados, pinhões ou nozes triturados, *mirepoix*, ervas aromáticas e um pouco de molho bechamel frio; coa-se e, então, faz-se uma espécie de maionese com molho de anchovas, suco de limão e azeite.
(~) **genevoise** ***(Fr.)*** = molho clássico para peixes, feito com uma mistura de temperos aromáticos dourados na manteiga, como salsinha, tomilho e folhas de louro, *mirepoix*, peixe defumado e pimenta, tudo cozido; coa-se a gordura, acrescenta-se vinho tinto, reduzindo-o pela metade, e caldo de peixe com *espagnole sauce*; ferve-se durante uma hora, peneira-se e termina-se com essência de anchovas e manteiga; serve-se com salmão ou trutas.
(~) **gratin** ***(Fr.)*** = molho para gratinar, que pode ser feito com diferentes ingredientes, mais simples ou mais elaborados. Por exemplo: vinho branco, caldo de peixe e cebolinhas picadas,

reduzido pela metade, adicionado ao molho *demi-glace*, fervido lentamente, terminado com salsinha picada. Usa-se com peixes gratinados.

(~) **hollandaise** ***(Fr.) (Ing.)*** = molho holandês; grãos de pimenta amassados, vinagre, um pouco de água fria, gemas de ovos batidas, e o conjunto cozido em banho-maria, sem parar de bater, em seguida, é retirado do fogo, adicionando-se lentamente manteiga derretida até formar um líquido cremoso, amarelo e opaco; acrescentam-se temperos e, depois, coa-se. Serve-se morno, acompanhando peixes ou vegetais.

(~) **hongroise** ***(Fr.)*** = molho aveludado de caldo de ave reduzido, condimentado com vinagre, cebolas ligeiramente fritas, manteiga e páprica. Serve-se com peixes, aves e vitela.

(~) **italienne** ***(Fr.)*** = mistura de molho *demi-glace*, presunto magro picado, polpa de tomate sem pele e picada, alho, fervida em fogo brando com azeite de oliva acrescentando-se, no final, cebolinha, salsinha picada, salsão e estragão. Serve-se com massas, cordeiro ou carneiro.

(~) **Joinville** ***(Fr.)*** = molho normande enriquecido com cebola, vinho branco, suco de limão, camarões e pasta de camarão em vez de creme e manteiga. Usa-se com peixes.

(~) **lyonnaise** ***(Fr.) (Ing.)*** = molho preparado com cebolas fritas na manteiga, com adição de vinagre, em cozimento até reduzi-lo. Em seguida, acrescenta-se *demi-glace* fervido em fogo brando, coa-se e tempera-se. Serve-se, preferencialmente, com carnes de aves.

(~) **madère** ***(Fr.)*** = molho Madeira, preparado com vinho típico fabricado na Ilha da Madeira e outros ingredientes.

(~) **marchand de vin** ***(Fr.)*** = molho com base em vinho tinto, manteiga, cogumelos, cebola e caldo de carne.

(~) **meurette** ***(Fr.)*** = molho de vinho que serve para acompanhar alguns peixes, carnes e ovos.

(~) **mornay** ***(Fr.)*** = molho clássico da culinária francesa, feito à base de *béchamel*, misturado com gema de ovo e queijo ralado.

(~) **mousquetaire** ***(Fr.)*** = molho "do mosqueteiro". Ver *mousquetaire sauce.*

(~) **niçoise** ***(Fr.)*** = molho no estilo de Nice. Ver *niçoise sauce.*

(~) **normande** ***(Fr.)*** = molho normando. Ver *normande sauce.*

(~) **orientale** ***(Fr.)*** = molho oriental. Dentre as variadas receitas deste molho, pode ser citada uma preparada com curry em pó, reduzido e misturado com creme de leite, aromatizado com hortelã fresca. Há outra

versão para o molho, utilizada na culinária chinesa: caldo de legumes, molho de soja, mel, pimenta e melaço, servido com carne de porco, omelete ou frango.
(~) **parisienne** ***(Fr.)*** = molho cremoso preparado com queijo, azeite, suco de limão, páprica e cebolinhas, servido à temperatura ambiente.
(~) **persillade** ***(Fr.)*** = molho vinagrete de salsinha picada misturada com alho ou cebolinhas, ervas e azeite.
(~) **pimentée** ***(Fr.)*** = molho picante ou apimentado.
(~) **piquante** ***(Fr.)*** = molho picante. Ver *piquante sauce.*
(~) **poulette** ***(Fr.)*** = molho feito com caldo de galinha, suco de limão, manteiga e salsinha picada, engrossado com gemas de ovos.
(~) **provençale** ***(Fr.)*** = molho de tomates picados, fritos rapidamente em azeite de oliva quente e depois cozidos em fogo baixo numa panela com tampa, adicionando-se alho picado, salsinha, cebolinha, manjericão, vinho branco seco e um pouco de açúcar. Versões mais modernas do molho acrescentam azeitonas pretas, cogumelos, alcaparras e raspas de limão.
(~) **raifort** ***(Fr.)*** = molho de raiz-forte.
(~) **regence** ***(Fr.)*** = molho para carne, *mirepoix* feito na manteiga com vinho branco reduzido misturado com molho *demi-glace* e essência de trufas, cozido lentamente e peneirado. É servido como molho para peixes e aves.
(~) **relevée** ***(Fr.)*** = molho picante, feito com tomates, pimenta, páprica e outros temperos.
(~) **rémoulade** ***(Fr.)*** = molho para peixes e frutos do mar. Ver *remoulade sauce.*
(~) **riche** ***(Fr.)*** = molho branco enriquecido com trufas negras cortadas em fatias finas, cogumelos e conhaque.
(~) **Robert** ***(Fr.) (Ing.)*** = molho feito com caldo de carne, cebolas cortadas, cozidas e derretidas lentamente na manteiga, às quais se acrescenta vinagre até reduzi-lo completamente. Adiciona-se molho *demi-glace*, fervendo-se tudo em fogo brando e junta-se mostarda diluída em água e um pouco de açúcar; depois, coa-se e tempera-se. Derivado do clássico francês *espagnole*, é servido com costeletas de porco fritas.
(~) **rouille** ***(Fr.)*** = molho feito com alho e pimenta vermelha para o acompanhamento de pratos à base de peixe.
(~) **Rubens** ***(Fr.)*** = molho reduzido de vinho branco, caldo de peixe, *mirepoix*, ervas aromáticas e pasta de anchovas, engrossado com gema de ovo e terminado com vinho Madeira e manteiga.

(~) **sabayon** *(Fr.)* = espécie de creme doce. Ver *sabayon sauce*.
(~) **Saint-Malo** *(Fr.)* = molho feito de mostarda, fécula de batata e cebolinhas cozidas no vinho branco seco com essência de anchovas, ideal para o acompanhamento de peixes. O nome do molho homenageia a comuna francesa de Saint-Malo, na região da Bretanha.
(~) **soubise** *(Fr.) (Ing.)* = molho branco tradicional enriquecido com cebolas em purê, passado por uma peneira, acrescentando-se temperos e aromatizando-o com noz-moscada. Usa-se com assados e grelhados de carne, peixe ou frango.
(~) **souchet** *(Fr.)* = líquido resultante de peixe fervido, reduzido, misturado a molho de vinho branco, com a consistência corrigida, se necessário, acrescido de manteiga e guarnecido com cenouras, lentilhas e aipo cozidos na manteiga, depois coados.
(~) **soya** *(Fr.)* = molho de soja.
(~) **suprême** *(Fr.)* = molho clássico da culinária francesa, tendo como base um molho *velouté* feito preferencialmente com caldo de galinha condimentado, acrescido de creme de leite, gemas, cogumelos e sumo de limão.
(~) **tartare** *(Fr.)* = molho tártaro; molho espesso e áspero de maionese com pepinos em conserva picados, picles, alcaparras, cebolinhas, salsinha fresca, ovos cozidos e mostarda.
(~) **tyrolienne** *(Fr.)* = molho tirolês. Ver *tyrolienne sauce*.
(~) **tomate** *(Fr.)* = molho de tomate.
(~) **verte** *(Fr.)* = molho verde, usado desde o Renascimento; maionese condimentada e colorida com salsa, sálvia, estragão ou chervil (erva similar à salsinha, comum na França) picado, cebolinhas e agrião.
(~) **viande** *(Fr.)* = molho à base de carne, com alho, cogumelos, azeite e pimenta. Podem ser acrescentados outros ingredientes para variações.
(~) **xérès** *(Fr.)* = molho de xerez.

sauce, en *(Fr.)* = com molho.

saucepan *(Ing.)* = panela com cabo, caçarola.

saucer *(Ing.)* = pires.

saucière *(Fr.)* = molheira.

saucisse *(Fr.)* = linguiça geralmente pequena feita com carne de porco ou de ave magra; salsicha.
(~) **au fenouil** *(Fr.)* = pequenas salsichas temperadas com erva-doce, fervidas e depois grelhadas.
(~) **au paprika** *(Fr.)* = espécie de salsicha de Frankfurt bem picante, cozida, temperada com páprica, pimenta verde, bacon e cebola.
(~) **bretonne** *(Fr.)* = salsicha de carne de porco picada feita com salsinha picada, cebolinhas, temperos e especiarias, ensacada em tripa de porco e amarrada.

(~) **d'Auvergne** *(Fr.)* = linguiça pura de porco seca, feita com ervas e avelãs cobertas com pimenta.
(~) **de campagne** *(Fr.)* = salsicha comum feita de uma mistura de carne de porco magra e bacon embebidos em vinho tinto e temperados com alho, manjericão, ou tomilho ou louro ou coentro, levemente defumada e pré-cozida.
(~) **de Morteau** *(Fr.)* = linguiça defumada, oriunda da região francesa homônima, temperada com zimbro e fechada por uma pequena estaca de madeira.
(~) **madrilène** *(Fr.)* = salsichas feitas com carne de vitela picada, carne de porco e filés de sardinhas em azeite, temperadas e ensacadas em tripa de porco, amarradas, escaldadas em caldo de vitela e, depois de frias, fritas na manteiga.
(~) **sèche** *(Fr.)* = salsicha pequena, um pouco seca, ligeiramente defumada, cozida pouco antes de ser consumida, também conhecida como chouriço.
(~) **viennoise** *(Fr.)* = salsichas de Viena. Ver *Vienna sausage.*

saucisson *(Fr.)* = salsichão; salsicha grande ou paio, podendo ser fervida, seca ou defumada, feita de carne de porco pura ou misturada com carne de boi.
(~) **chasseur** *(Fr.)* = salsichas pequenas secas para aperitivo, feitas principalmente com carne de porco, pimenta preta e coentro.
(~) **de cheval** *(Fr.)* = salsicha de carne de porco contendo 25% de carne de cavalo.
(~) **de jambon** *(Fr.)* = salsicha pré-cozida condimentada, de carne de porco e de presunto magro. É consumida fria, em lanches ou coquetéis.
(~) **de Lyon** *(Fr.)* = salsichão seco feito com quatro partes de carne de porco magra e uma parte de carne do traseiro do porco (salgada e gorda ou bacon).
(~) **de ménage** *(Fr.)* = salsichão do campo, de produção caseira, com carne de porco fresca e magra, pimenta, louro, sálvia e alho.
(~) **de Paris** *(Fr.)* = salsicha pequena, curada, feita de carne de porco magra, com um pouco de gordura cortada grosseiramente, temperos, condimentada e ensacada em tripa de porco, geralmente fervida.
(~) **sec** *(Fr.)* = salsichas ou linguiças curadas e secas, parecidas com certos salames, geralmente consumidas sem muito cozimento.
(~) **sec aux herbes** *(Fr.)* = salsichas de carne de porco temperadas com ervas da Provença.

sauerkraut *(Ing.)* = chucrute, repolho azedo. Ver *choucroute.*

sauge *(Fr.)* = sálvia. Ver *sage.*

saumon *(Fr.)* = salmão. Ver *lox*.

(~) **blanc** *(Fr.)* = abrótea, espécie de bacalhau. Ver *bacalao*.

(~) **fumé** *(Fr.)* = salmão defumado. Ver *lox*.

saumure *(Fr.)* = salmoura.

saumuré *(Fr.)* = marinado ou conservado na salmoura.

saupoudré *(Fr.)* = ligeiramente polvilhado ou salpicado.

saur *(Fr.)* = arenque, geralmente salgado e defumado. Ver *aringa*.

sauro *(It.)* = azedinha. Ver *acetosella*.

saury pike / mackerel pike *(Ing.)* = peixe de corpo alongado, encontrado em águas do Pacífico, da família da cavala, considerado fonte de alimento no leste asiático.

sausage *(Ing.)* = salsicha ou linguiça.

(~) **-meat** *(Ing.)* = carne moída preparada para produzir linguiça.

sautè *(Ing.)* = alimento frito rapidamente em pequena quantidade de óleo.

sauté pan *(Ing.)* = frigideira.

sauté, to *(v.) (Ing.)* = saltear, fritar um alimento rapidamente com pouca gordura, mexendo os ingredientes para cozinhá-los e/ou dourar a superfície; do francês *sauter* (saltar, pular): os ingredientes pulam enquanto são agitados na panela.

sauter, faire *(Fr.)* = saltear ou fritar rapidamente com pouca gordura.

sautoir *(Fr.)* = panela redonda (frigideira) para saltear alimentos.

savarin *(Fr.)* = pão de ló redondo recheado com frutas frescas ou creme chantili, geralmente embebido em rum, coberto com calda de açúcar temperada com canela e cravo-da-índia. Este bolo distingue-se do *baba ao rhum* porque é assado em forma redonda.

saveur *(Fr.)* = sabor, gosto.

savoiardi *(It.)* = biscoitos do tipo champanhe.

savore *(It.)* = segurelha (erva). Ver *santoreggia*.

savory / savoury *(Ing.)* = segurelha (erva). Ver *santoreggia*. O termo também se refere a aperitivo picante; antepasto.

savour / savor *(Ing.)* = sabor.

savour, to / savor, to *(v.) (Ing.)* = saborear.

savoureaux(euse) *(Fr.)* = saboroso(a).

savourer *(Fr.)* = saborear.

savoury butter *(Ing.)* = base de manteiga salgada misturada com alho e salsinha picada, para ser misturada a outros elementos e servir como molho ou creme. Exemplo: manteiga de anchovas.

savoyarde, à la *(Fr.)* = à moda de Savoia: com guarnição contendo batatas, creme e queijo regional derretido. Pode haver o acréscimo de pedacinhos de presunto.

sazonar *(Esp.)* = temperar.

sbattere ***(It.)*** = bater (ovos, cremes, etc.).

sbrisolona ***(It.)*** = bolo chato, tostado, feito com farinha de trigo e fubá, ao qual se adicionam amêndoas picadas e raspas de limão, servido com café ou vinho.

sbucciare ***(It.)*** = descascar, escamar.

scad ***(Ing.)*** = espécie de cavalinha (peixe). Ver *caballa.*

scalcione ***(It.)*** = *focaccia* da Sexta-Feira Santa, característica da Sicília. Trata-se de uma espécie de pizza recheada.

scald, to ***(v.) (Ing.)*** = escaldar; mergulhar frutas ou vegetais na água fervente para descascá-los.

scale ***(Ing.)*** = escama; balança.

(~) **pan** ***(Ing.)*** = prato de balança.

scale, to ***(v.) (Ing.)*** = escamar, remover escamas; pesar.

scallion ***(Ing.)*** = cebolinha de talos de folhas longas e verdes, antes de formar um bulbo; tem sabor suave e usa-se em saladas, inclusive os talos e as folhas. Ver *cebollino.*

scallop ***(Ing.)*** = vieira ou concha de vieira (usada para cozer ostras etc.); molusco com formato de concha. Ver *concha peregrina.* O termo também se refere a fatias de carne ou peixe, conhecido como escalope em francês, ou a batata frita em fatias.

scallop, to ***(v.)*** = cozinhar ou preparar com molho ou preparar o alimento em forma de concha.

scalloped ***(Ing.)*** = cozida em conchas de vieiras.

(~) **potatoes** ***(eua)*** = batatas cruas em fatias finas, assadas em uma forma com manteiga, queijo Cheddar, leite e temperos.

scalogni ***(It.)*** = cebolinhas. Ver *échalote.*

scaloppina ***(It.)*** = fatia fina de carne de vitela ou de porco, passada na farinha, empanada e frita, geralmente terminada com vinho Marsala e/ou creme de leite, e servida com molho de tomate. O termo é derivado do francês *escalope*, que significa fatia fina de carne.

scampi ***(Ing.)*** = camarões grandes, do tipo lagostins, ou espécies de lagostas. Ver *crayfish* e *aragosta.*

scampo ***(It.)*** = camarão grande. Ver *camarón.*

scan, to ***(v.) (Ing.)***= esmiuçar, olhar de perto, examinar com cuidado.

scaveccio alla grossetana ***(It.)*** = enguia marinada em óleo, vinagre, pimenta e alecrim.

scelta ***(It.)*** = escolha.

schiaccianoci ***(It.)*** = quebra-nozes.

schiacciare ***(It.)*** = espremer, esmagar, triturar.

schiacciata ***(It.)*** = pão tradicional da Toscana, de massa muito fina, à qual se adicionam ervas, cebolas picadas ou azeitonas e azeite de oliva.

schiacciato ***(It.)*** = esmagado, amassado.

schiumare ***(It.)*** = escumar, desnatar.

schmaltz (***Ing.***) = gordura de frango ou ganso utilizada no preparo de alimentos na culinária judaica.

Schweppes ***(EUA)*** = marca norte-americana de água tônica e *club soda*.

sciogliere ***(It.)*** = derreter, dissolver.

sciroppato ***(It.)*** = adoçado com calda de açúcar; cristalizado.

sciroppo ***(It.)*** = xarope ou calda, solução concentrada de água e açúcar.

sciroppo di zucchero ***(It.)*** = xarope de açúcar, melado.

scissors ***(Ing.)*** = tesoura.

scodella ***(It.)*** = terrina, tigela.

scolare ***(It.)*** = coar ou pingar.

scone ***(Ing.)*** = bolinho ou pãozinho simples, de origem escocesa, sem adição de ovos, feito com farinha, manteiga, açúcar e fermento, batido com leite, às vezes com acréscimo de uvas-passas, cortado em círculos, assado no forno a 200ºC durante 14 ou 20 minutos. Geralmente é servido durante o chá, com manteiga ou geleia.

scongelare ***(It.)*** = descongelar.

scoop ***(Ing.)*** = espécie de concha usada para servir sorvete.

scorch, to ***(v.) (Ing.)*** = chamuscar, queimar levemente.

scorza ***(It.)*** = casca de fruta ou pele, como a da cidra.

Scotch bean ***(Ing.)*** = feijão grande.

Scotch egg ***(Ing.)*** = ovo duro cozido, completamente coberto com salsicha de carne, empanado e frito a 185ºC, cortado ao meio e servido com molho de tomate ou em saladas.

Scotch whisky ***(Ing.)*** = uísque escocês (*blend*, que mistura dois processos distintos de destilação, ou *vatted malt*, malte proveniente de uma única destilação), feito à base de cevada e envelhecido em barris de madeira.

scottare ***(It.)*** = aquecer quase ao ponto de ebulição.

scottiglia ***(It.)*** = ensopado típico da Toscana, feito com carne de carneiro, aves e carne de porco, servido com pão torrado.

scramble, to ***(v.) (Ing.)*** = misturar, de forma genérica, ou mexer ovos no fogo até adquirirem a consistência desejada.

scrambled eggs ***(Ing.)*** = ovos mexidos.

scraps ***(Ing.)*** = sobras de comida.

scungilli ***(It.)*** = espécie de molusco.

sea bass ***(Ing.)*** = robalo; peixe do Atlântico tropical. Ver *branzino*.

sea bream ***(Ing.)*** = pargo; peixe do Mediterrâneo e costa da América, de coloração vermelha com reflexos dourados e pontos azuis esparsos; alimenta-se de crustáceos e moluscos.

sea lettuce ***(Ing.)*** = o termo se refere a vários tipos de algas que são servidas em saladas.

sea salt ***(Ing.)*** = sal produzido pela evaporação artificial da água do mar filtrada.

sea trout ***(Ing.)*** = variedade de truta, também denominada *pink trout* e *salmon trout*. Ver *salmon trout*.

seafood ***(Ing.)*** = frutos do mar.

seafood salad ***(Ing.)*** = salada de frutos do mar.

sear, to *(v.)* ***(Ing.)*** = dourar alimentos, principalmente carne, em um pouco de gordura quente antes de grelhar, assar ou ensopar.

season, to *(v.)* ***(Ing.)*** = temperar, condimentar.

seasoned flour ***(Ing.)*** = farinha misturada com sal e pimenta moída (ou outras especiarias), usada para cobrir alimentos (principalmente as superfícies úmidas) antes de fritá-los.

seasoned salt ***(EUA)*** = mistura de sal e especiarias, geralmente usada como tempero para condimentar e aromatizar um prato.

seasoning ***(Ing.)*** = tempero, condimento.

seaweed ***(Ing.)*** = alga marinha. Ver *alga*.

sec ***(Fr.)*** = seco, ressecado (o feminino é *sèche* = seca).

secchielli ***(It.)*** = castanhas secas.

secco ***(It.)*** = seco.

seconda portata ***(It.)*** = o prato principal ou segundo prato de uma refeição

secondi ***(It.)*** = os principais pratos de uma refeição conforme mostrados no cardápio.

sedano ***(It.)*** = aipo. Ver *apio*.

(~) **alla maionese** ***(It.)*** = aipo com maionese.

seed ***(Ing.)*** = semente.

(~) **-cake** ***(Ing.)*** = tipo de bolo bastante apreciado na Europa, temperado com sementes de alcaravia ou cominho, limão ou baunilha.

segala ***(It.)*** = centeio; pão de centeio.

seigle ***(Fr.)*** = centeio.

sel ***(Fr.)*** = sal.

(~) **marin** ***(Fr.)*** = sal marinho.

select beef ***(EUA)*** = de acordo com a tabela de classificação de cortes de carne dos Estados Unidos, nível superior ao *standard* e inferior ao *choice*. Isso significa cortes de carne mais magros que os principais, com menos suculência e sabor inferior, porém boas opções de consumo.

selection ***(Ing.)*** = seleção, escolha.

self-service ***(Ing.)*** = tipo de serviço em restaurantes e lanchonetes, por meio do qual cada cliente se serve do prato e da quantidade que quiser em um balcão onde estão colocados todos os alimentos.

selvatico ***(It.)*** = selvagem, silvestre, não cultivado.

sementare *(It.)* = enguias pequenas. Ver *anguila*.

semi *(It.)* = sementes; meio, metade.

(~) **di lupino** *(It.)* = tremoço. Ver *graine de lupin*.

(~) **di papavero** *(It.)* = sementes de papoula.

(~) **di zucca** *(It.)* = semente de abóbora.

semidure *(It.)* = ligeiramente duro.

semifreddo *(It.)* = tipo de musse ou sorvete italiano, colocado sobre uma base de biscoito.

semifrío *(Esp.)* = sobremesa gelada.

semilla de amapola *(Esp.)* = semente de papoula.

semillas *(Esp.)* = sementes.

semini *(It.)* = macarrão para sopas com formato de sementes.

semi-skimmed milk *(Ing.)* = leite semidesnatado, pouco gorduroso.

semi-soft *(Ing.)* = alimento firme, de maciez média, que mantém sua forma, mas é facilmente cortado com uma faca.

semisweet *(Ing.)* = semidoce, ligeiramente adocicado.

sémola fina *(Esp.)* = sêmola ou semolina; farinha granulada de cereais diversos, utilizada na preparação de massas, sopas, mingaus etc., tornando tais produtos mais leves e facilmente digeríveis.

semolina *(Ing.)* = sêmola. Ver *sêmola fina*.

(~) **pudding** *(Ing.)* = pudim de semolina, feito com leite fervente, ao qual vai-se polvilhando a semolina aos poucos, em fogo lento, adicionando-se açúcar e manteiga, depois polvilhado com canela e decorado com amêndoas.

semolino *(It.)* = semolina. Ver *sêmola fina*.

semoule *(Fr.)* = sêmola. Ver *sêmola fina*.

semplice, alla *(It.)* = cozido de maneira simples.

senape *(It.)* = mostarda.

serrated knife *(Ing.)* = faca para pão, serrilhada.

service *(Ing.)* = conjunto de peças de louça para uma refeição; atendimento a clientes em um restaurante (garçons); iguarias servidas à mesa enquanto o cliente espera a chegada da refeição.

service charge *(Ing.)* = taxa de serviço; o valor acrescentado em uma conta de restaurante, geralmente uma porcentagem para cobrir o serviço dos garçons, o que elimina a gorjeta.

service compris *(Fr.)* = serviço incluído em uma conta de restaurante.

serviette *(Fr.)* *(Ing.)* = guardanapo. Também chamado de *serviette de table*.

servilleta *(Esp.)* = guardanapo.

servilletero *(Esp.)* = porta--guardanapos.

serving *(Ing.)* = porção de comida ou bebida.

serving dish *(Ing.)* = bandeja.

serving healthy eating *(Ing.)* = porção estabelecida pelos nutricionistas para uma refeição saudável.

serving plate *(Ing.)* = bandeja.

serving spoon *(Ing.)* = colher grande para servir alimentos.

servir frais *(Fr.)* = servir gelado.

servizio *(It.)* = conjunto de iguarias servidas em um restaurante enquanto se aguarda a chegada dos pratos da refeição solicitada. O termo também se refere ao atendimento dado pelo garçom.

sésame *(Fr.)* = gergelim.

sésamo *(Esp.)* = gergelim.

(~) **chilli oil** *(Ing.)* = óleo picante extraído da infusão de flocos de pimenta e pimentões inteiros em óleo de gergelim, que adquire sabor e cor fortes. É bastante usado pela culinária asiática como condimento ou como ingrediente para molhos a fim de incrementar o sabor do prato.

sesamo *(It.)* = gergelim.

sesos *(Esp.)* = miolos.

set, to *(v.)* *(Ing.)* = pôr a mesa (louças, talheres e copos); deixar geleias e outras misturas espessas tornarem-se sólidas, geralmente pelo resfriamento.

seta *(Esp.)* = cogumelo. Ver *champignon*.

setaccio *(It.)* = peneira.

sevruga sturgeon *(Ing.)* = esturjão de menor tamanho que produz caviar de cor cinza-escuro a preto. Ver *esturgeon*.

sfenj (*Fr.*) (*Ing.*) = pãezinhos de laranja fritos, em forma de anel, comum entre os judeus marroquinos.

sfilatino *(It.)* = espécie de pão italiano similar ao *baguette* francês.

sfingi *(It.)* = biscoitos doces, feitos com massa de farinha pré-cozida e ovos, recheados e assados em forno.

sfoglia *(It.)* = massa folhada.

sfogliata *(It.)* = massa folhada em camadas, recheada com ricota e frutas cristalizadas.

(~) **di patate** *(It.)* = torta de massa folhada recheada com fatias finas de batatas e ingredientes variados.

sfogliatelle *(It.)* = especialidade napolitana feita de massa folhada recheada com geleia de frutas ou creme de amêndoas.

sfogliatina *(It.)* = massa folhada preparada para recheio, usada em pratos doces e salgados.

sgombro *(It.)* = cavalinha (peixe). Ver *caballa*.

sgranare *(It.)* = descascar, escamar ou debulhar (ervilhas, milho etc.).

sgusciare *(It.)* = descascar (nozes, camarões etc.).

shaggy cap *(Ing.)* = cogumelo comestível; também denominado *shaggy ink cap*, devido a uma penugem escura no dorso, mais clara quando jovem. Ver *champignon*.

shaggy parasol *(Ing.)* = cogumelo comestível, que tem uma capa marrom-clara e áspera no dorso, que deve ser tirada antes de cozinhar.

shake *(EUA)* = bebida batida, sendo uma das mais comuns o leite, também chamado *milk-shake*.

shake, to *(v.) (Ing.)* = bater; agitar.

shaker *(Ing.)* = batedeira.

shakshouka (*Ing.*) = prato de origem tunisiana, à base de tomates refogados e ovos.

shallot *(Ing.)* = cebolinha; quando descascada, ela se separa em inúmeros bulbos iguais aos do alho, geralmente de sabor mais forte do que a cebola comum. Ver *échalote*.

shallow baking tin *(Ing.)* = tabuleiro.

shallow-fry, to *(v.) (Ing.)* = fritar alimentos em uma quantidade de óleo ou gordura suficiente para deixá-los parcialmente submersos, de modo a completar o cozimento do centro ao mesmo tempo em que as beiradas ficam douradas e crocantes.

shallow-frying fish *(Ing.)* = filé de peixe passado na farinha e frito rapidamente em uma pequena porção de manteiga, depois colocado em uma travessa, coberto com *beurre noisette* e guarnecido com uma fatia de limão.

shank *(Ing.)* = parte da perna de um animal que vai da canela até as articulações; carne da parte muscular da perna dianteira, geralmente usada para preparar um caldo.

shark *(Ing.)* = tubarão. Ver *mackerel shark*.

(~) **fin soup** *(Ing.)* = sopa de origem chinesa, degustada desde os tempos da dinastia Ming e considerada uma iguaria de luxo, é preparada com barbatanas de tubarão cozidas em caldo de galinha, com pedaços de carne de galinha e cogumelo *shiitake*. Poderá ser engrossada com farinha de milho e guarnecida com fatias de presunto. O prato tem sido contestado por movimentos ecológicos em vários países.

sharp *(Ing.)* = sabor ácido ou picante.

sharp knife *(Ing.)* = faca afiada.

sharpen, to *(v.) (Ing.)* = amolar, afiar.

sheepmeat *(Ing.)* = carne de ovelha. Ver *ariete*.

shelf life *(Ing.)* = o tempo de duração em que um gênero alimentício pode permanecer fresco e saboroso enquanto armazenado, de acordo com a indicação de fornecedor ou fabricante: prazo de validade.

shell bean *(Ing.)* = qualquer tipo de feijão extraído de fava.

shell steak *(EUA)* = filé de carne obtido da parte do lombo mais carnuda.

shellfish *(Ing.)* = marisco; molusco em forma de concha. Ver *concha*.

sherbet *(EUA)* = sobremesa gelada feita de suco de frutas doces ou purê ou outras caldas de açúcar aromatizadas, com claras batidas em neve e/ou creme de leite.

sherry *(Ing.)* = xerez; espécie de vinho fortificado e licoroso, produzido com uvas brancas, originário da região de Jerez de la Frontera e adjacências, na Espanha. Após a fermentação das uvas, a bebida recebe a adição de *brandy*.

shiitake mushroom *(Ing.)* = variedade de cogumelo do leste asiático, de coloração escura e sabor agradável. Pode ser degustado fresco ou seco em molhos, caldos ou recheios.

shirr, to *(v.) (Ing.)* = frigir ou cozinhar ovos com manteiga em pequenos recipientes.

shish kebab *(Ing.)* = *kebab* feito com pedaços de cordeiro sem gordura, tomates, cebolas e pimentões (colocados em um pauzinho de madeira para assar).

short loin *(EUA)* = corte referente à parte da frente da alcatra, incluindo o contrafilé.

shortbread *(Ing.)* = biscoito crocante feito com manteiga, açúcar, farinha ou semolina, cortado em retângulos, assado no forno a 150ºC; especialidade da Escócia.

shortcake *(EUA)* = biscoito ou bolo cortado ao meio e recheado com frutas, principalmente morangos, e creme de leite. Uma iguaria característica dos Estados Unidos.

shortcrust pastry *(Ing.)* = massa comum para bolos ou biscoitos (massa "quebrada") feita com farinha, banha de porco ou gordura vegetal e manteiga, amassada com água gelada, assada em forno de 200ºC a 220ºC até dourar; também denominada *short pastry e piecrust pastry*.

shortening *(Ing.)* = gordura usada na preparação de biscoitos e bolos.

shred pie *(Ing.)* = tortinha.

shred, to *(v.) (Ing.)* = cortar alimentos em pedaços muito finos ou tiras.

shredded *(Ing.)* = cortada em tiras ou pedaços finos.

shrewsbury biscuit *(Ing.)* = biscoito inglês tradicional, medindo cerca de 13 cm de diâmetro, feito de massa básica para biscoito, temperada com cascas de cidra, condimentos variados e frutas secas; a massa é enrolada e cortada em pedaços.

shrimp *(Ing.)* = camarão. Ver *camarón*.

(~) **butter** *(Ing.)* = camarão na manteiga, em forma de patê.
(~) **cocktail** *(Ing.)* = coquetel de camarão.
(~) **floss** *(Ing.)* = camarões secos, muito usados na culinária oriental.

(~) **powder** *(Ing.)* = camarões secos e moídos, usados como condimento de saladas, verduras, pratos com arroz etc.

(~) **pudding** *(Ing.)* = pudim de camarão, contendo camarões, gemas de ovos, migalhas de pão, queijo ralado, batatas, amido de milho e creme de leite, colocados em invólucros e assados na manteiga.

shrinkage *(Ing.)* = encolhimento; redução em tamanho de carnes ou aves assadas, devido à perda de água. A redução será menor se forem assadas em forno brando.

Siciliana, alla *(It.)* = no estilo siciliano, isto é, com azeite de oliva, anchovas, azeitonas pretas, cebolas, pinhões ou amêndoas e uvas-passas. Usa-se geralmente com peixes ou verduras.

side dish *(Ing.)* = acompanhamento do prato principal, como salada, arroz, massas ou verduras.

side salad *(Ing.)* = salada que acompanha outros pratos.

sieve *(Ing.)* = peneira.

sieve, to *(v.) (Ing.)* = peneirar.

sift, to *(v.) (Ing.)* = passar ingredientes secos por uma peneira para limpá-los, arejá-los ou espalhá-los sobre alimentos.

sifted flour *(Ing.)* = farinha peneirada.

silure *(Fr.)* = bagre. Ver *catfish*.

siluro *(It.)* = bagre. Ver *catfish*.

silver paper *(Ing.)* = papel-alumínio.

silver plate *(Ing.)* = baixela de prata ou similar.

silverware *(Ing.)* = objetos de prata; baixela de prata.

simmer at, on the *(Ing.)* = no ponto de fervura.

simmer, to *(v.) (Ing.)* = cozinhar em fogo brando; a temperatura baixa é a mais indicada para extrair o máximo sabor de carnes, ossos e verduras, como ao se fazer um caldo.

simnel cake *(Ing.)* = bolo britânico de Páscoa com frutas, feito com uma camada de marzipã assada no centro. Às vezes coberto com marzipã e decorado.

singe, to *(v.) (Ing.)* = chamuscar, queimar levemente, por exemplo, usar as chamas para remover os pelos da pele do porco ou penas de aves.

single cream *(Ing.)* = creme preparado com um mínimo de manteiga.

single crust *(Ing.)* = torta ou alimento feito com uma camada simples de massa sob o recheio, sem ser coberta.

sink *(Ing.)* = pia; bacia.

sirloin *(EUA)* = contrafilé.

sirloin of beef *(Ing.)* = parte do lombo do boi abrangendo cerca de seis vértebras, às vezes assada com o osso, depois retirada e recolocada no osso ou enrolada. Também servida como bife.

sirloin steak *(Ing.)* = bife de lombo de boi.

skewer *(Ing.)* = espeto de madeira ou metal usado para manter a carne enrolada enquanto está assando; usado no preparo de *kebab*.

skillet *(EUA)* = frigideira com tampa.

skilly *(Ing.)* = sopa aguada.

skim, to *(v.) (Ing.)* = desnatar; remover as camadas de gordura de caldos, molhos, sopas etc., usando uma colher ou concha.

skimmed milk / skim milk *(Ing.)* = leite desnatado.

skimmer *(Ing.)* = escumadeira.

skimming *(Ing.)* = desnatação; retirada da espuma, da nata etc.

skimming ladle *(Ing.)* = escumadeira.

skin *(Ing.)* = pele de animais (peixe, carnes e aves) ou casca (frutas ou vegetais); crosta.

skin, to *(v.) (Ing.)* = descascar, tirar a pele.

slake, to *(v.) (Ing.)* = misturar um ingrediente em pó com uma pequena quantidade de água ou outro líquido para o creme não encaroçar e adquirir uma consistência firme.

slice *(Ing.)* = fatia ou posta; porção.

slice, to *(v.) (Ing.)* = fatiar.

slicing knife *(Ing.)* = faca com uma lâmina longa e fina, com ponta redonda, usada para cortar fatias pequenas e finas de carnes em geral, grelhadas ou assadas.

slotted spoon *(Ing.)* = colher de cabo longo com furos usada para remover pedaços sólidos de um líquido; escumadeira.

small *(Ing.)* = em pequenos pedaços.

(~) **beer** *(Ing.)* = cerveja fraca, de má qualidade.

(~) **eats** *(Ing.)* = pequenas refeições ou lanches, como bolinhos, salgadinhos, canapés etc.

(~) **grouper** *(Ing.)* = badejo. Ver *abadejo*.

(~) **iced gingerbread** *(Ing.)* = biscoitos doces ou pequenos bolos glaçados.

(~) **mackerel** *(Ing.)* = cavalinha; peixe com o dorso rajado, coberto de couro, em vez de escamas; pode ser comido frito ou salteado. Ver *caballa*.

smell *(Ing.)* = odor, aroma.

sminuzzare *(It.)* = esfarelar, esmigalhar; cortar em pequenos pedaços.

sminuzzato *(It.)* = fatias de carne de vitela. O termo também se refere a um prato típico de Zurique, na Suíça, preparado com filés do lombo da vitela picados, temperados e passados na manteiga com cogumelos, vinho branco e especiarias.

smoke *(Ing.)* = fumaça.

(~) **point** *(Ing.)* = a temperatura mínima em que o óleo ou gordura começa a se decompor e produzir fumaça, degradando o sabor dos alimentos e seus nutrientes. Trata-se de um dado importante para a escolha do tipo de óleo empregado para frituras.

smoke, to *(v.) (Ing.)* = defumar, curar.

smoked *(Ing.)* = defumado.

(~) **bacon** *(Ing.)* = toucinho defumado depois de curado.

(~) **breast duck** *(Ing.)* = peito de pato defumado.

(~) **cod** *(Ing.)* = bacalhau defumado.

(~) **eel** *(Ing.)* = enguia em salmoura, defumada e cortada em fatias. Serve-se como salmão defumado e é considerada uma iguaria.

(~) **egg** *(Ing.)* = ovo bem cozido, defumado e servido como entrada ou em salada.

(~) **food** *(Ing.)* = alimento defumado, geralmente carnes e peixes e, às vezes, queijos.

(~) **haddock** *(Ing.)* = hadoque defumado.

(~) **haddock creams** *(Ing.)* = mistura de hadoque defumado e processado, ovos, coalhada ou iogurte, queijo, com temperos.

(~) **herring** *(Ing.)* = arenque defumado.

(~) **mackerel** *(Ing.)* = cavalinha cortada em filés, defumada, servida quente ou fria.

(~) **mussels** *(Ing.)* = mexilhões colocados em salmoura por cinco minutos, depois cobertos com azeite e defumados durante 30 minutos.

(~) **oysters** *(Ing.)* = ostras removidas da concha, fervidas, colocadas em salmoura, defumadas e geralmente acondicionadas em latas, conservadas em azeite. Servem-se como aperitivos.

(~) **salmon** *(Ing.)* = salmão defumado.

(~) **salmon butter** *(Ing.)* = composto de salmão defumado e manteiga sem sal, equivalente a duas vezes e meia o peso do salmão, em seguida peneirado.

smother, to *(v.) (EUA)* = assar o alimento na panela, coberto com molho ou condimentos.

snack *(Ing.)* = lanche, geralmente feito entre as refeições.

(~) **bar** *(Ing.)* = bar onde são servidas refeições leves e ligeiras.

snacks *(Ing.)* = canapés, aperitivos.

snail *(Ing.)* = caracol; molusco comestível, cozido ou frito durante cinco minutos. Depois, a carne é removida da concha e cozida, sendo às vezes colocada novamente no interior da concha. Ver *caracol*.

(~) **butter** *(Ing.)* = manteiga misturada com pedaços pequenos de cebolinhas, pasta de alho, salsinha picada e temperos, colocada na concha antes de inserir a carne do molusco (*caracol*) cozida.

snip *(Ing.)* = pique, pequeno corte ou incisão.

snip, to *(v.) (Ing.)* = cortar em pedaços pequenos.

snook *(Ing.)* = o termo pode se referir a vários peixes, dentre eles robalo, atum ou cavalas.

soak, to *(v.) (Ing.)* = embeber; deixar de molho; mergulhar alimentos em água, antes de serem cozidos, para eliminar sabores fortes, impurezas ou excesso de sal.

sobbollire *(It.)* = cozinhar em fogo lento.

sobras *(Esp.)* = sobras de comida.

soda *(Ing.)* = refrigerante.

(~) **bread** *(Ing.)* = espécie de pão fermentado com bicarbonato de sódio, em vez de fermento ou levedura, muito consumido entre os irlandeses.

(~) **water** *(Ing.)* = água gaseificada.

sode *(It.)* = cozidos, duros; refere-se a ovos, por exemplo.

soffiato *(It.)* = suflê.

soffrito *(It.)* = originalmente, o termo significa "cozido em temperatura abaixo da fritura". Trata-se de uma base para a elaboração de vários pratos italianos, uma combinação de ingredientes cortados em pedaços fininhos (cenoura, cebola, alho, aipo e ervas), cozidos lentamente em manteiga ou azeite, até se tornarem aromáticos. A partir daí, é misturado ao prato escolhido (carne, peixe, ave ou arroz, por exemplo) para adquirir o sabor do *sofritto*.

(~) **calabrese / suffritu** *(It.)* = miúdos de cordeiro cozidos lentamente até formar uma pasta, com tomates, ervas e temperos para espalhar no pão.

sofrito *(Esp.)* = versão espanhola do *soffrito*, combinando apenas alho, cebola e tomate. Em vários países da América Latina, mudam-se os ingredientes, pela influência local. Na culinária grega, o termo se refere a um bife de carne bovina lentamente cozido em vinho branco, alho e molho de ervas, normalmente acompanhado de arroz. Ver *soffrito*.

soft drink *(EUA)* = refresco.

soft sugar *(Ing.)* = açúcar mascavo leve, também chamado mascavito.

soft-boiled *(Ing.)* = pouco fervido ou cozido; por exemplo, um ovo fervido com casca durante três ou quatro minutos para endurecer a clara apenas um pouco, deixando a gema mole.

soften, to *(v.) (Ing.)* = amolecer, amaciar.

soggy *(Ing.)* = empapado, pastoso ou ensopado; diz-se de um bolo que não cresceu por falta de fermento ou por ter sido assado em temperatura incorreta.

sogliola *(It.)* = linguado; espécie de peixe bem fino, achatado.
Ver *carrelet*.

soia *(It.)* = soja.

soissonaise, à la ***(Fr.)*** = prato que contém purê de feijões-brancos, alho e ervas ou guarnecido com ele.

sole ***(Fr.) (Ing.)*** = linguado. Ver *carrelet.*

(~) **limande** ***(Fr.)*** = peixe similar ao linguado, porém inferior a ele. Ver *carrelet.*

(~) **normande** ***(Ing.)*** = filés de linguado cozidos, cobertos de molho cremoso com cebolinha, cebola e queijo, guarnecido com cogumelos, camarões, ostras, mexilhões e outros frutos do mar.

soles in coffins ***(Ing.)*** = batatas assadas das quais foram cortadas as tampas, recheadas com pedaços de filé de linguado cozidos com molho de cogumelos, camarões, cebola e salsinha. Depois, recolocam-se as tampas e assa-se em forno a 200ºC durante dez minutos.

sollo ***(Esp.)*** = esturjão. Ver *esturgeon.*

solomillo ***(Esp.)*** = lombo de boi ou de porco.

(~) **alla sevillana** ***(Esp.)*** = lombo de porco com batatas cozidas, fundos de alcachofras, azeitonas e molho de tomate.

Somerset chicken ***(Ing.)*** = pequenos pedaços de peito de frango desossado bem assados, aos quais se adiciona um molho denso feito de cebolas, maçãs, azeite, cogumelos, pimenta preta moída, sálvia, creme de leite e sidra. A mistura termina com queijo ralado tipo Cheddar e mostarda; leva-se ao forno para gratinar até dourar, depois serve-se acompanhada de batatas.

Somerset cider cake ***(Ing.)*** = bolo feito de farinha de trigo integral, manteiga, açúcar e ovos, batidos em ponto de creme com duas colheres de sobremesa de bicarbonato de sódio para cada quilo de farinha e noz-moscada moída. Juntam-se uvas, maçãs e cidra seca, levando-se ao forno de 60 a 75 minutos à temperatura de 190ºC até dourar.

Somerset fish casserole ***(Ing.)*** = filés de peixe sem espinhas, passados na farinha e fritos em azeite em que foram previamente fritas cebolas picadas misturadas com um molho feito de pedacinhos de pão, manteiga, sidra, essência de anchovas, sumo de limão e temperos; em seguida, levados ao forno de 180ºC durante 20 minutos. Serve-se com guarnição de rodelas de maçã fritas na manteiga e salsinha.

sommelier ***(Fr.)*** = profissional especializado em vinhos, servindo--os ou elaborando sua carta em restaurantes e adegas; o mesmo que escanção. Pode ser um garçom treinado especificamente para esta função junto às mesas.

son ***(Fr.)*** = farelo de trigo ou de outros cereais.

sop ***(Ing.)*** = pedaços de pão ou de torradas submersos em líquido, como vinho, leite, caldo ou sopa, em seguida ingeridos. Uma tradição medieval que deu origem ao termo "sopa".

sopa *(Esp.)* = sopa.

(~) **al cuarto de hora** *(Esp.)* = sopa rápida, preparada com frutos do mar, presunto defumado, arroz, tomates, cebola e temperos.

(~) **de ajo** *(Esp.)* = sopa de alho engrossada com pão, ovos ligeiramente batidos, salsinha e páprica.

(~) **de legumbres** *(Esp.)* = sopa de legumes.

(~) **de pescado** *(Esp.)* = sopa de peixe.

(~) **mallorquina** *(Esp.)* = apesar do nome, o prato pouco tem de sopa: tomates, cebolas, repolho, salsa, pimentão, alho e fatias de pão, cozidos e temperados em caldo de carne e azeite extravirgem, um guisado bastante representativo da cozinha mediterrânea.

sopera *(Esp.)* = sopeira.

soppressa *(It.)* = salame grande e bem condimentado de carne macia de porco com 35% de gordura, especialidade de Verona.

(~) **del pasubio** *(It.)* = salame de textura firme, feito de carne magra de porco, temperado com vinho Valpolicella seco, maturado durante três meses, apresentando um sabor levemente adocicado e picante.

soppressata *(It.)* = salame levemente defumado, produzido no sul da Itália com carne magra e gordura de porco, bacon, grosseiramente picados e temperados com vinho, pimenta--do-reino, páprica e flocos de pimenta vermelha.

sopraffino *(It.)* = finíssimo, refinado. O termo se aplica a um tipo de azeite de oliva superfino.

sorbet *(Ing.)* = sobremesa congelada preparada artesanalmente com água aromatizada em mistura com purê ou suco de frutas adoçado ou, ainda, calda licorosa. Não há presença de gordura, uma vez que nenhum produto lácteo é adicionado.

sorbetto *(It.)* = sobremesa congelada e aromatizada. Ver *sorbet*.

(~) **al frutti** *(It.)* = sobremesa gelada de frutas, açúcar e água aromatizada.

sorbitol *(Ing.)* = substância encontrada em muitas frutas, obtida em decorrência do processo de hidrogenação da glicose. É usada como agente umectante e como adoçante para diabéticos.

sorpresine *(It.)* = massinha de diversos formatos usada em sopas.

sorrel *(Ing.)* = azedinha. Ver *acetosella*.

sott'olio *(It.)* = conservado no óleo ou no azeite.

sottaceto ***(It.)*** = em vinagre, conservado em salmoura ou escabeche.

souchet ***(Fr.)*** = espécie de pato selvagem. Ver *anatra*.

souci ***(Fr.)*** = calêndula. Ver *marigold*.

soufflé ***(Fr.) (Ing.)*** = suflê; prato delicado, doce ou salgado, preparado com creme de leite e clara de ovos, além de ingredientes específicos.

(~) **omelette** ***(Ing.)*** = claras de ovos adoçadas ou condimentadas, batidas em neve, às quais se acrescentam gemas ligeiramente mexidas e um pouco de água, batidas de novo, e cozidas como omeletes, com recheios doces ou salgados.

soup ***(Ing.)*** = sopa, caldo.

(~) **ladle** ***(Ing.)*** = concha de sopeira.

(~) **plate** ***(Ing.)*** = prato para sopa.

(~) **spoon** ***(Ing.)*** = colher de sopa.

(~) **tureen** ***(Ing.)*** = sopeira.

soupe ***(Fr.)*** = sopa bem consistente.

(~) **à l'ail** ***(Fr.)*** = sopa de alhos.

(~) **à l'oignon** ***(Fr.)*** = sopa de cebolas cortadas em fatias com alho previamente dourados na manteiga aos quais foi adicionado um pouco de farinha, cozidos lentamente em caldo de carne. Depois, é peneirada e temperada. É servida em tigelas com torradas douradas por cima e tudo pulverizado com queijo ralado.

(~) **au pistou** ***(Fr.)*** = sopa com pesto de manjericão e feijão--verde, típica da região de Provença.

(~) **aux rognons** ***(Fr.)*** = sopa de rins.

(~) **de legumes** ***(Fr.)*** = sopa de legumes.

(~) **de poisson** ***(Fr.)*** = sopa de peixe.

sour ***(Ing.)*** = azedo, ácido.

(~) **grapes** ***(Ing.)*** = uvas verdes.

(~) **milk** ***(Ing.)*** = leite azedo cuja acidez foi conseguida pelo acréscimo de suco de limão ou agentes acidulantes.

sour, to ***(v.) (Ing.)*** = azedar.

souring agent ***(Ing.)*** = agente de acidificação; qualquer substância que contenha concentração razoável de ácidos, como vinagre, sumo de limão, tamarindo etc.

sous-chef ***(Fr.)*** = subchefe de cozinha, assistente do *chef*.

souse, to ***(v.) (Ing.)*** = conservar em vinagre ou salmoura, principalmente arenques.

soused herrings ***(Ing.)*** = filés de arenque defumados ou salgados. Para o processamento, eles são enrolados e amarrados, cozidos rapidamente em uma panela não metálica, com tampa, aos quais se acrescentam vinagre, água, cebolas, um pouco de açúcar, ervas, especiarias e condimentos. Depois, esfriam-se no próprio molho e consomem-se frios.

sousplat ***(Fr.)*** = prato grande que serve de base, à mesa, para colocação do prato de comida.

southern fried chicken ***(EUA)*** = pedaços de frango passados na farinha de trigo, temperados e fritos em gordura quente até ficarem crocantes e pouco cozidos por dentro. Podem ser servidos com molho *béchamel* e batatas amassadas. Uma receita típica do sul dos Estados Unidos.

soya ***(Ing.)*** = soja.

(~) **bean** ***(Ing.)*** = feijão ou fava de soja.

(~) **cake** ***(Ing.)*** = mistura vegetal para bolo industrializada.

(~) **flour** ***(Ing.)*** = farinha de soja. Usa-se misturada com farinha de trigo para assados e em sorvetes.

(~) **milk / soy milk** ***(Ing.)*** = leite de soja, usado por vegetarianos, feito de feijão de soja moído e água.

(~) **oil** ***(Ing.)*** = óleo de soja.

(~) **paste** ***(Ing.)*** = pasta de farinha de soja misturada com sal e água até ficar espessa, muito usada na cozinha chinesa.

(~) **sauce** ***(Ing.)*** = molho feito de soja longamente fermentado, disponível no mercado.

spaghetti ***(Fr.) (Ing.) (It.)*** = espaguete; tipo de macarrão cortado fino e longo.

(~) **al aglio e olio** ***(It.)*** = prato básico de espaguete com alho picado em azeite de oliva.

(~) **al burro** ***(It.)*** = espaguete com manteiga.

(~) **al pesto** ***(It.)*** = espaguete com molho de pesto (vide preparação de pesto).

(~) **alla Bellini** ***(It.)*** = espaguete com azeite de oliva, berinjelas e ricota (leva o nome do compositor Bellini), temperado com manjericão, alho e tomates sem sementes.

(~) **alla bolognese** ***(It.)*** = espaguete com molho de tomates, carne moída e queijo ralado.

(~) **alla carbonara** ***(It.)*** = espaguete cozido com bacon picado e bem frito, creme de leite, pimenta preta e, às vezes, ovos batidos. Serve-se com queijo parmesão ralado.

(~) **alla carretiera** ***(It.)*** = espaguete com atum, cogumelos, azeite de oliva, tomates, pimenta vermelha, manjericão, alho e gengibre.

(~) **alla marinara** ***(It.)*** = espaguete com peixe e frutos do mar, alho, salsinha, tomates e cebolas.

(~) **alla napoletana** ***(It.)*** = espaguete com cogumelos, azeite, alho, manjericão e tomates.

(~) **alla pommarola** ***(It.)*** = espaguete com molho tradicional de tomates, alho e manjericão.

(~) **alla putanesca** ***(It.)*** = espaguetes com alcaparras, azeitonas pretas, salsinha, alho e cebola picados, pimenta, anchovas e azeite de oliva.

(~) **alle vongole** ***(It.)*** = espaguete clássico, com molho de pimenta vermelha, salsa, mariscos, azeite de oliva e vinho branco.

Spanish black radish ***(Ing.)*** = rabanete do tamanho de uma laranja, com casca preta, que se come cru ou cozido. Ver *rábano*.

Spanish onion ***(Ing.)*** = cebola grande com casca marrom ou vermelha. Pode-se comer crua. Ver *cebolla*.

Spanish rice **(EUA)** = arroz mexicano feito com cebolas, alho, pimentões verdes e tomates picados cozidos em separado com ervas e temperos diversos. É servido como acompanhamento de pratos de carne.

Spanish sage ***(Ing.)*** = sálvia com folhas mais estreitas, com sabor balsâmico. Ver *sage*.

Spanish sauce ***(Ing.)*** = molho escuro feito de purê de tomates e caldo concentrado, com vegetais, fervido durante quatro a seis horas e depois peneirado. Também chamado *espagnole sauce*.

spanocchi ***(It.)*** = camarões grandes.

sparkling ***(Ing.)*** = espumante (*sparkling wine*).

sparrowgrass / asparagus ***(Ing.)*** = aspargos. Ver *asparago*.

spatola ***(It.)*** = espátula.

spatula ***(Ing.)*** = espátula.

spatule ***(Fr.)*** = espátula.

spawn ***(Ing.)*** = ovas (de peixe, rãs etc.).

spearmint ***(Ing.)*** = hortelã. Ver *hierbabuena*.

specialité ***(Fr.)*** = especialidade (do restaurante).

speck ***(Ing.)*** = presunto cru desossado, curado e temperado com especiarias, levemente defumado em baixa temperatura. Tem aparência similar à do bacon e é típico da região do Tirol.

(~) **focaccia** ***(Ing.)*** = focaccia de presunto *speck*.

spennnare ***(It.)*** = depenar (aves).

spesso ***(It.)*** = espesso, grosso.

spezie ***(It.)*** = tempero, condimento.

spezzatino ***(It.)*** = guisado; ensopado de vegetais e carne tenra salteada, com molho no final do cozimento. Também chamado *spezzato*.

spicchi, in ***(It.)*** = em partes, em fatias.

spicchio d'aglio ***(It.)*** = dente de alho. Ver *aglio*.

spice ***(Ing.)*** = tempero, condimento de sabor e cheiro fortes.

(~) **bread** ***(Ing.)*** = pão preparado com açúcar mascavo, frutas secas e muitas especiarias.

spice, to ***(v.)*** ***(Ing.)*** = temperar, condimentar.

spiced beef ***(Ing.)*** = iguaria muito difundida na culinária britânica, em especial a irlandesa, principalmente por ocasião das festividades natalinas. Trata-se de uma carne (alcatra ou coxão mole) curada e salgada durante alguns dias, temperada com cravo, canela, gengibre, alho, melaço, açúcar mascavo, sal, pimenta preta moída, pimenta-da-jamaica, cozida lentamente, sempre coberta pela mistura. Serve-se geralmente fria e fatiada.

spices *(Ing.)* = especiarias em geral.

spicy *(Ing.)* = condimentado, temperado, picante.

spider crab *(Ing.)* = santola, aranha-do-mar (peixe). Ver *arraignée de mer*.

spiedino *(It.)* = espeto (de assar), geralmente para carnes ou camarões.

spiedo, alla *(It.)* = alimento preparado no espeto para ser assado.

spiga di granturco *(It.)* = espiga de milho. Ver *choclo*.

spigola *(It.)* = espécie de robalo. Ver *branzino*.

spill, to *(v.) (Ing.)* = derramar, transbordar.

spina di pesce *(It.)* = espinha de peixe.

spinach *(Ing.)* = espinafre. Ver *épinard*.

spinaci *(It.)* = espinafre. Ver *épinard*.

(~) **alla milanese** *(It.)* = espinafre picado, molho *velouté* reduzido, creme com pinhões e manteiga, servidos com ovos mexidos.

(~) **alla piemontese** *(It.)* = espinafre com alho, manteiga e anchovas ou sardinhas.

(~) **alla romana** *(It.)* = espinafre com azeite, alho, pinhões e uvas-passas.

(~) **in padella** *(It.)* = espinafre refogado no azeite, em uma frigideira, com uvas-passas e pinhões.

spirit *(Ing.)* = bebida alcoólica destilada em geral (vodca, rum, tequila etc.).

spit *(Ing.)* = espeto para assar carne.

spitchcock *(Ing.)* = enguia cortada em pedaços, frita ou grelhada.

spit-roast, to *(v.)(Ing.)* = assar carne, girando-a em um espeto.

split almonds *(Ing.)* = amêndoas descascadas, escaldadas e cortadas em duas metades.

split tin loaf *(Ing.)* = pão assado em forma, cujo topo da massa foi cortado no centro em sentido longitudinal para permitir sua expansão dos lados.

sponge cake *(Ing.)* = pão de ló; bolo leve, feito com claras de ovos.

(~) **mould** *(Ing.)* = forma retangular para pão de ló.

sponge fingers *(Ing.)* = biscoitos do tipo champanhe.

sponge flan *(Ing.)* = torta aberta com massa de pão de ló, cujo centro, após assada e esfriada, é recheado com frutas, creme chantili ou musse e decorado.

sponge pudding *(Ing.)* = sobremesa britânica que consiste em pudim com mel assado no forno ou em banho-maria, às vezes com geleia ou calda de açúcar na base. Serve-se quente com calda ou creme.

sponge sandwich ***(Ing.)*** = bolo de pão de ló esponjoso cortado em duas partes, recheado com geleia e/ou creme chantili, polvilhado por cima com açúcar de confeiteiro.

spoom ***(Fr.)*** = sobremesa líquida espumante feita de suco de frutas, champanhe ou vinho, colocada no congelador para gelar um pouco e depois misturada com merengue, tradicionalmente servida em copos longos.

spoon ***(Ing.)*** = colher.

spoonful ***(Ing.)*** = colherada.

sposi ***(It.)*** = queijinho cremoso e suave.

spray, to ***(Ing.)*** = pulverizar, borrifar.

spread, to *(v.)* ***(Ing.)*** = espalhar creme ou recheio, de maneira uniforme, com faca ou espátula.

spremere ***(It.)*** = apertar, espremer (por exemplo, limão).

spremiagrumi ***(It.)*** = espremedor de limão ou laranja.

spremuta ***(It.)*** = suco de frutas, legumes etc.

(~) **di pompelmo** ***(It.)*** = suco de toranja.

spring chicken ***(Ing.)*** = galinha pesando 1,5 quilo e de três ou quatro meses de idade.

spring lamb ***(Ing.)*** = cordeiro alimentado com leite, de idade entre seis semanas e quatro meses.

spring onion ***(Ing.)*** = cebolinha verde. Ver *cebollino*.

Spring salad ***(Ing.)*** = salada primavera.

sprinkle, to *(v.)* ***(Ing.)*** = polvilhar, pulverizar ou salpicar, por exemplo, açúcar de confeiteiro sobre bolos; queijo ralado sobre sopas ou peixe; farinha sobre pães. O termo também significa borrifar líquidos, como vinagre sobre uma salada.

sprout ***(Ing.)*** = couve pequena como a couve-de-bruxelas. Ver *Brussels sprout*.

sprout, to *(v.)* ***(Ing.)*** = brotar, germinar.

sprue asparagus ***(Ing.)*** = brotos finos de aspargos. Ver *asparago*.

spruzzare ***(It.)*** = polvilhar, salpicar; aspergir ou borrifar líquidos.

spuma ***(It.)*** = musse. Ver *mousse*.

(~) **di prosciutto** ***(It.)*** = musse de presunto.

(~) **di salmone** ***(It.)*** = musse de salmão.

spumoni ***(It.)*** = sorvete moldado em camadas de várias cores e sabores, às vezes com nozes e frutas cristalizadas.

squash ***(Ing.)*** = abóbora. Ver *calabaza*. Dependendo do contexto, o termo também significa polpa de legumes ou de frutas.

squash, to *(v.)* ***(Ing.)*** = esmagar, espremer.

squashy ***(Ing.)*** = amassado; mole, na consistência de polpa ou massa.

squeezer ***(Ing.)*** = espremedor.

squid ***(Ing.)*** = lula. Ver *calamar*.

squille ***(Fr.)*** = espécie de crustáceo marinho. Ver *grande cigale de mer*.

squisito ***(It.)*** = delicioso.

stagionata ***(It.)*** = queijo amadurecido, envelhecido, temperado, condimentado.

stale ***(Ing.)*** = não fresco; por exemplo: choco (cerveja), dormido (pão) e rançoso (manteiga).

stalk ***(Ing.)*** = talo, haste.

stallina, alla ***(It.)*** = macarrão feito com azeite de oliva, bacon, alho, queijo e pimenta preta moída.

stampo ***(It.)*** = forma, molde.

standard beef ***(EUA)*** = de acordo com a tabela de classificação de cortes de carne dos Estados Unidos, carne dura de animal jovem, sem veias e não suculenta.

standing rib of beef ***(Ing.) (EUA)*** = parte dianteira do boi ou da vaca, com o osso, conhecida como costela. Boa para assar.

stanislas ***(Fr.)*** = bolo recheado com uvas-passas e creme de confeiteiro ou chantili, cuja criação é atribuída a Stanilas, rei exilado da Polônia e duque de Lorena, no século 18. Ver *baba au rhum*.

stantio ***(It.)*** = não fresco; por exemplo, dormido (pão), rançoso (manteiga) ou choco (cerveja).

starch ***(Ing.)*** = amido.

starfruit ***(Ing.)*** = carambola.

starter ***(Ing.)*** = primeiro prato de uma refeição; corresponde ao que se chama de "entrada".

steak ***(Ing.)*** = bife de carne.

(~) **bleu** ***(Fr.)*** = bife malpassado.

(~) **diane** ***(Ing.)*** = filé de carne, batido e salteado na manteiga, flambado com conhaque e servido com molho de mostarda, cebola, creme de leite batido, não gorduroso, cogumelos fatiados, molho e caldo de carne reduzido.

(~) **tartare** ***(Fr.)*** = bife de carne picada ou moída, misturada com cebolas picadas, alcaparras, pepininhos, pimenta moída e molho inglês, servido no prato com ovo cru, colocado no topo e no meio da carne.

steam, to ***(v.) (Ing.)*** = cozer no vapor; cozinhar em banho-maria.

steamer ***(Ing.)*** = panela dupla ou tripla, com tampa perfurada a fim de que o vapor gerado na parte debaixo possa circular ao redor dos alimentos no(s) compartimento(s) superior(es).

steep, to ***(v.) (Ing.)*** = embeber de líquido, encharcar, pôr de molho.

stellette ***(It.)*** = macarrão em formato de estrelinhas, usado em sopas. Também chamados *stelline*.

stem ***(Ing.)*** = talo, haste, caule.

stew ***(Ing.)*** = carne guisada com legumes.

stew, to ***(v.) (Ing.)*** = refogar; cozinhar em fogo lento.

stewed ***(Ing.)*** = refogado ou cozido.

(~) steak *(Ing.)* = carne ensopada.

stewed fruit *(Ing.)* = compota de fruta.

stewed prunes *(Ing.)* = compota de ameixas secas.

stiffen, to *(v.) (Ing.)* = endurecer, espessar; tornar um alimento mais denso ou consistente.

stir, to *(v.) (Ing.)* = agitar, mexer com colher.

stir-fry, to *(v.) (Ing.)* = fritar carne ou vegetais rapidamente em fogo alto e óleo quente, mexendo-os com um garfo.

stoccafisso *(It.)* = peixe seco, salgado, sendo o mais difundido mundialmente o bacalhau.

stock *(Ing.)* = caldo de carne.

stockfish *(Ing.)* = peixe seco, salgado, que requer deixá-lo de molho longamente na água. O mais conhecido deles é o bacalhau.

stone *(Ing.)* = caroço de frutas, como pêssego, manga, ameixa etc., ou semente dura.

store *(Ing.)* = despensa, local da casa onde se guardam mantimentos.

store, to *(v.) (Ing.)* = armazenar alimentos ou artigos para uso futuro.

storione *(It.)* = esturjão. Ver *esturgeon*.

stout *(Ing.)* = cerveja preta forte. Ver *beer*.

stove *(Ing.)* = fogão, estufa ou forno.

stoviglie *(It.)* = louça para uso em culinária.

straccetti *(It.)* = fatias finas de carne macia.

stracci di antrodoco *(Ing.)* = espécie de panqueca feita com farinha, água e ovos, recheada com camadas de queijo, carne e legumes.

stracciatella *(It.)* = caldo de carne ou de galinha grosso, feito com semolina e queijo parmesão ralado, noz-moscada e ovos batidos, que são acrescentados lentamente, ficando semelhantes a flocos. Em alguns países, como o Brasil, o termo se refere a um sorvete de baunilha com fragmentos de chocolate, chamado flocos.

stracciato *(It.)* = ovos batidos.

stracotto *(It.)* = carne assada ou grelhada, cozida muito lentamente.

strain, to *(v.) (Ing.)* = coar ou peneirar, passar alguma mistura sólida e outra líquida por um coador, a fim de separar o sólido do líquido.

strained *(Ing.)* = coado, peneirado.

strainer *(Ing.)* = coador ou peneira.

straining bag *(Ing.)* = coador de pano usado para filtrar líquidos.

strapazzato *(It.)* = mexidos, como ovos mexidos.

strascinati *(It.)* = espécie de massa fabricada sem adição de ovos, com sulcos ou ranhuras com o objetivo de reter molho, muito comum na região de Puglia.

stravecchio *(It.)* = muito velho, muito maduro. Diz-se de queijos ou outros alimentos que podem melhorar com a idade.

straw potatoes *(Ing.)* = batata palha.

strawberry *(Ing.)* = morango. Ver *fragola*.

(~) **Romanoff** *(EUA)* = morangos macerados em licor de laranja e servidos com creme chantili.

(~) **shortcake** *(EUA)* = torta cortada em duas partes enquanto quente, formando um sanduíche recheado com creme chantili e morangos fatiados e macerados em açúcar.

Strega *(It.)* = em tradução literal, o termo *strega* significa bruxa. Trata-se de um licor adocicado, temperado com ervas "secretas" (num total de 70, dentre as quais se destacam o açafrão, que lhe dá a cor amarela, a hortelã e a erva-doce), originário da região de Benevento, na Itália, onde começou a ser produzido no século 19. É consumido ao natural, recomendado como digestivo após as refeições, ou como ingrediente de molhos, sendo usado também para flambar alimentos.

streusel *(EUA)* = mistura de farinha de trigo ou de rosca com açúcar, manteiga e especiarias, usada como um farelo para ser colocado sobre bolos e pães.

(~) **cake** *(Ing.)* = bolo com açúcar e canela em pó ou especiarias, coberto por uma camada de *streusel* e fruta fatiada (maçã, ameixa, banana etc.).

string bean *(Ing.)* = vagem. Também chamado *runner bean*. Ver *fagioli*.

strip steak *(EUA)* = filé de carne.

stroganoff *(Ing.)* = estrogonofe. Ver *beef stroganoff*.

struccoli *(It.)* = pasteizinhos doces recheados com frutas ou queijo cremoso.

strudel pastry *(Ing.)* = massa folhada, fina, feita com farinha de trigo, ovos batidos e manteiga derretida, vinagre e sal, misturados, apresentando uma aparência sedosa. Deixa-se repousar para depois enrolá-la e esticá-la, fazendo-a ficar bem fina para depois juntá-la em camadas, a fim de torná-la grossa e recheá-la. Outra versão seria a de omitir o vinagre e o sal, juntando-se leite, açúcar e sumo de limão com fermento para que a massa cresça como se fosse destinada a fazer pão.

struffoli *(It.)* = iguaria tradicional napolitana, muito comum no Natal e na Páscoa; massa crocante de farinha de trigo, ovos inteiros, rum, manteiga, cortada em rolinhos como nhoques ou bolinhas, frita em óleo quente até ficar dourada. Quando prontos, os bolinhos são colocados em um prato e cobertos com uma mistura de mel, açúcar e raspas de casca de limão ou laranja.

strutto *(It.)* = gordura ou banha de porco.

stucolo *(It.)* = espécie de strudel austríaco, geralmente preparado com a massa em camadas, com frutas.

stufare *(It.)* = cozinhar a fogo lento.

stufato *(It.)* = espécie de ensopado variado (pode ser carne, peixe, legume etc.), preparado na panela com vinho tinto, cebolas, tomates, aipo, alho e presunto. Também chamado *stufatino.*

stuff, to *(v.) (Ing.)* = rechear a cavidade de animais, peixes, legumes, massas ou frutas, com recheio doce ou salgado.

stuffed olives *(Ing.)* = azeitonas recheadas com pedacinhos de anchovas, pedacinhos de pimentão vermelho, picles, alcaparra etc.

stuffing *(Ing.)* = recheio, doce ou salgado.

stum *(Ing.)* = sumo de uvas que não passou por processo de fermentação, mosto.

stum, to *(Ing.)* = evitar a fermentação de algum produto ou alimento.

stump *(Ing.)* = purê de uma combinação de cenouras, nabos e batatas, feito com leite, manteiga e temperos.

sturgeon *(Ing.)* = esturjão, peixe cuja fêmea produz ovas das quais é feito o caviar. Ver *esturgeon.*

stuzzicadenti *(It.)* = palito para dentes.

stuzzichini *(It.)* = canapés, aperitivos.

submarine sandwich / sub / mr.

sub *(Ing.)* = sanduíche submarino. Ver *hoagie.*

subrics *(Fr.)* = croquetes salteados na manteiga, mas não empanados sendo servidos como entrada, *hors-d'œuvre* ou guarnição.

succo *(It.)* = suco.

(~) **d'arancia** *(It.)* = suco de laranja.
(~) **di frutta** *(It.)* = suco de fruta.
(~) **di albicocca** *(It.)* = suco de abricó.
(~) **di mele** *(It.)* = suco de maçãs.
(~) **di pesca** *(It.)* = suco de pêssego.
(~) **di pomodoro** *(It.)* = suco de tomate.

sucking pig *(Ing.)* = leitão de três a seis semanas de idade. Ver *cerdo.*

sucre *(Fr.)* = açúcar.

(~) **blanc** *(Fr.)* = açúcar branco.
(~) **cristallisé** *(Fr.)* = açúcar cristalizado.
(~) **d'orge** *(Fr.)* = açúcar mascavo.
(~) **de confiseur** *(Fr.)* = açúcar de confeiteiro.
(~) **en morceaux** *(Fr.)* = torrões de açúcar.
(~) **en poudre** *(Fr.)* = açúcar branco refinado.
(~) **semoule** *(Fr.)* = açúcar branco, em pó, refinado.
(~) **vanillé** *(Fr.)* = açúcar aromatizado com baunilha.

sucré *(Fr.)* = açucarado, adoçado ou doce.

sucrer *(Fr.)* = açucarar, adoçar.

sucrose ***(Ing.)*** = sacarose; açúcar extraído da cana-de-açúcar e da beterraba, usado na produção de adoçantes, bebidas, geleias, xaropes e doces.

suédoise ***(Fr.)***= sobremesa de frutas e geleia. De preparo simples e grande efeito visual, a receita – com pêssegos – foi servida pelo célebre chef Carême (1784-1833) no jantar oferecido pelos marechais de Napoleão Bonaparte para comemorar sua coroação como imperador, em 1804.[1]

suero ***(Esp.)*** = solução extraída do leite durante o processo de fabricação de queijos.

suet ***(Ing.)*** = sebo.

sufganiyah / sufganiyot (pl.) (***Ing.***) = doce semelhante ao sonho, com recheio de damasco, creme ou frutas vermelhas, servido no Chanuká (a festa das luzes, entre os judeus).

sugar ***(Ing.)*** = açúcar.

(~) **-basin** ***(Ing.)*** = açucareiro.

(~) - **batter biscuit method** ***(Ing.)*** = método de fazer biscoitos, como língua de gato, misturando-se manteiga e açúcar com ovos até formar uma pasta, e, depois, misturá-la com ingredientes secos.

(~) **beet** ***(Ing.)*** = de beterraba. Ver *barbietola.*

(~) **bowl** ***(Ing.)*** = açucareiro.

1 *Veja*, Edição Especial 1808, mar. 2008.

(~) **confetti** ***(Ing.)*** = pedrinhas de açúcar tingidas em várias cores, usadas como enfeites.

(~) **cubes** ***(Ing.)*** = torrões de açúcar.

(~) **flowers** ***(Ing.)*** = flores de açúcar, usadas para decorar bolos.

(~) **loaf** ***(Ing.)*** = pão doce.

(~) **sugar pastry** ***(Ing.)*** = massa podre com açúcar, para tortinhas doces.

sugarcane ***(Ing.)*** = cana-de-açúcar.

sugarcoat, to ***(Ing.)*** = cobrir com açúcar.

sugarcoated ***(Ing.)*** = coberto de açúcar.

sugared almond ***(Ing.)*** = amêndoas cobertas com camadas de açúcar colorido e aromatizado.

sugarplum ***(Ing.)*** = doce, bala, bombom.

sugary ***(Ing.)*** = doce, açucarado.

sugo ***(It.)*** = suco, molho.

sugo, al ***(It.)*** = servido com molho de tomate.

sugo di carne ***(It.)*** = molho de carne.

suif ***(Fr.)*** = sebo, gordura animal.

sultanas ***(EUA)*** = uvas brancas sem sementes. Ver *uva sultatina.*

sultanina ***(It.)*** = qualidade de uva branca sem sementes. Ver *uva sultatina.*

sundae ***(EUA)*** = considerado uma das sobremesas mais consumidas nos Estados Unidos, trata-se de um recipiente com bolas de sorvete, frutas, caldas (de chocolate, caramelo, morango, por exemplo), creme de leite batido e nozes ou castanhas picadas.

sun-dried tomato ***(Ing.)*** = tomate seco.

sunflower ***(Ing.)*** = girassol. Ver *girasol.*

(~) **oil** ***(Ing.)*** = óleo extraído de sementes de girassol.

(~) **seeds** ***(Ing.)*** = sementes de girassol.

superfino ***(It.)*** = arroz de grãos grandes e longos, como o arroz arbóreo, por exemplo, muito usado no preparo de risotos. Requer cozimento de 18 minutos.

supper ***(Ing.)*** = ceia; refeição tardia.

suppli ***(It.)*** = croquetes feitos de uma mistura de arroz fervido com manteiga, queijo parmesão ralado, ovos e pimenta, com recheio de presunto e queijo ou tomates, depois empanados e fritos. São servidos como lanches ou tira-gostos.

suprême de vollaile ***(Fr.)*** = peito de frango com molho.

surf'n turf ***(EUA)*** = frutos do mar e carnes servidas juntos, prato bastante conhecido na Irlanda e nos Estados Unidos.

surgelato ***(It.)*** = bem gelado, congelado; comida congelada.

surgelé ***(Fr.)*** = bem gelado, coberto de gelo.

surtido ***(Esp.)*** = sortido, variado.

surtido de fiambres ***(Esp.)*** = prato de frios sortidos.

susina damaschina ***(It.)*** = espécie de ameixa pequena.

susine ***(It.)*** = ameixas. Ver *ciruela.*

Sussex tartlets ***(Ing.)*** = tortinhas pequenas feitas com massa com crosta grossa a qual é recheada com maçã ralada misturada com ovos ligeiramente batidos, raspas e suco de limão, açúcar e canela. Assam-se a 190ºC. Durante 15 a 20 minutos.

svariati ***(It.)*** = sortidos, variados.

sweat, to ***(v.)(Ing.)*** = cozinhar em óleo, manteiga ou outra gordura em fogo brando em panela com tampa bem fechada.

Swedisch meat sauce ***(Ing.)*** = molho de carne moída de porco e de vaca, cebola, aipo, tomates, manjericão, pimenta. Pode ser encorpado com creme de leite e farinha de trigo.

sweet ***(Ing.)*** = doce.

sweet anise ***(Ing.)*** = erva-doce. Ver *anice.*

sweet bean paste ***(Ing.)*** = pasta de feijão doce, espessa, feita de feijões (normalmente é usado o japonês *azuki*) misturados com açúcar e uma pitada de sal, utilizada em vários pratos asiáticos.

sweet corn ***(Ing.)*** = milho verde. Ver *choclo.*

sweet cumin ***(Ing.)*** = sementes de erva-doce.

sweet marjoram ***(Ing.)*** = manjerona; erva aromática, de folhas verde-acinzentadas. Ver *maggiorana.*

sweet pepper ***(Ing.)*** = pimentão. Ver *morrón.*

sweet potato ***(Ing.)*** = batata-doce. Ver *batata.*

sweet potato pastry ***(Ing.)*** = batatas-doces cozidas misturadas com farinha e manteiga, bem amassadas, mais duas colheres de sopa de açúcar mascavo a cada quilo de batatas, um doce muito popular em Portugal. Sem o açúcar mascavo e com o acréscimo de ovo, a mistura é usada em Cabo Verde como massa para um pastel recheado com atum, abacaxi e chili, chamado *pastel com diabo dentro.*

sweet sop ***(Ing.)*** = fruta-do-conde.

sweet white wine ***(Ing.)*** = vinho branco doce.

sweet-and-sour ***(Ing.)*** = método de cozimento ou de conservação de alimentos em uma mistura de vinagre e açúcar.

sweet-and-sour sauce ***(Ing.)*** = molho de vinagre e açúcar com molho de soja, engrossado com farinha de milho, temperos, pedaços de abacaxi e verduras, vinho de arroz ou *sherry* e, às vezes, com a adição de caldo de carne.

sweetbread ***(Ing.)*** = moleja. Ver *lechecillas.*

sweeten, to ***(v.) (Ing.)*** = adoçar com açúcar ou adoçante.

sweetener ***(Ing.)*** = adoçante, edulcorante.

sweetheart melon / melon sweetheart ***(Ing.)*** = melão tipo cantalupo com polpa vermelha. Ver *cantaloup.*

sweetish ***(Ing.)*** = adocicado.

sweetpea ***(Ing.)*** = ervilha doce. Ver *arvejas.*

sweets ***(Ing.)*** = doces diversos.

swirl, to ***(v.) (Ing.)*** = misturar vários líquidos ou líquidos com sólidos.

Swiss bun ***(Ing.)*** = pão suíço; massa moldada como um rolinho longo ou como um brioche, esfriada e opcionalmente coberta com glacê.

Swiss chard ***(Ing.)*** = acelga. Ver *acelga.*

Swiss cheese ***(EUA)*** = nome genérico atribuído a vários queijos semelhantes ao Emmenthal, porém fabricados no Canadá e nos Estados Unidos, de sabor levemente picante e adocicado.

swordfish ***(Ing.)*** = peixe-espada. Ver *espadon.*

syrup ***(Ing.)*** = calda; solução concentrada feita com suco de frutas, açúcar e água, usada como um ingrediente em muitos pratos doces e bebidas.

syrup pudding ***(Ing.)*** = pudim básico cuja mistura é despejada em forma untada com a base coberta por calda dourada. Também conhecido como *syrup roly-poly.*

syrup sauce ***(Ing.)*** = calda de açúcar e água com sumo de limão, engrossado com farinha de trigo ou araruta, cozida e coada.

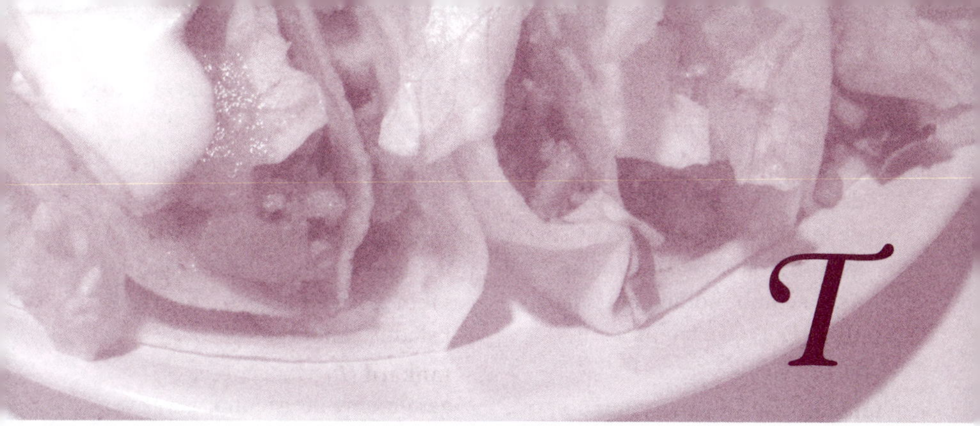

T

tabasco ***(Esp.) (Fr.) (Ing.) (It.)*** = espécie de molho de pimenta vermelha bastante popular nas Américas.

tabbouleh / taboulé (***Ing.***) (***Fr.***) = tabule; salada de origem sírio-libanesa, consiste de trigo moído (bulgur) com ervas e vegetais, também popular à mesa dos judeus sefaraditas no Shabat.

table ***(Ing.)*** = mesa.

table d'hôte ***(Fr.) (Ing.)*** = cardápio com refeições a preço fixo, não permitindo, ou apresentando apenas pouca, variação na escolha.

table-cloth ***(Ing.)*** = toalha de mesa.

table wine ***(Ing.)*** = vinho de mesa.

tablespoon ***(Ing.)*** = colher de sopa.

tablespoonful ***(Ing.)*** = colherada, colher de sopa cheia, usada como medida.

tableware ***(Ing.)*** = utensílios diversos usados à mesa, como louça, talheres etc.

tablier ***(Fr.)*** = avental.

tablier de sapeur ***(Fr.)*** = tripa em pedaços empanados ou fritos e servidos com manteiga, especialidade da região de Lyon.

tacchino ***(It.)*** = peru. Ver *dinde.*

tagliare ***(It.)*** = cortar.

tagliatelle ***(It.)*** = massa de fio longo e achatado, feita de farinha de trigo e ovos, fresca ou seca, similar ao talharim.

(~) **alla biellese** ***(It.)*** = tagliatelle com leite ou creme de leite, manteiga e queijo parmesão ralado.

(~) **della duchessa** ***(It.)*** = tagliatelle com fígado de galinha, manteiga, gema de ovo e queijo parmesão ralado.

(~) **verde** (***It.)*** = tagliatelle a que foi adicionado purê de espinafres para colorir.

tagliato ***(It.)*** = cortado ou fatiado.

tagliere ***(It.)*** = tábua para cortar alimentos.

taglierini ***(It.)*** = talharim.

tagliuzzare ***(It.)*** = cortar em pedaços bem pequenos.

tahini (***Ing.***) (***Fr.***) = tahine; pasta básica preparada com semente de gergelim, muito usada no preparo e acompanhamento de pratos da culinária médio-oriental, como homus e falafel.

(~) **salad dressing** *(Ing.)* = pasta de tahine à qual se adiciona sumo de limão, azeite e molho de soja até torná-la bem lisa e macia, usada como molho para salada.

tailler *(Fr.)* = cortar, picar, descascar.

tajadas *(Esp.)* = fatias, porções.

take-away *(Ing.)* = serviço de restaurante ou loja de produtos alimentícios que fornece comida, geralmente preparada de acordo com um pedido, para ser consumida em outro lugar.

take-out *(EUA)* = o mesmo que *take-away*, só que na América do Norte.

tallo *(Esp.)* = talo, caule.

tallow *(Ing.)* = sebo.

talmouse *(Fr.)* = bolo de queijo, servido como *hors-d'œuvre*.

tamale *(Esp.)* = massa de milho cozida e recheada de carne picada com molho de chili. Ver *humita*.

tamarin *(Fr.)* = tamarindo. Ver *Indian date*.

tamarind *(Ing.)* = tamarindo. Ver *Indian date*.

tamis *(Fr.)* = peneira.

tamiser *(Fr.)* = peneirar.

tamizar *(Esp.)* = peneirar.

tammy cloth *(Ing.)* = tecido fino usado para peneirar caldos, molhos, sucos etc., para separar pequenas partículas; coador de pano.

tanche *(Fr.)* = tenca, peixe da família das carpas. Ver *carp*.

tangerine *(Ing.)* = tangerina. Ver *clementina*.

tangleberry / dangleberry *(EUA)* = frutinha em tom azul-escuro, de sabor doce-amargo, originária dos Estados Unidos.

tankard *(Ing.)* = caneca, geralmente de estanho, às vezes com tampa.

tannic acid *(Ing.)* = ácido que contém tanino, usado como agente clareador em cervejas, vinhos, sidras etc.

tapar *(Esp.)* = tampar (exemplo: garrafa).

tapas *(Esp.)* = pequenas porções de petiscos, servidos em bares, com vinho.

tapenade *(Fr.)* = pasta de origem provençal, feita com azeitonas pretas, anchovas e alcaparras amassadas e temperadas com azeite, limão e alho.

tappare *(It.)* = tampar, arrolhar (exemplo: garrafa).

tarama (*Ing.*) (*Fr.*) = taramá; pasta de ova de peixe.

tarragon *(Ing.)* = estragão. Ver *dragoncello*.

tart *(Ing.)* = torta.

tarta *(Esp.)* = torta.

(~) **de manzana** *(Esp.)* = torta de maçã.

tarta lorena *(Esp.)* = torta recheada com creme, queijo e bacon. Ver *quiche lorraine*. O termo também se refere a uma torta de iogurte com geleia, característica de algumas regiões da Espanha.

tartaleta *(Esp.)* = tortinha, pastelzinho.

(~) **de atún con palta** *(Esp.)* = tortinha com atum e abacate.

tartar sauce *(EUA)* = molho tártaro. Ver *sauce tartare.*

tartara, alla *(It.)* = no estilo tártaro, ou seja, guarnecido com batatas cozidas e rabanetes gratinados ou preparados com cebolas, cenoura e pimentão. Pratos à base de carne são comumente servidos com cereais.

tartara di tonno con avocado *(It.)* = iguaria com filé de atum cru e abacate, temperada com molho de soja, pimentão, alho, óleo de gergelim, agrião e gengibre.

tartare de thon à l'avocat *(Fr.)* = prato de atum cru com pedaços de abacate, servido como entrada. Ver *tártara di tonno com avocado.*

tarte *(Fr.)* = torta aberta, com recheio doce ou salgado.

(~) **à la crème** *(Fr.)* = torta de massa fina com creme.

(~) **à l'oignon** *(Fr.)* = torta aberta recheada com cebolas em molho cremoso.

(~) **au citron** *(Fr.)* = torta aberta recheada com uma mistura de ovos batidos, açúcar, manteiga derretida, sumo e raspas de cascas de limão, a conhecida torta de limão.

(~) **aux pommes** *(Fr.)* = torta aberta de batatas ou de maçãs.

(~) **lorraine** *(Fr.)* = torta similar a um *quiche*, recheada com carne de porco bem temperada ou vitela com cebolas.

(~) **normande** *(Fr.)* = flã de maçã com creme.

(~) **Tatin** *(Fr.)* = torta de frutas típica da culinária francesa, criada pelas irmãs Tatin, preparada às avessas, ou seja, as frutas são colocadas no fundo da assadeira e cobertas com massa para torta. Depois de assada no forno e virada de cabeça para baixo, as frutas ficam na parte de cima.

tarteletta *(It.)* = tortinha, pastelzinho.

tartelette *(Fr.)* = pequena torta aberta com recheio doce ou de frutas.

tartina *(It.)* = canapé.

tartine *(Fr.)* = fatia de pão com manteiga ou molho, tipo canapé; às vezes uma tortinha ou fatia de pão de frutas.

(~) **suisse** *(Fr.)* = massa folhada recheada com queijo ou creme aromatizado com baunilha.

tartlet *(Ing.)* = pastelzinho, tortinha, em geral de frutas.

tartufato *(It.)* = feito com trufas.

tartufi di cioccolato *(It.)* = trufas de chocolate.

tartufi tre scalini *(It.)* = bola de sorvete de chocolate, bolo e creme de leite batido.

tartufo *(It.)* = trufa; espécie de fungo comestível. Ver *truffe.*

tasse *(Fr.)* = xícara, taça.

(~) **à café** *(Fr.)* = xícara de café.

(~) **à thé** *(Fr.)* = xícara de chá.

tasse, en *(Fr.)* = servido em taça ou xícara.

taste *(Ing.)* = sabor, gosto, paladar (de comida, bebida etc.).

tasty *(Ing.)* = saboroso, apetitoso, gostoso.

tavola *(It.)* = mesa.

tavola calda *(It.)* = bar de refeições leves; café ou lanchonete.

tavola fredda *(It.)* = balcão com comidas frias; por extensão de sentido, o termo também pode se referir ao estabelecimento que serve este tipo de iguaria.

taza *(Esp.)* = xícara ou chávena (de café ou de chá). O termo também pode significar taça.

tazón *(Esp.)* = tigela ou canecão.

tazza *(It.)* = taça, xícara, chávena ou pequena tigela.

tazzina *(It.)* = xícara pequena para café.

tazzina, in *(It.)* = ovos preparados em pequenos recipientes resistentes ao calor, untados de manteiga, colocados dentro de água para cozinhar.

T-bone steak *(EUA)* = filé *mignon* e contrafilé cortado entre a alcatra e o lombo, incluindo um pedaço de vértebra no formato de T maiúsculo, com cerca de 5 cm de espessura.

té *(Esp.)* *(It.)* = chá.

tea *(Ing.)* = chá.

(~) **bag** *(Ing.)* = saquinho de chá.
(~) **biscuit** *(Ing.)* = biscoitos para o chá, meio doces; bolachas.
(~) **board** *(Ing.)* = bandeja para serviço de chá.
(~) **cream** *(Ing.)* = leite com chá aromático, engrossado com gemas de ovos, creme de leite, gelatina e claras batidas, colocados em uma forma, virados para cima e decorados.
(~) **leaf egg** *(Ing.)* = ovos fervidos na água durante duas ou três horas com folhas de chá, anis ou outros aromas. Após 20 minutos, as cascas se rompem e o aroma penetra nos ovos duros. Serve-se o prato, iguaria tradicional chinesa, como aperitivo.
(~) **service** *(Ing.)* = aparelho de chá.
(~) **towel** *(Ing.)* = pano de prato.

tea leaf egg *(Ing.)* = ovos fervidos na água durante 2 ou 3 horas com folhas de chá, anis ou outros aromas. Após 20 minutos as cascas se rompem e o aroma penetra nos ovos duros. Servem-se como aperitivo.

teacake *(Ing.)* = bolinho para acompanhar chá.

teacup = xícara de chá.

teakettle *(Ing.)* = chaleira.

teapot *(Ing.)* = bule de chá.

tearoom *(Ing.)* = salão de chá.

teaspoon *(Ing.)* = colher de chá.

teaspoonful *(Ing.)* = colherada (de chá, medida).

teatime *(Ing.)* = hora do chá.

tegame *(It.)* = frigideira pesada ou caçarola.

tegame, al ***(It.)*** = frito ou assado na caçarola.

teglia ***(It.)*** = forma grande e funda para assar; assadeira.

teiera ***(It.)*** = chaleira ou bule.

temper, to *(v.)* ***(Ing.)*** = amaciar, amolecer e misturar, mesclar ou amassar até atingir uma determinada consistência, como uma massa de panqueca, por exemplo.

tempestine ***(It.)*** = conchinhas de massa para sopa.

tempranillo ***(Esp.)*** = tipo de uva tinta, utilizada para fabricação dos vinhos da região de Rioja, Espanha.

tench ***(Ing.)*** = peixe de água doce da família das carpas. Ver *carp*.

tender ***(Ing.)*** = tenro, macio.

tender cure, to *(v.)* ***(Ing.)*** = defumar rapidamente.

tenderloin ***(Ing.)*** = filé, lombo.

tenedor ***(Esp.)*** = garfo.

tenero ***(It.)*** = tenro, macio.

teneroni di vitello ***(It.)*** = corte médio do peito de vitela.

ternera ***(Esp.)*** = vitela (carne).

ternero ***(Esp.)*** = bezerro.

terraglie ***(It.)*** = vasilha de barro.

terrapin ***(EUA)*** = pequena tartaruga de água doce, cuja carne é considerada uma iguaria para muitos. Pode ser encontrada enlatada na Europa.

terre cuite ***(Fr.)*** = terracota; produtos de cerâmica produzidos com essa argila, incluindo vasilhas de barro usadas em culinária.

terrina ***(It.)*** = sopeira; pequena panela de barro ou cerâmica para servir à mesa.

(~) **di fegato grasso** ***(It.)*** = terrina de *foie gras*.

terrine ***(Fr.) (Ing.)*** = vasilha funda com tampa em formato oval ou retangular, de cerâmica, para ser levada ao forno. O termo também se refere a carne ou peixe cortado em pedaços, frango, fígado, frutos do mar, ervas, temperos e especiarias colocados em panela de barro comprida com pedaços de bacon, folhas de alho-poró ou similar, e levados ao forno, Após esfriar, tira-se da forma e corta-se em fatias para usar como aperitivo.

terrine, en ***(Fr.)*** = em conserva.

testaroli ***(It.)*** = espécie de massa característica da região da Ligúria, cortada em quadradinhos. Serve-se com molho de *pesto*.

tête d'ail ***(Fr.)*** = cabeça de alho.

tetera ***(Esp.)*** = chaleira ou bule para chá.

tetrazzini ***(It.)*** = massa com molho de queijo cremoso e frutos do mar ou carne de aves, cogumelos e queijo parmesão, temperado com *sherry*, cebola, cenoura e salsão. Apesar do nome, em homenagem a uma estrela da ópera italiana chamada Luisa Tetrazzini, o prato foi criado nos Estados Unidos. Acompanha massas.

thaw, to *(v.)* ***(Ing.)*** = descongelar.

thé ***(Fr.)*** = chá.

(~) **citron** ***(Fr.)*** = chá com limão.

(~) **au citron** ***(Fr.)*** = chá de limão.

Thérmidor ***(Fr.)*** = método tradicional de preparo da lagosta. Ver *lobster Thermidor.*

thick flank ***(Ing.)*** = corte de bife da parte de trás da coxa. É carne magra e usa-se para assar.

thicken, to ***(v.) (Ing.)*** = engrossar, espessar, aumentar a consistência de um líquido por meio de redução ou adição de claras de ovos, gemas, gelatina etc.

thigh ***(It.)*** = coxa.

thon ***(Fr.)*** = atum. Ver *atún.*

thym ***(Fr.)*** = tomilho. Ver *garden thyme.*

thyme ***(Ing.)*** = tomilho. Ver *garden thyme.*

tibio ***(Esp.)*** = morno.

tiburón ***(Esp.)*** = tubarão. Ver *mackerel shark.*

tiède ***(Fr.)*** = morno.

tiepido ***(It.)*** = tépido, morno.

tige ***(Fr.)*** = haste, talo, caule.

tijera ***(Esp.)*** = tesoura.

tilapia ***(Ing.)*** = tilápia; designação comum a várias espécies de peixe de água doce, de carne leve e saborosa, geralmente consumida em filés assados ou grelhados.

timbale ***(Fr.)*** = copo de metal.

timbale ***(Ing.)*** = espécie de pastelão ou pastel preparado com carne moída, peixe, verduras etc. com molho bem condimentado.

timballa e'latte ***(It.)*** = espécie de pudim cremoso de ovos, leite, açúcar e limão, assado em banho-maria.

timballo ***(It.)*** = torta, empadão ou pastelão.

(~) **al abbruzzese** ***(It.)*** = panquecas finas colocadas em camadas em uma forma, com carne moída, espinafre, cebola, cenoura e aipo, fígado de frango, queijo e molho de tomates, assadas no forno.

(~) **di riso alla piemontese** ***(It.)*** = arroz com fígado de galinha, rins e molho de carne.

timo ***(It.)*** = tomilho. Ver *garden thyme.*

tin ***(Ing.)*** = lata (para conservas).

tin can ***(Ing.)*** = lata de conserva.

tin, to ***(v.) (Ing.)*** = enlatar.

tinaja ***(Esp.)*** = jarra grande de louça ou cerâmica.

tinfoil ***(Ing.)*** = papel-alumínio.

tinned food ***(Ing.)*** = alimentos enlatados.

tin-opener ***(Ing.)*** = abridor de lata.

tirabuzón ***(Esp.)*** = saca-rolhas.

tiramisù ***(It.)*** = tradicional sobremesa italiana, feita de biscoitos do tipo champanhe embebidos em café ou licor ou conhaque, dispostos em camadas com creme de ovos, queijo Mascarpone, com chocolate salpicado por cima e nozes picadas, levada para refrigerar. Dizem que foi inventado no restaurante *Le Beccherie,* em Treviso, na costa do Adriático, perto de Veneza.

O significado do termo é "levantar o ânimo" ou "revigorar".

tire-bouchon ***(Fr.)*** = saca-rolhas.

titbits ***(Ing.)*** = petiscos, gulodices.

Tivoli, à la ***(Fr.)*** = à moda de Tivoli: guarnição com pontas de aspargos e cogumelos. Usado com pratos de carne.

toast ***(Ing.)*** = fatias de pão torradas de ambos os lados, em *grill* ou no forno.

toast, to ***(v.) (Ing.)*** = tostar, dourar, na grelha; brindar.

toaster ***(Ing.)*** = torradeira.

tocino ***(Esp.)*** = toucinho. Ver bacon.

toffee / caramel candy ***(Ing.)*** = bala ou doce de caramelo.

tofu ***(Ing.)*** = tipo de queijo coalho produzido com leite de soja, característico da culinária japonesa.

tomate ***(Esp.) (Fr.)*** = tomate. Ver *pomodoro*.

(~) **pelée** ***(Fr.)*** = tomate sem pele.

tomate-cerise ***(Fr.)*** = tomate--cereja.

tomates, crème de ***(Fr.)*** = sopa--creme de tomates, terminada com leite ou creme de leite na proporção de uma parte para quatro.

tomates sèches ***(Fr.)*** = tomates secos.

tomato ***(Ing.)*** = tomate. Ver *pomodoro*.

(~) **concassée** ***(Ing.)*** = polpa de tomates sem pele e sem sementes, cortada em pedaços pequenos, temperada com azeite e alho, usada em diversos molhos e sopas.

(~) **purée** ***(Ing.)*** = extrato de tomate; polpa de tomates peneirada, de cor vermelha--escura, parcialmente desidratada e usada como condimento para molhos. É comercializada em tubos, vidros e latas.

(~) **sauce** ***(Ing.)*** = molho de tomate feito com cebolas, cenouras, folhas de aipo e tomilho dourados na manteiga, acrescidos de farinha, purê de tomates e caldo. Fervem-se todos os ingredientes e acrescenta-se alho, depois peneira-se e tempera-se. É usado em carnes, legumes e massas.

(~) **soup** ***(Ing.)*** = sopa composta de cebolas e cenouras, tudo dourado na manteiga, com adição de um pouco de farinha de trigo e cozido, acrescentando--se polpa de tomates ou tomates frescos, caldo de carne e temperos. Ferve-se lentamente durante uma hora, até adquirir consistência. Serve-se com pedacinhos de torradas.

tomber à glace ***(Fr.)*** = reduzir um caldo ou um molho até atingir aparência vidrada e grudenta ou ter consistência de xarope.

tomillo ***(Esp.)*** = tomilho. Ver *garden thyme*.

tongs ***(Ing.)*** = pinças ou tenazes para manejar alimentos quentes e delicados.

tongue *(Ing.)* = língua fresca, defumada ou preservada em salmoura.

tonnato sauce *(It.)* = molho de atum com azeite, alcaparras, suco de limão e maionese.

tonnetto *(It.)* = atum pequeno. Ver *atún*.

tonno *(It.)* = atum. Ver *atún*.

tono *(Esp.)* = atum. Ver *atún*.

toothpick *(Ing.)* = palito.

toothsomeness *(Ing.)* = sabor agradável.

top round steak *(EUA)* = bife bovino cortado abaixo da parte traseira.

topping *(Ing.)* = qualquer cobertura, como farinha de rosca, queijo ralado, molhos doces ou picantes, cremes etc., colocada sobre um prato pronto para servir como decoração ou como parte integral do mesmo.

torlo *(It.)* = gema de ovo.

toronja *(Esp.)* = toranja ou grapefruit. Ver *pomelo*.

torrezno *(Esp.)* = torresmo, toucinho frito.

torrone *(It.)* = nugá. Ver *nougat*.

torta *(It.)* = bolo ou torta.

(~) **del Casar** *(Esp.)* = queijo espanhol feito com leite não pasteurizado de ovelha, apresentando textura bem cremosa e sabor amanteigado, levemente amargo.

(~) **Margherita** *(It.)* = bolo esponjoso feito com farinha de batata, em geral pulverizado com chocolate em pó ou açúcar de confeiteiro. O nome é uma homenagem a Margherita di Savoia, rainha consorte da Itália.

(~) **pasqualina** *(It.)* = torta de Páscoa feita com espinafre, ovos cozidos e queijo tipo Cottage ou ricota colocados em camadas intercaladas com a massa, assada no forno. Uma especialidade do norte da Itália.

(~) **San Gaudenzio** *(It.)* = torta de queijo composta por queijo Mascarpone e queijo Gorgonzola alternadamente, para dar o efeito de camadas, às vezes temperada com anchovas e sementes de cominho. Também chamada torta Gorgonzola.

torteau *(Fr.)* = panqueca de milho doce, especialidade de Bordeaux.

tortellata alla crema *(It.)* = espécie de massa recheada com creme.

tortelli *(It.)* = espécie de raviólis, com recheios pouco comuns.

(~) **alla cremasca** *(It.)* = tortelli em formato de arco, recheados com uma mistura de uvas-passas, cidra cristalizada, noz-moscada, ovos e queijo, servidos com manteiga.

(~) **di zucca** *(It.)* = tortelli recheados com abóbora, ao molho de moelas e peito de galinha, cebola, tomates e parmesão.

(~) **sguazzarotti** *(It.)* = tortelli recheados com uma mistura de feijões, tutano vegetal e nozes.

Serve-se frio com molho de vinho.

tortellini ***(It.)*** = pequenos pedaços de massa em formato de anel, recheados com queijo ou carne. A carne deve ser cortada em pedaços, em vez de picada, e dourada ligeiramente em óleo antes de misturá-la com migalhas de pão e ovos.

(~) **in brodo** ***(It.)*** = tortellini cozidos em caldo de carne bem temperado.

tortello ***(It.)*** = espécie de torta recheada.

tortelloni ***(It.)*** = massa recheada geralmente com ricota e carne moída ou legumes.

torteria ***(Esp.)*** = pastelaria, doceria (massas, tortas etc.).

tortiera ***(It.)*** = forma para bolo.

tortilla ***(Esp.)*** = omelete grossa, geralmente feita com cebolas fritas e batatas ligadas com ovo, colocada em uma frigideira para ser frita dos dois lados. Também chamada *Spanish omelette* ou *tortilla* espanhola. Em alguns países da América Latina, especialmente o México, o termo se refere a uma espécie de pão fino de milho, servido como entrada ou base para outras iguarias.

(~) **de pimientos** ***(Esp.)*** = omelete com pimentões verdes e vermelhos cortados em fatias.

(~) **with minted chilli and aubergine yogurt** ***(Ing.)*** = omelete recheada com berinjelas cortadas em fatias finas, folhas de hortelã, salsinha e cebolinhas picadas, chili cortados bem finos, pepino cortado em fatias finas, sal e pimenta, finalizando com iogurte. Enrola-se a omelete com o recheio e salpica-se com páprica.

tortina ***(It.)*** = biscoito, bolinho, pastelzinho ou tortinha.

tortoni ***(It.)*** = sorvete feito de creme de leite e açúcar com cerejas ao marasquino, nozes ou amêndoas picadas.

tortue ***(Fr.)*** = tartaruga. Ver *gato pardo*.

tortue claire, soupe ***(Fr.)*** = sopa clara de tartaruga.

tortuga ***(Esp.)*** = tartaruga. Ver *gato pardo*.

toscane, à la ***(Fr.)*** = à moda toscana: alimentos preparados com azeite de oliva extravirgem, louro, alecrim e sálvia, acompanhados de legumes e verduras, além do pão tradicional da região, sem sal, ou guarnição com cogumelos ou trufas, alcachofras, azeitonas e aspargos frescos.

toss, to (*v.*) (***Ing.***) = virar o alimento, geralmente com duas colheres, a fim de ficar bem embebido com o tempero; por exemplo: misturar manteiga derretida sobre legumes ou sobre molho vinagrete ou mexer os diferentes componentes de uma salada, misturando-os.

tostada ***(Esp.)*** = torrada de pão ou biscoito torrado.

tostadora *(Esp.)* = torradeira.

tostapane *(It.)* = torradeira.

tostar *(Esp.)* = torrar, tostar, queimar.

tostare *(It.)* = torrar, tostar.

tostato *(It.)* = torrado.

tôt-fait *(Fr.)* = bolo esponjoso feito com rapidez.

toulonnaise, à la *(Fr.)* = à moda de Toulon: com tomates, azeitonas pretas e berinjelas, condimentados com alho.

toulousaine, à la *(Fr.)* = à moda de Toulouse: guarnição com bolinhos de frango, crista de galo e rins, vísceras de carneiro, cogumelos e trufas. Os ingredientes são cozidos e dispostos separadamente no prato.

Toulouse sausage *(Fr.)* = salsichas frescas feitas de carne de porco, toucinho defumado, vinho, alho e especiarias.

tourin *(Fr.)* = sopa cremosa de cebolas engrossada com gemas de ovo e pulverizada com queijo ralado.

tournedos *(Fr.) (Ing.)* = bifes obtidos da parte traseira mais estreita do lombo da vaca, cortados ao meio, grelhados ou fritos em pouca gordura. Geralmente são amarrados antes de ser fritos para conservar a forma arredondada.

(~) **Oscar** *(EUA)* = bifes fritos em pouca gordura, servidos com torradas do mesmo tamanho ou croutons, com guarnição de carne de caranguejo, pontas de aspargos e fundos de alcachofra, cobertos com molho *béarnaise*.

(~) **Rossini** *(It.)* = filé do lombo de vaca frito em manteiga e servido com croutons, coberto com uma fatia fina de *foie gras* frito e uma fatia de trufa. Acompanha molho Madeira. O nome do prato representa uma homenagem ao compositor italiano Rossini, que o adorava e tinha paladar refinado.

tournesol *(Fr.)* = girassol. Ver *girasol.*

touron *(Fr.)* = espécie de nugá ou doce de amêndoas coberto com nozes. Ver *nougat.*

tourte *(Fr.)* = torta coberta de massa folhada com recheio salgado ou doce.

(~) **à la bière et au boeuf** *(Fr.)* = torta de carne e cerveja.

(~) **au thon** *(Fr.)* = torta de atum.

(~) **aux poireaux** *(Fr.)* = torta de alho-poró.

(~) **aux prunes** *(Fr.)* = torta de ameixas.

tourtière *(Fr.)* = espécie de torta ou pastelão de carne moída (de porco, veado e/ou vaca) e cebola, típica de Quebec, Canadá, em cujas mesas se tornou um dos pratos tradicionais das festividades de Natal e Ano Novo.

tovaglia *(It.)* = toalha de mesa.

tovagliolo *(It.)* = guardanapo.

toxins *(Ing.)* = toxinas; substâncias tóxicas produzidas por bactérias em alimentos. Por exemplo, botulismo: envenenamento alimentar em decorrência do armazenamento inadequado de enlatados ou conservas, causado por uma neurotoxina chamada *Clostridium botulinum.*

tranche ***(Fr.)*** = fatia.

(~) **napolitaine** ***(Fr.)*** = sorvete em camadas com diversos sabores. Ver *Napolitan ice cream.*

(~) **plombières** ***(Fr.)*** = fatia de sorvete com diversas frutas.

trancher ***(Fr.)*** = fatiar, cortar.

trancia ***(It.)*** = fatia.

trattoria ***(It.)*** = restaurante italiano, com comida simples, preços baixos, ambiente informal e receitas familiares.

tray ***(Ing.)*** = bandeja ou tabuleiro.

(~) **service** ***(Ing.)*** = serviço em que a refeição completa é montada em uma bandeja e entregue ao consumidor, como ocorre em hospitais ou prisões.

treacle ***(Ing.)*** = melaço, melado.

(~) **tart** ***(Ing.)*** = torta aberta com recheio de melado dourado, migalhas de pão, raspas de casca de limão, manteiga e farinha de rosca, coberta com tiras de massa antes de ir para o forno.

trempé ***(Fr.)*** = embebido, ensopado, molhado.

trianon ***(Fr.)*** = guarnição de três cores.

trifle ***(Ing.)*** = sobremesa fria feita com pão de ló (básico) embebido com suco de frutas, xerez ou outro licor, coberto com camadas de frutas, geleia, *custard* e creme de leite batido, em várias combinações e geralmente decorado.

(~) **sponge** ***(Ing.)*** = pão de ló simples usado como base para a *trifle.*

triglia ***(It.)*** = tainha pequena, vermelha. Ver *mullet.*

trigo ***(Esp.)*** = trigo. Ver *blé.*

trim, to ***(v.) (Ing.)*** = remover partes indesejáveis de carnes vermelhas ou brancas como gorduras, cartilagens, tendões ou barbatanas de peixes.

trimmings ***(Ing.)*** = acompanhamentos de um prato, por exemplo, pasteizinhos, pãezinhos etc.

trinchar ***(Esp.)*** = trinchar, cortar a carne em pedaços.

trinciante ***(It.)*** = faca de trinchar.

trinciapollo ***(It.)*** = tesoura para cortar frango.

tripailles ***(Fr.)*** = miúdos de animal, algumas vezes dobradinha; tripas.

tripe ***(Fr.) (Ing.)*** = dobradinha (parte do intestino da carne bovina usada na alimentação), geralmente fervida em água salgada até amaciá-la e depois refogada, assada ou frita.

(~) **and onions** ***(Ing.)*** = pedaços de dobradinha fervidos lentamente em leite com cebolas, temperados e engrossados com farinha; em seguida, fervidos por mais dez minutos. Um prato característico do norte da Inglaterra.

trippa *(It.)* = dobradinha ou bucho.

(~) **alla fiorentina** *(It.)* = dobradinha cortada em fatias finas, cozida em panela, com, alho, cebola, aipo, cenoura, folhas de louro ou manjericão e tomates sem pele, servida com queijo ralado.

(~) **alla romana** *(It.)* = dobradinha com queijo derretido, cebola, molho de tomate, vinho branco seco, pimenta e azeite, aromatizada com folhas de hortelã.

tritare *(It.)* = picar, moer.

tritato *(It.)* = cortado bem fino ou moído.

tritello d'avena *(It.)* = aveia granulada.

triturer *(Fr.)* = triturar, esmagar, reduzir a pó.

trognon *(Fr.)* = haste, talo de vegetais em geral.

tronçon *(Fr.) (Ing.)* = fatia de peixe cortada por cima, no sentido do ângulo direito até a espinha dorsal de um peixe chato, incluindo o osso.

tronçonner *(Fr.)* = cortar carne ou legumes em bifes ou pedaços.

trop cuit *(Fr.)* = cozido demais.

trota *(It.)* = truta. Ver *laverello*.

(~) **affumicata** *(It.)* = truta defumada.

(~) **salmonata** *(It.)* = truta salmonada.

trotter *(Ing.)* = pés de porco ou de carneiro. No plural (*trotters*), indica qualquer prato à base dos referidos pés.

trout *(Ing.)* = truta, peixe delicado da família do salmão. Ver *laverello*.

trucha *(Esp.)* = truta.

(~) **ahumada** *(Esp.)* = truta defumada.

(~) **salmón** *(Esp.)* = truta salmonada.

truffade *(Fr.)* = prato da região de Auvergne, composto similar à panqueca, feito de batatas fritas raladas com bacon, alho e queijo.

truffe *(Fr.) (It.)* = trufa; espécie de fungo subterrâneo silvestre comestível, consumido desde a Antiguidade, encontrado apenas em determinadas regiões da Europa. A trufa pode ser negra (mais rara, com aroma menos intenso, maior resistência ao manuseio e menor valor comercial) ou branca (melhor qualidade e aroma mais intenso, com preços mais elevados). Ambas são usadas em massas, risotos, molhos etc. para enriquecer o sabor dos alimentos e aromatizá-los.

truffé *(Fr.)* = guarnecido com trufas.

truffes au chocolat *(Fr.)* = espécie de bombom recheado com trufas.

truffiat *(Fr.)* = espécie de panqueca de batatas raladas, ovos, ervas e manteiga, da região do Vale do Loire.

truffle *(Ing.)* = trufa. Ver *truffe.*

(~) **butter** *(Ing.)* = manteiga trufada; pedaços minúsculos de trufas negras ferventadas com manteiga cremosa, adicionando--se o sumo obtido do cozimento das trufas.

(~) **oil** *(Ing.)* = óleo trufado; óleo aromatizado com essência de trufas.

(~) **vinaigrette** *(Ing.)* = trufas preparadas com vinho branco, vinagre balsâmico, cebolinha picada, óleo de trufas, óleo de canola, sal, pimenta. Cozinham--se todos os ingredientes em fogo brando, exceto as trufas, que são colocadas por último.

truite *(Fr.)* = truta. Ver *laverello.*

(~) **à la hussarde** *(Fr.)* = filés de truta marinados, depois assados com ovos, cebola, creme de leite, farinha, caldo de peixe, manteiga e vinho branco.

(~) **aux amandes** *(Fr.)* = truta com amêndoas.

(~) **de mer** *(Fr.)* = truta de mar.

(~) **de rivière** *(Fr.)* = truta de rio.

(~) **fumée** *(Fr.)* = truta defumada.

(~) **salmonée** *(Fr.)* = truta salmonada.

trunza di fera *(It.)* = repolho vermelho ensopado em óleo e vinagre, alcaparras e azeitonas.

truss, to *(v.)* = amarrar aves ou juntas de carne que têm ossos, antes de cozinhá-las.

tsarine, à la *(Fr.)* = à moda da tsarina, isto é, peitos de frango guarnecidos com pepino e cogumelos, cozidos na manteiga e mesclados com creme de leite.

tubero edule *(It.)* = araruta. Ver *arrowroot.*

tuilles *(Fr.)* = biscoitos doces de massa fina e leve, achatados, cobertos com flocos de amêndoas ligeiramente arredondados colocados enquanto quentes, imitando telhas.

tumbet *(Esp.)* = prato vegetariano de Mallorca, composto por camadas de batatas em fatias salteadas e berinjelas pinceladas com óleo asssadas, douradas dos dois lados. As camadas são separadas por fatias finas de pimentões vermelhos fritos em óleo e molho de tomates feito com alho e cebolas picadas, fritas até dourar, orégano e tomates fervidos lentamente até se tornarem um purê. Leva-se tudo ao forno, assando-o a 180ºC até ficar bem cozido.

tumbler *(Ing.)* = copo em forma de cilindro, sem pé, destinado a drinques.

tuna fish *(Ing.)* = atum. Ver *atún.*

(~) **and avocado tartar** *(Ing.)* = molho tártaro com atum e abacate.

(~) **spread** *(Ing.)* = patê de atum.

tuorlo *(It.)* = gema de ovo.

turbot *(Fr.) (Ing.)* = rodovalho, espécie de linguado. Ver *carrelet.*

turkey *(Ing.)* = peru. Ver *dinde.*

turn, to *(v.) (Ing.)* = virar um alimento para que seja cozido ou dourado dos dois lados igualmente.

turnip *(Ing.)* = nabo. Ver *colinabo.*

(~) **greens** *(Ing.)* = as folhas verdes dos nabos, usadas como verdura.

(~) **soup** (Ing,) = sopa básica com nabos.

turnover *(Ing.)* = massa folhada cortada de modo arredondado ou quadrado, dobrada e fechada em semicírculo ou triângulo, com recheio doce ou salgado.

turrón *(Esp.)* = *praliné* ou doce feito com amêndoas, calda de açúcar ou mel; torrão. Ver *nougat.*

turrón de Alicante *(Esp.)* = torrão; doce feito com açúcar, mel e água, levado ao fogo até chegar ao ponto de caramelo; depois, junta-se uma clara batida, retornando a mistura ao fogo brando. Acrescentam-se amêndoas descascadas e um pouco torradas.

turtle *(Ing.)* = tartaruga. Ver *gato pardo.*

(~) **herbs** *(Ing.)* = mistura de ervas aromáticas, como manjericão, sálvia, tomilho, manjerona, alecrim e folhas de louro, usada para temperar sopas ou produzir molhos.

(~) **soup** *(Ing.)* = sopa de tartaruga; consomê básico, cozido lentamente com *turtle herbs*, engrossado com araruta, terminando com o acréscimo de licor de xerez, e a carne de tartaruga cortada em cubos. Serve-se com pedaços de queijo.

tuscan bread *(Ing.)* = pão característico da região da Toscana, sem sal.

tutti-frutti *(It.) (Ing.)* = em sentido extenso, todas as frutas. De forma mais específica, mistura de frutas comum em sorvetes, doces, balas e chicletes.

tyrolienne, à la *(Fr.)* = no estilo tirolês: guarnecido com tomates refogados cortados e anéis de cebolas fritas.

tyrolienne sauce *(Ing.) (Fr.)* = molho feito com cebolinhas bem picadas, cerofólio, cozidas em óleo e polpa de tomates até secar, peneirado, esfriado e misturado com maionese, salsinha picada e temperos. Serve-se com peixe frito e carnes frias.

tzimmes / tsimmes (*Ing.*) = tradicional ensopado judaico, consiste em combinação agridoce de frutas e vegetais, eventualmente carne, cozidos em uma caçarola e condimentados com mel e canela.

U

ubriaco ***(It.)*** = cozido no vinho ou em outra bebida alcoólica.

uccelletti ***(It.)*** = passarinhos.

(~) **alla maremmano** ***(It.)*** = passarinhos tostados em azeite e depois cozidos em vinagre e molho de tomates com anchovas, azeitonas e alho.

ulster fry ***(Ing.)*** = clássica refeição irlandesa, consiste em fatias de bacon, ovos, salsichas, *soda bread*, pão de batata e tomates, sendo que outros ingredientes podem ser acrescentados, como cogumelos, feijões assados, pão de trigo e panquecas, tudo tradicionalmente frito em banha.

umido ***(It.)*** = ensopado, banhado.

umido, in ***(It.)*** = alimento assado na panela, ensopado.

unbleached flour ***(Ing.)*** = farinha de trigo crua, sem processamento para torná-la branca.

uncork, to ***(v.) (Ing.)*** = desarrolhar, abrir uma garrafa.

unctuous ***(Ing.)*** = untuoso, gordurento.

underdone ***(Ing.)*** = malpassado (bife, por exemplo).

unleavened ***(Ing.)*** = sem qualquer agente natural ou químico para fazer a massa crescer; sem fermentação.

(~) **bread** ***(Ing.)*** = pão feito de farinha de trigo, água e sal, sem fermento.

unripe fruit ***(Ing.)*** = fruta verde, não amadurecida.

unsalted butter ***(Ing.)*** = manteiga sem sal.

unsaturated fat ***(Ing.)*** = gordura insaturada, que contém uma estrutura química especial. Há duas espécies: *monunsaturated fats*, gorduras encontradas no azeite de oliva, em amendoins e abacates, e *polyunsaturated fats*, gorduras encontradas em óleo de girassol, óleo de soja e óleo de milho. Acredita-se que estes tipos de gordura são aconselháveis para a saúde.

unsavoury / unsavory ***(Ing.)*** = insípido, sem gosto, sem sabor.

unsweetened chocolate ***(Ing.)*** = chocolate sem açúcar, usado para levar ao forno ou como ingrediente de alguns doces.

untare *(It.)* = untar.

unto *(It.)* = gorduroso.

uova *(It.)* = ovos.

(~) **alla Bella Rosin** *(It.)* = ovos cozidos, cobertos com maionese e decorados com gema cozida moída. Uma iguaria tradicional do Piemonte.

(~) **alla coque** *(It.)* = ovos quentes com casca.

(~) **con pancetta** *(It.)* = ovos com bacon.

(~) **di bufala** *(It.)* = mozarela de búfala.

(~) **di pesce** *(It.)* = ovas de peixe.

(~) **strapazzate** *(It.)* = ovos mexidos.

uovo *(It.)* = ovo.

(~) **affogato** *(It.)* = ovo quente.

(~) **al burro** *(It.)* = ovo frito na manteiga.

(~) **bazzotto** *(It.)* = ovo cozido.

(~) **sodo** *(It.)* = ovo cozido e duro.

upside down cake *(Ing.)* = bolo assado em uma forma com uma camada de frutas na parte debaixo, de modo que, quando pronto e virado, as frutas ficam na parte de cima.

uso di, all *(It.)* = à moda de.

utensils *(Ing.)* = utensílios domésticos.

utility beef *(EUA)* = último estágio de classificação da tabela de cortes de carne dos Estados Unidos.

uva secca *(It.)* = uva-passa.

uva spina *(It.)* = groselha. Ver *gooseberry*.

uva sultatina *(It.)* = espécie de uva verde sem caroço, com sabor suave e doce, de origem grega, turca e iraniana. Nos Estados Unidos, é conhecida sob o nome de uvas *Thompson seedless*.

uvetta *(It.)* = uva-passa.

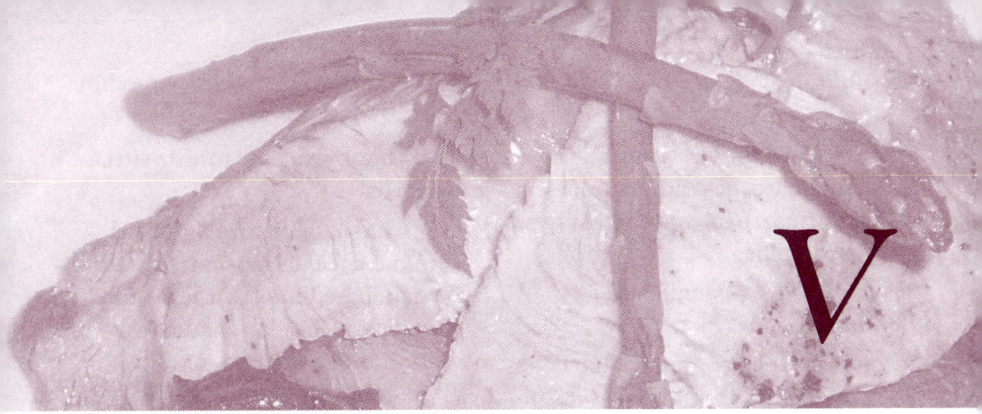

V

vacherin ***(Fr.)*** = sobremesa de merengue colocado em conchas ou discos recheados com creme chantili, sorvete de creme ou frutas.

Vacherin Mont-d'Or ***(Fr.)*** = queijo cremoso prensado, embalado em tiras superficiais de tronco de pinheiro, é originário da região alpestre suíça, produzido com leite não pasteurizado de vaca e maturado, de cor amarela, formato redondo e consistência mole.

vainilla ***(Esp.)*** = baunilha; erva aromática originária da América Central, utilizada desde os tempos da civilização asteca. Condimenta tanto pratos doces quanto salgados: molhos, doces, bebidas, carnes, frutos do mar, peixes, cremes, pudins, sorvetes etc.

vaisseau ***(Fr.)*** = vasilha, recipiente.

vajilla ***(Esp.)*** = louça: pratos, xícara etc.; todos os tipos de cerâmica ou louça usados nas refeições.

Valais raclette ***(Fr.)*** = tipo de queijo suíço feito com leite integral utilizado para o prato suíço típico *raclette* (grelhado ou tostado nas chamas, servido com batatas fervidas e picles). Ver *raclette*.

Valençay ***(Fr.)*** = queijo francês de consistência macia, feito com leite de cabra do Vale do Loire, em formato de pirâmide, amadurecido durante quatro ou cinco semanas, colocado em um molde, depois removido e coberto por cinzas. Apresenta sabor suave e leve aroma de noz.

valencienne, à la ***(Fr.)*** = à moda de Valência, na Espanha: guarnição com arroz cozido, molho claro de caldo de vitela ou galinha, adicionando-se pimentão.

valigini mantovani ***(It.)*** = rolos de repolho recheados com frango e batatas, cozidos no molho de tomates.

vaniglia ***(It.)*** = baunilha. Ver *vainilla*

vanigliato ***(It.)*** = aromatizado com baunilha.

vanilla ***(Ing.)*** = baunilha. Ver *vainilla*.

(~) **broad bean** ***(Ing.)*** = fava de baunilha.

(~) **essence** (***Ing.)*** = essência alcoólica, extraída da vagem de algumas espécies de baunilha, usada como aromatizante.

(~) **sugar** (***Ing.***) = açúcar de baunilha; açúcar aromatizado em seu armazenamento com a vagem da baunilha.

vanille ***(Fr.)*** = baunilha. Ver *vainilla.*

vanillin ***(Ing.)*** = vanilina; um dos componentes aromatizantes da baunilha natural, quimicamente sintético, usado em especiarias artificiais de baunilha.

vapeur, à la ***(Fr.)*** = feito no vapor, principalmente batatas e outros vegetais.

varenikes / varenikis (***Ing.***) = receita tradicional judaica, corresponde a uma espécie de raviólis recheados de batata, servidos com cebola frita.

Varenne ***(Fr.)*** = molho branco clássico, criado por François Pierre de La Varenne, *chef* de Luís 16, feito à base de manteiga, gema de ovo, vinagre balsâmico, sal e noz--moscada. Modernamente, há inúmeras variações, com adição de outros ingredientes, como cebolinha, pimenta em grão moída e temperos.

variety meats ***(EUA)*** = miúdos de animais.

vasija ***(Esp.)*** = vasilha, vasilhame, recipiente.

vaso ***(Esp.)*** = copo.

vassoio ***(It.)*** = bandeja.

vat ***(Ing.)*** = tonel usado no processamento, em grande escala, de queijos, picles etc. ou para fermentar vinho envelhecido.

veal ***(Ing.)*** = vitela; carne de vitela. Ver *becerro.*

(~) **and ham pie** ***(Ing.)*** = torta com recheio de presunto cortado em quadradinhos, carne de porco e vitela, recheada com um ovo cozido, bem duro.

(~) **chops** ***(Ing.)*** = costeletas cortadas do lombo da vitela.

(~) **cuts** ***(EUA)*** = vitela cortada.

(~) **cutlet** ***(EUA)*** = costeleta de vitela.

(~) **fillet** ***(Ing.)*** = filé de carne de vitela.

(~) **Oscar** ***(EUA)*** = costeletas de vitela, temperadas com cebola, pimenta-do-reino e estragão, salteadas, guarnecidas com pontas de aspargos e camarões pequenos ou pernas de caranguejo, regadas com molho *béarnaise.*

(~) **Parmigiana** ***(EUA)*** = bife de vitela, empanado em farinha de rosca e ovo, misturada com queijo parmesão ralado, assado ou frito, e servido com molho de tomates.

(~) **pie** ***(Ing.)*** = torta recheada de vitela cortada em cubos e preparada com tomate, cebola, alho, queijo, manteiga e especiarias, típica de Veneza.

veau ***(Fr.)*** = vitela. Ver *becerro.*

vecchia maniera, alla ***(It.)*** = à moda antiga.

vecchio ***(It.)*** = envelhecido; usado para designar queijo ou outro alimento que tem o sabor mais acentuado com o tempo.

vegan ***(Ing.)*** = pessoa que não come carne de qualquer espécie nem qualquer produto derivado de animais, incluindo ovos, leite, peixe etc. Algumas pessoas aceitam o mel.

vegetable ***(Ing.)*** = vegetal.

(~) **diet** ***(Ing.)*** = dieta vegetariana.

(~) **fat** ***(Ing.)*** = gordura vegetal.

(~) **garden** ***(Ing.)*** = horta.

(~) **marrow** ***(Ing.)*** = abobrinha.

(~) **oil** ***(Ing.)*** = óleo vegetal.

(~) **shortening** ***(Ing.)*** = gordura vegetal.

(~) **soup** ***(Ing.)*** = sopa de legumes cozidos na manteiga, com acréscimo de farinha, caldo de carne, *bouquet garni*, batatas em fatias; ferve-se tudo lentamente durante uma hora, remove-se o *bouquet garni*, e o restante tempera-se; quando tiver adquirido consistência serve-se com coûtrons.

vegetables ***(Ing.)*** = verduras, hortaliças, legumes, vegetais em geral.

végétal ***(Fr.)*** = vegetal.

vegetarian ***(Ing.)*** = vegetariana; pessoa adepta de uma alimentação baseada em vegetais, de onde se excluem todos os tipos de carne e seus derivados. Alguns grupos, menos ortodoxos, admitem a ingestão de ovos, leite e laticínios em geral.

(~) **cheese** ***(Ing.)*** = queijo feito com gordura não derivada de animais.

(~) **food** ***(Ing.)*** = comida vegetariana.

(~) **meal** ***(Ing.)*** = refeição vegetariana.

veggies ***(Ing.)*** ***(EUA)*** = vegetarianos; o termo também se refere a vegetais em geral.

vellutata ***(It.)*** = tipo de sopa em que os ingredientes são misturados até ser obtida uma textura cremosa, aveludada.

(~) **di carote con crostini al cumino** ***(It.)*** = sopa cremosa de cenoura com batata, temperada com alho, cebola, gengibre, cominho e pimenta, acompanhada de croutons.

vellutato ***(It.)*** = cremoso, de textura aveludada; pode ser engrossado com gemas de ovos.

velouté ***(Fr.)*** = em sentido literal, aveludado. Trata-se de um molho francês clássico, um dos cinco molhos-mãe (alguns *chefs* consideram, modernamente, seis) em que há uma combinação de gordura e farinha *roux*, caldo de carne (ou de peixe ou de frango) e verduras, geralmente ensopadas, ervas e temperos fervidos lentamente e peneirados, e o líquido misturado a gema de ovo e creme de leite.

(~) **d'asperge** ***(Fr.)*** = sopa cremosa de aspargos.

velouté sauce ***(Ing.)*** = molho branco básico feito de gordura, farinha e caldo branco (de galinha) cozido lentamente durante uma hora e peneirado. Ver *velouté*.

venado *(Esp.)* = veado. Ver *cerf.*

venaison *(Fr.)* = carne de veado. Ver *cerf.*

Vendôme *(Fr.)* = queijo francês, do Vale do Loire, produzido com leite de vaca não pasteurizado e embalado em discos circulares. Os queijinhos são deixados para amadurecer durante um mês, em lugares úmidos a fim de que, externamente, adquiram a cor azul ou são cobertos com cinzas de madeira de vinhedos para adquirir uma crosta marrom. Contém 50% de gordura.

ventaglio *(It.)* = vieira. Ver *concha peregrina.*

ventaglio, a *(It.)* = modo de apresentação de um alimento ou prato (massa, pão, legume, carne etc.) no formato de leque.

verace *(It.)* = autêntico, genuíno, fresco (não enlatado).

verdure *(Fr.)* = verdura, hortaliças em geral.

vergine *(It.)* = azeite de oliva virgem.

vermicelle *(Fr.)* = variedade de macarrão do tipo aletria em formato de fio, usado em sopas. É um tipo de massa bastante popular na culinária de vários países asiáticos.

vermicelli *(It.)* = macarrão aletria. Ver *vermicelle.*

vermicellini *(It.)* = macarrão do tipo cabelo de anjo para sopas.

vermouth *(Fr.) (Ing.) (It.)* = vermute; espécie de vinho originário da região do Piemonte, na Itália, no século 17, preparado com a infusão de determinadas ervas amargas, como absinto, canela e noz-moscada, dentre outras. A bebida é degustada com gelo e usada como ingrediente para a preparação de vários drinques.

vermut *(Esp.) (It.)* = vermute. Ver *vermouth.*

vero *(It.)* = verdadeiro, autêntico.

Véronique *(Fr.)* = guarnição à base de uvas brancas sem caroço, com creme, pimenta moída e hortelã, usada em pratos salgados, especialmente peixes.

verre *(Fr.)* = copo.

(~) **à pied** *(Fr.)* = cálice.

(~) **à vin** *(Fr.)* = copo para o vinho.

verser *(Fr.)* = derramar, espargir, verter.

vervain *(Ing.)* = verbena; erva usada para condimentar alimentos e aromatizar licores e infusões, como chá e café.

verzelata *(It.)* = espécie de tainha cinza. Ver *mullet.*

verzini *(It.)* = pequenas salsichas de carne de porco adocicada, características da Lombardia.

vessel *(Ing.)* = vasilha, recipiente.

Vêzélay *(Fr.)* = queijo francês da Borgonha, feito com leite não pasteurizado de cabra, de sabor ligeiramente amargo e textura cremosa, com formato de cúpula. Acompanha vinho branco.

viande ***(Fr.)*** = carne.

(~) **blanche** ***(Fr.)*** = carne branca (ave, coelho, peixe).

(~) **en gelée** ***(Fr.)*** = galantina de carne.

(~) **hachée** ***(Fr.)*** = carne moída.

(~) **rouge** ***(Fr.)*** = carne vermelha (boi, carneiro, cabrito, cavalo).

(~) **séchée des Grisons** ***(Fr.)*** = carne bovina seca e salgada, especialidade de uma região da suíça.

(~s) **froides** ***(Fr.)*** = carnes frias.

Vichy carrots ***(Ing.)*** = cenourinhas raladas ou cortadas em fatias finas, cozidas em água de Vichy, manteiga, um pouco de açúcar e temperos até que a água evapore e as cenouras fiquem tenras e com aparência vitrificada. Pode-se decorar com salsa.

Vichy water ***(Ing.)*** = água mineral gaseificada, naturalmente espumante, engarrafada em Vichy, França. Por ser bicarbonatada, apresenta sabor levemente salgado.

Vichy, à la = ***(Fr.)*** = ao estilo de Vichy, ou seja, guarnição de cenouras de Vichy, ou servido com molho de cenouras adoçadas em purê.

vichyssoise ***(Ing.)*** = tradicional sopa fria francesa, feita de caldo de carne ou galinha, alho-poró, cebola e batatas, manteiga e, geralmente, cebolinhas e creme de leite.

Victoria, à la ***(Fr.)*** = à moda vitoriana: guarnição de tomates, alface, batatas, cebolas e, às vezes, alcachofras.

Vienna loaf ***(Ing.)*** = pão branco, de forma oval e alongada, com cerca de 30 cm de comprimento e uma casca tostada e crocante, produzido em Viena, na Áustria, a partir do século 19, com alterações no processo de confecção (farinha branca), fermentação (não acética) e cozimento (a vapor). Uma inspiração para as *baguettes* francesas.

Vienna sausage ***(Ing.)*** =, salsichinhas tipo Frankfurt; nos Estados Unidos, pré-cozidas, em conserva, em geral enlatadas; na Europa, um pouco mais longas que as norte-americanas, feitas de partes iguais de carne de porco magra, bem moída, e carne de vitela, compradas frescas ou defumadas, usadas com condimentos em sanduíches do tipo cachorro-quente. Ver *Frankfurter sausages.*

viennoise, à la ***(Fr.)*** = à moda vienense: pratos guarnecidos com ovos cozidos duros (gemas e claras cortadas em separado), anchovas, azeitonas, limão, alcaparras e salsinha picada.

viennoiseries ***(Fr.)*** = conjunto de tudo o que se vende na padaria, exceto o pão (croissants, brioches, pão doce etc.).

vierge, beurre ***(Fr.)*** = manteiga suave batida com azeite de oliva, temperos e sumo de limão, usada para acompanhar vegetais cozidos.

vin ***(Fr.)*** = vinho.

(~) **blanc** ***(Fr.)*** = vinho branco.

(~) **de la maison** ***(Fr.)*** = vinho da casa.
(~) **de table** ***(Fr.)*** = vinhos de mesa, que podem ter qualquer origem geográfica e ser produzidos com mistura de vinhos de diversas regiões.
(~) **doux** ***(Fr.)*** = vinho doce.
(~) **mousseaux** ***(Fr.)*** = vinho espumante.
(~) **rosé** ***(Fr.)*** = vinho rosé.
(~) **rouge** ***(Fr.)*** = vinho tinto.
(~) **rouge, au** ***(Fr.)*** = com vinho tinto.
(~) **sec** ***(Fr.)*** = vinho seco.

vinagreta ***(Esp.)*** = molho vinagrete.
(~) **de calamares** ***(Esp.)*** = lulas ao vinagrete.

vinaigre ***(Fr.)*** = vinagre.

vinaigrette sauce ***(Fr.) (Ing.)*** = molho vinagrete, preparado com azeite e vinagre e pimenta-do--reino, às vezes com ervas e mostarda também.
(~) **di calamari** ***(It.)*** = molho vinagrete com lulas, com o acréscimo de temperos, servido como entrada.
(~) **squid** ***(Ing.)*** = vinagrete com lulas.

vine leaves ***(Ing.)*** = folhas de videira (ou de uva). Ver *hojas de uva*.

vinegar ***(Ing.)*** = vinagre.

vinegar cake ***(Ing.)*** = bolo de frutas secas, feito com farinha de trigo, manteiga, açúcar mascavo, sem ovos, ingredientes aos quais se acrescenta uma mistura espumosa de leite, composta de bicarbonato de sódio e vinagre de malte. Uma especialidade inglesa.

vino ***(Esp.)*** = vinho.
(~) **blanco** ***(Esp.)*** = vinho branco.
(~) **dulce** ***(Esp.)*** = vinho doce.
(~) **tinto** ***(Esp.)*** = vinho tinto.

vino ***(It.)*** = vinho.
(~) **asciuttto** ***(It.)*** = vinho seco.
(~) **bianco secco** ***(It.)*** = vinho branco seco.
(~) **bianco amabile** ***(It.)*** = vinho branco meio-doce.
(~) **bianco dolce** (***It.)*** = vinho branco doce.
(~) **rosso** ***(It.)*** = vinho tinto.
(~) **della casa** ***(It.)*** = vinho da casa, de fabricação própria.
(~) **da tavola** ***(It.)*** = vinho de mesa.
(~) **santo** ***(It.)*** = vinho santo ou sagrado; na verdade, vinho toscano de coloração âmbar, doce, de sobremesa, fabricado com uvas secas. Uma das teorias existentes para o nome é o fato de, pelo sabor adocicado, ter sido amplamante utilizado em cerimônias religiosas.

vinous grape ***(Ing.)*** = sobremesa de uvas.

vintage ***(Fr.)*** = espécie de vinho do Porto de excepcional qualidade, produzido a partir de apenas uma colheita de uva de um ano específico, envelhecido e não filtrado.

vitamin A ***(Ing.)*** = vitamina A, cujas maiores fontes são peixe, fígado de animais, cenoura, ovos e leite.

vitamin B_1 ***(Ing.)*** = vitamina B_1, encontrada nas carnes vermelhas em geral, nas sementes de cereais e nas verduras.

vitamin B_2 ***(Ing.)*** = vitamina B_2, distribuída nas folhas de vegetais, em carnes e leite.

vitamin B_3 ***(Ing.)*** = vitamina B_3, encontrada em diversos gêneros alimentícios como peixes, farináceos, favas e amendoim.

vitamin B_5 ***(Ing.)*** = vitamina B_5, encontrada em aves, fígado, peixes, ovos, batatas e grãos.

vitamin B_6 ***(Ing.)*** = vitamina B_6, encontrada em pouca concentração em frutas, peixes, ovos e farináceos.

vitamin B_8 ***(Ing.)*** = vitamina B_8, encontrada em carnes, peixes, gema de ovos, leite e nozes.

vitamin B_9 ***(Ing.)*** = vitamina B_9, encontrada em cogumelos e hortaliças verdes.

vitamin B_{11} ***(Ing.)*** = vitamina B_{11}, encontrada em carnes, peixes e laticínios.

vitamin B_{12} ***(Ing.)*** = vitamina B_{12} = somente encontrada em produtos derivados de animais, principalmente em rins e fígado de animais e em peixes oleosos.

vitamin C ***(Ing.)*** = vitamina C, encontrada nos vegetais e nas frutas frescas.

vitamin D ***(Ing.)***= vitamina D, encontrada no fígado, leite, queijo, gema de ovos, manteiga, margarina e principalmente em peixes do mar oleosos.

vitamin E ***(Ing.)*** = vitamina E, encontrada em pequenas quantidades no feijão de soja, manteiga, margarina, azeites, vegetais, grãos, ovos e fígado.

vitamin F ***(Ing.)*** = vitamina F, encontrada em óleo de milho, de girassol ou de soja, óleo de peixes e gérmen de trigo, além do azeite de oliva.

vitamin K ***(Ing.)*** = vitamina K, encontrada com abundância no espinafre e em outras verduras, em quantidade moderada nos tomates e fígados.

vitamin P ***(Ing.)*** = vitamina P, encontrada em sucos de uva, chocolates e vinhos.

vitello ***(It.)*** = vitela, carne de vitela. Ver *becerro*.

(~) **alla genovese** ***(It.)*** = fatias finas de vitela cozidas com vinho branco e alcachofras.

(~) **alla sarda** ***(It.)*** = carne de vitela refogada na manteiga, com cebola, alho, cenoura, anchovas, tomates e azeitonas.

(~) **di mare** ***(It.)*** = cação (peixe). Ver *dogfish*.

vitello tonnato ***(It.)*** = vitela assada, fria, coberta com molho feito com atum (enlatado ou não), maionese e sumo de limão batidos até se tornarem uma mistura suave, tudo guarnecido com pedaços de limão.

vitellone ***(It.)*** = carne de gado, de até 3 anos de idade, mais escura do que a carne de vitela, porém mais leve do que a carne bovina normal.

viveur en tasse ***(Fr.)*** = caldo de carne, bem temperado, geralmente apimentado, servido em uma taça.

volaille ***(Fr.)*** = carne de aves, de galinha.

vol-au-vent ***(Fr.) (Ing.)*** = massa folhada de 6 a 8 mm de espessura, recheada com uma mistura de especiarias, colocada em uma forma redonda ou oval, cortada na forma e depois cortada no centro. Depois de assada, o centro é removido e a parte crocante de cima colocada sobre o recheio, em geral cremoso e salgado.

(~) **à la toulousaine** ***(Fr.)*** = *vol-au-vent* com recheio cremoso de cogumelos molejas.

vongola ***(It.)*** = amêijoa, espécie de mexilhão usado em molho para massa, como em *spaghetti alle vongole*. Ver *almeja*.

(~) **grigia** ***(It.)*** = amêijoa com a concha cinza.

(~) **nera** ***(It.)*** = amêijoa com a concha negra.

vongole ***(It.)*** = amêijoa. Ver *almeja*.

W

wafer ***(Ing.)*** = biscoito fino, crocante, sem açúcar com textura semelhante à de papel, feita com massa mole cozida, servido com sorvete e, às vezes, como sanduíche, com recheio em várias camadas de creme doce ou salgado.

waffle ***(Ing.)*** = panqueca crocante dourada feita com massa mole cozida entre dois pratos de metal, que têm orifícios e protuberâncias para que o *waffle*, após cozido, tenha também os mesmos orifícios e protuberâncias nos dois lados da chapa onde foi preparado. Geralmente é servida quente, com manteiga, geleia ou calda de *mapple*, ou fria, com creme chantili ou sorvete.

waiter ***(Ing.)*** = garçom.

waitress ***(Ing.)*** = garçonete, copeira.

Waldorf insalata ***(It.)*** = salada Waldorf. Ver *Waldorf salad*.

Waldorf salad *(EUA)* = tradicional salada dos Estados Unidos, criada no final do século 19, em Nova York, pelo restaurante do Waldorf Hotel[1], composta de maçã picada, nozes e aipo, colocados sobre folhas de alface com maionese e suco de limão.

wallies ***(Ing.)*** = picles de pepino.

walnut ***(Ing.)*** = noz.

(~) **bread** ***(Ing.)*** = pão doce de nozes.

(~) **oil** ***(Ing.)*** = azeite de nozes.

warm, to *(v.)* ***(Ing.)*** = aquecer, esquentar.

wasabi ***(Ing.)*** = espécie de raiz-forte que cresce somente no Japão, mas é comercializada em todo o mundo. Rala-se e come-se crua ou prepara-se em pasta para ser usada com *sashimi* ou *sushi*. Pode-se também secá-la e transformá-la em pó para condimento (marrom-claro).

Washington, à la ***(Fr.)*** = à moda de Washington: guarnição de grãos de milho doce com molho branco.

water ***(Ing.)*** = água.

water biscuit ***(Ing.)*** = biscoito de farinha e água, tipo *cracker*.

water ice ***(Ing.)*** = calda doce de frutas ou calda de licor aromatizado, congelado e batido

1 Somente no século 20 o estabelecimento passou a se chamar Waldorf-Astoria Hotel.

sem parar para fazer uma sobremesa similar ao *sorbet.*

water spinach *(EUA)* = espécie de espinafre pouco conhecida no Brasil (equivocadamente, alguns a consideram batata-doce pelo fato de ambos os vegetais pertencerem à família das *Ipomoea*). Trata-se de uma erva muito cultivada no sudeste asiático e nos Estados Unidos (onde se tornou uma praga), sendo amplamente consumida nas culinárias chinesa, tailandesa, malaia e vietnamita em saladas, refogados e molhos.

watercress *(Ing.)* = agrião. Ver *berro.*

waterless cooking *(EUA)* = método de cozinhar com calor muito baixo em panela bem tampada e apenas uma colher de sopa de água, evitando a perda de nutrientes dos alimentos.

watermelon *(Ing.)* = melancia. Ver *anguria.*

watery *(Ing.)* = aguado, diluído, insípido.

wax bean *(Ing.)* = feijão em vagem. Ver *fagiolini.*

waxy *(Ing.)* = mole; semelhante à cera.

wedding breakfast *(Ing.)* = refeição de celebração de casamento realizado pela manhã.

wedding cake *(Ing.)* = bolo de noiva.

wedge *(Ing.)* = corte triangular, da circunferência para o centro, de bolos, queijos, tortas etc.

wedgebone steak *(EUA)* = bife de alcatra.

weigh, to *(v.) (Ing.)* = pesar.

weight measure *(Ing.)* = medida de peso.

well chilled *(Ing.)* = bem gelado.

well done *(Ing.)* = bem passado (carnes, bife).

well frozen *(Ing.)* = bem gelado.

welsh rarebit *(Ing.)* = o mesmo que *rarebit.*

West India cherry *(Ing.)* = acerola. Ver *acerola.*

western king prawn *(EUA)* = camarão grande; pitu. Ver *camarón.*

western sandwich *(EUA)* = ovos mexidos ou sanduíche de omelete com presunto salteado, pimentão e cebolas picadas; especialidade dos Estados Unidos.

Westmorland pepper cake *(Ing.)* = bolo básico com frutas cristalizadas, groselhas e uvas-passas, aromatizado com gengibre em pó, cravo-da-índia e pimenta preta, mas com a metade de ovos normalmente usados para esse tipo de bolo. Assa-se em forno a 180ºC até ficar cozido.

wet *(Ing.)* = molhado, aguado, úmido.

whale *(Ing.)* = baleia. Ver *ballena.*

wheat *(Ing.)* = trigo. Ver *blé.*

(~) **cake** *(Ing.)* = panqueca de farinha de trigo.

(~) **flakes** *(Ing.)* = flocos de trigo um pouco fervidos, amassados e depois secos, levemente tostados,

usados para müesli ou como cereal no café da manhã.
(~) flour *(Ing.)* = farinha de trigo.

whey *(Ing.)* = soro de leite.

whey cream *(Ing.)* = creme ou gordura remanescente do soro de leite que foi separado para elaboração de queijo.

whim wham *(Ing.)* = sobremesa criada no século 18, feita de biscoitos do tipo champanhe embebidos em vinho moscatel ou *sherry*, com conhaque, suco de laranja e raspas de cascas de limão, tendo em cima creme de leite batido, salpicado com amêndoas moídas.

whip / whip jelly *(Ing.)* = doce feito de claras batidas, *cream-cheese* ou creme de leite batido, geralmente contendo gelatina, de aparência leve.

whip, to *(v.) (Ing.)* = bater (ovos, creme); fazer creme batido, fazer chantili.

whip topping *(EUA)* = produto comercial semelhante ao creme chantili, substituto do *whipped cream*, com menor base láctea e sabor mais doce.

whipped butter *(Ing.)* = manteiga batida para incorporarar ar, a fim de espalhá-la melhor.

whipped cream *(Ing.)* = creme de leite batido; creme chantili.

whisk *(Ing.)* = batedor (de ovos, creme etc.).

whisk, to *(v.) (Ing.)* = bater (ovos, nata etc.).

whiskey / whisky *(Ing.)* = uísque; bebida alcóolica destilada, produzida a partir da fermentação de cereais (cevada, milho, centeio etc.) e envelhecida em barris. Ver *bourbon*, *Irish whiskey* e *Scotch whisky*.

white bean *(Ing.)* = feijão-branco.

white beef stock *(Ing.)* = caldo feito com ossos de carne bovina, sem gordura ou tutano, escaldados e resfriados, cozidos lentamente com verduras aromáticas e *bouquet garni* durante oito horas, tirando-se a escuma continuamente e depois coado. Proporção: quatro ossos, uma verdura e dez partes de água.

white bread *(Ing.)* = pão de forma.

white cake *(EUA)* = bolo feito com ingredientes brancos, isto é, sem gemas de ovos.

white chicken stock *(Ing.)* = preparação do caldo igual ao *white beef stock*, porém substituindo os ossos da carne bovina por ossos e carcaça de galinha.

white chocolate *(Ing.)* = chocolate branco.

white crystal sugar *(Ing.)* = açúcar cristalizado branco.

white currant *(Ing.)* = groselha-branca, mais doce que as demais groselhas, também conhecida como uvas de Corinto. É consumida geralmente em geleias, caldas, vinhos e conservas.

white fish *(Ing.)* = qualquer tipo de peixe cuja carne seja branca e com menos de 6% de gordura, como hadoque, bacalhau, linguado etc. Nos Estados Unidos, qualquer peixe pequeno da família do salmão e da truta, geralmente defumado, e as ovas do peixe processadas e usadas em substituição ao caviar.

white flour *(Ing.)* = farinha de trigo, da qual o farelo e o germe de trigo foram retirados dos grãos debulhados. Às vezes, é embranquecida quimicamente.

white long-grain rice *(Ing.)* = arroz de grãos longos dos quais foi removido o farelo, resultando um arroz mais fofo quando cozido; requer cozimento de apenas 15 minutos de fervura.

white meat *(Ing.)* = carne branca em geral de peito de frango.

white mutton stock *(Ing.)* = preparação do caldo igual ao do *white beef stock*, porém substituindo os ossos da carne bovina por ossos de carne de carneiro ou de cordeiro.

white onion *(Ing.)* = variedade de cebola de formato similar a um globo com pele branca prateada e que tem sabor suavemente doce; geralmente servida crua.

(~) **soup** *(Ing.)* = sopa básica de cebola branca.

white pepper *(Ing.)* = pimenta-do--reino branca, mais madura e menos aromática que a preta, em geral usada em molhos brancos ou sopas claras, de modo que fique invisível.

white potato *(Ing.)* = batata--inglesa.

white rice *(Ing.)* = arroz branco, cozido.

white roux *(Ing.)* = *roux* produzido com quantidade igual de farinha de trigo e de manteiga, cozidas juntas por alguns minutos até obter aparência arenosa. Usa-se no molho *béchamel.*

white sauce *(Ing.)* = molho branco (*béchamel sauce*).

white stew *(Ing.)* = ensopado feito com carne de aves, de vitela ou de cordeiro, sem escurecimento, com cebolas e molho branco.

White Stilton *(Ing.)* = queijo branco inglês, produzido originalmente em Leicestershire e feito do leite da vaca, apresenta sabor forte e levemente ácido, textura quebradiça e consistência dura, com veias azuis. Pode ser usado como substituto do queijo Feta, sendo apropriado para saladas.

white sugar *(Ing.)* = açúcar refinado.

white tuna fish *(Ing.)* = espécie de atum com carne muito clara. Ver *atún.*

white veal stock *(Ing.)* = preparação do caldo igual ao do *white beef stock*, porém substituindo os ossos de carne bovina por ossos de vitela.

white vegetable stock *(Ing.)* = caldo de verduras picadas fervidas lentamente na água durante uma hora e depois peneirado.

white velouté sauce *(Ing.)* = molho feito com caldo branco espesso (de peixe, vitela ou galinha) acrescido com *roux;* fica com aspecto aveludado.

white vinegar *(Ing.)* = vinagre transparente e sem cor, feito de álcool, geralmente usado para conservação de alimentos e decapagem.

white wine *(Ing.)* = vinho branco.

(~) **court bouillon** *(Ing.)* = caldo aromático com quantidades iguais de vinho branco e água, 120 g de cebolas e 12 g de sal por litro, salsinha, um pouco de tomilho, folhas de louro e pimenta. Usa-se para trutas, enguias e a maioria dos peixes.

whitebait *(Ing.)* = arenque pequeno, sardinhas pequenas. Ver *aringa.*

white-pot / whitepot *(Ing.)* = espécie de pudim ou creme inglês, da região de Devonshire, criado no século 17, que difere das demais receitas por conter creme de leite e manteiga, além de ovos, farinha e leite.

whiting *(Ing.)* = espécie de merluza. Ver *hake.*

whole flour *(Ing.)* = farinha produzida com grãos de farinha debulhados, contendo o farelo e gérmen de trigo. Também chamada *wholewheat flour.*

whole milk *(Ing.)* = leite integral.

whole wheat bread *(Ing.)* = pão integral.

whole wheat rice *(Ing.)* = arroz integral.

whole wheat rice long grain *(Ing.)* = arroz integral de grão longo.

whole wheat rice short grain *(Ing.)* = arroz integral de grão curto.

wholegrain wheat *(Ing.)* = grãos de trigo debulhados, inteiros.

wholemeal bread *(Ing.)* = pão feito de farinha integral.

widgeon *(Ing.)* = pato selvagem.

wild boar *(Ing.)* = javali. Ver *boer.*

wild chicory *(Ing.)* = almeirão, espécie de chicória. Ver *achicoria.*

wild marjoram *(Ing.)* = orégano. Ver *common marjoram.*

wild rice *(Ing.)* = arroz selvagem. Ver *arroz salvaje.*

Windsor red cheese *(Ing.)* = queijo inglês tipo Cheddar, feito com leite pasteurizado de vaca, de aspecto marmorizado e textura semirrígida, aromatizado e colorido com vinho tinto de frutas ou uma mistura de vinho do Porto e *brandy*, que lhe dá aspecto de veias.

wine *(Ing.)* = vinho.

(~) **card** *(Ing.)* = lista ou carta de vinhos.

(~) **cellar** *(Ing.)* = adega.

(~) **cooler** *(Ing.)* = bebida alcoólica preparada com vinho, suco de frutas, açúcar e água gaseificada.

(~) **dessert** ***(Ing.)*** = vinho adocicado servido junto à sobremesa, que pode ser do Porto, Madeira ou xerez.
(~) **jelly** ***(Ing.)*** = geleia feita de vinho, gelatina e aromatizantes; pode ser servida como sobremesa ou acompanhamento de carnes e aves.
(~) **list** ***(Ing.)*** = lista de vinhos.
(~) **sauce** ***(Ing.)*** = vinho branco, suave, escocês, engrossado com 55 g de farinha de milho por litro, manteiga e açúcar mascavo numa proporção de 100 g por litro e, finalmente, raspas de casca de limão para aromatizar. Serve-se quente.
(~) **tasting** ***(Ing.)*** = degustação de vinhos.
(~) **vault** ***(Ing.)*** = adega de vinho.
(~) **vinegar** ***(Ing.)*** = vinagre de vinho.

winebottle ***(Ing.)*** = garrafa de vinho.

wineglass ***(Ing.)*** = copo para vinho.

Winesap ***(Ing.)*** = espécie de maçã. Ver *apple*.

winter mushroom ***(Ing.)*** = cogumelo asiático. Ver *enoki mushroom*.

winter rocket ***(EUA)*** = agrião-da--terra ou erva-de-santa-bárbara; erva com acentuado teor de vitamina C, de sabor picante, usada em saladas cruas, sanduíches e refogados. Pode substituir o agrião comum.

wok ***(Ing.) (EUA)*** = frigideira redonda e funda, usada na cozinha chinesa para fritar rapidamente. Muitas pessoas na Inglaterra e nos Estados Unidos possuem esta frigideira e a usam tanto para comidas orientais quanto ocidentais.

wood stove baked bread ***(Ing.)*** = pão cozido no forno a lenha.

wood strawberry ***(Ing.)*** = morango silvestre. Ver *fragola*.

woodcock ***(Ing.)*** = galinhola. Ver *becada*.

wooden spoon ***(Ing.)*** = colher de pau.

woodenware ***(Ing.)*** = utensílios de madeira.

wop salad ***(EUA)*** = salada italiana popular em Nova Orleans, nos Estados Unidos, por influência dos imigrantes sicilianos, feita de alface, azeitonas, anchovas, camarão, queijo, orégano, alcaparras e alho com azeite de oliva e molho inglês.

Worcestershire sauce / Worcester sauce ***(Ing.)*** = molho engarrafado, leve e fortemente aromatizado, muito utilizado para dar sabor a molhos e alimentos cozidos ou fritos, feito de vinagre, açúcar, sal, anchovas, tamarindo, melaço, cebolinhas, alho e temperos. Conhecido popularmente como molho inglês.

wormseed ***(Ing.)*** = erva-de-santa--maria, usada para fazer chá.

X

xató ***(Esp.)*** = típica iguaria catalã, molho vinagrete condimentado com pimenta-malagueta cortada, tomates, amêndoas, avelãs e alho, usado para temperar salada de endívias com anchovas, atum e bacalhau.

xérès ***(Fr.)*** = xerez; vinho branco, fortificado e licoroso, originário da cidade de Jerez de la Frontera, na Andaluzia, Espanha. Ver *sherry*.

(~) **sauce** ***(Fr.)*** = molho de xerez.

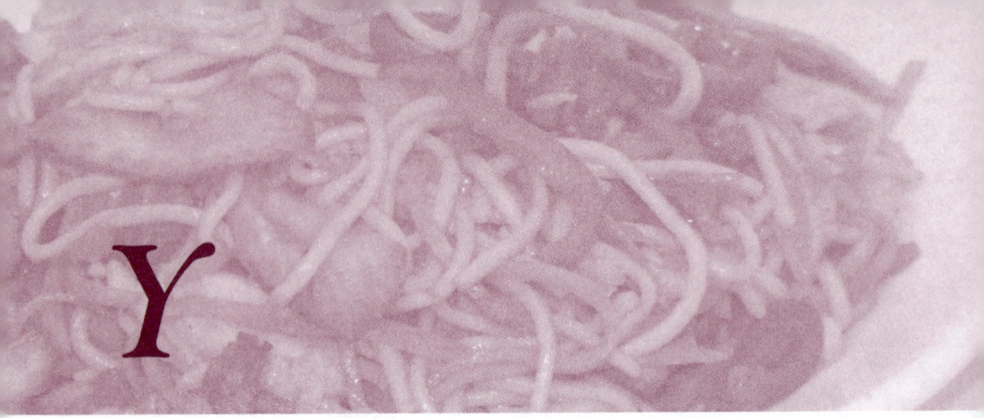

Y

yam *(Ing.)* = inhame, cará. No sul dos EUA, o termo designa batata--doce. Ver *igname*.

yaourt *(Fr.)* = iogurte.

yaprakes *(Ing.)* = folhas de uva recheadas; trata-se de um prato popular no médio-oriente, particularmente entre os judeus sefaraditas.

yearn, to *(v.)* *(EUA)* = coagular ou coalhar leite.

yeast *(Ing.)* = fermento; levedura.

(~) **cake** *(Ing.)* = levedo em tablete.

yeast powder *(Ing.)* = fermento em pó.

yellow bean sauce *(Ing.)* = molho chinês feito com fava de soja, comum na cozinha asiática.

yellow cake *(Ing.)* = bolo clássico com ovos e baunilha.

yellow granadilla *(Ing.)* = fruta do tipo de maracujá. Ver *fruit de la passion*.

yellow pear tomato *(Ing.)* = tomate amarelo, pequeno, com formato de pera, usado para guarnições e decoração.

yellow soybean *(Ing.)* = fava de soja seca.

yema de huevo *(Esp.)* = gema de ovo.

(~s) **de San Leandro** *(Esp.)* = gemas de ovos cozidas em calda de açúcar quente. Pode-se enfeitar com avelã.

yerba *(Esp.)* = erva.

(~) **buena** *(Esp.)* *(EUA)* = espécie de hortelã silvestre, usada como aromatizante. Ver *hierbabuena*.

(~) **mate** *(Esp.)* = erva-mate.

yoghurt / yogurt *(Ing.)* *(It.)* = iogurte; bebida ou creme preparado com leite fermentado, contendo ou não frutas.

(~) **salad dressing** *(Ing.)* = molho de iogurte para salada, feito com iogurte natural mesclado com sementes de coentro, hortelã desidratada e temperos, com azeite de oliva ou sumo de limão.

yogur *(Esp.)* = iogurte.

yolk *(Ing.)* = gema de ovo.

Yorkshire cheesecake ***(Ing.)*** = torta aberta, recheada com uma mistura de coalhada ou queijo tipo Cottage (peneirado), manteiga, uvas-passas, ovos, açúcar, pão, *brandy*, casca de limão ralada e noz-moscada. Também chamado *Yorkshire curd tart.*

Yorkshire pie ***(Ing.)*** = tradicional torta inglesa de carne, bastante consumida por ocasião das festas natalinas.

Yorkshire pudding ***(Ing.)*** = pequeno pudim salgado de ovo farinha e leite, servido com rosbife ou carne assada.

Yorkshire sauce ***(Ing.)*** = molho tipo Julienne feito com cascas de limão cozido em vinho do Porto; reserva-se; o vinho do Porto é previamente engrossado com *espagnole sauce* com gelatina de frutinhas vermelhas tipo groselha, aromatizada com canela e pimenta-de-caiena, tudo reduzido e peneirado. Termina-se com suco de laranja e o molho *Julienne* que havia ficado reservado.

Yorkshire spice bread ***(Ing.)*** = pão de frutas bem condimentado e aromatizado, feito com lêvedo ou fermento em pó.

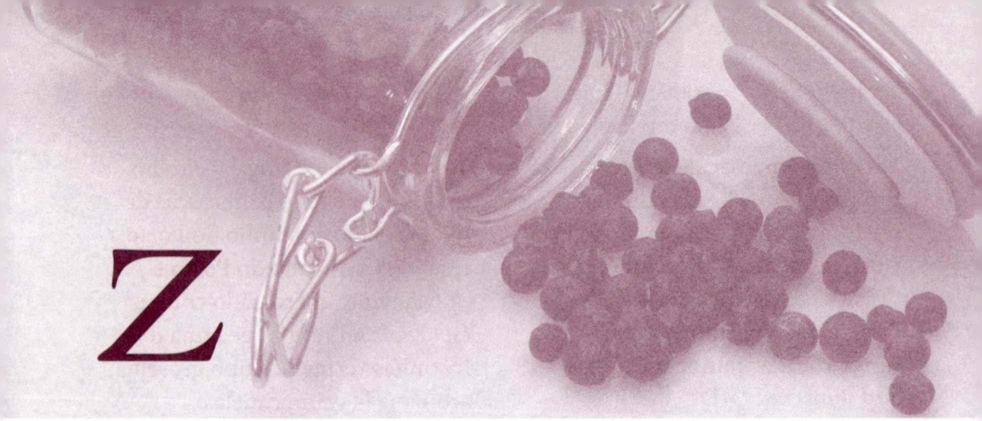

Z

zabaglione *(It.)* = sobremesa cremosa quente, preparada com vinho Marsala, açúcar e gemas de ovos batidas, cozida em banho--maria. Também chamada *zabaione*. Serve-se com frutas, bolos e tortas.

(~) **sauce** *(Ing.)* = molho feito com vinho Marsala. Ver *zabaglione*.

zalabia / bimuelos (*Ing.*) (*Esp.*) = massa frita servida com calda no Chanuká judaico, muitas vezes mergulhada em mel, tradicional no Oriente Médio e na Espanha.

zafferano *(It.)* = açafrão. Ver *azafrán*.

zampe *(It.)* = patas, pés de animais (porco, cabrito, cordeiro etc.).

zampetto di maiale *(It.)* = perna de porco.

zampone di Modena *(It.)* = embutido feito de uma mistura de carne de porco, temperos e especiarias, umedecida com vinho e colocada dentro da pata do porco, fervida lentamente durante uma hora. Serve-se com batatas e um molho doce. Trata-se de uma especialidade da província de Emilia-Romagna.

zanahoria *(Esp.)* = cenoura. Ver *carota*.

zapallitos *(Esp.)* = abobrinhas. Ver *calabacín*.

zapallo *(Esp.)* = abóbora. Ver *calabaza*.

zarzamora *(Esp.)* = amora-preta ou silvestre. Ver *blackberry*.

zarzuela *(Esp.)* = tradicional iguaria da culinária espanhola, trata-se de frutos do mar e peixe ensopados, principalmente mariscos. Consiste de mexilhões, vôngoles, polvo, lulas, camarões pequenos, abrótea e enguia, misturados com cebolas, alho, tomates, pimentões, todos picados e cozidos em azeite lentamente durante 20 minutos com vinho, temperos, açafrão, salsinha picada e azeitonas.

zenzero *(It.)* = gengibre. Ver *gingembre*.

zeppole *(It.)* = espécie de rosquinhas fritas; mistura cozida de farinha de trigo, ovos e leite, em seguida amassada, fazendo-se rolinhos, depois fechados como rosquinhas e fritas. Quando prontas, cobrem-se com mel, cremes ou geleia.

zest ***(Ing.)*** = raspas de laranja ou limão, usadas para aromatizar pratos, ou cascas de frutas cítricas em geral.

zest, to ***(v.) (Ing.)*** = dar sabor, condimentar.

zeste confit ***(Fr.)*** = casca de fruta cristalizada.

zester ***(Ing.)*** = ralador pequeno, apropriado para ralar casca de frutas cítricas.

zestful ***(Ing.)*** = saboroso; de paladar agradável.

zhough (***Ing.***) = pasta condimentada à base de pimenta verde, tradicional do Iêmen, servida com pão sírio ou misturada a ensopados e molhos.

zia, alla ***(It.)*** = à moda da tia: comida caseira.

zibidina ***(It.)*** = orelhas e costeletas de porco e pés de bezerro cozidos em caldo de galinha com sal e pimenta, em seguida esfriados até formar uma geleia espessa. Uma iguaria típica da região de Carmia, na Itália.

zimino ***(It.)*** = o termo se refere a um dos pratos típicos da Sardenha: miúdos de cordeiro ou carne de vaca (baço, coração e rim, dentre outros, sendo indispensável o timo) com vinho encorpado, tomates, cogumelos e ervas. Acompanham legumes assados e vegetais frescos. Há regiões da Itália em que o prato consiste em mera sopa ou cozido de peixe.

zingara, à la ***(Fr.)*** = à moda cigana: com cogumelos, pimentões e cebolas. Também podem aparecer como ingredientes páprica, tomates, azeitonas verdes e vinho.

ziti ***(Ing.)*** = espécie de macarrão cortado em tubos grossos.

zucca ***(It.)*** = abóbora. Ver *calabaza.*

zucca gialla ***(It.)*** = abóbora amarela. Ver *calabaza.*

zucchero ***(It.)*** = açúcar.

(~) **a velo** ***(It.)*** = açúcar de confeiteiro.

(~) **grezzo** ***(It.)*** = açúcar mascavo.

(~) **in cubetti / cubetti di zucchero** ***(It.)*** = açúcar em cubos.

(~) **vanigliato** ***(It.)*** = açúcar de baunilha.

zucchetti ***(It.)*** = abobrinhas pequenas. Ver *calabacín.*

zucchini ***(EUA)*** = abobrinha italiana. Ver *calabacín.*

zucchino ***(It.)*** = abobrinha. Ver *calabacín.*

zumo ***(Esp.)*** = sumo, suco.

zuppa ***(It.)*** = sopa.

(~) **alla canavesana** ***(It.)*** = repolho, bacon, pão e queijo colocados em camadas em uma forma, embebidos em caldo de carne, levados ao forno até dourar.

(~) **di pesce** ***(It.)*** = sopa de peixe.

(~) **di verdura** ***(It.)*** = sopa de verduras.

(~) **genovese** ***(It.)*** = sopa de verduras com ovos, alface, salsinha, cebola, manjericão, manteiga, sal, pimenta e queijo parmesão.

(~) **inglese** ***(It.)*** = base de biscoitos de amêndoas umedecidos com vinho Marsala, cobertos com creme inglês e frutas picadas, tendo, por cima, creme chantili ou glacê de frutas.

(~) **pavese** ***(It.)*** = prato com torradas cobertas por ovos quentes pulverizados com queijo parmesão ralado, flutuando em consomê de carne, bem claro.

(~) **rustica** ***(It.)*** = sopa com batatas, feijão, pão e salsichas.

zurruputuna ***(Esp.)*** = sopa de bacalhau seco, dessalgado, engrossada com pão e condimentada com cebola, alho, páprica e pimentões, típica da culinária basca.

Bibliografia

CARVAJAL, Carol S. & HORWOOD, Jane. *Pocket Oxford Spanish dictionary*. Diccionario Oxford Compact. 3.ed. New York: Oxford University Press, 2005.

CATUREGLI, Maria Genny. *Dicionário inglês-português – Turismo, hotelaria, comércio exterior.* 4.ed. São Paulo: Aleph, 2004.

FOOD DICTIONARY. Disponível em: <htto://www.food-dictionary.com>.

GOMENSORO, Maria Lucia. *Pequeno dicionário de gastronomia*. Rio de Janeiro: Objetiva, 1999.

HOUAISS, Antônio. *Dicionário Houaiss da lingua portuguesa*. Rio de Janeiro: Objetiva, 2001.

HOUAISS, Antônio & CARDIM, Ismael. *Mini-Webster dicionário ingês/português*. 15.ed. Rio de Janeiro: Record, 2006.

__________. *Mini-Webster's Dictionary*. 15.ed. Rio de Janeiro: Record, 2006,

LABENSKY, Sarah, R. & HAUSE, Alan M. *On cooking-techniques from expert chefs*. 2.ed. Upper Saddle River, NJ: Prentice Hall, 1999.

LAROUSSE. *Petit Larousse de la cuisine*. Paris: Larousse, 2004.

LONGMAN. Dictionary of contemporary English. 3.ed. Essex: Pearson Education Limited, 1995.

__________. *Dictionary of English language and culture*. 3.ed. Essex: Pearson Education Ltd. 2005.

MAGALHÃES, João Souza Pinto de. *Diccionario Francez-Portuguez, Portuguez-Francez*. Paris: Garnier, 1896.

MCARTHUR,Tom. *Longman lexicon of contemporary English*. 22.ed. Longman Malaysia,1997.

ORELLANA, Marina. *Glosario internacional para el traductor.* 3.ed. (Com a colaboração de John D. Chadburn.) Santiago de Chile: Universitaria, 1990.

OXFORD UNIVERSITY. *The Oxford* __________. *The Oxford Spanish Minidictionary*. Spanish-English, English-Spanish. 2.ed. Oxford: Oxford University Press,1999.

PROTEJ, Vittoria Bowles (Ed.). Italian vocabulary – A complete learning tool. London: Lincolnwood, IL : NTC Publishing Group, 1996.

ROLLAND, Jacques L. *The cook's essential dictionary:* a complete culinary resource. Toronto: Robert Rose Inc., 2004.

SINCLAIR, Charles. *International dictionary of food and cooking.* 3.ed. London: A & C Black Publishers Ltd., 2005.

WAITE, Maurice. *Oxford paperback thesaurus.* 3. ed. Oxford: Oxford University Press, 2006.

POCKET OXFORD SPANISH DICTIONARY. Spanish-English, English-Spanish. 3.ed. Oxford:Oxford University Press, 2005.

Créditos das ilustrações

p. 13: kittenpuff1 (http://www.morguefile.com/creative/kittenpuff1)
p. 27: dieraecherin (http://www.morguefile.com/creative/dieraecherin)
p. 51: alvimann (http://www.morguefile.com/creative/alvimann)
p. 92: davdibiase (http://www.sxc.hu/profile/davdibiase)
p. 104: morderska (http://www.sxc.hu/profile/morderska)
p. 112: seemann (http://www.morguefile.com/creative/seemann)
p. 136: cecilegeng (http://www.sxc.hu/profile/cecilegeng)
p. 154: lockstockb (http://www.sxc.hu/profile/lockstockb)
p. 162: imelenchon (http://www.morguefile.com/creative/imelenchon)
p. 167: alvimann (http://www.morguefile.com/creative/alvimann)
p. 171: alvimann (http://www.morguefile.com/creative/alvimann)
p. 173: alvimann (http://www.morguefile.com/creative/alvimann)
p. 185: cohdra (http://www.morguefile.com/creative/cohdra)
p. 209: jfelias (http://www.morguefile.com/creative/jfelias)
p. 214: topfer (http://www.sxc.hu/profile/topfer)
p. 221: shonim (http://www.sxc.hu/profile/shonim)
p. 256: designkryt (http://www.sxc.hu/profile/designkryt)
p. 258: lockstockb (http://www.sxc.hu/profile/lockstockb)
p. 273: arinas74 (http://www.sxc.hu/profile/arinas74)
p. 313: jdurham (http://www.morguefile.com/creative/jdurham)
p. 327: jak (http://www.morguefile.com/creative/jak)
p. 329: knupett (http://www.sxc.hu/profile/knupett)
p. 337: wizard (http://www.sxc.hu/profile/wizard)
p. 343: Pulpdtp (http://www.sxc.hu/profile/Pulpdtp)
p. 344: thier (http://www.sxc.hu/profile/thier)
p. 346: lucatrau (http://www.sxc.hu/profile/lucatrau)

TIPOLOGIA:	Minion [texto]
	Goudy Modern MT Italic [entretítulos]
PAPEL:	Alta Alvura 75 g/m² [miolo]
	Cartão Supremo 250 g/m² [capa]
IMPRESSÃO:	Prol Gráfica [abril de 2011]